우리 고대 국가
위치를 찾다
〈제3권〉

우리 고대 국가 위치를 찾다 〈제3권〉

초판 1쇄 인쇄 2022년 12월 5일
초판 1쇄 발행 2022년 12월 10일

지은이 전우성
펴낸이 金泰奉
펴낸곳 한솜미디어
등 록 제5-213호

편 집 김태일, 김수정
마케팅 김명준

주 소 (우 05044) 서울시 광진구 아차산로 413(구의동 243-22)
전 화 (02)454-0492(代)
팩 스 (02)454-0493
이메일 hansom@hansom.co.kr
홈페이지 www.hansom.co.kr

ISBN 978-89-5959-569 3 (03900)

*책값은 표지에 표시되어 있습니다.
*잘못 만들어진 책은 구입하신 서점에서 친절하게 바꿔드립니다.

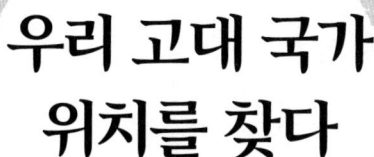

우리 고대 국가 위치를 찾다

⟨제3권⟩

전우성 지음

주류 강단 사학계의 '젊은 역사학자 모임'의
(『욕망 너머의 한국 고대사』 비판&반론&올바른 비정)

한국&중국 정사 기록에 의하여 왜곡과 날조로 뒤엉킨
주류 강단사학의 식민사학을 파헤치다.

한솜미디어

| 목 차 |

〈1권〉--

[이 글을 쓰는 이유]_16

• 해방 후 한반도에서의 역사학 갈래_19
• 현재 주류 강단 사학계가 표방하는 실증주의 역사관의 실체_23
• 우리나라 주류 강단 사학계가 일제 실증주의 역사학을 추종하고 있다는 증거_30
• 우리나라 역사 인식의 문제_43

Ⅰ. "고조선 역사 어떻게 볼 것인가(기경량)" 글을 반박하여 비판한다_64

[소위 고조선 전문가 논문과 역사 논리를 비판한다]_84
1) 『관자』 사료 이용과 해석을 비판한다_92
2) 『전국책(戰國策)』 사료 이용과 해석을 비판한다_98
3) 『산해경(山海經)』 사료 이용과 해석을 비판한다_107
   ■ 습수에 대하여_123
   ■ 산수에 대하여_125
   ■ 열수에 대하여_126
4) 『사기(史記)』 사료 이용과 해석을 비판한다_141
   ■ 요수(하)에 대하여_151
   ■ 요동 개념 변화에 대하여_151
   ■ 『후한서』 「군국지」 연5군 및 한2군의 거리 수치 조작에 대하여_207
      − 백랑수가 소위 연5군 및 한2군에 대한 주류 강단 사학계의 비정을 부정한다._207
      − 소요수가 역시 소위 연5군 및 한2군에 대한 주류 강단 사학계의 비정

을 부정한다._212
  - 사서 기록상 소위 한4군의 위치에 있다는 요수, 백랑수, 압록수가
    흐르는 곳은 하북성이다._213
  - 중국사서는 후대로 올수록 우리 역사를 동쪽으로 조작하여 이동시킨
    채 왜곡하였다._232
■ 요수와 관련된 사항(대요수, 소요수, 압록수, 안평현) 왜곡에 대하여_234
■ 중국사서 주석(『사기』 삼가주석)에 대하여_316
■ 양평에 대하여_336
■ 영주에 대하여_360
■ 연·진장성에 대하여_364
■ 연나라 위치에 대하여_366
■ 연장성, 연5군에 대하여_384
■ 고조선 이동설의 허구_385
  1) 불확실한 기록을 후대의 '춘추필법'에 의하여 과대포장한 채
     확실한 것으로 하였다._389
  2) 다른 여러 가지 증거에 의하여도 연나라 진개의 고조선 공략
     1,000리 내지는 2,000리 사실은 신빙성이 없다._399
(1) 현재 중국과 우리나라 학계에서 강대국으로 비정하는 연나라는
    약소국이었다._399
(2) 같은 기사를 다른 열전에도 쓴 것은 둘 중 한 기사는 허위일 가
    능성이 높다._403
(3) 설사 연의 진개 조선 공략이 사실일지라도 이내 고조선이 탈환
    하였다._407
(4) 중국사서상의 기록에 의하더라도 연의 동호 내지는 조선 침략
    과 연5군, 연장성 설치는 신빙성이 없다._415
(5) 유적, 유물에 의하더라도 식민사관의 '고조선 이동설'은 허구이
    며 식민사관의 변형물이다._420

· 인용 사료 목록_434 / 참고 자료 목록_448
· 지도 목록_453 / 도표 목록_455

〈2권〉--
- ■ 요동군에 대하여_16
- ■ 요서군에 대하여_27
- ■ 임유관(현, 궁, 임삭궁)에 대하여_31
- ■ 마수산(책)에 대하여_63
- ■ 마읍산에 대하여_76

(1)고조선_85

(2)고구려_87
- ■ 중국사서 해석상 유념할 사항에 대하여_88
- - 신뢰성 부족
- - 왜곡과 혼란에 빠지지 않을 사전 인식 필요, 사서와의 교차검증 필요
- - 사전 인식과 교차검증 결과 우리 민족 활동 지역은 산동성 확인
- ■ 고구려와 관련된 중요한 사항에 대하여_100
    - ① 고구려 관련 천리와 요동 개념 인식 제고_100
    - ② 고구려와 현토군과의 관련성_102
    - ③ 고구려 발상지 졸본 지역_103
    - ④ 낙랑 개념에 따른 위치 비정_111
    - ⑤ 말갈의 위치에 따른 비정_111
- ■ '『삼국사기』초기 기록 불신론'에 대하여_148

(3)백제_172
- ■ 백제의 요서 진출에 대하여_263
- ■ 양직공도에 대하여_292
- ■ 임나에 대하여_303
- ■ 백제의 도읍 두 성에 대하여_309

(4)신라_355

■ 한반도 신라를 입증하는 경주 고분과 유물에 대하여_402
■ 탁수, 탁록의 왜곡에 대하여_416
■ 삼한에 대하여_427

· 인용 사료 목록_457 / 참고 자료 목록_473
· 지도 목록_476 / 도표 목록_479

〈3권〉―――――――――――――――――――――――――
■ 중국사서 기록상 바다[海] 기록에 대하여_16
■ 신라 진흥왕 순수비에 대하여_38
■ 백제 무령왕릉에 대하여_41
■ 신라의 길림성 영역에 대하여_50
■ 신라와 고려의 하북성 영역에 대하여_60
■ 신라 9주 설치 기록 조작에 대하여_72
■ 삭주에 대하여_83

(5) 낙랑_91
■ 예와 옥저에 대하여_120
■ 예와 예맥에 대하여_134
■ 개마대산, 단단대령, 영동 7현에 대하여_183
■ 죽령과 남옥저에 대하여_214

(6) 말갈_250
■ 서여진, 동여진, 생여진, 숙여진에 대하여_321
■『고구려-발해인 칭기스 칸 1·2』비판_361
■ 평주에 대하여_363
■ 패서도, 패강에 대하여_378
■ 거란의 위치에 대하여_422

⟨4권⟩--
- 하슬라, 니하, 우산성에 대하여
- 말갈 관련 중국사서 기록 비판

(7) 왜
- 독산성에 대하여
- 구천에 대하여
- 상곡군에 대하여
- 어양군에 대하여
- 우북평군에 대하여
- 현토군에 대하여
- 주류 강단 사학계의 현재 어설픈 시도에 대하여
- 『삼국사기』 평양성 기록상 패수 오류 비정에 대하여
- 낙랑군에 대하여
- 대방(군)에 대하여
- 낙랑군 교치설에 대하여
- 중국의 우리 민족 역사 왜곡 비판
- 고구려 천리장성의 조작에 대하여
- 칠중성에 대하여
- 온달과 온달의 활동 지역에 대하여
- 아차성, 아단성에 대하여
- 나당 전쟁의 위치에 대하여
- 묘청의 반란 지역 서경에 대하여

⟨5권⟩--
- 중국사서 왜곡 기록에 대하여
- 『삼국사기』의 올바른 해석 방법에 대하여
- 안동도호부의 실체
- 고려 천리장성의 조작에 대하여
- [1]서해 압록강 도출 근거 2가지 : 1)인주 2)의주

- [2]천리장성 동쪽 끝 동해안 도련포 도출 근거 1가지
- 신라의 서쪽 국경인 호로하와 칠중성에 대하여
- 호로하에 대하여
- 패강에 대하여
- 소위 통일신라의 영역 – 발해와의 국경
- 신라의 동쪽 경계인 철관성에 대하여
- 압록강에 대하여
- 이병도가 비정한 통일신라의 동쪽 경계 철관성에 대하여
- 책성에 대하여
- 고구려, 백제, 신라의 위치 관련 사서 기록의 해석의 일례에 대하여
- 발해에 대하여
- 궁예의 활동 지역에 대하여
- 발해가 당나라를 공격한 등주에 대하여

〈6권〉--
- 유주에 대하여
- 『신당서』「가탐도리기」에 대한 바른 재해석에 대하여
- 거란에 대하여
- 요택에 대하여
- 발해 5경에 대하여
- 고려의 영역에 대하여
- 고려 윤관의 동북 9성에 대하여
- 고려 서희의 강동 6주(8성)에 대하여(1)
- 의무려산에 대하여
- 고죽국에 대하여
- 노룡현과 창려현에 대하여
- 백랑수에 대하여
- 비여현에 대하여
- 용성과 선비에 대하여(1)

■ 소위 서희의 강동 6주(8성) 위치에 대하여(2)

① 흥화진

■ 살수에 대하여

② 용주와 통주
③ 철주

〈7권〉————————————————————————
■ 안시성에 대하여

④ 귀주
⑤ 곽주
⑥ 장흥진
⑦ 귀화진
⑧ 안의진
⑨ 맹주

■ 쌍성총관부, 동녕부, 자비령, 철령에 대하여
■ 레지선, 당빌선, 본느선에 대하여
■ 고려 지방 행정 조직 '5도 양계'에 대하여
■ 진 장성에 대하여
■ 갈석산에 대하여
■ 패수에 대하여
■ 서안평에 대하여
■ 중국 '만성한 묘'에 대하여
■ 『구당서』및『신당서』「고구려전」의 올바른 해석에 대하여

5) 『위략』사료 이용과 해석을 비판한다.
6) 『염철론』「벌공」편과『사기』「흉노열전」사료 이용과
해석을 비판한다.
7) 『삼국유사』「고조선조」사료 이용과 해석을 비판한다.
8) 젊은 역사학자 모임 일원의『염철론』「벌공편」사료 이용과
해석을 비판한다.
9) 『삼국지』〈위서〉「동이전」및『위략』과『사기』「흉노열전」그
리고『삼국유사』사료 이용과 해석을 비판한다.

  (1) 동호에 대한 정의 그리고 '고조선 이동설'을 비판한다.
  (2) 소위 연5군(진5군)의 위치 및 양평에 대한 주장을 비판한다.

10) 고조선 유적, 유물에 대한 왜곡된 해석을 비판한다.
  (1) '고조선 이동설'은 낙랑군 평양설을 유지하기 위한 식민사학의
    왜곡된 변형물이다.
  (2) 초기 고조선 중심지는 대능하 지역 내지는 요하 일대라는 설
    정은 잘못이다.
  (3) 고조선 지표 유물에 대한 해석이 잘못되었다.

11) 고조선과 한나라의 전쟁 기사 해석을 비판한다.
  (1) 고조선이 패한 전쟁 기사를 이유 없이 장황하게 나열하였다.
  (2) 조한 전쟁 당시 고조선의 위치 문제
    ① 전쟁 시작 이유
    ② 전쟁 시작 및 경과 그리고 결과

12) 결론에 대한 비판

II. "낙랑군은 한반도에 없었다?(기경량)"를 반박하여 비판한다.

1. 낙랑군 위치에 대한 왜곡된 주장

   1) 기자조선의 실체

〈8권〉--
   - 우리 민족 고대 국가 수도 평양에 대하여
   - 한산주, 한주 한반도 왜곡 비정에 대하여

   2) 한사군의 실체

2. 실학자들도 식민 사학자?
3. 사이비 역사가의 엉터리 '1차 사료' 활용
4. 진짜 '당대 사료'가 증언하는 낙랑군 위치 P1741
5. 낙랑군 이동과 교치

   - 낙랑군 고조선 주민 자치설에 대하여

6. '스모킹 건' 평양지역 낙랑군 유적과 유물
7. 열린 접근이 필요한 낙랑군

III. "광개토왕비 발견과 한·중·일 역사전쟁(안정준)"을 반박하여 비판한다.

1. 고구려 초기 도읍지 및 위치 그리고 천도 사실

   - 졸본성에 대하여
   - 고구려 수도 천도 사실에 대하여

〈9권〉--
- 국내성에 대하여
- 환도성에 대하여
- 평양성에 대하여
- 부여에 대하여
- 선비에 대하여(2)](고구려와의 관계)
- 부여의 약수에 대하여
- 동부여의 위치에 대하여

2. 광개토대왕 비문 재해석

1) 신묘년조 해석
2) 전체 비문 재해석

- 고구려 시조에 대하여
- 고구려 시조 출처에 대하여
- 비려에 대하여
- 부산에 대하여
- 신묘년조에 대하여
- 치양, 주양에 대하여
- 양평도에 대하여
- 관미성에 대하여
- 백제 한성 함락과 관련한 사실에 의하여 그 위치를 조명하면
- 광개토대왕 비문상의 아리수와 서서상의 욱리하, 사성에 대하여
- 광개토대왕 비문상의 아리수에 대하여
- 하평양(남평양)에 대하여
- 고구려 하북성 평주 지역 도읍 시기에 대하여
- 백제의 남한 지방 옮김에 대하여

13

〈10권〉--
- 백제의 천도지이자 남쪽 경계였던 웅진(웅천)에 대하여
- 백제 성왕 죽음 장소인 관산성에 대하여
- 백제 도읍에 대한 고고학적 측면에 대하여
- 나당연합군의 백제 공격에 대하여
- 바다를 통한 당나라의 백제 공격에 대하여
- 당나라 소정방 출발지 성산에 대하여
- 제1차 도착지인 덕물도에 대하여
- 제2차 도착지인 웅진구와 백강에 대하여
- 백제 항복 주체에 대하여
- 임나가라에 대하여
- 임나일본부의 왜의 외교 사절설 논리의 근거 비판
- 대가야 설정의 허구성에 대하여

   [대가야의 존속여부]
   [대가야의 멸망 사실 허구]

- 왜의 외교 사절설 실체 비판

   [안라의 한반도 가야 비정 근거]
   [외교 사절 역할에 대하여]

- 『일본서기』 신뢰성에 대하여
- 고대 시기 한반도와 일본열도의 상황에 대하여
- 왜가 침입한 대방계에 대하여
- 407년 광개토대왕의 기병 5만에 의한 공격에 대하여
- 가야와 포상팔국에 대하여
- 가라의 기록에 대한 고찰

[맺는 말]

우리 고대 국가 위치를 찾다

■젊은 역사학자들을 학문적으로 비판한다.
(『욕망 너머의 한국 고대사』 비판&반론&올바른 비정)

한국&중국 정사 기록에 의하여 왜곡과 날조로 뒤엉킨
주류 강단사학의 식민사학을 파헤치다.
오랜 기간 이어져 온 논란 사항 정립
(고조선 및 삼국의 위치, 연진장성, 패수, 낙랑, 평양 등)
고구려, 통일신라, 고려 영역 재정립/
고구려 및 고려 천리장성 조작 확인

[중국사서 기록상 바다[海] 기록에 대하여]

중국사서서상에 기록된 '바다[海]'에 대한 해석 여부에 따라 우리 고대사에 대한 중국사서 기록이 달라짐으로써 그 위치가 중국 대륙 내지는 한반도로 그 비정이 달라지는 커다란 차이가 발생한다. 그런데 앞으로 살펴보겠지만 중국사서는 크거나 작은 하천을 불문하거나 아니면 큰 하천을 일컫거나, 큰 호수나 수로를 바다[海]로 표시한 것을 분명하게 알 수 있다.

그런데도 소위 전문가라는 주류 강단 사학계의 학자들은 해방 후 77년이 지난 지금까지도 이 모든 것을 지금 개념의 바다[海]로 일률적으로 해석한 채 우리 고대사 위치와 관련된 기록상의 위치를 한반도로 비정하여 고정시켰다. 그럼으로써 일단은 그 의도대로 된 것도 있으나 사서 기록상 여러 사항을 면밀히 분석하면 한반도로 비정한 채 역시 마찬가지로 모든 기록상의 바다[海]로 기록된 것을 실제 바다[海]로 일괄 해석한 것은 실제 상황과 맞지 않음과 동시에 이들이 모두 원래의 위치를 벗어나 잘못 비정된 채 왜곡되었음이 확인된다. 그럼으로써 우리 고대사 전체가 왜곡되었다.

이러한 우리 학자들의 몰지각한 비학문적 행태에 대하여 제대로 된 중국의 학자나 일본 학자들은 그들의 목적상 표면상으로는 침묵하고 있으나 내면적으로는 쾌재를 부르면서도 학자적 양심상 한심하다 못해 멸시하여 무시할 것이라고 생각하니 안타깝기 그지없다. 하루빨리 이를 제대로 하여 우리 고대사를 복원하여야 한다. 이만큼 이 사항은 우리 고대사에 있어서 매주 중요하다. 갈석산, 진장성, 대요수, 소요수, 낙랑 등에 의한 고조선을 비롯한 소위 삼국의 역사와 위치도 중요하지만 이를 결정짓는 요소로 작용하는 이 바다[海] 사항이 더욱 중요한 사실이다.

이에 대하여는 관련 사항이 나올 때마다 본 필자가 단편적으로 언급하였으나 이러한 언급을 근거 없이 자의적으로 해석하는 단서로 이용하지 않는가 하는 의구심에 대하여 이 사항의 근거가 확실히 입증되는 것임을 밝히고자 한다. 혹여 단순한 한두 가지 사항을 자의적으로 해석한 결과에 의한 허위 주장이라고 비판하는 인식에 대한 확실한 반론이 됨을 확인하고자 한다. 이는 일부의 근거만을 가지고 백제의 요서 진출설을 주장하는 비판에 대하여 수많은 사항이 이를 입증하고 있음을 이 글에서 밝히는 것과 같은 맥락이다.

【사료17】『사기』권2 「하본기」 제2

夾右碣石 入于海.[2]

오른쪽으로 있는 갈석(碣石)을 끼고 해(海)로 들어간다.[2]

[2]집해 서광이 이르기를 : 바다를 강이라고 하기도 한다.

---

① 이 기록에는 분명히 바다[海]로 들어간다고 기록하고 있다. 하지만 원래 이 기록은

【사료48】『서경』〈하서〉「우공」 제11장

■ 제11장(第十一章)

夾右碣石 入于河

오른쪽으로 갈석(碣石)을 끼고서 하(河)로 들어간다.

17

앞선 시기의 이 기록을 그대로 인용하여 기록하였다. 즉 하천 하(河)를 바다[海]로 기록하였다. 하천을 바다로 표현하여 기록한 것임을 알 수 있는 대표적인 기록이다. ② 이를 입증이라도 하듯이 위 기록에 대한「사기집해」서광의 해설에 의하면 통상적으로 바다를 강이라고 하였다. 이는 강을 바다로 표현한 것을 원래대로 하천으로 한다는 의미이다. 즉 사서 기록상에 바다[海]로 기록된 것은 사실은 하천[河]이라는 해석이다. 이 기록상의 갈석산과 관련 있는 바다는 당연히 바다가 아니라 지금의 하북성에 있는 하천 호타하이다. 중국사서상의 고대 기록에 있어 호타하를 바다로 기록한 경우가 많다. 주류 강단 사학계는 이를 알고도 고의로 그러는지 아니면 이를 무시한 채 전부 바다로 해석하여 우리 고대사를 혼미와 왜곡에 빠트리고 있다. 갈석산과 관련한

【사료125】『수경주』「유수」

유수는 또 동남으로 흘러 류현 갈석산에 이른다. (문영은 말하기를 갈석은 요서군 류현에 있다고 하였는데 왕망 때의 선무이다. 류현은 임유현에 병합되었다. 왕망은 임유를 풍덕으로 바꾸었다. 지리지에서 말하기를 대갈석산은 우북평군 려성현 서남에 있다고 하였다.) 왕망이 한자를 바꾸어 개석이라 했다. 한 무제가 일찍이 올라가서 큰 바다를 바라보고 그 돌에다 글을 새겼는데 이것이다. 이제 용도와 같은 돌이 산 정상에 수십 리 서 있는데 큰 돌이 있어 기둥 모양인데 왕왕 가서 보면 큰 바다 가운데에 서 있다. 밀물이 일면 숨겨져 보이지 않고 썰물이 되면 움직이지 않고 잠기지 않는다. 그 얕고 깊음을 알지 못하니 세간에서는 이를 천교주라 한다.

③ 이 기록과 같이 한나라 무제가 갈석에 올라가서 큰 바다를 바라보고 그 돌에다 글을 새겼으며, 위나라 조조가 207년 오환족을 정벌하고 창려 갈석산에 올라 바다를 바라보며 '관창해(观沧海)'라는 시를 지었고, 당나라 태종도 645년 고구려를 정벌할 때 갈석산에 올라 바

다를 바라보며 '춘일망해(春日望海)'라는 시를 돌에 새기도록 하였다는 기록이 있다. 바다[海]로 기록된 모든 것은 바로 하천인 지금의 하북성 호타하이다. 또한

> 【사료6】『산해경』「제12 해내북경」『山海經』第12「海內北經」
>
> 조선은 열양 동쪽에 있고, 바다의 북쪽 산의 남쪽에 있다. 열양은 연나라에 속하였다.

물론 ④ 이 기록도 본 필자가 비판하는 앞의 논문의 경우 기록상의 바다를 한반도 동해로 왜곡 해석하였지만 열양이 연나라에 속하고 연나라의 위치가 지금의 산서성 인근에 있었으므로 연나라 동쪽에 있다는 조선은 하북성에 있다. 하북성 남쪽에 있는 바다는 당연히 위의 갈석산 기록과 같이 지금의 하북성 호타하이고 북쪽 산은 지금의 산서성이자 하북성 북쪽에 있는 태행산맥이다. 이도 역시 호타하를 바다로 표현하여 기록하였다.

> 【사료44】『사기』「몽염열전」
>
> 『사기정의』: 요동군은 요수의 동쪽에 있다. 진시황이 쌓은 장성이 동쪽으로 요수에 닿고, 서남쪽으로 바다에 이르렀다.

⑤ 이 기록에 의하면 진나라 장성이 서남쪽으로 바다에 이른다고 하였다. 진나라 장성은 서쪽의 임조에서 동쪽의 요동에 걸쳐 축성하였다고 기록하고 있다. 만리장성은 서쪽으로 바다까지 쌓은 것이 아니다. 이 임조는 현재의 감숙성 난주로 보고 있다. 이곳에는 바다가 없다. 인근에는 티베트 자치구이고 북으로는 사막이 있다. 티베트 자

치구에는 커다란 호수 청해호가 있다. 이 청해호나 다른 커다란 호수를 바다로 기록하였다.

이들 기록만으로도 사서 기록상 바다[海]로 기록된 것은 일부 실제 지금 개념의 바다를 제외하고는 우리 고대사와 관련된 기록상의 하북성과 산동성에서는 대부분 모두 하천이나 호수나 수로이다.

이 기록들만으로도 바다[海]로 표현된 중국사서 기록들이 지금 개념의 바다가 아니라는 사실이 입증된다. 더군다나 수많은 사실에 의하여 이 사실이 입증되는데 중국사서 기록상의

⑥ 소요수, 대요수가 바다[海]에 들어간다는 바다도 위의 갈석산에서의 바다인 하북성 호타하이다. 또한

⑦【사료30】『신당서(新唐書)』「가탐도리기」상의 기록도 주류 강단사학계는 물론이고 왜곡된 인식에 의하여 왜곡 해석하고 있지만 이 기록상의 '등주에서 바닷길로 고구려와 발해로 가는 길'상의 바다는 지금의 중국 대륙 동해 즉 황해나 발해가 아니라 바로 위의 하북성 호타하이다. 그리고

⑧ 나중에 입증하여 설명하겠지만 발해의 무왕이 당나라 등주를 공격한 기록상의 바다를 통한 공격도 바다가 아니라 역시 위의 하북성 호타하인 것이 여러 다른 사실에 의하여 입증된다.

이와 같은 원래의 의미대로 중국사서 기록상의 우리 고대사 관련 기록에서 바다[海]를 제대로 해석함으로써 수많은 사실이 바로잡힌다. 이는 왜곡에 의하여 바로잡는 것이 아니다. 바다[海] 기록을 왜곡함으로써 잘못 해석한 것을 원래 의미대로 바로잡는 것이다. 더군다나 현재 왜곡된 해석에 의한 관련 사항을 해석함과 원래 의미로 바로잡은 해석에 의한 관련 사항을 해석해 보면 어느 사항이 맞는지 명확히 알 수 있다. 이렇게 바다[海] 기록을 바로잡음으로써 올바르게 해석되는 사항이 우리 고대사에 있어서 매우 중요하므로 이로 말미암아 우리

고대사가 바로잡힌다. 그리하여 이 글에서 밝히는 바와 같이 바다[海] 기록을 바로잡지 않더라도, 바로잡지 않고 해석해도 맞지 않게 잘못 비정된 사항으로 입증된 수많은 사항 아니 전체 사항이 바다[海] 기록을 바로잡으면서 완성될 수 있다. 이의 대표적인 사항이 위의 바다[海] 기록 입증 사항 여덟 가지는 물론이고

⑨ 우리 고대사의 위치를 기록한 『후한서』 및 『삼국지』 「동이(열)전」상의 「동옥저」, 「예」, 「부여」, 「한」 전 등의 바다로 기록된 마한, 진한, 변한의 위치,

【사료119】『삼국사기(三國史記)』卷第二十三 百濟本紀 第一 시조 온조왕(溫祚王) 13년 8월

〔13년(B.C. 6)〕 8월에 마한(馬韓)에 사신을 보내 도읍을 옮긴다는 것[遷都]을 알리고, 마침내 강역을 구획하여 정하였다. 북쪽으로는 패하(浿河)에 이르고, 남쪽은 웅천(熊川)을 경계로 삼으며, 서쪽으로는 큰 바다에 닿고, 동쪽으로는 주양(走壤)에 이르렀다.

⑩ 이 기록상의 서쪽 바다는 서해(황해)가 아니라 큰 호수와 큰 강으로 이는 한반도 서해(황해)도 아닌 산동성 태안시의 호수 동평호이다. 따라서 한(韓)의 서쪽에 있다는 바다는 반드시 서해가 아니고 바다가 아닌 것으로 결국 백제의 위치가 한반도가 아닌 산동성으로 비정된다.

⑪ 마찬가지로 준왕이 위만에게 쫓기어 경유한 바다도 이러한 결과에 의하면 서해가 아니라 하북성 위만조선 땅에서 남쪽의 한(韓) 지역, 마한 지역으로 온 것으로 이 바다는 하북성 호타나 산동성 황하이다. 따라서 준왕이 온 곳은 한반도 충청도 직산 땅이 아니라 이곳 산동성이다. 이곳 마한 땅 사방 4천 리에서 백제에 동북쪽 땅을, 신라에 동쪽 땅을 주었다.

⑫ 그리고 광개토대왕 비문상의 신묘년조의 왜가 바다를 건너온 위치는 한반도 현해탄이 아니라 산동성 하천이라는 사실,

⑬ 당나라의 백제 침공 시 서해(황해)를 건넌 것이 아니라 산동성 황하와 호수 그리고 수로를 통하여 공격한 것에 따른 백제의 위치,

⑭ 비류가 자살하였다는 미추홀 바닷가도 서해로 해석하여 지금의 인천으로 주류 강단 사학계는 해석하고 있다. 하지만 위와 같은 취지와 사례 그리고 백제의 낙랑, 말갈, 그 옆의 신라의 왜 사항과 더불어 여러 다른 사항에 의하면 한반도의 백제가 아니라 산동성의 백제로 해석된다.

이것뿐만 아니라 수많은 사항이 새롭게 아니 원래의 위치에 바르게 해석, 비정된다.

> 중국사서 기록상의 바다[海]는 지금의 바다가 아니라 큰 하천이나 호수, 수로이다. 이는 여러 근거에 의하여 명백히 입증된다. 이로 말미암아 우리 고대사가 왜곡에서 벗어나 올바르게 제대로 비정된다.

3) 세 번째로 『삼국지』상에 한(韓)이 한나라 때에는 낙랑군에 소속되어 철마다 조알하였다고 하였다. 주류 강단 사학계의 비정대로라면 이것은 불가능하다. 물론 서해를 통하여 하였다고 할 것이다. 하지만 바다를 통한 조공을 기록한 것이 아니다. 평양 지방의 낙랑군 중간에 황해도 대방군이 있는데 충청도의 한(마한)이 조공한다는 것은 불가능하다. 하지만 여러 낙랑 관련 사료에 의하면 하북성과 산동성에서는 중국 측의 과장되고도 자기중심적인 표현이지만 가능하다. 낙랑군이 설치된 곳이 넓은 의미의 낙랑이요, 진한 즉 신라 땅이 낙랑이 옮겨진 바로 작은 의미의 낙랑이기 때문이고, 이곳은 인접한 곳

이기 때문이다. 즉 이 기록의 낙랑군은 반드시 하북성에 있었던 한나라 군현인 낙랑군이 아니고 하북성 낙랑 땅이나 여기서 옮겨온 산동성 낙랑 땅을 낙랑군으로 잘못 기록한 것으로 보아야 옳다.

4) 대방군을 설치하자 왜와 한이 복속하였다는 기록에 의하여서도 왜는 주류 강단 사학계가 비정하는 한반도 현해탄 너머 일본열도의 왜가 아니다. 당시 상황으로는 더욱더 먼 왜가 육지에서 세력이 바뀌자 복속되었다는 것은 바다로 떨어져 있을 수 없는 것을 나타낸다. 이는 육지로 한(韓)과 남쪽으로 접한 왜이다. 이곳은 한반도가 아니다. 그리고 나중의 기록상에 변진국도 왜와 가까운 지역이라고 하였고, 그중에서 독로국은 왜와 경계로 하고 있다고 하여 왜와 육지로 접하고 있음을 증거하고 있다. 하지만 주류 강단 사학계는 많은 육지로 접한 기록이 있음에도 독로국을 전혀 근거 없이 거제도와 대마도로 비정하여 비상식적으로 부정하고 있다. 더군다나 『후한서』상에는 마한과 변진이 왜와 가까워 문신한 사람이 상당히 있다고 하여 가까이 접한 사실을 더욱 신빙성 있게 증거하고 있다.

5) 진한 즉 신라는 진나라의 고역을 피하여 한국으로 왔다고 하면서 이 신라, 진한 사람이 진나라와 흡사하다고 하여 진나라에서 온 것으로 기록하고 있는 한편 낙랑과 연계시키고 있다. 이는 앞에서 이미 살펴본 진나라와 같은 소호 김천씨 후예와 연나라 탁수의 유래 등 기록을 입증시켜 주는 것으로 특히 『삼국지』는 이를 연나라와 제나라와의 연관성보다는 진나라와의 연관성에 무게를 두고 있다. 이는 신라 족속인 예족이 원래 진나라 지역에서 연나라 지역으로 옮겨온 다음 산동성 지역 및 한반도로 이주한 것을 입증하는 자료이다.

6) 변진 지방 즉 주류 강단 사학계의 비정에 의한 가야 지방에서 철을 생산해 낙랑과 대방은 물론 다른 한(韓), 예, 왜인과 교역한 활동 근거를 두 사서의 기록을 근거로 하고 있다. 하지만 기원전후 기간과

3세기경 주류 강단 사학계의 비정에 의한 한반도에서의 해상 활동은 가능할 수도 있지만 상당히 의심스럽다. 차라리 산동성에서의 육지 활동은 당시에 가능하다.

이러한 모든 것을 종합하면 두 사서의 기록은 한반도에서의 기록이 아니고 중국 대륙에서의 기록이 맞다. 설사 양보하더라도 바다의 기록 즉 한(韓)의 서쪽에 바다가 있고 준왕이 바다를 경유하였다는 것을 바다로 해석하는 경우, 단 한 가지만 한반도에의 비정이 가능하다. 하지만 이는 절대 아니다. 따라서 앞으로 우리 고대 국가 기록상에 바다 기록을 바다가 아닌 것으로 해석하는 경우 전혀 다른 해석이 가능한 것으로 이 위치는 한반도가 아닌 하북성과 산동성으로 해석된다. 이에 대하여는 계속 입증해 나갈 예정이다. 중국사서와 『삼국사기』 기록상의 모든 조건은 한반도에 비정하는 주류 강단 사학계의 비정으로는 충족시킬 수 없다. 그래서 주류 강단 사학계는 같은 명칭을 기록마다 그들의 잘못된 위치 비정 때문에 할 수 없이 다른 여러 곳으로 비정할 수밖에 없다.

이의 모든 것과 중국사서의 모든 기록과 『삼국사기』상의 소위 삼국 초기의 모든 기록 즉 백제와 신라가 북으로 말갈을 접하고, 동으로는 낙랑이 있고 남으로는 왜가 있다는 사서상의 기록을 충족시킬 수 있는 곳은 하북성 남부 및 산동성뿐이다. 하북성 및 산동성 일대에 마한이 있고 동쪽에 진한과 변한이 있어 마한의 동북쪽에 백제가 들어서고 동쪽에 신라 그리고 그 동쪽에 낙랑국이 있고 남쪽으로는 왜가 있다.

광개토대왕 비문상에 이러한 중국사서 및 『삼국사기』상의 왜가 이 사서들에 기록된 바와 같이 신라를 침범하여 광개토대왕이 구원해 준다. 설사 이 비문상의 바다 해(海) 자가 조작이 안 되어 원래 비문상에 그대로 있다고 하더라도 이 비문상의 바다를 건너온 왜는 실제 바다가 아니라 산동성 신라 남쪽에 있었던 왜가 그 사이의 바다로 기록된 큰 하천이나 호수를 건너 신라를 침범하였다. 산동성에는 큰 호수나 하천이 많다.

이 이후의 왜인 일본열도의 왜는 나중에 일본열도에 정착한 후 중국 내지는 중국사서가 정치적으로 인정한다. 그 이전의 중국사서상의 왜는 어느 일정한 지역에 정착하지 않고 먼 곳에 살며 정치적, 문화적으로 중국과 관계가 깊지 않은 변방의 소수민족으로 중국 하북성 동부 및 산동성 남부와 산동반도 동부 해안과 요동반도 그리고 한반도 서부 및 남부 해안 그리고 당연히 일본열도 등에서 바다와 접하며 사는 사람을 통틀어 일컫는다.

물론 사서의 기록에 따라 이들의 위치도 달라지고 있다. 그리고 『삼국사기』와 『삼국유사』 기록상에 신라의 후기 시기 즉 500년경과 그 이전에 신라를 침범한 왜 세력이 가까이 육지에서 공격한 관계로 왜 세력을 한반도의 가야 세력이나 옹관묘 문화의 독자적인 나주 세력으로 비정하는 주장이 있다. 이러한 주장은 사서상 즉 『삼국사기』상에 물론 바다에서부터 온 것도 있지만 신라의 중심부까지는 이곳 가까이에서 올 수밖에 없는 기록이 많고, 가야가 신라에 멸망당한 이후부터는 왜의 침입 사실이 없는 것으로 보아 초기 기록은 몰라도 후기 기록은 왜라는 세력은 가야 세력일 가능성이 높다는 해석이다. 따라서 중국사서에서는 가야 세력이나 나주 세력을 왜라고 알고 그 남부에 왜가 접하여 있다고 인식하여 기록하였다는 논리이다. 그리고 다른 주장은 이러한 인식과 원래 중국 대륙 하북성 지방에 있던 원래의 백제 및 신라 남쪽에 왜가 있었기 때문에 이를 복합적으로 인식하여 사서에 표현한 것이라는 주장이다.

하지만 나중에 살펴보겠지만 백제와 신라 그리고 고구려의 상호 활동 기록상에 백제와 신라 말기까지 하북성 및 산동성에서의 초기 삼국 활동 지역에서의 활동이 기록되어 있다. 이곳에서의 삼국 활동이 늦게까지 있다. 따라서 신라에 대한 왜의 침입 중 바다와 관련된 침입은 한반도 신라와 일본열도와의 기록이고 육지에서의 침입 사실은 산동성에서의 기록으로 보아야 한다. 이 두 기록 즉 두 개의 신라와 두 개의 왜를 『삼국사기』 등 사서에서는 하나의 신라로 기록하였다. 이러한 이중적인 기록은 나중에 살펴볼 임나에서도 확인되는 사항이다.

  백제를 설명하면서 살펴본 바와 같이 백제와 신라의 역사는 그 영토만큼이나 서로 맞물려 돌아간다. 주류 강단 사학계의 비정처럼 두 나라 초기에 한반도의 마한 및 진한 땅인 서울과 경기 충청도 일원의 백제와 경주 지방의 신라가 각기 떨어져 각자 추슬러 세우기 바쁜 백제와 신라가 아니었다. 가까이 있어 또한 더불어 가까이 있는 말갈과 낙랑국, 낙랑군, 왜와 투쟁을 벌이며 바쁘게 활동하였다. 이곳은 주류 강단 사학계의 비정처럼 한반도일 수가 없다. 이러한 사정은 계속 이어져 삼국이 해체될 때까지 그 영토가 계속 이어졌다. 그 영토가 서로 맞물려 이어진 곳은 한반도의 경상도와 충청도 및 전라도 지역뿐만 아니라 만주 지방 그리고 중국 본토 하북성 및 산동성 지방으로 이어졌다. 이러한 사실이 『삼국사기』 곳곳에 퍼즐처럼 숨겨져 있고, 중국사서 정사 24사에는 이것을 증명하는 기사가 줄줄이 있다. 그럼에도 불구하고 그동안 주류 강단 사학계는 이를 모두 한반도로 비정하는 무리를 하고 있다. 이 글은 이것을 증빙하고자 한다. 앞서 백제 영역을 설명하면서 인용한 다음 사료를 보자. 이것은 백제와 신라의 영토가 서로 얽혀 있음을 나타낸다.

> 【사료147】『삼국사기(三國史記)』卷第三十四 雜志 第三 지리(地理)一 신라(新羅)
>
> 9주의 관할 내역
>
> 처음에는 고구려(高句麗) 백제(百濟)와는 지형이 개 이빨처럼 들쑥날쑥 엇갈려 있어서 혹은 서로 화친하기도 하였고, 혹은 서로 침략하다가, 후에 대당(大唐)과 함께 두 나라를 쳐서 멸망시키고, 그 토지를 평정한 뒤에 마침내 9주를 설치하였다.

사료상에 개 이빨처럼 들쑥날쑥 엇갈려 있다는 기록은 앞에서 살펴본 대로 여러 중국사서를 그대로 인용하였다.

> **백제와 신라의 땅은 만주 요령성에도 있어 여기에서 서로 그 영토가 엇갈려 있었다. 이는 사서 기록이 입증하는 사항이다.**

이 기록에서는 신라의 영역이 고구려, 백제와 서로 엇갈려 있다고 하였지만 어떻게 어떠한 땅이 어디에서 구체적으로 얽혀 있음이 기록되지 않고 있다. 그러나 중국사서의 기록에는 구체적으로 기록되어 있다. 이에 대하여는 백제의 영역을 설명하면서 증명하였다. 당나라 때의 두우가 저술한 사서『통전』에도 나와 있고, 중국 송나라 때 정초가 편찬한 기전체의 통사 사서『통지』 및 송나라 말기 마단림이 편찬한『통고』에도 각각 기록되어 있는 등 여러 중국사서에도 기록되어 있다. 이러한 기록에 대하여 여러 다른 사서의 기록 즉 백제와 신라의 영역에 대한 기사를 확인하여 판단한 기사가 다음의 기록이다.

> 【사료146】『흠정만주원류고』권4 부족4 신라
>
> 살피건대 요나라 함주는 금나라 때 함평부가 되고, 동주는 금나라 때 동산현이 되었는데 모두 지금의 철령과 개원사이다. 동쪽으로 위보가 있고 보는 곧 길림 경계이고 남으로 봉천이다. 곧 당나라 때의 고구려의 지경이다.
> 개원은 즉 한나라 때 부여국 곧 옛 백제의 나라이다. 통고에서 말하는 '신라서북 지경이 고려와 백제의 사이로 튀어 나왔다'고 한 것은 곧 이것을 가리킨 것이다. 그 뒤 모두 발해에 병합되었으며 그때에는 곧 여진에 속하게 되었다.

백제와 신라 그리고 고구려 영역이 서로 얽혀 있는데 신라의 영역이 고구려와 백제 사이에 개 이빨처럼 튀어 나온 형국을 말하고 있다. 그런데 그 위치가 바로 중국 만주 개원시와 철령시 지역을 지칭한다. 그 이북은 고구려이고 남쪽은 백제 영역인데 그 부분만 동에서 서로 들어가게 신라의 영역인 것을 기록하고 있다.

즉 신라의 영역은 한반도 경상도에서 북으로 동해안을 거쳐 강원도 및 함경도를 거쳐 지금의 길림성까지 이어지다가 여기서 서쪽으로 향하여 지금의 심양시 북쪽의 철령시와 개원시 인근까지 이르렀음을 밝히고 있다. 백제 영역에서도 비판하였지만 현재 주류 강단 사학계는 신라가 경상도 지방에 있다가 진흥왕 시기에 함경도까지 영역을 확대하여 순수비를 세운 것으로 역사를 세웠다. 하지만 이는 역사 왜곡이자 조작이다.

진흥왕 시기에 이곳까지 영역을 확대하였다는 증거는 어디에도 없다. 주류 강단 사학계가 근거로 삼는 것이 551년 이후 진흥왕 시기에 백제와 신라가 연합하여 고구려를 공격한 후 고구려에 이전인 475년 백제 개로왕 시기에 빼앗긴 백제의 한성 지방을 탈환한 후 이것을 553년 신라가 가로채고 이곳에 신주를 설치하고 북한산을 순행하고 신주를 북한산주로 바꾸는 등의 기록을 신라의 한성 즉 서울 지방의 점령 사실이다.

하지만 이는 한성을 한반도 서울의 한성으로 비정함을 전제로 성립한다. 나중에 상세히 입증하여 설명하겠지만 551년 백제와 연합하여 고구려를 공격할 때 백제가 공격한 평양성은 남평양으로 고구려의 첫 도읍지인 산동성 졸본성이고, 이 결과로 백제가 한성 지역을 차지하는 대신 신라는 예전에 고구려에 빼앗겼던 산동성 남옥저 죽령 지방을 다시 찾았다. 이 사실을 숨기거나 무시하거나 다른 것으로 왜곡하여 비정한 채 한반도 서울 한성 지방을 신라가 차지하는 것으로 해석하였다. 남평양에 대하여 이러한 한반도 내의 비정을 한 식민사학자 이병도의 경우 나중에 살펴보겠지만 지금의 서울 북한산성으로 비정하였다. 이는 학문이 아니다. 있을 수 없는 비정이다.

이러한 비정을 한 까닭은 여러 가지 속사정인 기존의 여러 가지 잘못된 다른 비정에 의한 것이지만 결국은 잘못된 한반도 비정에 따른 결과이다. 따라서 졸본 즉 옛 평양성, 남평양성이 다른 곳이고 죽령 지방이 다른 곳 즉 한반도가 아니라면 백제의 첫 도읍지 한성이 한반도가 아니고 산동성이 된다. 이렇다면 진흥왕의 한반도 서울 지방 경략 사실은 주류 강단 사학계의 잘못된 비정이다. 따라서 신라는 그 이전부터 서울 동쪽 지방을 그 영역으로 삼았다. 물론 한반도에서 신라는 백제와 이곳 서울 지방을 두고 쟁패를 벌였다. 그래서 백제의 도읍지로 비정되었던 경기도 하남시 이성산성이 신라의 성으로 신라의 유적·유물이 발견된 이유이다. 신라는 이미 이전부터 이곳보다 더 위쪽인 만주 길림 지방과 그 서쪽의 철령시와 개원시까지 영역을 가지고 있었으며 진흥왕은 원래의 자기 영역을 순시하여 순수비를 세웠거나 후대에 세운 것을 진흥왕이 그 시기에 세운 것으로 잘못 해석한 것에 불과하다. 이에 대하여는 나중에 자세히 입증하여 설명하도록 할 것이다.

> 함경도 지방을 신라 진흥왕 시기에 확보하였다는
> 주류 강단 사학계의 비정은 전혀 근거 없는 허구의 비정이다.

사실 고구려와 백제의 건국 사실 및 영역에 대하여는 그동안 많은 논란과 주장이 있어 왔으나 신라에 대한 논란과 주장은 없었다. 이는 잘못으로 주류 강단 사학계의 신라에 대한 논리가 잘못된 것이 많음을 시사한다. 사실과 많이 다르게 왜곡 조작됨을 의미한다. 이를 바로잡아야 한다. 중국사서와 『삼국사기』 등에 의하여 바로잡을 수 있다. 이 기록들을 주류 강단 사학계는 자기들 논리에 맞지 않으면 배척하여 외면하거나 왜곡하여 자기들 논리에 맞추어 왔다. 이를 바로 해석만 하면 된다. 그것도 상식적으로 하면 된다. 모든 것이 사서의 기록에 있기 때문이다.

본 필자가 앞에서 신라가 하북성 남쪽 산동성의 남옥저 지방에서 낙랑국 옆에 건국을 하였다고 하였다. 이는 사서에 기록되어 있다. 즉

【사료110】『후한서(後漢書)』東夷列傳 濊

濊는 북쪽으로는 高句驪·沃沮와, 남쪽으로는 辰韓과 접해 있고, 동쪽은 大海에 닿으며, 서쪽은 樂浪에 이른다. 예 및 옥저·구려는 본디 모두가 [옛] 朝鮮의 지역이다.

【사료165】『북사(北史)』列傳 新羅

新羅는 그 선조가 본래 辰韓의 종족이었다. 그 땅은 高[句]麗 동남쪽에 있는데, 漢나라 때의 樂浪 지역이다. 辰韓을 秦韓이라고도 한다. 대대로 전해오는 말에 의하면 秦나라 때 流亡人들이 役을 피하여 [馬韓으로] 가자, 馬韓에서는 그 동쪽 지경을 분할하여 그들을 살게 하고, 그들이 秦나라 사람인 까닭에 그 나라 이름을 秦韓이라 하였다고 한다.

○ 일설에 의하면 魏나라 장수 毋丘儉이 고[구]려를 토벌하여 격파하니, [고구려인들은] 沃沮로 쫓겨 갔다가 그 뒤 다시 고국으로 돌아갔는데, [이때에 따라가지 않고] 남아 있던 자들이 마침내 新羅를 세웠다고 한다. [신라는] 斯盧라고도 한다.

【사료166】『수서(隋書)』東夷列傳 新羅

新羅國은 高[句]麗의 동남쪽에 있는데, 漢代의 樂浪 땅으로서 斯羅라고도 한다. 魏나라 장수 毋丘儉이 고[구]려를 토벌하여 격파하니, [고구려]는 沃沮로 쫓겨 갔다. [그들은] 그 뒤 다시 고국으로 돌아갔는데, [이때에 따라가지 않고] 남아 있던 자들이 마침내 新羅를 세웠다.
그러므로 그 나라는 중국·고[구]려·백제의 족속들이 뒤섞여 있으며 沃沮·不耐·韓·獩의 땅을 차지하고 있다. 그 나라의 王은 본래 百濟 사람이었는데, 바다로 도망쳐 신라로 들어가 마침내 그 나라의 왕이 되었다.

【사료174】『문헌통고』

신라국은 백제 동남 5백여 리에 있다.(또한 고구려 동남에 있고, 한나라 때의 낙랑군 땅을 차지하고 있다). 초기에 신로 또는 신라로 불렀다. 동쪽 끝은 대해이다. 위魏의 관구검이 고구려를 쳐부수자 옥저로 달아났다. 그 뒤에 옛 나라로 돌아왔으나 남은 사람들이 신라를 세웠다. 그래서 그 나라 사람들은 화하 華夏 고구려 백제 사람이 섞여 있다. 옥저沃沮 불내不耐 한韓 예濊의 땅을 차지하고 있다. 그 왕은 본래 백제인인데 바다를 통해 신라로 들어와 그 나라 왕이 되었다.

여러 사서에 기록되어 있는 바와 같이 옥저가 옛 조선의 지역이라고 하여 고조선 지역에 있었음을 기록하고 있다. 물론 이 지역은 하북성 연나라와의 경계에서의 고조선 지역이다. 이 옥저와 관련한 기록은 중국사서와 『삼국사기』상에 무수히 많다. 그중에 신라의 건국과 관련한 기록은 당나라 시기에 재상을 역임했던 두우가 편찬한 『통전』에 "신라국은 위魏라 때 신로국新盧國으로 기록되었고, 그 선조는 본래 진한辰韓이다. 진한辰韓은 처음에 6국이었는데 점차 나누어져서 12국이 되었다. 신라는 그중의 하나이다. 위魏나라 장수 관구검毌丘儉이 고구려를 쳐서 이기자 고구려왕은 옥저沃沮로 달아났다. 그 뒤에 옛 나라로 돌아왔으나 남은 사람들이 신라를 세웠다."라고 되어 있고, 남송말 원초인 1319년 마단림이 저술한 『문헌통고』에도 "신라국은 백제 동남 5백여 리에 있다.(또한 고구려 동남에 있고, 한나라 때의 낙랑군 땅을 차지하고 있다), 초기에 신로 또는 신라로 불렀다. 동쪽 끝은 대해이다. 위魏의 관구검이 고구려를 쳐부수자 옥저로 달아났다. 그 뒤에 옛 나라로 돌아왔으나 남은 사람들이 신라를 세웠다. 그래서 그 나라 사람들은 화하華夏 고구려 백제 사람이 섞여 있다. 옥저沃沮 불내不耐 한韓 예濊의 땅을 차지하고 있다. 그 왕은 본래 백제인인데 바다를 통해 신라로 들어와 그 나라 왕이 되었다."고 되어 있다. 또한 『북사』에는 "백제는 한漢나라 때의 낙랑땅에 있다. 혹은 위나라 장수 〈관구검毌丘儉〉이 고구려를 쳐서 이기자 {왕이} 옥저로 날아났는데 그 후 옛 나라에 돌아왔으나, 남은 사람들은 신라 또는 사로를 세웠다. 그 왕은 본래 백제인으로 바다를 통해 신라에 들어왔다. 초기에는 백제에 부용되었는데 백제가 고구려를 정벌할 때 부역을 감당하지 못하여 백성들이 서로 이끌고 오니 점차 강성해졌다. 30대를 전하여 〈진평眞平〉에 이르렀다."고 되어 있다. 또한 중국 북송대에 성립된, 오대의 왕부가 저술하여 961년에 완성한 「당회요」에는 "신라는 본래 변한의 땅이다. 그 선조는 고구려에서 나왔다. 위魏나라가 고구려를 쳐서 이기자 그 무리들은 옥저沃沮로 가서 보존하였다. 뒤에 옛 나라로 돌아갔다. 그곳에 남은 사람들을 신라로 불렀다."라고 되어 있으며, 여러 사서에 또한 "신라는 처음에 옥저沃沮를 확보하였다"고 하여 분명히 신라가 옥저 땅에서 건국된 것으로 하고 있다. 그런데도 우리 사학계에서는 이에 대한 언급이 전혀 없다. 왜냐하면 그들의 비정이 그들이 중시하는 중국사서의 기록과 다르기 때문이다.

신라는 하북성에서 산동성으로 옮겨진 낙랑 지역인 (남)옥저 지방에서 건국되었다.

일부 다른 기록을 근거로 한반도에 고착시킨 채 비정하였더니 다른 기록들은 이에 맞지 않는다. 그러므로 일일이 대처할 수 없다. 즉 그들이 『삼국사기』를 무시하면서까지 중요시 여기는(사실인 일부 기록만을 편의적으로 채택하여 그들 논리의 근거로 삼는다.) 『삼국지』와 『후한서』의 「동옥저」전 및 「예」전 기록을 자신들의 논리인 한반도에 맞추어 이용한 채 고구려를 한반도 북부에, 부여는 그 북쪽에 각각 비정한 후 기록대로 옥저를 고구려 북쪽이자 부여 남쪽 내지는 동쪽 등 가까이 비정한 관계로 한반도 북부인 함경도 지방에 비정할 수밖에 없었다.

그런데 다른 위의 중국사서 기록상의 옥저가 신라와 관계가 있는 사실에 대하여는 어떻게 할 수 없다. 그들의 비정대로라면 경상도의 신라와 함경도의 옥저와의 관계를 설명할 수가 없다. 이는 중국사서의 기록뿐만이 아니다.

『삼국사기』 기록상에도 주류 강단 사학계의 비정대로라면 함경도의 동옥저의 사신이 경상도 경주 지방에 위치한 신라에 말 20필을 선사한다는 사실, 고구려가 동옥저를 정벌한다는 사실, 백제에 남옥저가 귀순해 온 사실, 신라가 건국된 남옥저 죽령 지방에 왜 사신이 방문한 사실, 이 남옥저 죽령 지방에 동천왕이 관구검 침입 시 도피한 사실 등은 도저히 주류 강단 사학계의 한반도 위치 비정에 의하면 맞지 않는다.

그것도 주류 강단 사학계가 비정한 바에 의하면 절대 맞지 않는다. 하지만 『삼국지』 「예」 전상의 예의 북쪽에 있다는 고구려와 옥저는 고구려가 처음 산동성에 있을 때와 그 동쪽의 신라가 건국된 남옥저를 가리킨다. 따라서 『삼국지』와 『후한서』의 「예」 전 기록상의 예는 신라의 예족임을 인식한 것이거니와 이 지역이 예족인 신라가 건국된 산동성 지역임을 나타내는 것으로 해석된다. 실제로 『삼국지』와 『후한서』의 「동옥저」전 기록상에 남옥저가 북옥저와 8백 리 떨어진 것으로 되어 있듯이 하북성 나중의 고구려 인근의 북옥저와 8백 리 떨어진 산동성 원래의 산동성 고구려 동쪽의 신라 지방 북쪽에 있었던 것이 남옥저이다. 이곳에 있어야만 모든 중국사서의 기록은 물론 『삼국사기』상의 주류 강단 사학계의 비정에 의한 한반도 위치는 도저히 있을 수 없는 사실이 이곳에서는 맞는다. 특히 주류 강단 사학계는 주로 위의 『삼국지』와 『후한서』의 기록에 의하여 한반도로 비정하였지만 이 기록도 한반도에 비정하면 맞지 않는다. 더군다나 『삼국사기』와 교차 검증하면 더욱 맞지 않는다. 하지만 하북성과 산동성에 비정하면 모든 것이 맞아떨어진다.

> 현재 주류 강단 사학계의 한반도 비정으로는 모든 사서의 기록이 서로 맞지 않는다. 신라 및 백제는 중국 산동성에서만 모든 사서 기록이 맞아떨어진다.

한두 가지 사실이 아니고 모든 사실이 그렇다. 주류 강단 사학계는 이 기록들의 단편적인 것만을 한반도에 맞추어 억지로 비정하였기 때문이다. 많은 부분이 맞지 않는다. 이에 대하여 계속 입증하여 설명할 예정이다. 그동안 재야 민족 사학계 일부에서는 여러 중국사서 기록의 일부를 중국의 여러 곳에 비정함에 따라 우리 고대 국가인 고구려, 신라, 백제의 대륙 소재 입증을 시도하였으나 전반적인 중국사서 기록과 『삼국사기』 및 『삼국유사』 그리고 『고려사』 기록은 물론 중국사서 지리지와 우리사서 지리지를 총망라하여 교차 검증하여 우리 고대사의 활동 지역이 중국 대륙임을 밝히는 것은 이 글이 최초이다. 본 필자가 잘해서가 아니라 인식의 전환과 왜곡 이전의 열린 마음으로 모든 것을 인식하니 제대로 보인 것뿐이다. 본 필자의 바람은 부디 이 글이 최초임과 동시에 최종이 되는 것이다. 즉 이 글이 규명한 대로 우리 역사가 제대로 바뀌어 정립되었으면 한다. 이를 위하여 앞으로 계속 정진할 계획이다.

앞에서 낙랑에 대하여 설명하였고 앞으로도 낙랑 편에서 자세히 확인하겠지만 낙랑이 백제와 신라 특히 신라와 관계가 깊으며 이 낙랑은 다시 옥저와 관계가 있고 이 옥저는 다시 고구려와 현토, 신라, 왜와 관계가 있고 이 옥저는 죽령에 있으며 이 죽령은 왜와도 관계가 있고 백제, 신라, 고구려와 관계가 있는데 특히 이 죽령은 신라와 고구려 간의 영토 연고권 주장이 있는 곳으로 하북성 남단이요 산동성이라는 사실이다.

이에 대하여는 계속 입증해 나가도록 하겠다. 이러한 사항을 입증해 나가는 것이 이 글의 목적이요 내용의 전부이다. 신라의 위치가 어디이고 영역은 어디인가에 대한 중국사서와 『삼국사기』 등의 기록은 현재 주류 강단 사학계가 비정하는 바와는 전혀 다르다. 우선 위의 기록에 대하여 살펴보기로 한다. 이를 살펴보면 신라의 위치에 대한 인식을 알 수 있기 때문이다. 위에서 『문헌통고』상에 "신라국은 백제 동남 5백여 리에 있다."라고 하였다. 이 기록만을 단순히 보면 현재 주류 강단 사학계가 비정한 대로인 것으로 이해될 수 있다. 백제가 서울, 경기도나 충청도에 있으면서 경상도의 신라를 보고 동남쪽 5백여 리에 있는 것이 맞게 된다. 하지만 동쪽이면 동쪽이지 동남쪽이 조금 이상하지만 그저 그렇다. 이러한 기록은 『통지』상에도 기록되어 있다.

그러나 원래『남사』에는 "신라는 백제의 동남 50여 리에 있다."고 되어 있었다고 한다. 하지만 현재 국사편찬위원회의 한국사 데이터베이스상의 중국정사 조선전상의 『남사』에는 "신라는 백제의 동남 5천여 리에 있다."고 되어 있다. 더군다나 [통고]에는 또한 "남쪽으로 신라에 접한다."고 기록되었다. [회요]에는 "동북쪽으로 신라에 이른다."고 기록되었다. 위치에 대한 기록도 다르다. 무엇이 맞는지 추가 조사가 필요할 수도 있지만 세 가지 다른 거리 표시는 바로 신라 위치에 대한 인식을 나타내었다.

본 필자의 판단은 이 세 가지 기록이 전부 맞는다. 즉 세 곳의 백제와 신라와의 위치 관계를 나타낸 것이라고 판단한다. 우연히 세 곳의 백제와 신라의 위치가 거리 차이만 다르고 거의 비슷하다. 모두 백제 동남쪽에 신라가 있다. 산동성에서의 두 나라 위치도 백제 동남쪽 옆에 신라가 있고, 요령성에서의 두 나라 위치도 마찬가지이고, 한반도에서의 두 나라 위치도 마찬가지이다. 다른 것은 거리 위치인데 보기에 따라서, 인식에 따라서 50리, 5백 리, 5천 리가 될 수 있다.

특히 산동성의 백제에서 한반도의 신라를 보면 5천 리가 될 수 있다. 하지만 같은 산동성에서의 위치는 50리에 불과하고 같은 한반도에서의 위치는 50리나 5백 리가 될 수 있다. 그래서 백제 편에서 "유성과 북평에서 재어보면 곧 신라는 그 동남쪽에 있게 되고, 경상과 웅진에서 재어 보면 곧 신라는 그 동북쪽에 있게 되며"의 위치 개념 기록이 있다. 이것은 백제의 영토 개념에서 바라본 것이다. 즉 소위 요서백제에서 한반도의 신라를 바라본 위치 개념을 적은 것뿐이다.

▌신라는 단지 한반도의 동남부에만 있었던 나라가 아니었다.

　신라는 단지 한반도의 동남부에만 있었던 나라가 아니었다. "신라의 영토는 동남으로 오늘의 조선 경상 강원 두 개 도와 서북으로는 곧바로 오늘의 길림(吉林) 오라(烏拉)에 이르고 또한 서쪽으로는 개원(開元) 철령(鐵嶺)에 가까워서 고려 백제의 사이로 튀어 나왔다."라고 하여 신라의 영토에 대하여 명확히 증거하고 있다.

[신라 진흥왕 순수비에 대하여]

그리고 신라의 영역이 당초부터 만주 지방 즉 길림성 길림까지 있었다는 사실을 무마 내지는 회피하기 위하여 어쩔 수 없이 주류 강단 사학계가 선택한 카드가 진흥왕 순수비에 의한 함경도 진출설이다.

하지만 이는 일제 식민 사학자들이 만들고 주류 강단 사학계가 그대로 수용한 또 다른 회피 이론이다. 본 필자의 연구에 의하면 진흥왕 시기에 신라의 영역이 함경도로 확대되었다는 증거가 전혀 없고 그 영역 확대 증거물이 순수비가 될 수 없다. 소위 진흥왕 순수비가 진흥왕이 순시하고 세운 것이 맞다 하더라도 그것이 그제야, 아니면 그때 영역을 확대하고 순시한 것이라고 볼 수 없다.

진흥왕은 그 이전부터 그 영역을 가지고 있었던 차에 자기 영역을 순시하고 순수비를 세웠거나 진흥왕이 아닌 후대에 세운 것이기 때문이다. 하지만 주류 강단 사학계는 진흥왕 순수비는 진흥왕 당대에 이 지방들을 손수 순수하고 직접 세운 것이라는 것을 강조한다. 이는 한반도에서의 신라의 활동 및 관련된 백제 및 고구려의 한반도 고착화를 위한 논리이다.

진흥왕 순수비로 알려진 4개의 비는 각각

1. 창녕 신라 진흥왕 척경비(국보 제33호)(현재 경상남도 창녕군 창녕읍 교상리),
2. 북한산 신라 진흥왕 순수비(국보 제3호)(현재 서울시 종로구 구기동 북한산 비봉),
3. 황초령 신라 진흥왕 순수비(현재 북한 함경남도 함주군 하기천면 진흥리에서 발견, 인근 황초령에 세움),
4. 마운령 신라 진흥왕 순수비(현재 북한 함경남도 리원군 동면 사동 만덕산)이다.

이 중 창녕비를 제외하고는 모두 진흥태왕이 순수한 후 건립한 것으로 되어 있거나 그렇게 한 것으로 해석하고 있다. 물론 관련 순시 근거도 일부 있다. 하지만 광개토대왕비 즉 '광개토경평안호태왕비'가 광개토대왕 사후 아들 장수왕에 의하여 세워졌듯이 '광개토'와 '진흥'은 사후에 붙이는 시호이다. 사후에 붙이는 시호가 비석 문에 들어간 것을 생전 당시에 세웠다고 해석하는 것은 학문을 하는 학자로서는 비상식적이다.

이러한 시호 '진흥'이 들어가 있지 않은 창녕비의 경우에는 비문상에 확실히 진흥왕이 세웠거나 진흥왕을 기려 세웠다는 증거는 없다. 더군다나 한강 북쪽인 북한산에서 발견된 소위 진흥왕 순수비 북한산비상에 '南川軍主(남천군주)' 글귀가 확인되었다. 그런데 이를 실제 역사 사실에 연계시킨 것이『삼국사기』기록상 진흥왕 16년 10월 555년에 북한산을 순수한 기록이다(557년 북한산주 설치). 그러나 이 지역이 남천주로 된 것은 이보다 13년 늦은 진흥왕 29년 10월인 568년으로 이 시기에 진흥왕이 북한산주를 폐하고 순수비상의 남천주를 설치하였다고『삼국사기』상에 기록되어 있다. 이에 의하면 북한산 진흥왕 순수비를 세웠다는 순수 당시에는 이 지역 즉 북한산과 그 이남 한강 지역은 남천주로 불리지 않고 북한산주로 불렸다는 사실을 알 수 있다. 그렇다면 순수할 당시에 있지도 않았던 행정구역명이 순수비에 있는 것이 된다. 이는 죽은 후에 붙이는 시호와 더불어 북한산 순수비는 진흥왕 사후 언젠가 그 공을 기려 세웠거나 역사적 사실을 희석시키고자 고의로 세운 것이 분명하다.

| 진흥왕 북한산 순수비 등 순수비는 근거가 없는 허위 사실로 조작이다.

이러한 명백한 사실에 의하여 근거가 미약하거나 부정적인데도 불

구하고 전문가 집단인 주류 강단 사학계는 본 필자가 이 글에서 비정하는 바와 같이 한반도가 아닌 산동성에서 이러한 활동이 이루어진 것을 한반도로 왜곡 이동시켜 비정하는데 유력한 증거로 삼아 이를 근거 없이 이용하고 있는 것이 확실하다.

그리고 이러한 문제가 있어 논란의 여지가 있는 한편 확실하지도 않은 불분명한 것을 국보로 지정한 것은 주류 강단 사학계의 왜곡 노력에 의한 것이 아닌가 판단된다.

따라서 4개의 비가 설사 진흥왕과 관련된 비석이라고 할지라도 진흥왕 당시에 세웠다기보다는 사후에 언젠가 진흥왕의 업적 즉 순시 등을 기려 세운 것이라고 해석하거나 달리 해석하는 것이 마땅하다. 그러므로 한반도 북한산 위치를 근거로 삼아 진흥왕 당시는 물론이고 백제, 신라, 고구려 간에 발생하였던 역사적 사실을 한반도로 비정하고자 진흥왕 북한산 순수비를 굳이 진흥왕 당시로 해석하려는 것은 『삼국사기』의 역사적 기록을 한반도로 비정하는 기본적인 잘못된 왜곡 의식의 발로인 것이라고밖에 판단할 수 없다. 당시 신라는 북쪽의 함경도 지방의 영역 확보는 이미 이루어진 당연한 것으로 새삼스럽게 순수비를 세울 까닭이 없었다.

[백제 무령왕릉에 대하여]

이 시호와 관련하여 살펴볼 사항이 있다. 그것은 우리 고대 국가 고분 중에서 주인이 확실하게 밝혀진 유일한 고분이 바로 백제 무령왕릉이라는 것이다. 주류 강단 사학계의 비정대로라면 무령왕릉은 백제가 475년 지금의 서울인 한성을 B.C.18~A.D.475년까지 약 493년간 도읍하고 있다가 고구려 장수왕의 침입을 받아 개로왕이 살해되고 그 아들 문주왕이 공주로 내려와 도읍을 정한 다음 475년부터 538년 부여로 옮기기 전까지 약 64년 동안 '문주왕-동성왕-무령왕-(성왕)'이 있었다. 그런데 고분이 여럿 있지만 무령왕이 발견된 곳은 송산리 고분군으로 무령왕릉을 포함하여 모두 6개 고분이 있는데 다른 것은 모두 백제 고유 전통 무덤식인 횡혈식 석실고분인데 유독 무령왕릉과 제6호분만 중국식 전축분이다.

물론 다른 고분군도 중국식 고분은 없이 전부 전통 고유 무덤이다. 그런데 유독 2개뿐인 중국식 그것도 중국 남조 양나라식 무덤 중 하나가 도굴이 안 된 처녀 분으로 발견되었고, 다른 6호분은 사용 여부가 불명확하다. 처녀 분은 고대 국가 무덤 중 유일하게 무덤 주인공이 확인되었다. 그것은 물론 다른 고분들은 도굴을 당하였기 때문이기도 하지만 무덤 안에 주인공임을 알려주는 물건이 있었기 때문이다.

그런데 아이러니한 것은 무령왕릉이 도굴이 안 된 것은 두 무덤 사이에 있어 도저히 왕릉이 있을 것이라고 생각하지 못하였기 때문이었다. 바로 이 점이 무령왕릉의 왕릉 회의론의 근거가 되기도 한다. 무령왕릉 앞에 2개의 능이 존재하고 있었다. 송산리 5호분과 6호분이다. 왕릉 앞에 이를 가로막은 채 다른 능을 조성한다는 것은 있을 수 없는 것이다. 아니면 다른 능이 앞을 가로막는 그 뒤에 왕릉을 조성하는 것은 도저히 있을 수 없는 일이다. 축조 당시에도 무령왕릉을 왕릉으로 인식하지 못하였던 것이 분명하다. 이런 차원에서 무령왕릉은 왕릉이 아니었다.

　무령왕릉이라고 확인된 것은 그곳에 매장되어 있던 유물 중 매지권으로 고대 풍습에 무덤을 쓰기 위해서는 그 땅을 토신으로부터 구매하여야 한다는 것으로 인하여 그 땅을 샀다는 표식이다. 여기에 무덤의 주인공 이름이 들어 있었기 때문이다. 이 매지권에 "영동대장군 백제 사마왕"이라는 글귀가 있었다. 영동대장군은 당시 중국과 외교상 조공 관계에서 중국 양나라가 부여해 준 영동대장군과 『삼국사기』 기록상 무령왕의 이름이 사마 혹은 융이라고 기록되어 있던 그 사마가 있어 무령왕릉이라는 것을 알려주었다. 그러나 진짜 무령왕릉이라면 백제가 양나라가 거느린 제후 격 나라에 수여하는 시호를 무덤에 과연 사용하였을까도 의문이다.

　그런데 2개의 중국 양나라 무덤 양식에 대한 조사 결과 일본산 목제 관을 사용하였다. 이 목재는 일본 혼슈섬 오사카 인근 와카야마현 북부 이토군 고야초 고야산 금송으로 밝혀졌다. 그리고 금동제 신발은 일본의 규슈섬 구마모토현 다마나시의 에다 후나야마 고분, 동경 즉 구리거울은 의자손수대경으로 불리면서 같은 일본의 에다 후나야마 수대경과 오사카의 인덕왕릉 수대경 그리고 혼슈섬 와카야마현 스타하치만 신사 인물화상경 동경과 같은 것이었고, 환두대도도 같은 오사카 인덕왕릉 단용문 환두대도와 같은 것이 출토되었다. 그리하여 주류 강단 사학계는 이 같은 것들로 인하여 백제가 중국 양나라와 일본 열도국과 교류가 이루어진 흔적이라고 설명하였고, 재야 민족 사학계에서는 이것이야말로 그동안 주장해 온 바와 같이 또한 북한의 김석형 박사가 주장한 일본열도 나라에 한반도 세력이 진출하여 고대 국가를 세운 '한반도 분국설'의 증거라고 하였다. 이러한 유물들은 백제가 일본에 분국 내지는 제후국을 두었다는 확실한 증거라고 주장하였다. 이것이 이 무령왕릉에 대한 전부인 것으로 되어 있었다.

하지만 점차 의문이 들기 시작하였다. 의문점의 시작은 무령왕릉이라는 것을 알려준 매지권의 '사마' 표시였다. 왕은 죽은 다음에 시호 즉 임금 등에게 공덕을 칭송하여 사후에 정하여 칭한 이름을 올리는 것이 당연하다. 그런데 매지권에 의하면 무령왕은 죽은 지 27개월 만에 매장한 것으로 밝혀졌다. 그러면 시호를 묘지에 밝히는 것이 당연한데도 시호전의 이름이 있는 것이 의심의 시작이다.

【사료175】『삼국사기(三國史記)』권 제26 백제본기 제4 무령왕(武寧王) 二十三年夏五月

무령왕이 죽다(523년 05월(음))

여름 5월에 왕이 (薨)사망하였다. 시호를 무령(武寧)(註 108)이라 하였다.

註 108
무령왕릉에서 출토된 지석에는 생시의 이름인 斯麻王으로 나오고 있어 무령왕은 死後 3년이 되기까지는 諡號를 받지 못한 것으로 되어 있다. 따라서 무령이란 시호는 3年喪을 치르고 일정한 기간이 지난 이후에 올려진 것으로 생각된다.

이에 대하여 주류 강단 사학계는 당시에 늦게 시호를 올려 매장한 후 정하였을 것이라고 해석하였다. 그러나 이는 비상식적인 설명이다. 절대 그럴 수는 없다. 이러한 의문점을 시작으로 매지권의 상태가 구멍이 뚫려 있는 등 조잡하고, 전체 무덤의 온전한 상태와는 달리 무덤의 재료인 벽돌로 입구를 막은 상태가 너무 조잡하여 서둘러

닫은 채 쌓은 상태가 문제로 떠올랐다.

그리고 중국 양나라 방식의 2개의 무덤 안에 매장된 사항 등에 의하여 실제 무령왕이 매장된 것이 아닌데 후대에 누군가 매지권에 무령왕의 생전 이름인 '사마'를 써넣고 서둘러 무덤 입구를 닫은 것으로 의심하기에 이르렀다.

이는 진흥왕 순수비와 같으면서도 정반대의 경우에 해당한다. 즉 진흥왕 순수비는 죽은 후에 붙이는 시호가 적혀 있는데도 생전에 비석을 세운 것이라고 하는 반면, 무령왕릉은 죽은 왕에게 붙여야 할 시호가 적히지 않고 죽기 전의 이름을 사용한 것에서 시호 사용 여부가 서로 다르다. 그러나 무령왕이 죽은 것에 대하여 『삼국사기』는 제후의 격에 맞는 훙(薨 : 제후의 죽음)을 썼으나 매지권에는 천자 즉 황제격인 붕(崩 : 천자의 죽음)이라고 써서 높인 점은 보통의 경우 왜곡하려고 조작하였다면 낮추는 것이 상례인데 오히려 높이는 것은 중국 측이나 일본 측이나 우리 측에서 하지 않았을 것이라는 판단에 조작설은 설득력이 없어진다.

더군다나 무령왕릉의 유물은 일본의 것과 같아 백제가 일본과 교류를 했든 분국의 제후에게 하사를 했든 지체가 높은 수준급의 유물이 있으므로 조작설은 설득력을 잃고 있었다.

하지만 본 필자의 의견은 다르다. 본 필자도 이 조작설보다는 재야 민족 사학계의 주장에 동조하는 입장으로 일본 것과 같은 유물은 백제가 일본열도를 분국을 두어 다스렸다는 증거라고 해석하였다.

하지만 좀 더 연구한 결과 시호가 사후에도 쓰이지 않는 점, 매지권의 조잡함과 입구 막음의 허술함을 전제로 한 채 이전에는 일본과 같은 수준급의 유물로 일본열도에 분국을 다스린 증거인 이 유물이 오히려 조작설에 신빙성을 두게 한다는 판단을 내리게 되었다.

중국 양나라의 무덤 양식 2개 중 하나에 묻힌 점은 오히려 조작설에 무게를 두게 한다. 즉 '갱위강국' 즉 다시 강국이 되었다는 무령왕의 외교 조서와 함께 중국 대륙에서 활발한 활동을 한 기록과 선대왕인 동성왕이 북위를 물리칠 정도로 중국 대륙 하북성에서 영향력을 가지고 있었고, 중국사서『당서』의 기록과 같이 남조 지방 양자강 인근에 영토를 가지고 있어 양나라에 실질적인 영향력이 상당하였고, 일본열도에 분국을 둔 채 전체 소국을 통합하여 야마토 정권을 지배하고 있었던 백제의 왕이 아닌 황제인 무령왕의 무덤으로는 너무나 초라한 점이 의문을 들게 하는 것이다.

백제는 사서의 기록에도 있듯이 여러 왕을 휘하에 둔 황제국이었다. 특히 동성왕, 무령왕 시기에는 이미 요서 지방에 진출한 후에 이 지방의 패권을 두고 북위와의 전쟁에서 승리하는 등 전성기였다.

【사료112】『송서(宋書)』夷蠻列傳 百濟

○ 世祖 大明 원년(A.D.457; 百濟 蓋鹵王 3) 사신을 보내어 벼슬을 내려 줄 것을 요구하자 詔勅으로 허락하였다.
大明 2년, 餘慶이 사신을 보내어 표문을 올려 말하기를, ~ 이에 行冠軍將軍 右賢王 餘紀를 冠軍將軍으로 삼고, 行征虜將軍 左賢王 餘昆과 行征虜將軍 餘量를 모두 征虜將軍으로,

【사료113】『남제서(南齊書)』東南夷列傳 百濟

이에 관군장군 도장군 '도한왕'을 삼고, 건위장군 팔중후 '여고'는 어릴 때부터 보좌함과 충성스러움이 분명하니, 이제 행영삭장군 '아삭왕'을 삼고, 건위장군 '여력'은 충성과 정성이 명백하고 문무가 현저하니 이에 행용양장군 '매로왕'으로 삼으며,

무령왕릉에서 발굴된 수준급의 유물에 의하여 왕급 무덤으로 무령왕릉이라는 것에 신뢰성을 두었지만 오히려 이는 무령왕릉이 아니라

는 증거라고 본 필자는 판단한다.

▌백제 무령왕릉은 무령왕의 능이 아니다.

조작설의 증표가 되는 이 무덤의 매지권에 비록 황제의 표시인 '붕'이 쓰였지만 무령왕릉과 동급의 유물이 발견된 우리나라 익산이나 일본의 에다 후나야마 고분과 같이 모두 백제가 제후국으로 다스린 것으로 비정되는 지역의 것으로 이곳에서 나온 유물과 동급의 것이라면 무령왕에서 출토된 것도 똑같이 황제의 '붕'과는 어울리지 않게 제후의 격 즉 백제 황제가 분국인 제후국의 우두머리 즉 왕에게 하사한 물건을 황제 자신이 가지고 있었다는 것이다.

그러므로 무령왕릉으로 알려진 이 왕릉은 관목의 원산지인 일본계 여성과 무덤 양식의 중국 양나라계 남성의 무덤으로 백제 황제가 제후 격인 양나라계 남성에게 격에 맞는 물품을 하사한 이후 이가 한반도 백제 땅에서 죽자 성급히 양나라 양식으로 무덤을 조성하여 이곳에 매장한 이후 나당연합군에 백제가 멸망할 당시 즉 백제의 부흥 활동이 활발할 때 이곳에 매지권을 만들어 무덤에 넣고 서둘러 닫은 것에 신빙성이 있다고 판단된다.

이러한 판단 즉 무령왕릉이 백제 왕 무덤이 아니라는 강력한 증거도 있다. 이 증거는 당시 한반도는 백제가 직접 통치하던 지역이 아니라는 사실을 의미하는 것이기도 하다. 즉 당시 백제는 중국 대륙 산동성에 있으면서 양자강 유역 및 요령성 요동반도 등을 영역으로 가지고 있으면서 요서 지방인 하북성에 진출한 이후 『삼국사기』 등 사서의 기록상 중국 대륙에서의 활동기록에 의하여 백제 말기까지 중국 대륙에 있으면서 한반도는 담로제에 의하여 소위 왕급 내지는 제후급을 두고 간접 통치한 것으로 확인된다.

무령왕릉의 유물들은 이를 증명하는 사례이다. 즉 무령왕릉에서 출토된 금동신발은 당시 왕급 무덤에서만 나오는 유물이라고 한다. 또한 무령왕릉에서 출토된 계수호(鷄首壺)는 중국 동진에서 제작되어 한반도 백제의 왕급 내지는 제후급에게 전해진 하사품이다. 이 계수호는 금동 신발과 함께 공주 송산리 고분군의 무령왕릉에서만 출토된 것이 아니고 공주 수촌리 고분 등 다른 고분에서도 출토되었다. 또한 수촌리 고분에서 발굴된 금동관은 무령왕릉을 비롯하여 백제 전 지역에서 출토되는데 수촌리에서는 2개나 발견되었고, 전북 익산 입점리, 전남 나주 신촌리, 전남 고흥 길두리, 충남 천안 용원리, 충남 서산 부장리, 경기 화성 향남읍, 경북 의성 금성면 대리리 등에서도 발굴되었다. 이것들은 무령왕릉과 같은 동급에 해당된다. 무령왕릉의 유물에 의하면 무령왕은 결코 금동관을 하사하는 백제 황제의 위치에 있었던 것이 아니고 반대로 황제에게 하사를 받는 왕이나 제후와 같은 동급이라는 사실이다.

이러한 금동관 출토들에 대하여 주류 강단 사학계는 백제가 한성 즉 서울 지방에 있을 때 백제의 중앙정부 세력이 미치지 않는 이곳을 간접 지배하기 위하여 그 지방 호족들에게 금동관 등 소위 위세품을 하사하였다고 해석하고 있다. 계수호의 출토로 보아 그 시기를 한성 백제 시기인 4세기 말 5세기 초로 보고 있다. 그리고 한성 지방에는 출토되지 않는다는 점을 들고 있다.

하지만 이러한 해석은 전적으로 백제가 한반도에 있었다는 가정하에서의 잘못된 것이다. 설사 한반도에 있었다 하더라도 설득력이 없는 해석이다. 이전에도 한성과 가까운 경기도 화성 향남읍에서도 발견되었지만 최근인 2015년 11월경 이후에는 한성과 가까운 경기도 하남시 감일동 백제식 횡혈식 석실고분군 50기에서도 계수호가 발견되었다. 당시 즉 4세기 말 5세기 초 백제는 광개토대왕 시기에는 고구려에 밀리어 위세가 약화되었지만 그 직전인 백제 근초고왕 시기에는 오히려 고구려를 압박하는 한편 요서 지방에 진출하는 등 위세를 떨치는 시기였다.

따라서 주류 강단 사학계의 비정대로라 하더라도 설사 전라도까지도 아니고 혹여 충청도까지도 아니더라도 경기도는 직접 왕권을 행세할 수 있는 시기였다. 이러한 시기에 중앙정부의 세력이 미치지 않아 간접 통치하기 위해 이 지방의 수장에게 위세품을 하사하였다는 것은 상식 밖의 해석이다.

더군다나 주류 강단 사학계의 비정대로라면 백제의 건국 시기인 온조왕 때 이미 충청도 공주 지방인 사서 기록상의 웅진(웅천)을 백제 남쪽 경계로 정할 만큼 적어도 충청도 지방까지는 직접 통치 지역이었다.

그런데도 한반도 백제 영역 전 지역이 간접 통치의 증거인 금동관, 환두대도, 계수호 등의 위세품 내지는 하사품이 출토된다는 것은 이곳 전체가 백제의 직접 통치 대상이 아니라는 것을 증명하는 물품이 된다.

즉 당시 백제의 중앙정부는 중국 대륙 산동성의 한성 내지는 웅진(웅천)에 있으면서 한반도 백제 영역 및 일본열도 분국을 간접 통치하기 위하여 각 지역의 세력가 내지는 사서의 기록대로 중앙정부에서 보낸 왕족 내지는 친인척에 의한 담로(제)들이 다스렸다. 이에 필요한 것이 한반도와 일본열도에서 발견되는 무령왕릉과 동급의 위세품이었다. 이렇게 보아야만 한반도에서의 백제 유적·유물의 출토 상황(미 출토 및 출토현황)을 합리적으로 설명할 수 있다. 더군다나 무령왕릉에서도 같은 유형의 부장품이 나왔다는 것은 즉 같은 급의 위세품이 있다는 것은 무령왕릉이 황제 격인 하사자 즉 수여자 입장일 수 없는 한편 한반도 내 백제 영역 전체가 위세품 수여 대상이라는 것은 백제의 중앙정부가 한반도에 없었다는 또 다른 증거가 된다.

또한 무령왕릉의 금동관모는 일본 규슈 구마모토현 다마나시 에다 후나야마 고분에서도 금동신발 등과 같이 발굴되었다. 이는 백제가 동서 양쪽에 수도를 두고 다스렸다는 사서의 기록대로 중국 대륙과 동시에 한반도 및 일본열도에 분국을 두어 다스린 사실을 입증하는 강력한 증거이다. 이러한 사실은 수많은 기록과 수많은 한반도와 일본열도의 유물·유적이 말해 준다. 한반도에는 왕급이나 제후에게 위세품을 하사하는 황제급인 백제의 왕에게 어울리는 황제급 무덤이나 궁전이 발굴된 사실이 없다. 단지 무령왕릉과 같이 황제급으로부터 수여받는 위세품을 수여받는 왕급이나 제후급 무덤만이 있을 뿐이고 일본열도에도 똑같은 등급의 위세품이 여러 곳에서 발굴되고 있다.

이상으로 백제 무령왕과 관련된 사항에 대하여 살펴보았다. 위의 사항에 의하면

1) 무령왕릉은 무령왕릉이 아니다.
2) 한반도 백제 지역은 일본열도 지역과 마찬가지로 산동성 백제 황제가 간접적으로 다스리던 지역임이 무령왕릉 유물과 한반도 다른 지역 및 일본열도 백제 유물로 확인된다.

> 한반도 백제 지역은 일본열도 지역과 마찬가지로 산동성 백제 황제가 간접적으로 다스리던 지역임이 무령왕릉 유물과 한반도 다른 지역 및 일본열도 백제 유물로 확인된다.

[신라의 길림성 영역에 대하여]

그러면 다시 신라와 관련된 사항으로 되돌아가서 설명하여 오던 바와 같이 신라가 진흥왕 당시에는 이미 이전에 북쪽의 함경도 지방에 대한 영역 확보가 이루어진 것이라는 증거 자료는 백제 편과 신라 편에서 살펴보았다. 즉 신라는 한반도에서 북쪽으로 길림성 길림까지 이어졌다가 서쪽으로 만주 요령성 지금의 심양시 북쪽 철령시와 개원시 인근까지 이르렀다. 이 길림이 오래전부터 신라의 영역이라는 것은 이 길림과 계림이 같은 개념이라는 사실에서 알 수 있다.

> 길림 지방은 원래 삼국시대 신라의 영역이었고 통일신라 성립 시 서쪽의 고구려와 백제의 영역인 요하 지방 영역을 추가로 차지하였다가 그대로 고려에 물려주었다.

【사료146】『흠정만주원류고』 권4 부족4 신라

3년(663) 조칙으로 그 나라를 계림주 도독부으로 삼고, (살피건대 계림(雞林)과 지금의 길림(吉林)은 발음과 지리가 함께 부합한다. 이때 신라는 이미 백제 고구려의 땅과 말갈을 함께 아울렀다. 그래서 도독부를 설치한 것이다.)

드디어 계림은 신라의 통칭이 되었다. 발해가 흥성하자 신라는 남쪽 경계로 밀려나 있다가 또 고려에 병합되었는데 그래서 고려 또한 이 호칭을 이어받았다. 비록 차지하는 땅은 그 옛날과 같지 않으나 이름은 그대로였다.

고려도경에는 "고려는 이미 신라 동북을 아울러서 점차 넓어졌고, 그 서북은 거란과 맞닿았다. 이전에 요와 경계를 하였는데 뒤에 침략과 핍박을 받아 압록으로 물러나 험한 것을 의지하여 지켰다.(이로 살피건대 아래의 『통고』에서 말하는 것은 모두 북송 말 고려의 경계이다. 당시의 신라 북쪽 지경은 금金나라에 속하였고 그 남쪽 지경은 고려에 속하였다. 그러므로 고려의 동북은 점차 넓어졌다가 압록으로 물러나 지켰는데 또한 이때부터 시작되었다고 한다.)

『봉사행정록』에는 "함주에서 90리 떨어져 동주가 있는데 모두 북행하여야 한다. 동쪽에 큰 산이 보이는데 금金나라 사람들은 이것을 신라산이라 불렀다. 산은 깊고 멀어 다닐 만한 길이 없다. 고려 접경지역인 산 아래까지는 30리 길이다. 동주에서 170리 떨어져 황룡부가 있는데 동쪽으로 가야 한다.

살피건대 요나라 함주는 금나라 때 함평부가 되고, 동주는 금나라 때 동산현이 되었는데 모두 지금의 철령과 개원사이다. 동쪽으로 위보가 있고 보는 곧 길림 경계이고 남으로 봉천이다. 곧 당나라 때의 고구려의 지경이다.

개원은 즉 한나라 때 부여국 곧 옛 백제의 나라이다. 통고에서 말하는 '신라서북 지경이 고려와 백제의 사이로 튀어 나왔다'고 한 것은 곧 이것을 가리킨 것이다. 그 뒤 모두 발해에 병합되었으며 그때에는 곧 여진에 속하게 되었다.

『요사』 지리지 당 원화 연간에 발해왕 대인수가 남쪽으로 신라를 정벌하여 군현을 개설하였는데 해주 암연현 동쪽 경계는 신라이다.

개원(당 현종 713~741) 원화(당 헌종 806~820) 무렵에 발해가 점차 강성해져서 압록강 이북이 모두 발해의 소유가 되었는데 『요지』에 말하길 "발해왕 대인수가 남쪽으로 신라를 정벌하고 군읍을 설치하였다"라고 한 것이 바로 이것이다.

이 기록에 의하여 주류 강단 사학계가 일제가 조작한 소위 통일신라의 영역을 그대로 받아들인 대동강과 원산만 이남이 됨으로써 고구려의 영역은 극히 일부 지역인 대동강 이남 지역만을 흡수한 것이 아니라는 사실이 드러나게 되었다. 이미 살펴본 여러 중국사서의 기록인 "그 나라의 서북 경계 사이는 백제와 고려가 개의 이빨이 서로 맞지 않는 것처럼 나와 있었다."에서 확인하였듯이, 신라는 원체부터 길림성 길림 지역 및 요령성 지역 일부를 차지하였다가 고구려와 백제가 멸망하자 고구려의 영역이었던 대동강 이북은 물론 만주 지방에서 그동안의 철령시 동쪽 지방에서 고구려의 영역과 백제의 영역이었던 서쪽으로 확대하여 요하 지방까지 새로 차지하였다.

이러한 사실은 고구려가 나당연합군에 멸망한 후 고구려의 땅이었던 만주 지방에서 신라와 고구려 부흥세력이 연합하여 당나라와 싸운 기록이 『삼국사기』상에 나타나는 것에서 알 수 있다. 그리고 『삼국사기』상의 '9주의 관할 내역'에 의하거나

【사료147】『삼국사기(三國史記)』卷第三十四 雜志 第三 지리(地理)一 신라(新羅)

9주의 관할 내역

처음에는 고구려(高句麗) 백제(百濟)와는 지형이 개 이빨처럼 들쭉날쭉 엇갈려 있어서 혹은 서로 화친하기도 하였고, 혹은 서로 침략하다가, 후에 대당(大唐)과 함께 두 나라를 쳐서 멸망시키고, 그 토지를 평정한 뒤에 마침내 9주를 설치하였다.

【사료94】『삼국유사』卷第一 제1 기이(紀異第一) 말갈(靺鞨)과 발해(渤海)

또 ≪삼국사(三國史)≫에 이르기를 "백제(百濟) 말년에 발해와 말갈과 신라가 백제의 땅을 갈랐다."라고 하였다. (이에 의하면 말갈발해(鞨海)가 또 갈라져 두 나라로 된 것이다.)

『삼국유사』 기록에 의하여도 신라가 고구려와 백제의 땅을 차지한

것으로 확인된다. 물론 이 사서들이 나타내는 지역은 단지 한반도 것만이 아니라 요령성, 하북성, 산동성의 것들이 전부이다.

『고려사』「지리지」에 의하면 쌍성총관부가 설치된 화주 이북 및 윤관 9성이 설치된 함주로부터 공험진의 선춘령 지역까지의 위치를 살펴보면 만주 지방에서는 서쪽으로는 요하 이동부터 동쪽으로는 두만강 너머 깊숙이까지 고려의 영토였다는 사실로 미루어 통일신라가 원래 신라의 영역이었던 함주로부터 공험진 선춘령까지의 영역과 고구려와 백제의 영역이었던 요하 동쪽의 북쪽과 남쪽의 영역을 차지한 후 이를 간직하였다가 고려에 그대로 물려주었음을 알 수 있다.

【사료176】『고려사』지 권제10 지리1「지리 서문」

그 사방 경계[四履]는, 서북은 당(唐) 이래로 압록(鴨綠)을 한계로 삼았고, 동북은 선춘령(先春嶺)을 경계로 삼았다. 무릇 서북은 그 이르는 곳이 고구려에 미치지 못했으나, 동북은 그것을 넘어섰다.

【사료177】『고려사』권14 세가 권제14 예종(睿宗) 12년(1117)

3월 백관들이 우리 땅을 수복한 것을 하례하다

갑오 백관이 표문을 올려 축하하였다. 대략 아뢰기를, "압록강(鴨綠江)의 옛 터와 계림(鷄林)의 옛 땅은 선조 때부터 본래 산천(山川)에 둘린 관방이었습니다.

【사료178】『고려사』권42 세가 권제42 공민왕(恭愍王) 19년 12월 1370년 12월 2일(음) 정사(丁巳), 1370년 12월 20일(양)

요심 지역민의 귀부를 선무하다

강계만호부(江界萬戶府)에 명령하여 요심(遼瀋) 지역의 사람들에게 방을 붙여 타이르게 하였는데, 그 방에 이르기를, "요양(遼陽)은 원래 우리나라의 국경이고,

고려 초기부터 계림 즉 길림 지방과 요하 이동 심양 지방은 신라로부터 물려받은 고려 영역이다. 그래서 이들 기록과 함께 이미 살펴본 【사료146】『흠정만주원류고』 권4 부족4 신라 기록이 있는 것이고, 이 기록이 이러한 사실을 증거하고 있다. 하지만 이 기록 등에 의하여도 그렇지만 역사상 고려와 요나라와의 경계인 압록강(수)이 중요한 사안이 되었다. 즉 압록강(수)이 어디인가에 따라서 이 기록과 별개의 다른 기록들 그리고 이 사안에 대한 해석이 달라지기 때문이다.

물론 일제 식민사학과 주류 강단 사학계는 이 압록강(수)을 한반도 압록강으로 보고 고려의 강역을 이곳으로 한정시켰다. 하지만 신라의 강역이 압록강 너머 북쪽의 길림 지방까지였고, 통일신라 시에는 여기서 만주 서쪽으로 고구려와 백제의 영역을 더 차지한 것이 확실하나 위의 기록처럼 발해와의 경계가 만주에서 압록강(수)으로 경계를 삼고 이후 고려의 강역이 이 압록강(수)을 경계로 요나라와 투쟁을 벌이는 것이 사실이므로 이 압록강(수)은 분명 한반도 압록강은 아니다.

따라서 발해 그리고 요나라와 경계를 삼았던 이 압록강(수)은 만주에 있는 요하 내지는 인근의 강으로 비정하는 것이 당연한 것으로 그동안 인하대학교 고조선연구소를 비롯한 일부 비주류 강단 사학계와 많은 재야 민족 사학계에서 인식되고 주장되어 왔다. 하지만 본 필자의 판단은 다르다. 아니 본 필자의 판단이 옳다. 물론 이 『만주원류고』를 쓴 편찬자들은 만주 지방에서의 압록강(수)을 고려의 발해와 요나라와의 영역 다툼 장소로 보았을 수도 있다.

하지만 중국사서가 많은 경우 아니 대부분 혼돈과 혼미 그리고 착오에 의하여 그들 이외의 소위 북적 및 동이 오랑캐들의 역사를 기록하여 왔듯이 이들은 다른 곳에서의 고려의 발해와 요나라와의 국경 다툼을 이곳으로 착각하여 기록하였거나 두 군데에서 이루어진 것을 한 군데로만 기록한 것으로 보인다. 그 이유는 앞으로 살펴볼 고려의 천리관성에서도 그렇고 압록강(수)에 대한 설명에서도 그렇고 역사적으로 우리 고대사와 관련된 압록강(수)은 요하(수)와 마찬가지로 한 군데가 아닌 채 우리 고대 국가와 중국 고대 국가 간의 국경선 역할을 하였으므로 국경선이 변동됨에 따라 변경되었는데 중국사서들은 이들을 착각하여 기록하였다.

원래 압록강(수)은 【사료24】『통전』「변방」 '동이 하 고구려'와 같이 【사료21】『수경주』「대요수」, 「소요수」상에 기록된 하북성에서의 대요수, 소요수와 같이 기록되어 있던 것이 【사료29】『요사』「지리지」상의 요수 기록과 같이 거리 수치와 방향이 조작되어 요하 지방으로 옮겨져 기록되고 있으면서 그 내용은 하북성 기록을 그대로 따르고 있어 혼란상을 보여주고 있다. 즉 실제로 그 당시에 이 압록수나 사건이 옮긴 장소의 것이면서 원래의 압록수가 있었던 장소의 기록을 갖다 붙여 기록한 것일 수 있고, 사실상 당시에도 원래의 압록수가 있었던 장소에서 그 사건이 벌어졌지만 이를 마치 옮긴 장소에서 이루어진 것처럼 왜곡하여 기록하였을 수도 있기 때문이다. 그러나 이를 판단하는 데 있어서는 선입견이 그 해석을 좌지우지한다. 그러므로 세심한 주의가 필요하고 여러 가지를 살펴 판단하여야 올바른 판단을 내릴 수 있다.

본 필자는 이러한 가운데 여러 사서의 기록에 의하여 삼국의 영역이 고구려는 여러 곳에 이어져 걸쳐 있었고 백제와 신라의 영역은 끊어진 채 여러 곳 즉 원래 건국지인 산동성 지방 및 요령성 지방 그리고 한반도 그리고 일본열도에 있는데 이 중 백제의 경우 양자강 지방에도 있었다가 나중에 통일신라가 이를 많은 경우 상실하였으나 그래도 많은 부분을 쟁취하여 이 중 일부를 발해에 상실하였으나 그래도 많은 부분을 그대로 고려에 물려준 것으로 파악된다.

> 소위 삼국시대의 신라 영역을 그대로 물려받은 통일신라 그리고 이를 그대로 물려받은 고려는 역사적 활동을 하북성과 요령성 두 군데에서 하였다.

 따라서 고려의 발해와의 영역과 국경 다툼 그리고 이어서 요나라와의 영역과 국경 다툼은 적어도 두 군데에서 이루어진 것으로 확인된다. 즉 한 군데는 원래의 압록수가 있었던 하북성 지역과 그 압록수가 옮긴 지금의 요하 지방이다.

 그런데 그동안 일제 식민사학과 이를 이어받은 주류 강단 사학계는 수많은 사료가 이를 입증하는데도 불구하고 이를 전부 무시하고 삼국시대 신라는 물론 통일신라, 고려의 영역과 국경을 한반도 안으로 축소시켜 놓았다. 그런데 이를 비판하는 비주류 강단 사학계와 재야 민족 사학계에서는 주류 강단 사학계의 역사 왜곡을 성토하면서도 두 군데에서의 역사적 활동을 한 군데 즉 만주 지방 즉 요하의 압록수의 역사적 활동만을 거론하였다.

 하지만 고구려, 백제, 신라 삼국의 초기 역사적 활동 기록, 고구려의 수당 전쟁은 물론 나당연합군의 활동 그리고 고구려와 백제의 멸망 후 이루어진 신라의 당나라와의 다툼 그리고 소위 통일신라의 9주 설치 내역 그리고 고려의 초기 활동 및 소위 천리관성, 소위 서희의 강동 6주, 공민왕의 원나라에 대한 영토 수복 활동 등에 대한 기록을 연구한 것에 의하면 만주에서의 활동은 물론 당연한 것이지만 이 활동들이 만주에서만의 활동이 아니라는 사실이 드러난 것에서 만주만이 아니라 하북성에서도 늦은 시기까지 고려와 요나라 간의 영역 다툼이 벌어진 것을 분명히 확인할 수 있었다.

 더군다나 고구려, 백제, 신라 삼국의 최초 건국지 그리고 특히 신라의 경계로 건국지 인근에서의 말갈과의 경계인 하(아)슬라주와 니하 그리고 죽령, 우산성과의 관계 그리고 이들의 고구려와의 연고권 다툼, 이어진 통일신라의 발해와의 국경이 원래 말갈과의 경계였던 니하라는 사실 등이 이곳이 한반도나 요령성이 아니라 하북성임을 강력하게 입증해 주고 있다. 이러한 통일신라의 영역과 국경 사항은 그대로 고려에 물려져 위의 고려에 있어서 발해는 물론 이후의 요나라와 사이에 압록수를 두고 벌인 영역 및 국경 다툼은 두 군데 즉 만주 요하 지방과 하북성 호타하 지방에서 이루어진 것으로 확인된다.

이에 대하여는 앞으로 계속 살펴볼 것이므로 이 글을 계속 읽다 보면 본 필자와 같이 확신을 갖게 된다. 위에서 인용한 사료상 기록인 "발해가 흥성하자 신라는 남쪽경계, 압록강 이북이 모두 발해의 소유가 되었는데 ~ 남쪽으로 신라를 정벌"에 의하더라도 지금의 요하를 압록강으로 비정할 경우 남북으로 거론할 수 없는 반면, 하북성 호타하의 경우 동서로 흐르기 때문에 남북으로 거론할 수 있다. 물론 주류 강단 사학계에서는 동서로 흐르는 지금의 압록강으로 비정하겠지만 이는 위에서 인용한 『고려사』 몇 기록만으로도 극히 잘못된 해석이라는 것이 드러난다. 따라서 그동안 요하 지방에서 발해와 거란과의 다툼으로 요하 서쪽은 완전히 상실하였고 요하 동쪽은 원나라 시기에 원나라가 쌍성총관부 및 동녕부를 두는 관계로 상실하였다가 공민왕 시기에 회복하였으나 중국의 명나라가 들어선 후 철령 설치 관계로 다툼이 일어 이를 조선국에 물려주는 것으로 해석한 그동안의 해석은 지양되어야 한다.

두 압록강(수)에서 같이 일어난 역사적 활동을 한 곳에서만 일어난 것으로 착각하여 기록한 것이 중국사서의 기록이다. 이에 대하여는 앞으로 고려의 천리관성과 소위 서희의 강동 6주 역사적 사건을 설명하면서 입증할 것이고 이를 비롯하여 많은 사건과 그 기록들이 이를 입증할 예정이다.

한편 계림 즉 길림 지역은 삼국시대 신라가 영역으로 가지고 있다가 통일신라를 거쳐 고려에 물려줌으로써 고려는 영토로 가지고는 있었으나 실질적으로는 여진족이 이곳을 차지하여 영위하자 윤관이 정벌하여 9성을 두었다. 그러나 이내 여진족에 물려주어 실질적으로 포기하고 조선에 물려주었으나 조선 초 세종대왕 시기에 김종서·최윤덕 등이 일부를 회복하였으나 일제시대 '만주협약'에 의하여 만주국에 즉 중국 측에 넘겨주게 된다.

이 같은 사실은 『고려사』 및 『조선왕조실록』에서 입증된다. 그럼에도 불구하고 주류 강단 사학계는 일제 식민 사학자들이 정립해 놓은 신라와 고려의 북쪽 경계가 한반도 안이라는 논리를 그대로 이어받아 해방 후 77년이 지난 지금까지 우리나라의 역사가 되게 만들었다. 하지만 모든 기록은 이를 부정하고 있다. 이것은 일부의 견해나 주장이 아니라 우리 역사서인 『삼국사기』, 『고려사』 및 『조선왕조실록』이 입증하고 있고 여러 중국사서에서 교차 검증되고 있다. 이에 대하여 계속 입증해 나가도록 하겠다.

만주 지방 남쪽으로는 백제의 영역이었던 요양시 남부의 개주시 지방까지 차지하여 이전에는 삼국시대의 신라가 개 이빨처럼 고구려와 백제 영역을 조금 갈라 차지하였던 것을 통일신라 시기에는 남북을 다 차지하여 요하 이동 지방은 전부 차지하게 되었다. 또한 사서 기록상의

【사료146】『흠정만주원류고』 권4 부족4 신라

『요사』 지리지 당 원화 연간에 발해왕 대인수가 남쪽으로 신라를 정벌하여 군현을 개설하였는데 해주 암연현(巖淵縣) 동쪽 경계는 신라이다.

【사료29】『요사』「지리지」

2. 요사지리지 동경도

12) 해주 남해군

암연현(巖淵縣) 동쪽으로 신라와 경계하고 있다. 옛날 평양성이 현 서남쪽에 있다. 동북쪽 120리에 해주가 있다.

해주 암연현(岩淵縣)을 일부에서는 현재 중국 요령성 해성시(海城市) 내지는 개주시(蓋州市)로 비정하고 있다.

하지만 본 필자는 이곳을 하북성 호타하 인근으로 비정한다. 이것에 대하여는 다음에 자세히 설명하겠다. 이곳은 신라가 고구려와 백제가 멸망한 후 이 근방에 있던 고구려의 영역을 확보한 곳이다. 신라의 소위 통일 후 고구려와 백제의 영역을 추가로 차지한 세 영역 즉 하북성 그리고 길림성 그리고 한반도 중 하북성 영역을 가리킨다.

【사료146】『흠정만주원류고』 권4 부족4 신라

【사료179】『선화봉사고려도경』 권3 성읍(城邑) 영토[封境]

고려는 남쪽으로는 요해(遼海)로 막히고, 서쪽으로는 요수(遼水)와 맞닿았으며, 북쪽으로는 옛 거란 지역과 접경하였고, 동쪽으로는 금과 맞닿아 있다.

이들 기록에서 고려가 압록으로 물러난 것에 의하여 고려의 경계가 압록강과 함흥만을 가로지르는 천리장성을 경계로 하였다는 주류 강단 사학계의 비정에 의하여 고려의 강역을 이곳까지로 하였다.

[신라와 고려의 하북성 영역에 대하여]

그러나 요수 설명에서 압록강을 설명하였듯이 이 압록은 현재 압록강이 아니라 지금의 하북성 호타하를 지칭한다. 호타하인 압록을 경계로 신라가 소위 삼국 통일 후 발해와 경계를 하였으며 나중에 요나라와 경계를 하였다. 그리고 동쪽의 만주 지방은 지금의 요하를 경계로 발해와 요나라와 경계를 마주하였다. 이러한 사항은 요나라 영역을 나타낸 기록 【사료29】『요사』「지리지」〈서문〉상에 요나라 영역인 영주에 대한 설명인 "영주(營州)는 동쪽으로 요해(遼海)에 미친다."에서와 같이 그 영역이 요해에 미친다고 하였는데 이 요해(遼海)는 당시의 요양 땅인 지금의 천진만을 가리킨다. 서쪽에 맞닿은 것은 지금의 요령성 요하가 아니라 당시 하북성 요수인 지금의 하북성 자하나 압록수인 호타하를 일컫는 것으로 이 지방은 지금의 하북성이다.

요나라는 이 요해로 막힌다고 하였으니 하북성 요수와 호타하를 남쪽 경계로 하였다. 당시 요나라는 하북성 호타하 이북에 있었다. 그리고 동쪽으로 금나라와 맞닿는다고 하였는데 여진족 즉 이전의 말갈족이 거란의 요나라 동쪽에 있었다. 여기에 나중의 금나라를 세우는 주축인 생여진과 숙여진이 호타하 북쪽 인근에 있었다. 이에 대하여는 앞으로 입증하여 설명하도록 하겠다. 따라서 고려는 이러한 국경을 가진 요나라와 두 곳에서 국경을 마주하고 있었다. 즉 하북성에서는 남북으로, 요령성에서는 동서로 마주하고 있었다.

그럼에도 불구하고 중국 사료나 이를 해석하는 현재 사학자들의 대부분은 양쪽의 영역 경계를 한반도 내지는 만주 지방의 경계로만 인식하고 해석하였다. 특히 요수를 지금의 요령성 요하로만 해석함으로써 혼란이 온다. 이러한 해석으로는 다른 고려 관련 자료 즉 압록수, 소위 서희 강동 6주(8성), 천리관성 등에 대하여 제대로 해석할 수가 없다. 이러한 해석 방식은 중국 측의 우리 역사 왜곡이 성공을 거두어 역사 왜곡을 추종하는 결과를 가져온다. 고려시대까지 요수나 요하는 대부분 요령성 요하가 아니라 하북성 요수인 지금의 하북성 자하나 압록수인 호타하를 요수로 혼돈하여 기록하였다.

의심스럽다면 요령성 요하로 해석한 많은 기록을 하북성 자하나 호타하로 해석하여 비교해 보기 바란다. 분명히 요령성 요하의 경우 맞지 않는 사례가 많다. 하북성 자하나 호타하의 경우 대부분 맞는다. 소위 통일신라와 이를 물려받은 고려는 하북성 압록수인 호타하 남쪽과 동쪽의 영역과 경계 그리고 요령성 요하 동쪽의 영역과 경계가 있었다. 그래서 소위 통일신라 말기에 궁예와 왕건이 하북성 남쪽 산동성에서 활동하였고 고려시대에는 호타하 동쪽으로부터 소위 강동 6주(8성)가 설치되고 천리관성이 설치되어 요나라와 대치하였다. 그리고 동쪽인 요령성 요하를 경계로 대치하였다.

한편 최근에는 인하대 고조선 연구소가 고려시대 압록강은 지금의 한반도 압록강이 아니라는 연구 결과를 내놓은 채 고려의 국경은 기존의 일제 식민 사학자들이 정하고 이를 현재 주류 강단 사학계가 추종한 한반도 압록강과 동해안 영흥만이 아니고 요령성 요하 인근이라고 하였다.

> 압록에 대한 비정이 주류 강단 사학계의 일제 식민사학 추종의 증거 중 하나이다.

더군다나 이 연구소의 연구에 의하면 고려의 강역은 일본 식민 사학자 쓰다 소키치[津田左右吉]의 『조선역사지리』(1913)에서 그 조작이 시작되었다고 한다. 이러한 사실을 해방 후 77년이 지난 이후까지 밝혀 고치지 못하였고 이러한 이론을 그대로 받아들여 우리 국민을 교육시키고 있었는지 주류 강단 사학계는 이에 대한 답을 내놓아야 하는데도 묵묵부답으로 일관하면서 교과서를 고치지도 아니하는 등 일제 식민사학을 그대로 물려받은 논리를 전혀 수정하지 않고 있다.

이것이 우리 사학계의 현실이며 세계 역사학계의 아이러니이다. 프랑스나 독일에서는 일어날 수 없는 세계 인류 역사상 전무후무한 일이다. 물론 일제가 이러한 조작을 한 데에는 중국 명·청대의 사학자와 고려 및 조선시대 유학자와 실학자들이 한몫하였다. 하지만 제일 큰 비난과 책임의 몫은 현재 주류 강단 사학계이다. 그럼에도 불구하고 '젊은 역사학자 모임' 일원들은 오히려 그들의 논리가 일제 식민사학을 추종한 것이 아니고 조선시대 유학자들도 이미 인정한 사항이라고 주장하며 일제 식민사학 추종을 부인하는 핑계로 삼고 있다.

조선시대 유학자들의 인식 또한 일제 식민사학 논리 못지않게 왜곡과 비천한 역사의식의 논리임을 자각하지 못한 채 자기들은 일제 식민사학을 추종하지 않은 것이라는 변명의 수단으로 삼고 있다. 본 필자와 같이 중국사서와 이러한 역사적 사실에 대한 지식이 어느 정도만 있어도 파악할 수 있는 것을 77년 동안 하지 않고 일제 식민사학이 정해 준 대로 따랐다는 것은 지탄받아 마땅하다.

그러면서 그들은 『삼국사기』와 유학자, 실학자 핑계를 대고 왜곡된 명·청대 중국 학자들의 주장을 논리의 근거로 삼는다. 일제 식민 사학자들은 거론하지 않는다. 그러면서 그들의 논문에는 그들의 주장이 주를 이룬다. 그들의 주장은 검증이 필요 없는 옳은 것으로 전제하고 그들의 논리를 전개한다. 잘못된 전제를 기반으로 하고 있다. 그러므로 이 논리는 잘못될 수밖에 없다. 『삼국사기』 역시 식민사학을 이어받아 초기 기록은 불신하면서 한반도로 비정한 『삼국사기』의 기록은 상당히 신뢰한다. 그러면서 중국 하북성으로 비정될 수 있는 지명과 명칭은 일제 식민 사학자들의 견해를 적극 받아들여 한반도로 비정한다. 이것은 학문이 아니다. 그러나 인하대 고조선 연구소의 연구 결과는 부족한 연구 결과이다.

앞에서 설명하였듯이 고려의 영역과 경계는 소위 통일신라의 영역과 경계를 그대로 물려받았다. 따라서 고려만을 대상으로 한 것도 잘못이지만 고려의 영역과 경계를 압록강의 요령성 요하와 그 동쪽만으로 설정한 것은 또 다른 역사 왜곡이다. 고려의 영역과 경계는 하북성에도 있었다. 이러한 설정은 새로운 것으로 정상적이지 않다. 기존의 주류 강단 사학계가 우리 역사를 제대로 정립하였다면 본 필자가 새로이 할 필요가 없는 작업이다.

신라가 고구려와 백제를 통합하였으나 고구려와 백제의 많은 부분을 당나라에 빼앗기고, 다시 발해에 넘겨줘야 하였기에 그 전부를 차지한 것이 아니지만 그래도 그전 신라의 영역보다는 상당히 많은 부분을 차지하였다.

앞에서 신라의 위치 및 영역에 대하여 살펴보았지만 또 다른 기록을 살펴보고자 한다. 1778년 안정복이 쓴 『동사강목』에 조선 중기의 문신 오운(吳澐 : 1540~1617)이 지은 역사책인 『동사찬요』에서 말하기를, "《수서(隋書)》 배구전(裵矩傳)에 '고려는 본래 고죽국(孤竹國)이다.' 하였고, 상고하건대 고죽국이 뒤에 요서(遼西)의 땅에 이르렀으니, 그 강역(疆域)이 멀리 뻗어 지금의 요심(遼瀋) 지대가 된다. 고구려가 요동(遼東)을 차지하였으니 배구의 말도 믿을 만하다. 이첨(李詹)은 지금의 해주(海州)라 하고, 본래 《삼국유사(三國遺事)》에서 나왔다."고 기록하였다.

또한 신라시대 진성여왕이 최치원을 통해서 당나라에 국서를 보낸 내용 중에 있다는 기록인 "고주사(告奏使) 최치원(崔致遠)이 표(表)를 짓기를, '우리나라는 비록 울률(鬱壘)의 반도(蟠桃)와 경계를 접하였으나 위엄으로 다스리는 것을 숭상하지 않았고, 또 이제(夷齊)의 고죽국(孤竹國)과 강토를 연하여 본래 염퇴(廉退 : 청렴하고 겸손함)한 자질을 간직하고 있습니다. 정사년 효공왕(孝恭王) 원년(당(唐) 소종(昭宗) 건녕(乾寧) 4, 897"라고 기록하였다."와 같이 고구려와 신라의 위치를 고죽국이라고 하고 있다. 이것은 『삼국유사』에도 기록되어 있다.

【사료180】『삼국유사』 제1 기이(紀異第一) 고조선(古朝鮮) 왕검조선(王儉朝鮮)

당(唐)나라 ≪배구전(裵矩傳)≫에는 이러한 말이 있다. "고려(高麗)는 본래 고죽국(孤竹國)(지금의 해주(海州)이다.)이었는데 주(周)나라가 기자를 봉하여 조선이다"라고 하였다. 한(漢)나라는 이를 나누어서 3군을 설치하고 현도(玄菟)·낙랑(樂浪)·대방(帶方)(북대방(北帶方)이다.)이라 불렀다." ≪통전(通典)≫에도 역시 이 설명과 같다. (≪한서(漢書)≫에는 곧 진(眞)(番)·임(臨)(屯)·낙(樂)(浪)·현(玄)(菟)의 4군(四郡)인데, 여기서는 3군(三郡)이라 하며 또 이름도 같지 않으니 무슨 까닭인가?)(註 259)

註 259
≪사기(史記)≫와 ≪한서(漢書)≫의 조선열전과 ≪한서≫ 무제기(武帝記)에서는 모두 원봉 3년 즉 기원전 108년에 위만조선이 붕괴되고 한사군이 설정된 것으로 나타나고 있다. 그러나 ≪한서≫ 오행지(五行志)와 지리지(地理志) 낙랑군·현토군 관련 내용을 보면, 한 군현은 동시에 개설된 것이 아니라 원봉 3년(B.C.108)에 낙랑·임둔·진번의 3개 군이 먼저 설치되고, 원봉 4년(B.C.107)에 현토군이 추가로 설치되었음을 알 수 있다. 또한, ≪사기≫와 ≪한서≫에 수록된 항한제후표(降漢諸侯表)의 내용 비교를 통해, 왕험성(王險城)의 붕괴 시점이 원봉 4년(B.C.107)이며, 그 직후에 현토군이 개설되었으므로 왕험성은 낙랑군이 아닌 현토군에 속했을 가능성도 있다(조법종, 「위만조선과 한의 전쟁」, ≪고조선 고구려사 연구≫, 신서원, 2006, 246~258쪽).

물론 본 필자가 누누이 강조하여 이야기하듯이 이 기록은 원래의 위치인 하북성의 기록인데 후에 해주를 아예 요령성 해성시로 옮겨 놓고 이 기록을 요령성으로 해석하고 있다. 하지만 이 기록은 원래 하북성 기록이다. 그리고 해주도 하북성에 있었다.

> 신라도 고구려와 마찬가지로 산동성은 물론 하북성을 근거지로 하고 있었다.

원래 위치가 하북성이라는 사실을 입증하는 기록은 차고 넘친다.

【사료22】『한서』「지리지」1. 유주

⑦ 요서군(遼西郡)

5) 영지현(令支縣), 고죽성(孤竹城)이 있다. 망(莽)은 령씨정(令氏亭)이라고 하였다.[2]

[2] 應劭曰故伯夷國今有孤竹城令音鈴孟康曰支音秖師古曰令又音郎定反. 응초(應劭)가 말하기를 옛 백이국(伯夷國)인데 지금 고죽성(孤竹城)이 있으며 令의 음은 령(鈴)이라 했다. 맹강(孟康)이 말하기를 支의 음은 지(秖)라고 했다. 사고(師古)는 말하기를 令은 또한 음이 렁(郎定反)이라 했다.

요서군 영지현에 고죽성이 있다고 기록하고 있다. 요서군 영지현은 지금의 하북성 석가장시 정정현 일대이다. 또한,

【사료65】『통전』「주군」"평주"

수성현은 옛날의 무수현이다. 진나라 장성이 일어난 곳이다.

> 평주는 지금 주청사 소재지는 노룡현에 있다. 은나라 때는 고죽국이었고 춘추시대에는 산융, 비자 두 나라 땅이었다. 오늘날의 노룡현에는 옛 고죽성이 있는데 백이 숙제의 나라였다. 전국시대에는 연나라에 속하였고 진나라 때는 우북평군과 요서군 지역이었다. 전한, 후한시대에는 진나라의 행정구역을 그대로 따랐다. 진나라 때는 요서군에 소속되었고 후위시대에도 역시 요서군이라 하였다. 수나라 초기에 평주를 설치하였고, 양제 초기에는 평주를 폐지하고 다시 북평군을 설치하였다. 당나라 때는 수나라의 행정구역을 그대로 따랐다. 관할한 현은 3개 현인데 노룡현 석성현 마성현이다.
> 노룡현은 한나라 때의 비여현이며 갈석산이 있다. 우뚝 솟아 바닷가에 서 있으므로 그런 이름을 얻었다. 진나라의 태강지지에서는 '진 장성이 갈석산으로부터 시작한다. 지금 고려의 옛 경계에 있는 것은 이 갈석이 아니다.' 한의 요서군 옛 성은 지금 군의 동쪽에 있으며 한의 영지현성도 있다. 임여관은 지금은 임유관이라 하고 현의 성 동쪽 1백8십 리에 있다. 노룡새는 성의 서북 2백 리에 있다.

이곳 인근에 진장성이 있고 갈석산이 있다고 하였다. 그러나 이 기록을 근거로 평주는 지금의 진황도시이고 여기에 현재 갈석산과 장성이 있기 때문에 여기에 고죽국이 있었고 낙랑군이 있었다는 주장을 일부 재야 민족 사학계에서 주장하고 있다. 하지만 이는 또 다른 역사적 왜곡이다. 평주 그리고 갈석산, 진장성이 낙랑군에 있었고, 원래 고죽국이 있었던 당시의 평주와 그 장소는 난하 인근 하북성 진황도시가 아니라 원래 압록수였던 호타하와 구려 탄생지인 대요수와 모용 선비족인 모용씨의 발상지인 소요수가 있는 하북성 석가장시 인근이다. 이에 대하여는 사안이 생길 때마다 입증해 왔고 앞으로도 계속 입증해 나갈 예정이다. 여기 하북성 석가장시 인근에 고구려가 수당 전쟁을 치른 임유관을 비롯한 사료상의 여러 장소가 있다. 이곳은 또한 위나라 시기에 영주였다.

【사료29】『요사』「지리지」

4. 남경도
1) 남경석진부(南京析津府)
평주 요흥군

평주 요흥군(平州 遼興軍)

평주(平州), 요흥군(遼興軍), 上, 節度. 상국(商)에서는 고죽국(孤竹國)이었고 춘추(春秋) 시대에는 산융국(山戎國)이었으며 진국(秦)에서는 요서군과 우북평군의 땅이었는데 한국(漢)에서는 이를 따랐다. 한국(漢) 말기에 공손도(公孫度)가 점거하였는데 아들 공손강과 손자 공손연에 이르러 위(魏)로 편입되었다. 수(隋) 개황(開皇) 연간에 평주(平州)로 고치었고, 대업(大業) 초기에 다시 군으로 삼았다. 당(唐) 무덕(武德) 초기에 주로 고치었고, 천보(天寶) 원년에 또한 북평군(北平郡)으로 하였다가. 후당(後唐)에서는 다시 평주(平州)로 삼았다. 태조(太祖) 천찬(天贊) 2년에 이곳을 취하여 정주(定州)의 포로들로 이 땅에 섞이어 살게 하였다. 주는 2개이고 현은 3개이다.

1) 노룡현(盧龍縣). 원래 비여국(肥如國)이다. 춘추(春秋) 시대 진(晉)이 비(肥)를 멸하자 비자(肥子)는 연(燕)으로 달아났는데 이곳에 봉지를 받았다. 한(漢)과 진(晉)에서는 요서군(遼西郡)에 속하였다. 북위(元魏)는 군의 치소로 삼는 동시에 평주(平州)를 세웠다. 북제(北齊)는 북평군(北平郡)에 소속시켰다. 수(隋) 개황(開皇) 연간에 비여현을 없애고 신창현(新昌)에 소속시켰다. 18년에는 신창현을 고쳐 노룡현이라고 하였다. 당(唐)에서는 평주(平州)로 삼았고 뒤에도 이를 따랐다. 가구 수는 7000이다.

2) 안희현. 원래 한국(漢國)의 영지현(令支縣)의 땅인데 폐한 지 오래되었다. 태조(太祖)가 정주(定州) 안희현(安喜縣)의 포로들로 설치하였다. 평주(平州)에서 동북쪽으로 60리에 있다. 가구 수는 5000이다.

3) 망도현(望都縣). 원래 한국(漢國) 해양현(海陽縣)인데 폐한 지 오래되었다. 태조(太祖)가 정주(定州) 망도현(望都縣) 포로들로 설치하였다. 해양산(海陽山)이 있다. 현은 주의 남쪽 30리에 있다. 가구수는 3000이다.

4) 난주(灤州), 영안군(永安軍), 中, 刺史. 원래 옛날 황락성(黃洛城)인데. 난하(灤河)가 고리처럼 두르고 있으며 노룡산(盧龍山) 남쪽에 있다. 제(齊) 환공(桓公)이 산융(山戎)을 정벌하고 산신(山神) 유아(俞兒),
- 마성현(馬城縣). 원래 노룡현(盧龍縣) 땅이다.
- 석성현(石城縣). 한(漢)이 설치하여 우북평군(右北平郡)에 소속시켰는데 오래전에 폐하였다. 당(唐) 정관(貞觀) 연간에 이곳에 임유현(臨榆縣)을 설치하였고, 만세통천(萬歲通天) 원년에 석성현(石城縣)으로 바꾸었다.

5) 영주(營州), 닌해군(隣海軍), 下, 刺史. 원래 상(商) 고죽국(孤竹國)이다. 진(秦)에서는 요서군(遼西郡)에 속했다. 한(漢)은 창려군(昌黎郡)으로 삼았었다. 전연(前燕) 모용황(慕容皝)은 이곳에 도읍을 옮겼었다.
- 광녕현(廣寧縣). 한(漢)의 유성현(柳城縣)인데 요서군(遼西郡)에 속했다. 동북쪽으로는 해(奚)와 거란(契丹)과 맞붙어 있다. 만세통천(萬歲通天) 원년에 거란 이만영(李萬營)의 손으로 들어갔다. 신룡(神龍) 원년에 유주(幽州)의 경계로 이주하였다. 개원(開元) 4년에 다시 옛 땅으로 돌아왔다. 요(遼)에서 지금 이름으로 고쳤다. 가구 수는 3000이다.

영주는 요나라 시기나 당나라 이후에도 위치를 옮긴 사실이 없다. 단지 이를 해석함에 있어 왜곡 해석하여 지금의 조양 지방으로 위치를 옮겼다. 이 영주 그리고 그 이동에 대하여는 앞에서 이미 설명하였고 앞으로도 기회가 있으면 또 살펴볼 것이다. 이와 같은 통일신라의 영역에 대하여 단적으로 나타내는 것이 통일 후 9주의 설치이다. 9주 설치에 대하여 자세히 파악한 대로 쓰려면 논문 한 편도 모자랄 지경이다. 가급적 요약하여 주요 골자만 살펴보고자 한다. 9주 설치에 대하여

> **【사료148】**『흠정만주원류고』 권9 강역2 신라
>
> 9주의 설치는 동쪽으로 길림, 서쪽으로 광녕에 이르고 해주와 개주를 지나 조선을 포함하는 것으로 실로 넓이가 광대하였다.

고 하여 길림성, 하북성, 요령성 그리고 한반도를 포함하는 것으로 되어 있다. 여기에 우리 고대사의 놀라운 현주소가 있다. 이 기록을 그대로 해석하자면 먼저 동쪽 길림은 당연히 한반도 동북부의 현재 길림성이다. 앞에서 살펴본 대로 만주에서 신라의 영역이 개 이빨처럼 고구려와 백제의 영역으로 튀어 나왔다는 기록과 길림이 계림이라는 기록에 의거 소위 삼국시대부터 동북 만주 길림성은 신라의 영역이었기에 소위 통일 후에도 신라의 영역이 되었다.

그리고 서쪽으로 광녕에 이르렀다는 것은 위의 기록상에서도 확인되듯이 한나라 때 요서군 유성현이었던 곳이다. 이곳은 백제가 진출한 요서 진평 지방으로 당나라 시기의 유성과 북평 사이이고 후의 요나라 및 송나라 시기에는 금주, 영원, 광녕 지방이다.

이곳은 바로 하북성 석가장시 정정현으로 서남쪽에는 당나라의 고구려 공격 시 기록에 나오는 마수산이 있다는 곳이다. 그리고 해주는 나중에 자세히 살펴보겠지만 『요사』 「지리지」 상에 기록된 대로 요나라 해주 남해군으로 본래 옥저국 즉 남옥저 지역으로 여기에 당나라 시기의 초주인 요주가 있다. 요주에 암연현이 있는데 그 동쪽으로는 신라와의 경계가 있으며, 옛 평양성 즉 고구려 첫 도읍지인 졸본성이 서남쪽에 있고, 해주가 동북쪽에 있다고 하였다.

남옥저 지역은 신라가 건국된 곳이고, 신라가 있던 곳은 지금의 산동성 빈주시 이남이다. 그리고 고구려 졸본성은 지금의 산동성 덕주시 평원현에 있다.

그렇다면 당나라 시기의 초주는 어디에 있었는가는 『신당서』「가탐도리기」에 기록되어 있다. 오목도와 패강구와 초도를 지나면 신라 서북쪽에 있는 장구진에 도달한다고 되어 있다. 여기서 오목도는 비정할 수 없으나 패강은 산동성 덕주시 평원현 남부의 도해하(Tuhai River, 徒駭河)이다.

이 강이 바로 백제의 북쪽을 흐르는 패하이자, 패수이고 이것은 다시 고구려의 남단을 거쳐 신라의 북쪽을 흐르는 패강이기도 하다. 따라서 해주는 초주 동북쪽에 있다고 하였다. 그러므로 초주 즉 요주는 지금의 산동성 덕주시 낙릉시 인근으로 비정되므로 여기서의 동북쪽은 하북성 창주시 동쪽 인근으로 파악된다. 이곳은 당시 압록수이자 마자수였던 호타하가 바다로 들어가는 곳이다.

그리고 해주 다음의 개주는 책성 지역으로 동부여 땅이었다. 이곳은 하북성 창주시 북쪽을 일컫는다. 물론 앞의 해주와 마찬가지로 개주 역시 왜곡하여 먼저 대능하 지역으로 옮겨졌다가 다시 요령성 지역으로 옮겨져 아예 이름까지 요령성 요양시 남쪽의 개주시(盖州市)로 하였다.

물론『요사』이후『흠정만주원류고』가 편찬된 1777년에는 이미 그 지명이 요나라 시기 이후 하북성에서 요령성으로 옮겨진 후 이 옮겨진 이후의 지명으로 신라의 강역에 대하여 기록하였을 수도 있다. 하지만 비록 이렇다 할지라도 사서 편찬자가 옮겨진 이전의 상황을 옮겨진 이전의 지명으로 기록하였을 것이다. 물론 이러한 기록 몇 가지에 의하여 신라의 강역이 정하여지는 것이 아니라 이 기록을 떠나서라도 많은 사서의 기록에 의하여 신라의 하북성 영역이 입증된다. 분명히 이곳은 하북성의 신라의 영역을 나타내고 있다.

■ [그림25] 주류 강단사학계 통일신라 9주 5소경

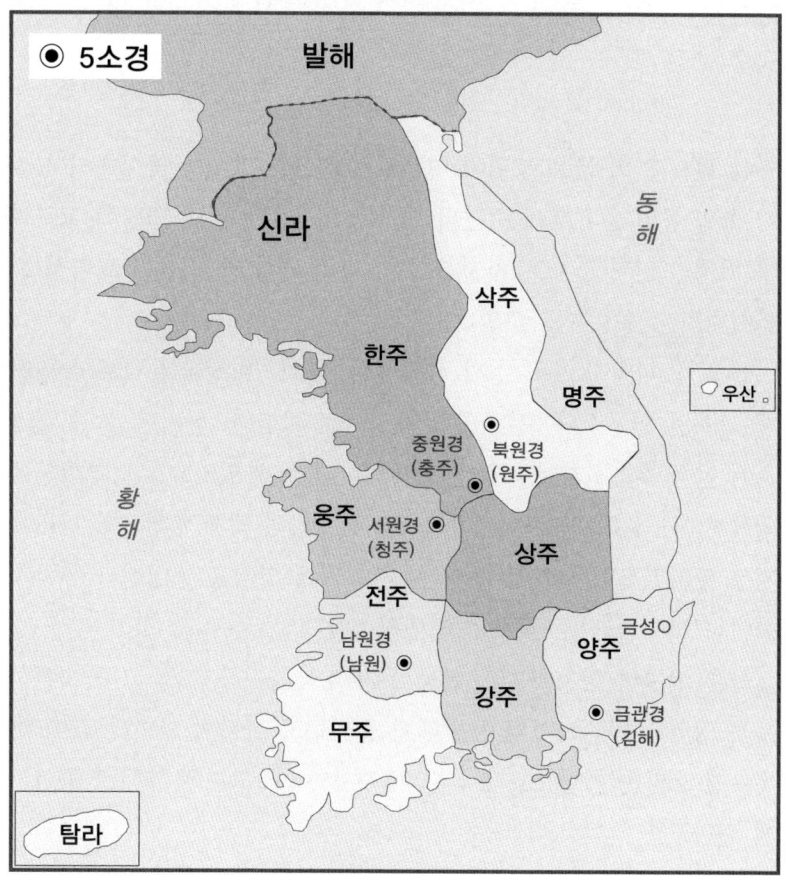

[신라 9주 설치 기록 조작에 대하여]

본 필자도 이 글을 쓰면서 연구하기 전에는 소위 삼국시대의 신라가 소위 통일신라 후에 이전의 신라 영역에 추가하여 멸망한 고구려와 백제의 영역을 새로 차지한 곳이 만주 지방 즉 지금의 요령성 요하까지인 것으로 파악하였다.

물론 이 파악도 주류 강단 사학계의 한반도 비정과는 다르고 인하대 고조선 연구소의 고려 영역 범위와 일치한다. 하지만 연구 결과 소위 삼국시대 신라가 하북성 남쪽의 산동성에 있었고 나당연합군에 의하여 고구려와 백제를 멸망시키고 산동성의 백제 영역은 당나라에 일부 빼앗겼으나 하북성 요서 지방의 백제 영역은 통일신라가 차지하여 고려에 물려준 것으로 확인하였다.

물론 고구려 영역이었던 산동성 지역은 차지하였고, 고구려의 하북성 영역도 차지하였다가 발해에 물려주고 사서의 기록과 같이 압록수인 호타하 이남으로 물러난 채 이를 이후 고려에 그대로 물려주게 된다.

신라는 통일 후 하북성 및 요령성 영역을 추가로 확보한 후 이를 그대로 고려에 물려주었다.

여기서 확인할 또 하나의 사항은 신라 9주에 대하여 『삼국사기』의 조작 사실이 있어 이 사서 조작 사실과 함께 이러한 사실을 파악하지 못하거나 아니면 고의로 하지 아니하고 그대로 따르려는 현재 주류 강단 사학계를 각각 학문적으로 민족적으로 고발하고자 한다. 물론 『삼국사기』는 편찬 당시보다는 이후의 재판 과정에서 조작이 의심된다. 즉 조선시대인 1512년(중종 7)의 정덕본 재판(再版) 때 많은 부분이 조선 주자학 제일주의의 소중화 사대주의에 의한 한반도 고착화에 따라 대부분의 지명이 한반도로 고쳐진 것으로 의심된다.

신라 통일 후 설치한 9주에 대한 기록은 중국『구당서』에는 기록되어 있지 않고『신당서』에 기록되어 있다.

【사료168】『신당서(新唐書)』「동이열전 신라」

○ 上元 2년(A.D.675; 新羅 文武王 15)2월에 [劉]仁軌가 七重城에서 그들을 쳐부수고, 靺鞨兵을 이끌고 바다를 건너서 남쪽 지역을 攻略하니, 목을 베고 또 사로잡은 포로가 매우 많았다. 詔書를 내려 李謹行을 安東鎭撫大使로 삼아 買肖城에 주둔시키니, 세 번 싸워서 虜가 모두 패배하였다. 法敏이 使臣을 보내 入朝하여 사죄를 하는데, 貢物의 짐바리가 줄을 이었다. 仁問 또한 [新羅에서] 돌아와 王位를 내놓으므로, 詔書를 내려 法敏의 官爵을 다시 회복시켜 주었다.

그러나 [新羅는] 百濟의 땅을 많이 차지하고, 드디어는 高麗의 남부까지 점령하였다. 尙州·良州·康州·熊州·全州·武州·漢州·朔州·溟州의 9州를 설치하고,(註 423) 州에는 都督을 두어10郡 내지 20郡을 통솔하게 하였다. 郡에는 太守를, 縣에는 小守를 두었다.

註 423
置尙·良·康 …… 溟九州 : 9州는 天下를 의미하는 것으로 統一新羅의 입장을 반영하는 것으로, 濟·麗를 포함한 3국의 입장을 똑같이 고려하였으며 5小京도 같이 배정하였다.
9州는 神文王 5년(685) 完山州와 菁州를 끝으로 완비되었으며, 景德王 16년(757)에 명칭을 전반적으로 바꿨다.
神文王 때 완비된 9州·5小京의 名稱은 아래와 같다.

<9州 5小京>

故土	9 州			5 小京
	神文王代	景德王代	現在	
新羅	沙伐州	尙州	尙州	金官京
	歃良州	良州	梁山	
	菁州	康州	晋州	
高句麗	漢山州	漢州	廣州	中原京
	首若州	朔州	春川	北原京
	河西州	溟州	江陵	
百濟	熊川州	熊州	公州	西原京
	完山州	全州	全州	南原京
	武珍州	武州	光州	

　　신라는 백제가 멸망하고 15년 후, 고구려가 멸망하고 7년 후인 675년경에야 상주·양주·강주·웅주·전주·무주·한주·삭주·명주 등 9주를 두었다고 하였다. 뒤늦게 통치구역인 행정구역을 정한 것은 이 사이에 백제 부흥군, 고구려 부흥군이 활발히 활동하여 실질적으로 전쟁이 끝나지 아니하였고 당나라와도 고구려 및 백제 옛 영토 쟁탈전이 벌어져 늦어진 것이다. 이때에야 비로소 모든 것이 마무리된 것으로 보인다.

　　그러나 이상한 것이 발견된다. 이러한 중요한 사항이 『삼국사기』 「본기」에는 보이지 않고 「잡지 지리」편에 불분명하게 그리고 틀리게 나온다는 사실이다. 『삼국유사』에도 백제 지역에 당이 5도독부를 설치한 사실만 기록되어 있다.

【사료181】『삼국유사』 제2 기이(紀異第二) 남부여(南扶餘) 전백제(前百濟) 북부여(北扶餘)

당나라 현경(顯慶) 5년에 이르러, 이 해는 의자왕이 왕위에 오른 지 20년이 되던 해이며, 신라 김유신이 소정방과 더불어 백제를 쳐서 평정하였다. 백제에는 본래 다섯 부(部)가 있어 37군 200여 성 76만 호로 나누어 통치하였다. 당나라는 그 땅에 웅진(熊津)·마한(馬韓)·동명(東明)·금련(金漣)·덕안(德安) 등 다섯 도독부(都督府)를 나누어 두고, 그 추장(酋長)들을 도독부(都督府) 자사(刺史)를 삼았다. 얼마 안 되어 신라가 그 땅을 모두 병합하고서 웅주(熊州)·전주(全州)·무주(武州) 등 세 주와 여러 군현을 두었다.

【사료182】『삼국유사』 卷 第一제1 기이(紀異第一) 태종춘추공(太宗春秋公)

소정방은 왕 의자와 태자 융, 왕자 태, 왕자 연(演) 및 대신 장사 88명과 백성 1만 2천8백7인을 당의 수도로 보냈다. 백제에는 원래 5부 37군 200성 76만호가 있었는데 이때 이르러 웅진(熊津)·마한(馬韓)·동명(東明)·금련(金漣)·덕안(德安) 등 5도독부(都督府)를 나누어 설치하고 우두머리를 뽑아 도독(都督)과 자사(刺史)로 삼아 다스리게 하였다. 낭장 유인원(郎將 劉仁願)에게 도성을 지키도록 명하고 또 좌위랑장 왕문도(左衛郎將 王文度)를 웅진도독(熊津都督)으로 삼아 백제의 남은 백성을 다스리게 하였다. 소정방이 포로들을 이끌고 [당나라 황제를] 알현하니 [의자왕을] 꾸짖기만 하고 용서해 주었다. [의자]왕이 병들어 죽자 금자광록대부위위경(金紫光祿大夫衛尉卿)을 추증하고 옛 신하들이 가서 문상하는 것을 허락하였다. 교서를 내려 손호(孫皓)와 진숙보(陳叔寶)의 무덤 옆에 장사지내도록 하고 더불어 비도 세우게 하였다.

더군다나 『삼국사기』 「본기」의 해당 햇수 년의 기록에는 정해진 9주 내지는 행정구역의 관청 및 주군에게 인장을 만들어주고 행정구역을 정한 기록만 있다. 당연히 이러한 사실이 있으면 『신당서』에도 나와 있는 9주 등 행정구역을 정한 것에 대한 기록이 반드시 있어야 할 『삼국사기』에는 정작 없다.

이것은 있을 수 없는 일이다. 누군가 어떤 이유로 당초 기록하지 않았거나 기록한 것을 나중에 삭제한 것이라고밖에 볼 수 없다. 그러나 당초 기록하지 않았다고 할 수는 없다. 왜냐하면 상당히 중요한 사항이고 다른 역사서 특히 참조를 많이 한 사서에 기록되어 있는 사항을 기록하지 않았을 수는 없다. 이러한 이유로 본 필자는 『삼국사기』가 후대에 조작되었을 가능성을 제기한다. 조선시대 정덕본이 아니라면 일제 강점기에 원본에 손을 대어 조작한 의심이 있다. 이와 같은 조작 의혹 제기는 본 필자의 망상에 의한 것이 아니라 객관적이고도 합리적인 의심에 의해서이다. 이에 대하여는 앞에서도 언급하였지만 앞으로 제기하는 것을 보면 합리적 의심이 틀림없다는 판단이 설 것이다. 예를 들어 나당연합군에 의한 고구려 및 백제의 멸망 후 벌어진 나당 전쟁 시의 위치 기록은 조작의 흔적이 강하다. 더군다나 의도가 있고 그 의도의 목적성이 우리 고대사를 한반도로 고착시키려는 한 가지 목적에 집중된다는 점에서 더욱 그러하다.

【사료183】『삼국사기(三國史記)』 卷第七 新羅本紀 第七 문무왕(文武王) 十五年春一, 二月

(675년 01월(음))
15년 봄 정월에 구리로 각 관청 및 주군(州郡)의 인장(印章)을 만들어 내려주었다.

(675년 02월(음))
그러나 백제 땅을 많이 빼앗기에 마침내 고구려 남쪽 경계까지 주(州)와 군(郡)으로 삼았다.

9주의 설치 관련 기사를 언급한 대로『삼국사기』「잡지 지리」편에 기록하였다.

> 【사료147】『삼국사기(三國史記)』卷第三十四 雜志 第三 지리(地理)一 신라(新羅)
>
> 9주의 관할 내역
>
> 처음에는 고구려(高句麗) 백제(百濟)와는 지형이 개 이빨처럼 들쑥날쑥 엇갈려 있어서 혹은 서로 화친하기도 하였고, 혹은 서로 침략하다가, 후에 대당(大唐)과 함께 두 나라를 쳐서 멸망시키고, 그 토지를 평정한 뒤에 마침내 9주를 설치하였다.

> 【사료96】『삼국사기(三國史記)』「잡지 지리」'고구려' '고구려 멸망과 이후 상황'
>
> 고구려는 처음에 중국 북부 지역에 있다가, 곧 점점 동으로 패수(浿水)의 근처로 옮겨갔다. ~ 그 지역의 대부분이 발해말갈(渤海靺鞨)로 편입되고, 신라 또한 그 남쪽 지경을 차지하여, 한(漢)·삭(朔)·명(溟)의 3주와 군현을 설치하여 9주를 갖추었다.

위 기사는 이미 고구려, 백제와 신라 강역을 설명하면서 인용하여 언급하였다.

> 【사료94】『삼국유사』卷 第一 제1 기이(紀異第一) 말갈(靺鞨)과 발해(渤海)
>
> 또 ≪삼국사(三國史)≫에 이르기를 "백제(百濟) 말년에 발해와 말갈과 신라가 백제의 땅을 갈랐다."라고 하였다. (이에 의하면 말갈발해(靺海)가 또 갈라져 두 나라로 된 것이다.)

백제의 땅을 신라와 발해, 말갈이 서로 나누어 차지한 것은 이미 백제 영역을 설명하면서 인용하여 언급하였다.

> 【사료184】『삼국사기(三國史記)』卷第三十四 雜志 第三지리(地理)一 신라(新羅) 원 신라
>
> 원 신라 지역의 3주
>
> 본국 경계 내에 3주를 설치하였다. 왕성 동북쪽의 당은포(唐恩浦) 방면을 상주(尙州)라 하고, 왕성 남쪽을 양주(良州)라 하고, 서쪽을 강주(康州)라 하였다.

> 【사료185】『삼국사기(三國史記)』卷第三十四 雜志 第三지리(地理)一 신라(新羅) 이전 백제
>
> 이전 백제 지역의 3주
>
> 이전의 백제(百濟) 영토 내에 3주를 설치하였다. 백제의 옛 궁성 북쪽 웅진구(熊津口)를 웅주(熊州)라 하고, 그 다음 서남쪽을 전주(全州), 그 다음 남쪽을 무주(武州)라고 하였다.

> 【사료186】『삼국사기(三國史記)』卷第三十四 雜志 第三지리(地理)一 신라(新羅) 이전 고구려
>
> 이전 고구려 지역의 3주
>
> 이전의 고구려 남쪽 영토 내에도 3주를 설치하였다. 서쪽 제일 첫 번째가 한주(漢州), 그 다음 동쪽을 삭주(朔州), 그 다음 동쪽을 명주(溟州)라고 하였다.

이 기사에서 상주, 양주, 강주는 원래 신라 그리고 웅주, 전주, 무주는 원래 백제 그리고 한주, 삭주, 명주는 원래 고구려의 강역이었다는 기록이다. 위의 『신당서』 675년 9주 설치 기록 및 『삼국사기』 문무왕 15년 기록을 보면 이 시기에 9주 명칭대로 9주가 설치된 것으로 되어 있다. 그런데 다음 기록들을 보면

【사료187】『삼국사기(三國史記)』 卷第八 新羅本紀 第八 신문왕(神文王) 五年

5년(685) 봄에 다시 완산주(完山州)를 설치하고 용원(龍元)을 총관으로 삼았다.

거열주(居列州)를 빼고 청주(菁州) 설치함으로써 비로소 9주(州)가 구비되었다. 청주에는 대아찬(大阿湌) 복세(福世)를 총관으로 삼았다.

【사료188】『삼국사기(三國史記)』 卷第九 新羅本紀 第九 경덕왕(景德王) 十六年冬十二月

(757년) 겨울 12월에 사벌주(沙伐州)를 상주(尙州)로 고치고, 1주 10군 30현을 거느리게 했다. 삽량주(歃良州)를 양주(良州)로 고치고 1주 1소경 12군 34현을 거느리게 했다. 청주(菁州)를 강주(康州)로 고치고 1주 11군 27현을 거느리게 했다. 한산주(漢山州)를 한주(漢州)로 고치고 1주 1소경 27군 46현을 거느리게 했다. 수약주(水若州)를 삭주(朔州)로 고치고 1주 1소경 11군 27현을 거느리게 했다. 웅천주(熊川州)를 웅주(熊州)로 고치고 1주 1소경 13군 29현을 거느리게 했다. 하서주(河西州)를 명주(溟州)로 고치고 1주 9군 25현을 거느리게 했다. 완산주(完山州)를 전주(全州)로 고치고 1주 1소경 10군 31현을 거느리게 했다. 무진주(武珍州)를 무주(武州)로 고치고 1주 14군 44현을 거느리게 했다. (양주(良州)는 양주(梁州)로도 썼다.)

없던 청주가 신문왕 5년 시기에 나오고, 경덕왕 16년에는 오히려 이때 9주 명칭이 정해진 것으로 나온다. 이것도 이상한데 다음 기사를

보면 그 저의와 순서 그리고 이에 의하여 전체 명칭, 원래 위치 및 설치 자체 모든 것이 의심스럽다. 그중 자세한 사항에서 의심스러운 점은 다른 사서 기록과 비교하여,

【사료81】『흠정만주원류고』권9 강역2 신라 9주

(당회요)신라의 강역은 옛 백제의 땅과 고구려의 남계를 포함한다. 동서 약 9백여 리, 남북 약 1천8백 리이다. 강역 안에 상·양·강·웅·금· 무·한·삭·명 등 9주를 두었다.

[신당서]신라가 백제의 땅을 빼앗아 고구려 남쪽 지경에 닿았다. 상· 양·강·웅·전·무·한·삭·명 등 9주를 두었다. ~ '살펴보건데, ~ 상주와 전주는 요나라 금나라에도 있었고, 또한 조선에도 있다. [요사 지리지]에는 상주는 동경로에 속하며, 본래 한나라 양평현의 땅이다. 발해에서는 동평채가 되었다'라고 하였다.

[금사 지리지]에는 '전주는 북경로에 속한다. 치소는 안풍현이다'라고 하였다. 위 2사에서 모두 연혁의 유래가 자세하지 않다. 일설에는 '요나라 금나라는 그 이름을 종전대로 따온 것일 뿐 꼭 그 지역인 것은 아니다' 고 한다. 조선의 경상도 상주는 본래 진한의 남쪽 지경으로 옛 신라의 땅이다. 전라도의 전주는 본래 변한의 변경으로 백제의 요해지였으니 서로 가까웠을 것이다. 그러므로 [당회요], [5대회요] [태평환우기]를 고찰해 보면, 모두 금주라고 썼으며, [당서]와 [통고]에서 전(全)자로 쓴 것과 서로 다르다. 당이 고구려를 평정하고 일찍이 금주를 두었다. 명나라에서 금주위가 되었으며 지금의 영해현이다. 신라는 일찍이 고구려의 땅을 얻었으므로, 그 주의 이름이 옛 당의 것에서 연유한 것인지는 알 수 없다. 건국 초에 오랍국에 금주성이 있었으며, 무훈왕 양고리가 쳐서 깨트렸고, 지금의 길림성 북쪽에 여전히 금주산과 금주참이 있다. 실제로 신라의 계림주와 서로 가까우니 당 이후에 설치한 것이 아니고, 그 이름은 당연히 스스로 붙인 것이다. 강주는 요나라 때 현주에 속했으며 의무려산에서 멀지 않다. 웅주는 당연히 웅악을 이름으로 삼았다.

1) 전주 대신에 금주가 있고 이 금주는 백제의 영토였다고 하는데 고구려의 영토였다고 한다.
2) 상주와 강주는 신라의 영토였다고 하는데 그 둘의 위치는 모두 바로 지금까지 본 필자가 증명한 대로 만주 요령성 지방이라는 것을 말해 준다. 따라서 이러한 사항이 서로 맞지 않아 이러한 사항이 드러날 것이 염려되어 기록을 삭제하거나 누락시키고 다르게 기록한 것이라 판단된다.

즉 『삼국사기』 「본기」에는 보이지 않고 「잡지 지리」 편에만 다르게 기록되어 있는 점, 『삼국사기』 「본기」에 구체적인 9주의 내용이 안 보이는 것은 9주의 내용이 원래와 다르고 9주의 구체적인 내용이 이때 다르게 정해지고 나중에 발해가 698년에 건국되어 신라 영역을 잠식한 후인 경덕왕 시기 757년에 축소되어 한반도 안에서 확정된 후의 것만 『삼국사기』에 나타내려고 한 것이라고 판단된다. 이러한 경위 파악이 잘못된 것이 아니라면 본 필자와 같은 유사 사이비 아마추어 역사가도 할 수 있는데 수십 년간 학문을 전문적으로 하는 수많은 학자가 하지 않거나 못 하는 것은 본 필자가 언급하는 바와 같다고 할 수밖에 없다.

이러한 사항은 앞으로 살펴볼 초기 신라가 개척한 말갈 및 발해와의 경계로 산동성인 신라 북쪽에 있었던 하슬라주를 고구려 땅이었다가 신라 땅이 된 하서주(하서량)를 하슬라로 엮은 다음 이를 한반도 안으로 위치시켜 동해안 강릉에 위치한 명주로 바꾼 것을 비롯하여 같은 맥락이지만 내용은 반대로 고구려 땅이었다가 신라 땅이 된 하북성의 안북하 즉 안북부 지역인 호타하 인근에 있었던 삭주를 원래부터 신라 땅이었던 우수주가 수약주로 바뀐 것으로 엮어 이를 한반도의 춘천 지방으로 옮겨놓은 사항은 그 대표적인 한반도 고착화 작업이 이루진 사례이다. 이렇게 함으로써 우리 민족의 대륙에서의 역사적 활동은 전부 한반도로 옮겨지게 되었다.

> 『삼국사기』「본기」의 대륙 활동기록을 「잡지 지리」편에서는 조작하여 한반도로 고착시켰다.

■ [그림26] 한주, 삭주 명주 비정 비교도

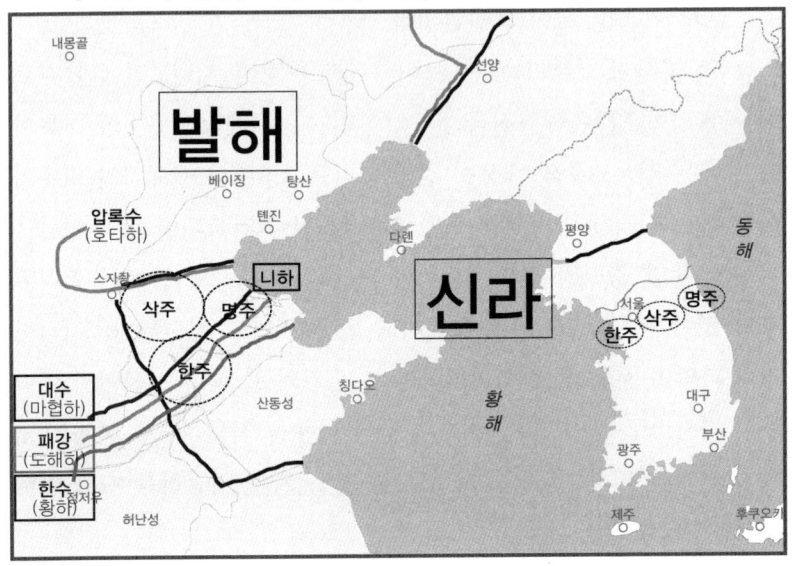

[삭주에 대하여]

하북성 삭주의 한반도로의 위치 이동에 대하여 살펴보면,

> 【사료189】『삼국사기(三國史記)』 권 제35 잡지 제4 지리(地理)二 신라(新羅) 삭주
>
> 삭주
>
> 삭주(朔州)는 가탐(賈耽)의 고금군국지(古今郡國志)에 이르기를, "고구려(句麗)의 동남쪽이자 예(濊)의 서쪽은 옛 맥(貊)의 땅이며, 대개 지금 신라(新羅)의 북쪽인 삭주이다."라고 하였다.
> 선덕왕(善德王) 6년·당(唐) 정관(貞觀) 11년(637)에 우수주(牛首州)로 삼고 군주(軍主)를 두었다. 한편 문무왕(文武王) 13년·당(唐) 함형(咸亨) 4년(673)에 수약주(首若州)를 설치했다고 이른다. 경덕왕(景德王)이 삭주(朔州)로 고쳐 삼았다. 지금은 춘주(春州)이다. 거느리는 현(領縣)은 3개이다.
> 녹효현(綠驍縣)은 본래 고구려(高句麗) 벌력천현(伐力川縣)이었는데 경덕왕(景德王)이 이름을 고쳤다. 지금은 홍천현(洪川縣)이다.
> 황천현(潢川縣)은 본래 고구려(高句麗) 횡천현(橫川縣)이었는데 경덕왕(景德王)이 이름을 고쳤다. 지금은 옛 이름[횡천현]으로 회복되었다.
> 지평현(砥平懸)은 본래 고구려(高句麗) 지현현(砥峴縣)이었는데 경덕왕(景德王)이 이름을 고쳤다. 지금까지 그대로 따른다.

이 기록에서 삭주는 원래 신라의 땅이었던 우수주 즉 선덕왕 6년에 설치한 것을 문무왕 13년에 수약주로 고친 다음 경덕왕 때 삭주로 되고 고려 때 춘주가 되었다고 하였다. 그러나 선덕왕 6년의 기록상에는 우수주 설치 기록이 없다. 그리고 문무왕 13년의 기록상에도 수약주로 고치거나 설치한 기록이 없는 대신 수약주에 주양성 등을 쌓았

다는 기록만 있다.

【사료190】『삼국사기(三國史記)』권 제7 신라본기 제7 문무왕(文武王) 十三年秋九月

국원성 등 여러 성을 쌓다(673년 09월(음))

9월에 국원성(國原城) (옛날의 완장성(亂長城)이다.) 북형산성(北兄山城) 소문성(召文城) 이산성(耳山城) 수약주(首若州)(註 145)의 주양성(走壤城) (또는 질암성(迭巖城)이라고도 하였다.(註 146)) 달함군(達含郡)의 주잠성(主岑城), 거열주(居烈州)의 만흥사산성(萬興寺山城), 삽량주(歃良州)의 골쟁현성(骨爭峴城)을 쌓았다.

註 145
신라 때 강원도 일대를 다스렸던 지방 행정구역으로, 우수주(牛首州) 또는 우두주(牛頭州)라고도 불렸는데, 문무왕 13년(673)에 수약주(首若州) 또는 오근내(烏斤乃)로 고쳐 불렀다.

註 146
지금의 강원 춘천시에 있는 봉산고성(鳳山古城)으로 추정한다(이병도,《국역 삼국사기》6판, 을유문화사, 1986, 120쪽).

그리고 앞에서 설명하여 확인하였듯이,

【사료188】『삼국사기(三國史記)』卷第九 新羅本紀 第九 경덕왕(景德王) 十六年冬十二月

(757)겨울 12월에 사벌주(沙伐州)를 상주(尙州)로 고치고, 1주 10군 30현을 거느리게 했다. 삽량주(歃良州)를 양주(良州)로 고치고 1주 1소경 12군 34현을 거느리게 했다. 청주(菁州)를 강주(康州)로 고치고 1주 11군 27현을 거느리게 했다. 한산주(漢山州)를 한주(漢州)로 고치고 1주 1소경 27군 46현을 거느리게 했다. 수약주(水若州)를 삭주(朔州)로 고치고 1주 1소경 11

군 27현을 거느리게 했다. 웅천주(熊川州)를 웅주(熊州)로 고치고 1주 1소경 13군 29현을 거느리게 했다. 하서주(河西州)를 명주(溟州)로 고치고 1주 9군 25현을 거느리게 했다. 완산주(完山州)를 전주(全州)로 고치고 1주 1소경 10군 31현을 거느리게 했다. 무진주(武珍州)를 무주(武州)로 고치고 1주 14군 44현을 거느리게 했다.

이때에 삭주를 비롯하여 9주(5소경)를 확정하였다고 하였지만 이미,

【사료183】卷第七 新羅本紀 第七 문무왕(文武王) 十五年春一, 二月

(675년 01월(음))
15년 봄 정월에 구리로 각 관청 및 주군(州郡)의 인장(印章)을 만들어 내려주었다.

(675년 02월(음))
그러나 백제 땅을 많이 빼앗기에 마침내 고구려 남쪽 경계까지 주(州)와 군(郡)으로 삼았다.

【사료168】『신당서(新唐書)』「동이열전 신라」

○ 上元 2년(A.D.675; 新羅 文武王 15)2월에 [劉]仁軌가 七重城에서 그들을 쳐부수고, 鞨鞨兵을 이끌고 바다를 건너서 남쪽 지역을 攻略하니, 목을 베고 또 사로잡은 포로가 매우 많았다. 詔書를 내려 李謹行을 安東鎭撫大使로 삼아 買肖城에 주둔시키니, 세 번 싸워서 虜가 모두 패배하였다. 法敏이 使臣을 보내 入朝하여 사죄를 하는데, 貢物의 짐바리가 줄을 이었다. 仁問 또한 [新羅에서] 돌아와 王位를 내놓으므로, 詔書를 내려 法敏의 官爵을 다시 회복시켜 주었다.
그러나 [新羅는] 百濟의 땅을 많이 차지하고, 드디어는 高麗의 남부까지 점령하였다. 尙州·良州·康州·熊州·全州·武州·漢州·朔州·溟州의 9州를 설치하고, 州에는 都督을 두어 10郡 내지 20郡을 통솔하게 하였다. 郡에는 太守를, 縣에는 小守를 두었다.

85

【사료187】 卷第八 新羅本紀 第八 신문왕(神文王) 五年

5년(685) 봄에 다시 완산주(完山州)를 설치하고 용원(龍元)을 총관으로 삼았다.

거열주(居列州)를 빼고 청주(菁州)를 설치함으로써 비로소 9주(州)가 구비되었다. 청주에는 대아찬(大阿湌) 복세(福世)를 총관으로 삼았다.

이전인 675년 및 685년에 9주 5소경이 확정되었는가 하면, 삭주가 되었다는 원래 신라의 땅인 우수주, 수약주와 달리 삭주는 원래 고구려 땅이었지

【사료186】 『삼국사기(三國史記)』 卷第三十四 雜志 第三 지리(地理) 신라(新羅) 이전 고구려

이전 고구려 지역의 3주

이전의 고구려 남쪽 영토 내에도 3주를 설치하였다. 서쪽 제일 첫 번째가 한주(漢州), 그 다음 동쪽을 삭주(朔州), 그 다음 동쪽을 명주(溟州)라고 하였다.

【사료54】 『고려사』 지 권제12 지리3 「북계」 안북대도호부

삭주
삭주(朔州)는 본래 고려의 영새현(寧塞縣)이다. 현종 9년(1018)에 삭주방어사(朔州防禦使)라 부르다가, 뒤에 부(府)로 승격시켰다.

신라 땅이었던 우수주, 수약주와는 다르다. 따라서 나중에 삭주로 바꾸어 한반도 춘주로 한 땅이 아니다. 이는 한반도로 이동시켜 고착시키기 위하여 조작한 것이 확실하다. 지금의 춘천 지방이 춘주로 되

었다는 것은 신라시대 9주 5소경에는 없고, 고려시대 5도 양계상의 교주도 소속에 춘주가 있다. 『삼국사기』 삭주 기록상 당시 편찬 시 고려시대의 춘주로 바뀌어 한반도로 비정하였지만 나중의 『고려사』 기록에 의하면 이때는 물론 이후에도 북계 안북대도호부에 삭주가 존속하고 있어 한반도에서의 교주도 소속 춘주로 변한 원래 신라 땅이었던 우수주 내지는 수약주와는 다른 원래 고구려 땅이었다가 신라 땅이 된 삭주가 아니다. 더군다나 한반도로 옮긴 우수주 내지는 수약주와 달리 한반도가 아닌 하북성 위치에서의 삭주에서 활동 기록이 명확히 있다.

> 신라의 하북성 삭주를 고려시대 춘주로 조작하여 바꾼 채 한반도로 비정하였다.

【사료191】『삼국사기(三國史記)』권 제12 신라본기 제12 경명왕(景明王) 五年春二月

견권이 말갈족을 물리치다(921년 02월(음))

2월에 말갈(靺鞨)의 별부(別部)인 달고(達姑) 사람들이 북쪽 변경에 와서 도적질을 하였다. 이때 태조의 장수인 견권(堅權)이 삭주(朔州)를 지키다가 기병을 이끌고 공격하여 크게 격파하여, 말 한 필도 돌아가지 못하였다. 왕이 기뻐하여 사신과 편지를 보내 태조에게 사례하였다.

【사료192】『고려사』권1 세가 권제1 태조(太祖) 4년 2월 921년 2월 15일(음) 임신(壬申),

장군 견권이 신라를 공격하러 가는 달고적과 싸워 이기다

> 임신 달고적(達姑狄) 171명이 신라(新羅)를 공격하러 가는데, 길이 등주(登州)를 통과하니 장군 견권(堅權)이 맞아 싸워 크게 패배시켜 말 한 필도 돌아가지 못하였다. 왕이 명하여 공이 있는 사람에게 1인당 곡식 50섬씩을 하사하니, 신라왕이 이 소식을 듣고 기뻐하며 사신을 보내 사례하였다.

소위 삼국시대 초기 신라와 백제 북쪽에 접해 있어 신라와 백제를 괴롭혔던 말갈이 소위 통일신라시대 말기까지 삭주 즉 등주 지방에 나타나 괴롭힌 것을 태조 왕건 세력이 물리쳤다는 것이다. 여기서 등주는 내주 동래군으로 바로 영주인 것으로 지금의 석가장시 북부의 호타하 북부인 신라시대 안북하이자 고려시대 안북대도호부 지역이다. 이곳에 신라 문무왕이 철관성을 쌓아 발해와 대치하였으며,

> 【사료193】『삼국사기(三國史記)』卷第七 新羅本紀 第七 문무왕(文武王) 十五年秋九月
>
> 안북하를 따라 관과 성을 설치하다(675년 09월(음))
>
> 안북하(安北河)를 따라 관(關)과 성(城)을 설치하였고, 또한 철관성(鐵關城)을 쌓았다.

여기에서 태조 왕건이 활동하였으며, 나중에 고려가 그대로 물려받아 서희가 소위 강동 6주(8성)를 설치하고, 이곳 압록강인 호타하에서부터 고려가 천리관성을 설치하여 요나라와 대치하게 되었다.

> 【사료194】『고려사』권82 지 권제36 병2(兵二) 성보 930년 미상(음)
>
> 안북부에 910칸 규모의 성을 쌓다

〈태조(太祖)〉 13년(930)에 안북부(安北府)에 성을 쌓았다. 910칸이고, 문(門)은 12개, 성두(城頭)는 20개, 수구(水口)는 7개, 차성(遮城)은 5개이다.

【사료54】『고려사』지 권제12 지리3 「북계」 안북대도호부

구주
구주(龜州)는 본래 고려의 만년군(萬年郡)이다. 성종 13년(994)에 평장사(平章事) 서희(徐熙)에게 명하여 병사를 거느리고 여진(女眞)을 공격하여 쫓아내고, 구주에 성(城)을 쌓았다.

인주
인주(麟州)는 본래 고려의 영제현(靈蹄縣)이다. ~ 옛날 장성(長城) 터가 있다 (덕종 때에 평장사(平章事) 유소(柳韶)가 쌓은 것으로, 인주의 압록강이 바다로 들어가는 곳에서부터 동계(東界)의 화주(和州) 바닷가까지 이른다.).

문무왕이 쌓은 하북성의 철관성을 일제 식민 사학자들이 조작 설정한 후 현재 주류 강단 사학계가 그대로 수용한 소위 통일신라의 북쪽 국경선인 대동강~원산만을 비정한 식민 사학자 이병도가 신라와 발해의 국경선에 이용하였다. 원래 신라의 땅이었던 하슬라 땅을 고구려 땅에서 신라 땅으로 편입된 하서량을 하슬라와 연결시켜 이를 명주로 하여 한반도 강릉 지방으로 왜곡시킨 것과 같은 방식이면서 다른 내용으로 원래 고구려 땅이었다가 신라 땅으로 변한 삭주 땅을 원래 신라 땅이었던 우수주, 수약주 땅에 연결시켜 이를 삭주로 하여 나중의 교주도 소속 춘주로 하여 한반도 춘천 지방으로 왜곡시켜 한반도로 옮겼다.

이와 같은 방식으로 원래 산동성, 하북성 그리고 요령성, 길림성에 있었던 우리 고대사의 영역을 모두 한반도로 고착화하였다. 따라서 여러 가지를 확인한 결과 등에 의하여 소위 통일신라 즉 남북국시대

의 신라의 영역은 "(9주 설치는) 동쪽으로 길림, 서쪽으로 광녕에 이르고 해주와 개주를 지나 조선을 포함하는 것으로 실로 넓이가 광대하였다." 기록과 같으나 여기에도 많은 것이 생략되어 있다. 즉 소위 통일신라의 영역은 한반도 전체는 물론 한반도 동북부 만주 지방의 원래 신라의 영역이었던 길림성은 물론 앞선 사서의 기록과 같이 그 서쪽의 개 이빨처럼 백제와 고구려 땅을 갈랐다는 요령성 지역의 백제와 고구려 땅 그리고

【사료168】『신당서(新唐書)』「동이열전 신라」

그러나 [新羅는] 百濟의 땅을 많이 차지하고, 드디어는 高麗의 남부까지 점령하였다. 尙州·良州·康州·熊州·全州·武州·漢州·朔州·溟州의 9州를 설치하고, 州에는 都督을 두어 10郡 내지 20郡을 통솔하게 하였다. 郡에는 太守를, 縣에는 小守를 두었다.

원래 산동성에서의 신라의 영역과 이 사서의 기록과 같이 당나라가 취한 일부 지역을 제외하고 백제의 영역 대부분 그리고 하북성에서의 백제의 요서 지방과 고구려의 영역 일부를 차지하여 실로 광대하였다. 특히 유념하여야 할 사항은 당나라가 일부를 그리고 신라가 대부분을 차지하였다는 기록상의 백제의 땅은 분명히 한반도 백제의 땅이 아니다. 이곳은 신라가 나당 전쟁의 완벽한 승리 결과로 전부 차지하였다. 이곳은 산동성 내지는 하북성 요서 지역이다.

(5) 낙랑

앞에서 살펴본 바와 같이 우리 고대사와 관련되어 사서에 기록된 낙랑은 크게 두 가지로 나눌 수 있다.

(1)지역 의미 (2)세력 단위이다. (1)에는 (1-1)옮기기 전의 위만조선 땅으로 낙랑군과 현토군이 설치되고 개마국, 구다국, 동옥저가 있었던 하북성 낙랑 지역과 (1-2)하북성에서 옮긴 후의 산동성 지역으로 여기에 남옥저와 (최씨)낙랑국 그리고 신라가 건국되는 산동성 낙랑 지역이 있다. (2)에는 (2-1)한나라가 하북성 낙랑 지역에 설치한 한나라 군현 낙랑군, (2-2)옮긴 후의 산동성 낙랑 지역 백제 동쪽이자 신라 서쪽에 세워진 맥족으로 고조선과 부여 계통의 (최씨)낙랑국이 있었다.

> 낙랑은 하북성 낙랑과 산동성 낙랑이 있었는데 하북성 낙랑에 낙랑군이, 산동성 낙랑에 (최씨)낙랑국이 있었다.
> 이 (최씨)낙랑국 동쪽에 신라가 있었다.

여기서 신라가 있다는 낙랑은 (1)의 (1-2) 지역이자 (2)의 (2-2)를 중국사서 편찬자들이 신라와 동일시 오류 내지는 혼란된 인식 내지는 지식에 의한 것이다. 따라서 신라는 당연히 이에 의하여도 산동성 낙랑 지역의 (최씨)낙랑군 지역에 있었음이 입증된다.

이렇게 중국사서와 중국 민족 국가가 이후에도 계속 신라와 낙랑을 연계시키는 것은 넓은 의미의 낙랑 땅과 작은 의미의 낙랑 땅 및 이곳에 세워졌던 낙랑국과의 연계성과 착오 때문이다. 이러한 사항 역시 주류 강단 사학계가 비정하는 한반도에서는 있을 수 없는 사항이다. 하북성 위만조선의 영역에 있었던 낙랑이란 이름의 넓은 땅에 위만조선은 물론 옥저 등이 있었고 일부에 한나라가 위만조선을 멸하고 낙랑군과 현토군을 세웠다.

【사료11】『사기』「조선열전」'고조선'

집해에서 장안이 말하기를 조선에는 습수와 열수와 산수가 있는데 이 세 강이 합하여져서 열수가 된다고 하였다. 아마도 낙랑이 조선이란 이름을 얻은 것은 여기에서인 것 같다.

【사료195】『한서』「지리지 연조」

은나라의 도가 약해지자 기자는 조선으로 갔다. 그 백성들에게 예의, 전잠과 베짜는 것을 가르쳤다. 낙랑조선 백성들은 금팔조를 어기면, 살인을 하면 당시에 죽여서 갚고 상해를 입히면 곡식으로 배상하고, ~

【사료32】『통전(通典)』「주군 안동부」

안동대도호부(安東大都護府) 순(舜)임금이 청주(靑州)를 분할하여 영주(營州)를 두고 관리를 두었는데 마땅히 요수(遼水)의 동쪽이 맞는 것이다. (已具注序篇) 춘추전국시대에는 연나라에 속하였고 진나라와 전후한나라의 요동군이며 동쪽으로 낙랑과 통하였다. 낙랑은 본래 조선국(朝鮮國)인데 元封三年(B.C.108) 조선 사람이 그 왕을 죽이고 항복하였는데 그 땅을 낙랑, 현토군으로 하였다.

【사료28】『원사』「지리지」요양등처행중서성 동녕로

동녕로(東寧路). 본래 고구려(高句驪) 평양성(平壤城)으로 또한 장안성(長安城)이라고도 하였다. 한(漢)이 조선(朝鮮)을 멸하고 낙랑(樂浪)·현토군(玄菟郡)을 설치하였는데, 이것이 낙랑지역이었다.

그리고 여기에는 고조선 연맹체 국가인 개마국, 구다국, 옥저, 예맥 등이 있었다.

> **【사료169】**『후한서(後漢書)』東夷列傳 東沃沮
>
> ○ [漢] 武帝가 朝鮮을 멸망시키고서 沃沮 땅으로 玄菟郡을 삼았다. 뒤에 夷貊의 침략을 받아 郡을 고구려의 서북쪽으로 옮기고는 沃沮를 縣으로 고쳐 樂浪[郡]의 東部都尉에 속하게 하였다. [後漢] 光武帝 때에 이르러서는 都尉의 관직을 없앴다. 이후부터는 그들의 우두머리(渠帥)를 封하여 沃沮侯로 삼았다. 그 나라는 지역이 좁고 작은데다가 큰 나라의 사이에 끼어 있어서 마침내 [고]구려에 臣屬케 되었다.

> **【사료39】**『삼국지(三國志)』〈위서〉「동이전」東沃沮
>
> ○ 漢나라 초에 燕의 亡命客 衛滿이 朝鮮의 王이 되면서 沃沮의 [읍락들은] 모두 [朝鮮에] 복속케 되었다.
> 漢 武帝 元封 2년(B.C.109)에 조선을 정벌하여 [위]만의 손자 右渠를 죽이고, 그 지역을 분할하여 四郡을 설치하였는데, 沃沮城으로 玄菟郡을 삼았다. 뒤에 夷·貊의 침략을 받아 郡을 [고]구려의 서북쪽으로 옮기니 지금의 이른바 玄菟의 故府라는 곳이 바로 그곳이다.
> 옥저는 다시 樂浪에 속하게 되었다. 한나라는 그 지역이 넓고 멀리 떨어져 있으므로, 單單大領의 동쪽에 있는 지역을 나누어 東部都尉를 설치하고 不耐城에 治所를 두어 별도로 領東 7縣을 통치하게 하였다. 이 때에 옥저의 [읍락도] 모두 현이 되었다.

이 낙랑 땅에 옥저가 있었고 이 옥저 즉 동옥저 땅에 현토군이 세워졌다. 물론 이 현토군은 고구려의 침략을 받아 서북쪽으로 옮겨 낙랑군에 가까워졌다.

> 하북성에 있었던 낙랑과 옥저가 산동성으로 내려와 낙랑과 남옥저가 되었는데 여기에 낙랑국과 신라국이 세워졌다.

이후 하북성에 있었던 낙랑은 남쪽으로 옮김에 따라 옥저도 옮겨져 옮겨진 산동성 낙랑에 최씨 낙랑국이 생기고 옮겨진 낙랑 땅에 같이 옮겨진 옥저 즉 남옥저 땅에 신라국이 생겼다.

【사료64】『삼국지(三國志)』〈위서〉「동이전」韓

樂浪 사람을 阿殘이라 하였는데, 東方 사람들은 나(我)라는 말을 阿라 하였으니, 樂浪人들은 본디 그중에 남아 있는 사람이라는 뜻이다.
지금도 [辰韓을] 秦韓이라고 부르는 사람이 있다. [辰韓은] 처음에는 6國이던 것이 차츰 12國으로 나뉘어졌다.

【사료109】『후한서(後漢書)』東夷列傳 韓

韓은 세 종족이 있으니, 하나는 馬韓, 둘째는 辰韓, 셋째는 弁辰이다.

馬韓은 서쪽에 있는데, 54國이 있으며, 그 북쪽은 樂浪, 남쪽은 倭와 接하여 있다. 진한은 동쪽에 있는데, 12國이 있으며, 그 북쪽은 濊貊과 接하여 있다. 弁辰은 辰韓의 남쪽에 있는데, 역시 12國이 있으며, 그 남쪽은 倭와 接해 있다.
모두 78개 나라 伯濟는 그중의 한 나라이다. 전체 국토의 넓이가 방 4천여 리나 된다. 동쪽과 서쪽은 바다를 경계로 하니 모두 옛 辰國이다.
[馬韓의] 남쪽 경계는 倭에 가까우므로 文身한 사람도 있다.

【사료174】『문헌통고』

신라국은 백제 동남 5백여 리에 있다.(또한 고구려 동남에 있고, 한나라 때의 낙랑군 땅을 차지하고 있다.), 초기에 신로 또는 신라로 불렀다. 동쪽 끝은 대해이다. 위魏의 관구검이 고구려를 쳐부수자 옥저로 달아났다. 그 뒤에 옛 나라로 돌아왔으나 남은 사람들이 신라를 세웠다. 그래서 그 나라 사람들은 화하華夏 고구려 백제 사람이 섞여 있다. 옥저沃沮 불내不耐 한韓 예濊의 땅을 차지하고 있다. 그 왕은 본래 백제인인데 바다를 통해 신라로 들어와 그 나라 왕이 되었다.

【사료165】『북사(北史)』 列傳 新羅

新羅는 그 선조가 본래 辰韓의 종족이었다. 그 땅은 高[句]麗 동남쪽에 있는데, 漢나라 때의 樂浪 지역이다. 辰韓을 秦韓이라고도 한다. 대대로 전해오는 말에 의하면 秦나라 때 流亡人들이 役을 피하여 [馬韓으로] 가자, 馬韓에서는 그 동쪽 지경을 분할하여 그들을 살게 하고, 그들이 秦나라 사람인 까닭에 그 나라 이름을 秦韓이라 하였다고 한다.

○ 일설에 의하면 魏나라 장수 毋丘儉이 고[구]려를 토벌하여 격파하니, [고구려인들은] 沃沮로 쫓겨 갔다가 그 뒤 다시 고국으로 돌아갔는데, [이때에 따라가지 않고] 남아 있던 자들이 마침내 新羅를 세웠다고 한다. [신라는] 斯盧라고도 한다.

【사료166】『수서(隋書)』 東夷列傳 新羅

新羅國은 高[句]麗의 동남쪽에 있는데, 漢代의 樂浪 땅으로서 斯羅라고도 한다. 魏나라 장수 毋丘儉이 고[구]려를 토벌하여 격파하니, [고구려]는 沃沮로 쫓겨 갔다. [그들은] 그 뒤 다시 고국으로 돌아갔는데, [이때에 따라가지 않고] 남아 있던 자들이 마침내 新羅를 세웠다.
그러므로 그 나라는 중국·고[구]려·백제의 족속들이 뒤섞여 있으며 沃沮·不耐·韓·獩의 땅을 차지하고 있다. 그 나라의 王은 본래 百濟 사람이었는데, 바다로 도망쳐 신라로 들어가 마침내 그 나라의 왕이 되었다.

【사료167】『구당서(舊唐書)』「동이열전 신라」

新羅國은 본래 弁韓의 후예이다. 그 나라는 漢代의 樂浪 땅에 있으니(其國在漢時樂浪之地), 동쪽과 남쪽은 모두 큰 바다에 연하여 있고, 서쪽은 百濟와 접하였으며, 북쪽은 高[句]麗와 인접하였다. 동서로 1천 리, 남북으로 2천 리이다.

【사료168】『신당서(新唐書)』「동이열전 신라」

新羅는 弁韓의 후예이다. 漢代의 樂浪[郡] 땅에 위치하니(居漢樂浪地), 횡으로는 1천 리, 종으로는 3천 리이다. 동쪽은 長人[國]에 닿고, 동남쪽은 日本, 서쪽은 百濟, 남쪽은 바다에 연해 있으며, 북쪽은 高[句]麗와 [접해 있다.]

이 낙랑국 서쪽에 백제가 있었고 그 동쪽에 신라가 있었다. 이 낙랑국은 고구려 대무신왕에게 37년 멸망당하기 이전에는 이곳에 있으면서 사서 기록상과 같이 백제와 특히 신라를 많이 괴롭혔다.

【사료101】『삼국사기(三國史記)』卷第一 新羅本紀 第一 시조 혁거세(赫居世) 거서간(居西干)

〔30년(B.C.28)〕 낙랑인(樂浪人)이 병사를 이끌고 침략해 왔다. 변경 사람들이 밤에 문을 걸어 잠그지 않고 곡식도 한데에 쌓아 들판에 널린 것을 보고서 서로 말하기를, "이곳의 백성들은 서로 도둑질을 하지 않으니, 가히 도(道)가 있는 나라라고 할 수 있다. 우리가 군사를 몰래 내어 습격하는 것은 도적이나 다를 바 없으니 부끄럽지 않겠는가?"라고 하며 병사를 물려서 돌아갔다.

【사료151】『삼국유사』 권 제1 제1 기이(紀異第一) 낙랑국(樂浪國)

≪국사(國史)≫에 이르기를 "혁거세(赫居世) 30년에 낙랑인(樂浪人)들이 항복해 왔다."라고 하였다.

신라인이 또한 스스로 낙랑이라 일컬었으므로 오늘날 본조[고려]도 이로 인하여 낙랑군부인이라고 일컫고, 또 태조가 딸을 김부에게 주고 낙랑공주라 하였다.

~ 백제 온조의 말에 '동으로 낙랑이 있고, 북으로 말갈이 있다고 했는데, 아마도 옛날 한나라 때 낙랑군 속현(屬縣) 지역인 듯하다. ~

【사료102】『삼국사기(三國史記)』卷第二十三 百濟本紀 第一 시조 온조왕(溫祚王) 13년 5월

하남위례성으로 천도할 계획을 세우다(기원전 6년 05월)

〔13년(B.C.6)〕여름 5월에 왕이 신하들에게 다음과 같이 말하였다.

"우리나라의 동쪽에는 낙랑(樂浪)이 있고, 북쪽에는 말갈(靺鞨)이 있어 번갈아 우리 강역을 침공하므로 편안한 날이 적다. 하물며 요사이 요망한 징조가 자주 나타나고, 국모(國母)께서 돌아가셨다. 형세가 스스로 편안지가 않으니, 장차 반드시 도읍을 옮겨야겠다. 내가 어제 순행을 나가 한수의 남쪽을 보니, 땅이 기름지므로 마땅히 그곳에 도읍을 정하여 오래도록 편안한 계책을 도모해야 하겠다."

【사료103】『삼국사기(三國史記)』권 제1 신라본기 제1 유리(儒理) 이사금(尼師今) 14년

낙랑인이 투항해 오다(37년 (음))

14년(37)에 고구려왕 무휼(無恤)이 낙랑(樂浪)을 습격하여 멸망시켰다. 그 나라 사람 5,000명이 투항해 오니 6부(六部)에 나누어 살게 하였다.

【사료226】『삼국사기(三國史記)』卷第一 新羅本紀 第一 남해(南解) 차차웅(次次雄) 원년 7월

낙랑이 침입하다(4년 07월(음))

원년(4) 가을 7월에 낙랑(樂浪) 병사들이 와서 금성(金城)을 여러 겹으로 에워쌌다.

【사료227】『삼국사기(三國史記)』 卷第二十三 百濟本紀 第一 시조 온조왕(溫祚王) 11년 4월

말갈이 낙랑의 부탁을 받고 병산책을 공격하다(기원전 8년 04월)

11년(B.C.8) 여름 4월에 낙랑이 말갈(靺鞨)을 시켜 병산책(甁山柵)을 습격하여 무너뜨리고 1백여 명을 죽이거나 사로잡았다.

【사료150】『삼국사기(三國史記)』 卷第二十三 百濟本紀 第一 시조 온조왕(溫祚王) 17년

17년(B.C.2) 봄에 낙랑이 쳐들어와서 위례성(慰禮城)을 불태웠다.

이러한 기록에 맞는 곳은 주류 강단 사학계가 비정하는 한반도가 절대 아니다. 이러한 낙랑에 대하여 신채호 선생은 낙랑을 남낙랑과 북낙랑으로 나누고, 남낙랑은 대동강 유역의 낙랑국으로 최리왕이 다스렸던 나라이고, 북낙랑은 한사군의 낙랑군이라고 했다. 그리고 북낙랑의 낙랑군을

【사료29】『요사』「지리지」

동경도
1) 동경요양부(東京遼陽府)

동경요양부(東京遼陽府)는 본래 조선(朝鮮)의 땅이었다. 주(周)나라 무왕(武王)이 기자(箕子)를 감옥에서 풀어주자 (기자는) 조선으로 갔고, (무왕은) 이로 인해 그를 봉해 주었다. (기자는) 팔조(八條)의 가르침을 만들어 베푸니, (백성들이) 예의를 숭상하고 농사와 누에치기로 부유해져 바깥문을 닫지 않아도 사람들이 도둑질을 하지 않았다. 40여세를 전하여 연(燕)나라가 진번(眞番) 조선(朝鮮)을 복속시키고 처음으로 관리를 두고 요새를 설

치하였다. 진(秦)나라 때 요동의 바깥 요새에 속하였다. 한(漢)나라 초기에 연나라 사람 만(滿)이 옛 공지에서 왕이 되었다. 무제(武帝) 원봉(元封) 3년(B.C.108)에 조선을 평정하여 진번, 임둔(臨屯), 낙랑(樂浪), 현도(玄菟) 4군(郡)을 설치하였다. 후한(後漢) 때에 청주(靑州)와 유주(幽州)에 출입하였다. 요동군과 현도군은 연혁이 일정하지 않았다.

한나라 말기에 공손탁(公孫度)이 점거하여 아들 공손강(公孫康)을 거쳐 손자 공손연(公孫淵)은 스스로 연왕(燕王)을 자칭하고 소원(紹漢)이라는 연호를 사용하였다. 위(魏)나라가 멸망시켰다. 진(晉)나라가 고려(高麗 : 고구려)를 함락시켰고, 나중에는 모용수(慕容垂)에게 귀속하였다. 아들 보(寶)는 고구려 왕 안(安 : 광개토왕)을 평주목(平州牧)에 임명하여 거주케 하였다. 원위(元魏 : 북위) 태무제(太武帝)가 그들이 거주하는 평양성(平壤城)에 사신을 보냈으니, 요(遼)나라 동경(東京)이 바로 이곳이다. 당(唐)나라 고종(高宗)이 고구려를 평정하고 여기에 안동도호부(安東都護府)를 설치하였지만, 나중에 발해(渤海)의 대씨(大氏)가 차지하였다. 대씨는 처음 읍루(挹婁)의 동모산(東牟山)을 차지하고 있었다. 무후(武后 : 측천무후) 만세통천(萬歲通天) 연간에 거란(契丹) 이진충(李盡忠)이 핍박을 받자 걸걸중상(乞乞仲象)이 요수(遼水)를 건너 스스로 지키니 무후가 진국공(震國公)에 봉하였다. 아들 대조영(大祚榮)에 이르러 도읍을 세우고 진왕(震王)이라 자칭하였다. 발해 북쪽을 영역을 병합하니 영토가 사방 오천 리나 되고, 병사가 수십만이나 되었다. 중종(中宗)이 도읍한 곳에 홀한주(忽汗州)라는 명칭을 내려주고 발해군왕(渤海郡王)에 책봉하였다. 12대 지나 대이진(大彝震) 때에 참람되게 연호를 고치고, 궁궐을 본떠서 짓고, 5경(京) 15부(府) 62주(州)를 두었으니 요동에서 가장 번성한 나라가 되었다. 홀한주는 바로 옛 평양성으로, 중경현덕부(中京顯德府)라고도 한다.

요하(遼河)는 동북쪽 산 어귀로 나아가 범하(范河)가 되고, 서남쪽으로 흘러 대구(大口)가 되어 바다로 들어간다. 동량하(東梁河)는 동쪽 산에서 서쪽으로 흘러 혼하(渾河)와 합하여 소구(小口)가 되어 요하와 만나 바다로 들어가니, 태자하(太子河)라고 하며 또한 대량수(大梁水)라고도 한다. 혼하는 동량하와 범하 사이에 있다. 사하(沙河)는 동남산에서 서북쪽으로 흘

> 러 개주(蓋州)를 경유하여 바다로 들어간다. 또 포하(蒲河), 청하(淸河), 패수(浿水)가 있다. 패수는 니하(泥河) 또는 한우력(𦬸芋濼)이라고도 하는데, 강에 한우초가 많기 때문이다.
>
> 주필산(駐蹕山)은 당나라 태종(太宗)이 고구려를 정벌할 때 그 정상에서 며칠을 머무르며 돌에 공을 새겼던 곳이다. 속칭은 수산(手山)이다. 산정상의 평평한 돌 위에 손바닥 모양의 무늬가 있어, 여기서 샘이 솟는데, 마르지 않는다. 또 명왕산(明王山), 백석산(白石山)이 있다. 백석산은 횡산(橫山)이라고도 한다. 천현 13년(938)에 남경을 동경(東京)으로 고쳤는데, 부(府)는 요양이라고 하였다. 호구 수는 40,604호이며, 주(州)·부(府)·군(軍)·성(城) 87개를 관할하였다. 9현(縣)을 통할하였다.

 이 사서상의 니하를 패수로 보고 이 패수를 니하 또는 한우력이라는 기록에 따라 항상 그래 왔듯이 원래 하북성에 있었던 패수, 니하, 한우력을 지금의 요하 인근의 해성시 중심부를 흐르는 해성하로 비정되고 있는 이 기록에 따라 패수를 이곳에 비정하여 패수 관련 기록이 있는 낙랑군을 이곳으로 비정하였다.

 이 해성하를 패수로 하여 낙랑군이 여기에 있었다고 신채호 선생을 비롯한 몇 학자가 주장하기도 하였다. 이에 대하여는 다음에 다시 설명하겠지만 우리 고대사에 있어서 패수와 니하는 전혀 다르다.

 이 패수와 니하를 같은 것으로 보는 것도 잘못이고 같은 것으로 취급한 사서의 기록을 그대로 따른 것도 심각한 오류이다.

 특히 니하는 신라가 산동성 북부에 개척한 하슬라 땅에 있는 하천으로 말갈과 발해와의 국경이다. 그리고 패수는 나중에 자세히 살펴보겠지만 두 가지가 있는데 그 하나는 중국 한민족 국가인 한나라와 위만조선과의 경계인 패수이고 다른 하나는 고구려 평양성(옛 평양성, 졸본성) 남쪽에 있다는 하천이다. 이렇게 다른 하천을 같은 것으로 기록한 것도 문제이지만 하북성 및 산동성에 있던 하천을 요령성으로 옮겨 기록한 것도 문제이다.

이는 우리 민족 역사를 동쪽으로 옮기는 전형적인 중국의 '춘추필법'에 의한 역사 조작으로 왜곡된 인식에 의한다. 특히 『요사 지리지』의 경우 다른 기록은 전부 하북성 위치 기록인데도 이 패수와 니하 부분이 들어 있는 요하 부분 기록만 요령성으로 기록된 것으로 보아 이 부분만 후대에 조작한 것이 확실한 기록이다. 이는 본 필자가 100% 확신하는 바이다.

낙랑국과 낙랑군은 그 위치를 남북으로 하여 삼국의 초기 및 중기 모두 고구려가 낙랑국 및 낙랑군을 멸하기 전까지만 존재하였다. 따라서 초기에 백제와 신라를 괴롭힌 것은 하북성 낙랑 땅에 있었던 한나라 군현인 낙랑군이 아니라 나중에 옮긴 낙랑 땅의 (최씨)낙랑국이었고 그 낙랑국이 멸망하고(37년) 난 뒤에는 한나라 군현 낙랑군과의 관계만 나타나고 있는 것이 이를 입증해 준다.

초기 백제와 신라의 역사에 등장하는 이 낙랑국의 위치는 당연히 당시 백제와 신라가 중국 대륙 하북성 동남부이자 산동성 서북부 지방에서 이루어졌기 때문에 이곳에 위치하였다. 그동안 주류 강단 사학계는 이 (최씨)낙랑국을 함경도 지방에 비정하는 옥저 지방에 비정하여 놓았다. 중국사서상의 낙랑과 옥저와의 관련 기사에 의하여 이같이 왜곡하여 비정하였다.

그런데 이에 대하여 대부분의 비주류 강단 사학자는 물론 재야 민족 사학자들은 최리의 낙랑국을 지금의 평양 지방으로 비정해 왔다. 더군다나 주류 강단 사학계의 '낙랑군 평양설'을 반박하기 위하여 더욱더 이 주장 즉 '최씨 낙랑국 평양설'을 강력히 주장해 왔다. 대표적인 것이 이미 설명한 신채호의 남낙랑의 (최씨)낙랑국 설이다. 그러면서 『삼국사기』 초기 기록상의 '낙랑' 관련 기록은 당연히 당시의 요동이자 현재의 요서 지역이나 아예 현재 개념의 요동을 당시의 요동으로 하여(신채호) 여기에 있었던 한사군의 낙랑군으로 한 채 고구려 서쪽 지방에 있는 것으로 하는 한편 최씨 낙랑국은 고구려의 한반도 남쪽 및 한반도의 백제와 신라와의 관계로 해석하여 왔다. 이 위치 개념은 낙랑군은 맞으나 낙랑국은 백제의 북쪽이 아니라 사서상에 기록된 동쪽에 있어 맞지 않는다. 더구나 그 위치가 전혀 다르다. 또한 앞에서 살펴본 대로 함경도 옥저 지방 위치로 주류 강단 사학계가 비정한 최씨 낙랑국이 고구려에 멸망당하자 그 주민들이 신라에 투항하였다고 하였다.

> 【사료103】『삼국사기(三國史記)』권 제1 신라본기 제1 유리(儒理) 이사금(尼師今) 14년
>
> 낙랑인이 투항해 오다(37년 (음))
>
> 14년(37)에 고구려왕 무휼(無恤)이 낙랑(樂浪)을 습격하여 멸망시켰다. 그 나라 사람 5,000명이 투항해 오니 6부(六部)에 나누어 살게 하였다.

주류 강단 사학계의 비정대로라면 가까운 평양의 낙랑군 내지는 서울 지방의 백제에 갈 것이지 함경도 지방에서 머나먼 경상도 경주에 간다는 것은 있을 수 없다. 또한 비주류 강단 사학계나 재야 민족 사학계의 비정대로라면 평안도 평양에서 남쪽으로 백제를 거쳐 머나먼 경상도 경주 지방에 간다는 것도 역시 불가능한 것이다. 낙랑국은 신라와 가까이 있었다. 낙랑국과 신라는 옮겨진 작은 낙랑 땅에 같이 인접하고 있었기에 쉽게 옮길 수 있었던 것이 이를 입증한다. 가까이 있지 않고는 있을 수 없는 낙랑국의 신라 침범이 수없이 이루어지고 있음이 사서 기록에 의하여 나타나고 있다. 또한,

【사료100】『삼국사기(三國史記)』 卷第一 新羅本紀 第一 유리(儒理) 이사금 (尼師今) 17년 9월

화려와 불내가 침략해 오다(40년 09월(음))

17년(40) 가을 9월에 화려현(華麗縣)(註 001)과 불내현(不耐縣)(註 002) 두 현의 사람들이 연계하여 모의하고서는 기병을 이끌고 북쪽 변경을 침범하였다. 맥국(貊國)(註 003)의 거수(渠帥)가 군사를 내어 곡하(曲河)(註 004)의 서쪽에서 기다리고 있다가 쳐서 물리쳤다. 왕이 기뻐하여 맥국과 더불어 우호 관계를 맺었다.

註 001

화려현(華麗縣) : 낙랑군 동부도위에 속했던 영동 7현의 하나. 애초에는 임둔군 소속의 현이었다가 B.C. 82년에 임둔군이 소멸하자 현도군으로 이속되었다가, 얼마 후 현도군마저 퇴축되면서 낙랑군 동부도위 관할 현으로 바뀌었다. 현재 함경남도 영흥군 순녕면에 토성지가 남아 있는데, 이를 화려현의 치소로 추정하기도 한다(李丙燾, 1976,『韓國古代史研究』, 博英社, 207~208쪽).

註 002

불내현(不耐縣) : 낙랑군 동부도위에 속했던 영동 7현의 하나로, 동부도위의 치소이기도 하다.『한서』권28 지리지 낙랑군조에는 '불이(不而)'로 나온다. 애초에는 임둔군 소속의 현이었다가 B.C. 82년에 임둔군이 소멸하자 현도군으로 이속되었고, 얼마 후 현도군마저 퇴축되면서 낙랑군 동부도위 관할 현으로 바뀌었다. 서기 30년에 동부도위가 혁파되면서 불내현은 '불내후국(不耐侯國)'이 되었고, 그 후 어느 시기엔가 고구려에 복속되었다.『삼국지』권30 위서 오환선비동이전 예(濊)조에 의하면, 245년에 낙랑태수 유무(劉茂)와 대방태수 궁준(弓遵)이 이끄는 위(魏)군이 영동예(嶺東濊)를 정벌하자 불내후(不耐侯) 등이 항복하였다고 하며, 247년에 이들이 조공을 바쳐오니 다시 '불내예왕(不耐濊王)'으로 봉했다고 전한다. 불내현의 구체적 위치는 분명하지 않지만, 현재의 강원도 통천 또는 안변 일대로 추정하기도 한다(李丙燾, 1976,『韓國古代史研究』, 博英社, 195~202쪽).

> 註 003
> 맥국(貊國) : 맥족의 나라라는 의미로, 구체적인 위치는 알 수 없다. 본서 권35 잡지 지리2를 비롯하여『고려사』권58 지리지,『신증동국여지승람』권46 춘천도호부 건치연혁조 등에서는 춘천을 맥국의 소재지로 소개하고 있으나, 본 기사에 함께 나오는 화려현과 불내현이 영동 지방에 위치했음을 고려하면, 춘천보다는 동해안 가까운 지역에 있던 소국 정도로 파악하는 것이 합리적이다.
>
> 註 004
> 곡하(曲河) : 위치는 알 수 없음. 화려현과 불내현 사람들이 신라의 북쪽 경계를 침략하면서 접근한 곳에 있었음을 감안하면, 동해안 지역의 어떤 하천으로 추정된다.

이 사서의 기록과 같이『한서』「지리지」상의 낙랑군 소속 현으로 나오는 화려현과 불내현(불이현)의 공격을 받는 것에 대하여는 이러한 비정으로는 설명할 수가 없다. 어떻게 신라가 평안도 내지는 낙랑군 동쪽의 함경도 내지는 강원도 지방의 낙랑군 소속 현의 공격을 받을 수 있는 것인가. 이것은 주류 강단 사학계의 비정 즉 낙랑국은 그 존재 자체를 부정하거나 함경도의 옥저 지방에 비정하면서, 낙랑군은 평양 지방으로 비정하면 경상도 경주에 있는 신라가 이들과 접촉할 수는 없다.

그리고 비주류 강단 사학계 및 재야 민족 사학계의 비정 즉 낙랑국은 평양 지방, 낙랑군은 난하 지방으로 비정하면 역시 경상도 경주에 있는 신라와 접촉할 수 없다. 신라와 낙랑국 그리고 낙랑군이 인접해 있어야 한다. 신라가 낙랑국은 물론 낙랑군과 위와 같이 가까이에서 접촉하는 기록들이 이를 증명해 준다.

또한 백제를 다음 기록과 같이 가까이에서 괴롭힌 낙랑은 한나라 군현인 낙랑군이 아니고 낙랑국일 수밖에 없다. 이곳은 한반도가 절대 아니다.

  이러한 사실을 알고 일제 식민 사학자 이병도는 위의 사서 기록과 같이 신라를 침입한 낙랑군 화려현과 불내현의 위치를 식민 사학자들이 한반도로 비정한 경상도의 신라와 되도록 가까이 있도록 함경남도 내지는 강원도로 비정상적인 위치 설정까지 시도하였다. 불내현에 대하여는 나중에 자세히 설명하겠지만 중국사서상 불내현은 옥저와 관련하여 기록되어 있다. 그러므로 일제 식민 사학자들이 옥저를 비정한 곳인 함경도에 둘 수밖에 없는데다가 신라와의 관계를 고려하여 비정한 곳에서 되도록 신라와 가까운 곳에 비정하려고 애를 썼다. 이 얼마나 가증스러운 비학문적인 처사란 말인가. 그러나 더 한심하고 가증스러운 것은 이러한 비정을 비판하거나 수정하지 않고 해방 후 77년이 지난 지금까지 이를 따르는 현재 주류 강단 사학계이다. 더군다나 이 한 가지 사실만 그렇다면 몰라도 대부분의 고대사 비정이 이러한 실정이다. 있을 수 없는 일이다.

【사료150】『삼국사기(三國史記)』 卷第二十三 百濟本紀 第一 시조 온조왕(溫祚王) 17년

17년(B.C.2) 봄에 낙랑이 쳐들어와서 위례성(慰禮城)을 불태웠다.

【사료158】『삼국사기(三國史記)』 卷第一 新羅本紀 第一 시조 혁거세(赫居世) 30년

낙랑이 침략하다(기원전 28년 04월 30일)

〔30년(B.C.28)〕 낙랑인(樂浪人)이 병사를 이끌고 침략해 왔다. 변경 사람들이 밤에 문을 걸어 잠그지 않고 곡식도 한데에 쌓아 들판에 널린 것을 보고서 서로 말하기를, "이곳의 백성들은 서로 도둑질을 하지 않으니,

> 가히 도(道)가 있는 나라라고 할 수 있다. 우리가 군사를 몰래 내어 습격하는 것은 도적이나 다를 바 없으니 부끄럽지 않겠는가?"라고 하며 병사를 물려서 돌아갔다.

백제와 신라 가까이 있어 수시로 괴롭힌 낙랑은 주류 강단 사학계가 비정하는 한반도 평양의 낙랑군도 아니고 함경도 옥저 지방의 낙랑국도 아니다. 그리고 비주류 강단 사학계와 재야 민족 사학계가 비정하는 난하나 하북성의 낙랑군도 아니고 한반도 평양의 낙랑국도 아니다. 이 낙랑과 다른 낙랑군(화려현, 불내현)은 백제와 신라 북쪽이자 고구려 서남쪽에 있었고, 이 낙랑국은 백제 동쪽에 신라와 같이 있었다. 이 신라 및 백제 북쪽의 고구려 및 낙랑군 사이에는 말갈이 있어 수시로 백제와 신라를 괴롭혔고 신라 남쪽에는 왜가 육지로 접해 있어 신라를 수시로 괴롭힌 곳은 한반도일 수 없다.

중국 연나라와 경계지방인 진장성과 갈석산 그리고 호타하가 있었던 고조선과 위만조선의 위치였던 하북성 지방의 고조선을 이은 부여에서 출발하여 남쪽에서 건국한 고구려. 그리고 이 고구려에서 출발한 백제 그리고 하북성 북부 탁수 즉 거마하로 이주한 신라족이 남쪽 낙랑 지방으로 남옥저 지방에서 최씨 낙랑국 옆에 신라가 건국된 이곳은 하북성 남쪽 산동성 지방이다. 이곳에서 출발한 고구려가 북으로 진출하여 소위 '다물 정신'에 의하여 그들의 뿌리이자 선조국가인 부여의 옛 땅이자 부여의 선조국인 고조선의 옛 땅인 하북성 지역 즉 평주 지역을 차지하자, 백제 역시 그 서쪽의 요서 지역에 진출하는 것이 우리 고대사이다.

낙랑군은 난하 지방이 아니라 하북성 석가장시 호타하 북부 지방에 있어 고구려 초기에는 고구려 북쪽에 그리고 고구려가 북쪽으로 확대 이동하면서 그 서남쪽이자 신라와 백제 북쪽에 있었다. 그리고 낙랑국은 한반도 평양이 아니라 호타하 동남부인 산동성 빈주시 서남쪽 백제의 동쪽 지방이자 신라의 서쪽 지방에 있었다.

> 낙랑군은 한반도 평양이 아니라 위만조선의 땅인 낙랑 땅이 있던 하북성 석가장시 북부에 있었고 낙랑국은 함경도나 평양이 아니라 산동성 빈주시 서남쪽 백제 동쪽 지방이자 신라 서쪽 지방에 있었다.

반면에 주류 강단 사학계는 낙랑군을 한반도 평양에 두어야 하는 반드시 지켜야 하는 교리로 낙랑국은 그 존재를 둘 곳이 없고 존재 자체가 자기들이 그동안 벌여 왔던 논리 전개에 껄끄러워 그 존재 자체를 의심하여 신뢰하지 않고 이를 한사군의 낙랑군 소속의 현이었던 소국으로 분류하기도 하는데 명백하게 인정하지 않고 있다. 사서에 엄연히 있는 기록을 그들의 논리와 맞지 않는다고 부정하는 많은 사례 중 일례이다.

【사료196】『삼국사기(三國史記)』卷第十四 高句麗本紀 第二 대무신왕(大武神王) 15년 04월

낙랑국을 정벌하다(32년 04월(음))

〔15년(32)〕 **여름 4월에 왕자 호동(好童)이 옥저(沃沮)(註 002)에 놀러 갔을 때 낙랑왕(樂浪王) 최리(崔理)(註 003)가 나왔다가 그를 보고서 물어 말하기를, "그대의 낯빛을 보니 예사 사람이 아니오. 어찌 북국(北國) 신왕(神王)의 아들이 아니겠는가!"라고 하였다.**

註 002
옥저(沃沮) : 오늘날 함경남도 함흥 일대와 두만강 하류 유역을 중심으로 존속한 공동체이다. 흔히 전자를 동옥저(東沃沮) 내지 남옥저(南沃沮), 후자

를 북옥저(北沃沮)라 하는데, 이는 고구려를 중심에 둔 표현으로 여겨진다. 옥저라고만 지칭할 때는 동옥저를 의미하는 경우가 상당하며, 『삼국지』권 30 위서30 동이전에서도 동옥저를 따로 언급하였고, 북옥저는 추가적으로 기술하였다. 기사에서 언급된 옥저의 경우 호동이 낙랑왕 최리와 만난 곳이라는 점이 유의되는데, 최리의 정체를 어떻게 보든 그 나라가 낙랑군과 아예 동떨어지지는 않았을 것이기에, 북옥저보다는 동옥저로 보는 편이 타당하다. 『삼국지』권30 위서30 동이 동옥저전에 따르면 가구 수는 5000호(戶), 즉 25,000명 정도였고, 거주 지역은 1천여 리에 달하였다. 언어와 습속이 고구려와 비슷하였는데, 전역이 하나로 통합되지 못한 채 각 읍락마다 장수(長帥)라는 지역 지배자가 존재하였다. 또 사회 풍속으로는 민며느리 제도와 대목곽장(大木槨葬)이 존재하였다.

옥저는 처음에 위만조선의 지배를 받았으나, 고조선 멸망 이후에는 임둔군(臨屯郡)에 편제되었다. 그러나 토착 세력의 공세와 한(漢)의 대외 기조가 온건 노선으로 변화함에 따라 소속에 변동이 생겼고, 전한 소제(昭帝) 원봉(元鳳) 6년(B.C.75) 낙랑군(樂浪郡) 동부도위(東部都尉)에 귀속되었다. 이후 후한 광무제(光武帝) 건무(建武) 6년(30) 동부도위가 폐지됨에 따라 동옥저의 읍락들, 즉 영동(嶺東) 7현(縣)은 후국(侯國)이 되었으며, 최종적으로는 태조왕 4년(56) 7월 고구려에 복속되었다. 최리 낙랑국과 호동의 전승은 그 사이에 있었던 일을 반영한 것인지도 모르겠다. 고구려는 옥저 지역의 유력자[大人]를 사자로 삼아 공납을 징수케 하는 등 일대를 간접적으로 지배하였는데, 여러 물품 외에 미녀도 보내져 고구려인의 첩이 되었다.

註 003
낙랑왕(樂浪王) 최리(崔理) : 황룡국왕이나 해두국왕을 황룡왕, 해두왕으로 표기한 것을 보면 낙랑왕은 낙랑국왕(樂浪國王)과 다르지 않다. 본문에 나오는 최리 낙랑국 전승의 경우, 애초 역사성을 결여한 후대의 조작으로 보거나(津田左右吉, 1922), 일찍부터 전개된 낙랑과의 항쟁을 설화적으로 기술하였다고 보기도 하였다(三品彰英, 1953). 이러한 견해는 낙랑국과 그 왕 최리를 한사군의 하나인 낙랑군과 그 장(長)인 태수로 이해한 것이다. 그런데 『삼국사기』 고구려본기 태조왕 94년(146) 8월의 낙랑태수라

든가 미천왕 14년(313) 10월의 낙랑군이라는 표현에서 알 수 있듯이, 고구려에서 낙랑군과 그 대표자를 말할 때의 기술 방식은 본문과 다소 다르다. 따라서 낙랑군과 구별되는 낙랑국이 존재하여 왕의 지배를 받았다고 상정할 수 있다. 물론 고구려 측에서 볼 때 태수의 위상이 왕과 크게 다르지 않게 여겨져 왕이라 칭하였을 수도 있기에, 달리 생각할 여지도 없지 않다. 그러나 『후한서』에 전하는 당시 낙랑군의 상황은 광무제(光武帝) 건무(建武) 6년(30)까지 토착 세력가[土人]인 왕조(王調)가 '대장군낙랑태수(大將軍樂浪太守)'를 자칭하며 위세를 떨쳤을 뿐 최리의 존재는 찾을 수 없으며, 중국 측 사서에서 이 무렵 고구려가 낙랑을 위협했다거나 하는 기록을 전혀 찾을 수 없다.

이에 낙랑군이 서북한 지역에 존재하지 않았다는 가정 아래 평양 일대에 낙랑국이 존재했다고 보는 설(尹乃鉉, 1985)도 제기되었으나, 현재까지의 연구 성과를 고려할 때 서북한 일대에 낙랑군이 두어졌다는 점은 사실로 인정되기에 따르기 주저된다. 그 면에서 주목되는 점은 호동이 옥저 지역, 즉 오늘날의 함흥 일대에서 최리와 만났다고 기술된 사실이다. 이는 낙랑국이 이 근방에 자리하였음을 보여준다. 당시 영동 지역에는 낙랑군 동부도위가 관할하는 7개의 현이 존재하였는데, 『삼국지』 권30 위서30 동이 동옥저전에 따르면 광무제 건무 6년(30) 동부도위를 폐지하고 각 현의 토착 세력가, 즉 거수(渠帥)들을 현후(縣侯)를 삼음으로써 후국(侯國)이 성립하게 되었다. 즉 후한 초 영동 일대는 과거 낙랑군 소속의 현이었던 소국들이 존재하였던 셈이다. 그렇다면 최리의 낙랑국 역시 그와 연관된 것으로 볼 수 있다(임기환, 147~148쪽). 이와 달리 낙랑국은 후국, 즉 소국의 지배자들이 낙랑군을 예우한 결과로 보기도 하나(김성한, 68~69쪽), 그렇게 가정한다면 고구려가 이때 낙랑군을 멸망시킨 것이 되어 당시의 전반적인 상황과 부합하지 않는다.

〈참고문헌〉

津田左右吉, 1922, 「三国史記高句麗紀の批判」, 『滿鮮地理歷史研究報告 9』, 東京帝国大学文学部

三品彰英, 1953, 「三國史記高句麗本紀の原田批判」, 『大谷大學研究年報』 6

尹乃鉉, 1985, 「漢四郡의 樂浪郡과 平壤의 樂浪」, 『韓國學報』 41, 一志社

> 임기환, 2004, 「고구려와 낙랑군의 관계」, 『韓國古代史研究』 34
> 김성한, 2014, 「한(漢) 군현(郡縣)을 둘러싼 한국고대사의 몇 개 문제 – 문헌자료를 중심으로-」, 『인문학연구』 97

그러면서 백제가 동쪽에 있다고 하는 사서 기록상의 낙랑에 대한 해명이 궁색해진다. 그래서 또다시 무리를 한다. 평양 낙랑군의 부용국을 춘천에 만들어놓았다. 그리고 백제를 조금 북쪽으로 끌어 올려놓았다. 잘못을 변명하기 위해 여기에 맞추어 또 다른 잘못을 저지르고 있다.

하지만 당시 고구려는 한반도 평양 이북 지역까지 그 영역이 오지도 않았으며 중국 대륙에 있었던 백제와 신라 역시 이곳이 아닌 중국 산동성 지역에 있었고 한반도에 있었던 백제와 신라는 이후에는 진출하였지만 당시까지는 충청도와 경상도 지방에 머무르고 있었다.

당연히 최씨 낙랑국은 중국 대륙의 백제 동쪽에 신라와 같이 있었다. 사서 기록상 백제 동쪽에 낙랑이 있는 것과 일치한다. 이 백제 옆에 있다는 백제 초기 역사의 낙랑은 신라 초기의 낙랑과 마찬가지로 신라 옆에 있으면서 백제 동쪽에 있었던 낙랑국이었다. 이것이 맞는 역사적 사실이며 이렇게 하는 것이 모든 사서 기록과 맞는 제대로의 역사이다.

▎낙랑은 신라와 관계가 깊다. 신라의 출발점은 낙랑이다.

신라는 예족으로 산서성 서쪽에서 이동하여 최치원이 말한 탁수 즉 지금의 거마하 지방인 하북성 보정시 인근 낙랑 지역으로 내려왔다가 이 낙랑이 옮겨진 지역인 남옥저 땅에 내려와 최씨 낙랑국 옆에 나라를 세웠고, 다른 일부 세력은 그 탁수 지역에서 남쪽으로 내려간 일부 세력과 함께 다시 요동반도를 거쳐 한반도 평양 지방을 거쳐 경상도 지방으로 옮기게 된다.

그래서 신라는 탁수, 진나라, 연나라 그리고 낙랑과 연관성이 있는 것으로 기록되어 있다. 따라서 여러 역사 사료상에 신라와 관계되어 나타나는 여러 사항 즉 소호 김천씨, 진나라, 연나라, 탁수, 낙랑 등의 기록은 모두 신라와 관계있는 것으로 신라의 연혁을 알려주는 것들이다.

특히 중국사서상 신라왕은 '낙랑군공' 등 낙랑과 관련한 작위를 많이 받는다. 따라서 한반도 평양 지방에 낙랑 관련 유적과 유물이 많은 것은 일본 사학자들이 조작하였지만 전통적인 유적과 유물은 이 신라 즉 중국의 낙랑 지방에서 옮겨온 것에 의하여 여기에 흔적을 남긴 채 이후 전래된 것들이다.

낙랑 그리고 이와 관련된 신라와 백제의 위치와 관련하여 현재 주류 강단 사학계가 비정하는 바에 따르면 도대체 맞지를 않는다. 이들의 비정은 모든 것을 근거도 없는 한사군 낙랑군 평양설에 맞추었기 때문에 무리가 따라 결국은 모든 것이 잘못되었다. 다음 기록을 한번 보자.

【사료167】『구당서(舊唐書)』「동이열전 신라」

新羅國은 본래 弁韓의 후예이다. 그 나라는 漢代의 樂浪 땅에 있으니,
(其國在漢時樂浪之地)
~

[武德] 7년(A.D.624; 新羅 眞平王 46)에 使臣을 보내어 金眞平에게 柱國을 제수하고, 樂浪郡王 新羅王에 책봉하였다.

[貞觀] 9년(A.D.635; 新羅 善德女王 4)에 使臣을 보내어 節을 가지고 가서 善德을 柱國에 책봉하고 樂浪郡王 新羅王에 봉하였다.

○ [永徽] 3년(A.D.652; 新羅 眞德女王 6)에 眞德이 卒하자, [高宗이] 擧哀하였다. 詔書를 내려 春秋로 뒤를 이어 新羅王을 삼아서 開府儀同三司를 더하여 제수하고, 樂浪郡王에 封하였다.

○ 龍朔 원년(A.D.661; 新羅 文武王 1)에 春秋가 卒하니, 조서를 내려 그의 아들 太府卿 法敏으로 뒤를 잇게 하여, 開府儀同三司 上柱國 樂浪郡王 新羅王으로 삼았다.

【사료168】『신당서(新唐書)』「동이열전 신라」

新羅는 弁韓의 후예이다. 漢代의 樂浪[郡] 땅에 위치하니, (居漢樂浪地)

武德 4년(A.D.621; 新羅 眞平王 43)에 [新羅]王 眞平이 使者를 보내어 入朝하니, 高祖는 通直散騎侍郞 庾文素에게 조서하여 符節을 가지고 가서 답을 전하게 하였다. 3년 뒤에 柱國을 除授하고, 樂浪郡王 新羅王에 봉하였다.

위의 두 『당서』 기록에서 낙랑 땅(지역)이라고 하였지 낙랑군이나 낙랑국이라고 하지 않았다. 여기서 낙랑은 고조선 이래 우리 민족 전체의 지역인 낙랑 땅 즉 넓은 의미의 위만조선 전체 지역을 가리킨다.

그런데 신라는 이 낙랑이 동남쪽으로 이동하면서 최종적으로 옮겨진 남옥저 땅이 낙랑이었기에 위만조선에서 출발한 최씨 낙랑국이 여기에 세워졌기 때문에 낙랑국이라고 하였다. 마찬가지로 이 낙랑국이 세워진 낙랑 땅에 신라도 같이 있었기에 신라도 역시 낙랑 취급을 받았다. 이 같은 연관성에 의하여 이러한 사항이 당나라에 알려져 『당서』에 기록되었다. 『당서』에서는 계속하여 신라를 낙랑 출신으로 보아 이후에도 중국 국가에서는 신라를 "樂浪郡王 新羅王에 책봉하였다."라고 하는 등 낙랑과 같이 보았다.

이러한 기록은 신라가 낙랑 땅과 그리고 낙랑국과 연관이 깊음을 알려주는 기록들이다. 왜냐하면 나당연합군에 의하여 고구려와 백제가 멸망한 이후에도 계속 신라가 이 땅을 영역으로 가지고 있었고 결국 고려에 물려주기 때문에 이후 중국사서는 신라를 낙랑과 연계시키는 기록을 남겼다. 이러한 고대사의 진실에 대하여 이미 많은 비판을 하였지만 주류 강단 사학계의 한반도 비정에 대한 오류를 지적하면 다음과 같다.

【사료102】『삼국사기(三國史記)』卷第二十三 百濟本紀 第一 시조 온조왕(溫祚王) 13년 5월

하남위례성으로 천도할 계획을 세우다(기원전 6년 05월)

〔13년(B.C.6)〕 여름 5월에 왕이 신하들에게 다음과 같이 말하였다.

"우리나라의 동쪽에는 낙랑(樂浪)이 있고, 북쪽에는 말갈(靺鞨)이 있어(註001) 번갈아 우리 강역을 침공하므로 편안한 날이 적다. 하물며 요사이 요망한 징조가 자주 나타나고, 국모(國母)께서 돌아가셨다. 형세가 스스로 편안지가 않으니, 장차 반드시 도읍을 옮겨야겠다. 내가 어제 순행을 나가 한수의 남쪽을 보니, 땅이 기름지므로 마땅히 그곳에 도읍을 정하여 오래도록 편안한 계책을 도모해야 하겠다."

註 001
우리나라의 동쪽에는 낙랑(樂浪)이 있고, 북쪽에는 말갈(靺鞨)이 있어 : 백제본기에는 백제의 동쪽과 북쪽에 각각 낙랑과 말갈이 위치한 것으로 되어 있다. 본서 편찬자에게 말갈이 백제의 북쪽에 존재한 것으로 인식된 배경은 접전을 벌인 곳이 주로 백제의 북쪽 또는 동북쪽이었기 때문으로 추정된다. 단순한 기록상의 실수가 아니라 말갈이 백제의 북쪽이나 동북쪽을 주로 침입했기 때문에 "북유말갈(北有靺鞨)"로 서술하지 않았을까 짐작된다. 또한 "동유낙랑(東有樂浪)"은 춘천의 토착 집단 즉, 군현의 부용 세력으로 있던 맥국을 낙랑으로 호칭한 것과 관련이 있다(丁若鏞,「疆域考2-樂浪別考」,『與猶堂全書』). 평양의 낙랑군은 춘천의 토착 세력을

내세워 분치(分治)하였는데, 춘천 지역의 맥인들이 낙랑을 자칭한 것으로 보고 있다(金起燮, 1991). 온조왕 8년(B.C.11) 가을 7월조의 낙랑사신의 발언이나 온조왕 11년(B.C.8) 가을 7월에 독산책과 구천책을 세워 낙랑으로 통하는 길을 막았다는 기사와 연관시켜 백제의 동쪽에 '대낙랑군체제' 하에서 낙랑군이 직접 관할하였던 영서예의 예가 있었기 때문에 이 표현이 타당하다는 견해도 있다(尹善泰, 18~21쪽). 한편 낙랑을 비롯한 중국 군현이 백제의 북방에 위치한, 오늘날의 평안도와 황해도에 설치된 역사적 사실과 모순된다고 보는 견해도 있다(鄭求福 外, 1997).

〈참고문헌〉
金起燮, 1991, 「『三國史記』「百濟本紀」에 보이는 靺鞨과 樂浪의 位置에 대한 再檢討」, 『淸溪史學』 8, 청계사학회
鄭求福 外, 1997, 『譯註 三國史記 3 주석편(상)』, 한국정신문화연구원
尹善泰, 2001, 「馬韓의 辰王과 臣濆沽國」, 『百濟研究』 34

【사료150】『삼국사기(三國史記)』 卷第二十三 百濟本紀 第一 시조 온조왕(溫祚王) 17년

17년(B.C.2) 봄에 낙랑이 쳐들어와서 위례성(慰禮城)을 불태웠다.

주류 강단 사학계의 잘못된 한반도 비정으로 모든 사항이 마찬가지이지만 이 기록에서 또다시 무리를 범하고 있다. 주류 강단 사학계는 끊임없이 무리를 한다. 잘못된 것에 맞추자니 무리를 한다. 한반도에 있지도 않은 낙랑군을 평양에 비정해 놓았으니 그 남쪽에 있는 백제의 북쪽에 있게 되었는데 사서 기록에 동쪽에 있다고 하니 다시 평양의 낙랑군의 부용국을 춘천에 만들어놓았다. 그러면서 백제를 조금 위로 끌어 올려놓는다. 그래야 조금이라도 백제의 동쪽에 맞게 되기 때문이다.

【사료101】『삼국사기(三國史記)』 卷第一 新羅本紀 第一 시조 혁거세(赫居世) 거서간(居西干)

낙랑이 침략하다(기원전 28년 04월 30일)

〔30년(B.C.28)〕 낙랑인(樂浪人)(註 001)이 병사를 이끌고 침략해 왔다. 변경 사람들이 밤에 문을 걸어 잠그지 않고 곡식도 한데에 쌓아 들판에 널린 것을 보고서 서로 말하기를, "이곳의 백성들은 서로 도둑질을 하지 않으니, 가히 도(道)가 있는 나라라고 할 수 있다. 우리가 군사를 몰래 내어 습격하는 것은 도적이나 다를 바 없으니 부끄럽지 않겠는가?"라고 하며 병사를 물려서 돌아갔다.

註 001
낙랑인(樂浪人) : 낙랑은 한(漢) 무제가 B.C. 108년에 위만조선을 멸망시키고 그 땅에 설치한 중국의 변군(邊郡)으로, 서기 313년 무렵 고구려의 미천왕에 의해 축출될 때까지 420여 년간 존속하였다. 관할 범위는 시대에 따라 달랐는데, 애초에는 위만조선의 중심지에 설치한 조선현(朝鮮縣)을 필두로 11개의 현이 소속되었으나, B.C. 82년경에 이르러 처음 낙랑군과 함께 설치되었던 임둔군(臨屯郡)과 진번군(眞番郡)을 흡수하여 그 지역들을 각각 낙랑군 동부도위(東部都尉)와 남부도위(南部都尉)의 관할 구역으로 편제하면서 규모가 배가되었다. 동부도위와 남부도위는 후한 초에 이르러 광무제가 낙랑의 토착인 왕조(王調)가 일으킨 반란을 평정하면서 폐지되었고, 이후 고구려의 성장과 반비례하여 낙랑군의 세력 범위는 급속히 축소되었다. 서기 204년 무렵에는 당시 요동 지역을 장악하고 있던 공손씨 정권이 둔유현(屯有縣 : 지금의 황해도 황주로 비정) 이남의 과거 낙랑군 남부도위 관할 지역에 새로 '대방군(帶方郡)'을 설치하여 변군으로서의 기능을 함께 수행하게 하였다. 낙랑군의 위치에 대해서는 현재 중국의 요령성 지역에서 찾으려는 견해도 있으나(尹乃鉉, 1985), 평양을 중심으로 하는 한반도 서북부 지역으로 보는 것이 통설이다(李丙燾, 1976).
한편 신라의 중심지인 경주 지역과 낙랑군이 위치했던 한반도 서북부 지역이 거리상 너무 멀리 떨어져 있어서, 혁거세거서간 시기에 낙랑인이 신라를 침략하였다는 내용의 본 기사는 사료적 신빙성을 두고 많은 논란이 있었다. 일제 강점기 이래 일본인 학자들은 아예 후대의 날조된 기사로 치부해 왔으며(津田左右吉, 1924), 우리 학계에서는 중국 본토에서 한사군에 와 있던 관리 및 상인집단이 군대를 대동하고 교역을 위하여 바닷길로 경주 지역까지 왔다가 충돌을 일으킨 사실로 이해하기도 하고(李鍾旭, 1979), 이른바 '북진한(北辰韓)' 세력이 남하하던 도중에 낙랑과 충돌한 사건으로 파악하기도 한다(千寬宇, 1989). 그리고 6세기 이후의 사실이 『삼국사기』 편찬 과정에서 앞 시기로 소급·부회된 것으로 판단하기도 하고(宣石悅, 2001), 『삼국사기』 고구려본기 대무신왕기에 보이는 최리(崔理)의 '낙랑국(樂浪國)'과 연관 지어 '낙랑'을 자칭한 옥저 지역의 토착 세력일 것으로 추정하기도 한다(文安植, 1997; 文昌魯, 2004). 이와는 달리 신라본기와 백제본기의 초기 기사에 보이는 '낙랑'은 본래 '진한(辰韓)'으로 표기되어 있던 원 자료가 『삼국사기』에 기술되기까지 수차에 걸쳐 전록(轉錄)되는 과정에서 편사자의 오해로 말미암아 변개되었을 가능성을 타진한 견해도 있다(강종훈, 2011).

〈참고문헌〉

津田左右吉, 1919, 「三國史記の新羅本紀について」, 『古事記及び日本書紀の新研究』 25, 洛陽堂

李丙燾, 1976, 『韓國古代史研究』, 博英社

李鍾旭, 1979, 「斯盧國의 成長과 辰韓」, 『韓國史研究』 25

尹乃鉉, 1985, 「漢四郡의 樂浪郡과 平壤의 樂浪」, 『韓國學報』 41, 일지사

千寬宇, 1989, 『古朝鮮史·三韓史研究』, 一潮閣

文安植, 1997, 「『三國史記』 新羅本紀에 보이는 樂浪·靺鞨史料에 관한 檢討」, 『傳統文化研究』 5, 조선대학교 전통문화연구소

宣石悅, 2001, 『新羅國家成立過程研究』, 혜안

文昌魯, 2004, 「新羅와 樂浪의 關係」, 『韓國古代史研究』 34

강종훈, 2011, 「『삼국사기』 초기 기록에 보이는 '낙랑(樂浪)'의 실체」, 『삼국사기 사료비판론』, 여유당

> **【사료151】**『삼국유사』 권 제1 제 1기이(紀異第一) 낙랑국(樂浪國)
>
> ≪국사(國史)≫에 이르기를 "혁거세(赫居世) 30년에 낙랑인(樂浪人)들이 항복해 왔다."라고 하였다.

그리고 백제는 이 낙랑국의 서쪽에 있다고 기록하였다. 낙랑과 낙랑의 서쪽에 백제가 있다는 사서상의 기록은 무리하게 변명하는데, 또다시 신라를 침범한 낙랑에 대하여는 난감해 한다. 왜냐하면 경주와 평양 그나마 춘천도 거리가 너무 멀다. 그래서 이 낙랑은 그 존재 자체를 부정하는 데에 무게를 둔다. 이것이 우리나라 주류 강단 사학계이다. 이러한 기류 역시 일본 학자와 이들로부터 전수받은 주류 강단 사학계 선배들이다.

그러나 사서상에 기록된 낙랑국은 고구려의 남쪽이면서 신라와 가까운 백제 동쪽에 있었던 것이다. 이 백제 동쪽에 있다는 사서 기록상의 낙랑은 낙랑군도 아닌 낙랑국이고 위치도 대방고지인 중국 하북성 남부 지금의 산동성 덕주시 졸본 지방의 남쪽에 백제가 있고 그 동쪽에 낙랑국이 있었고 다시 이 동쪽인 산동성 빈주시에 신라가 있었다. 그래서 낙랑국이 신라 초기 역사에 신라의 수도 금성을 에워싸는 등 가까운 곳에서 수시로 침범한 것으로 기록하였다. 또한 고구려는 그 남쪽에 (산동성)낙랑국이 있었으나 하북성 낙랑군은 서쪽에 있었던 것이고, 이를 사서에 그대로 기록하였다. 이러한 역학 및 위치 관계는 주류 강단 사학계가 비정하는 한반도에서는 비정이 안 되는 것이고 하북성 및 산동성에서만 가능하다.

> 옥저는 고구려, 낙랑, 현토, 신라, 왜와 관계가 있다.
> 주류 강단 사학계는 이에 대한 설명을 하지 못한다.

■동옥저, 부여전 위치

개마대산 (태행산맥)	예맥 (선비)	부여		읍루	
				북옥저	
		예맥 (선비)	동옥저	고구려	바다
			예맥 (선비)	동옥저	

■예전 위치

	고구려	(남)옥저	
낙랑		예	바다
		진한	

■한전 위치

	낙랑	예맥	
바다	대방	진한	바다
	마한	변진(한)	
	왜		

■고구려전 위치

부여	
고구려	옥저
예맥	조선

[예와 옥저에 대하여]

그리고 고구려의 호동왕자가 남쪽에 있던 낙랑국의 최리와 만난 곳이 옥저이다. 이 옥저에 대하여 주류 강단 사학계는 사서 기록상 그들이 위치 비정한 한반도 중부 이남의 백제와 신라 북쪽인 한반도 북부 만주 지방 위치의 고구려와의 위치만을 살펴 옥저를 지금의 한반도 북부인 함흥 일대로 비정하고 있다. 이 비정은 옥저 지방에서 호동왕자를 만난 낙랑국의 최리가 고구려를 북국이라고 했다는 기록이 결정적이다.

그리고 또 다른 남쪽 평안도 지방에는 낙랑군이 있다. 그래서 나머지 남쪽인 함경도 지방에 낙랑국을 비정하였다. 뚜렷하고 확실하거나 어떠한 근거도 없다. 이를 증명하는 사료나 고고학적 자료는 잘못이거나 왜곡 해석한 『후한서』 및 『삼국지』의 「고구려」 기록이 유일하다. 이 기록에 고구려 동쪽에 옥저가 있다고 하였다. 하지만 이 옥저는 하북성 동옥저로 하북성 고구려 서쪽에 있어야 할 것을 동쪽으로 잘못 기록한 것이고, 산동성 고구려 동쪽에 있는 것은 신라 북쪽에 있는 남옥저이다. 그리고 이와 관련한 중국사서의 기록을 자신들이 지켜야 할 '낙랑군 평양설'과 고구려 위치 논리에 의하여 왜곡 해석하여 적용하였다. 이렇게 잘못 비정함으로써 다른 사서 기록상의 상황을 설명 못 하고 있다. 올바르게 비정하였으면 모든 관련 기록 비정이 맞게 되는데 그렇게 안 되도록 하고 있다.

> 주류 강단 사학계는 신라와 밀접한 관련이 있는
> 옥저와 낙랑국을 함경도 지방에 그들의 논리 때문에
> 어쩔 수 없이 비정하는 오류를 범하고 있다.

여기서 옥저 즉 동옥저 및 북옥저에 대한 『후한서』 및 『삼국지』의 「동옥저」 기록을 그들의 논리에 맞추어 잘못 해석하였다. 즉

【사료169】『후한서(後漢書)』 東夷列傳 東沃沮

동옥저는 高句驪 蓋馬大山의 동쪽에 있다.(개마는 현의 이름으로 현도군에 속한다. 그 산은 '평양'성 서쪽에 있다. '평양'은 즉 '왕검성'이다.)(집해1) 동쪽은 큰 바다에 연접하였으며, 북쪽은 挹婁·夫餘와, 남쪽은 濊貊과 접하여 있다. 그 지형이 동서는 좁고 남북은 긴데, [면적은] 사방 천리의 절반쯤 된다. 言語·飮食·居處·衣服은 [고]구려와 비슷하다.

○ [漢] 武帝가 朝鮮을 멸망시키고서 沃沮 땅으로 玄菟郡을 삼았다. 뒤에 夷貊의 침략을 받아 郡을 고구려의 서북쪽으로 옮기고는 沃沮를 縣으로 고쳐 樂浪[郡]의 東部都尉에 속하게 하였다. [後漢] 光武帝 때에 이르러서는 都尉의 관직을 없앴다. 이후부터는 그들의 우두머리(渠帥)를 封하여 沃沮侯로 삼았다. 그 나라는 지역이 좁고 작은데다가 큰 나라의 사이에 끼어 있어서 마침내 [고]구려에 臣屬케 되었다.

○ 또 北沃沮가 있으니 置溝婁라고도 하는데, 南沃沮와는 8백여 리 떨어져 있다. 그 풍속은 모두 南沃沮와 같으며, 挹婁의 남쪽 경계와 접해 있다. 挹婁사람들이 배를 타고서 노략질하기를 좋아하므로, 북옥저는 그들을 두려워하여 해마다 여름철에는 바위 굴 속에 숨어 살다가 겨울에 [얼음이 얼어서] 뱃길이 통하지 않을 때가 되어야 산을 내려와 邑落에서 산다.

【사료39】『삼국지(三國志)』〈위서〉「동이전」東沃沮

東沃沮는 고구려 蓋馬大山의 동쪽에 있는데, 큰 바닷가에 접해 산다. 그 지형은 동북간은 좁고, 서남간은 길어서 천리 정도나 된다. 북쪽은 挹婁·夫餘와, 남쪽은 濊貊과 접하여 있다. 戶數는 5천戶인데, 大君王은 없으며 邑落에는 각각 대를 잇는 우두머리(長帥)가 있다. 그들의 말은 [고]구려와 대체로 같지만 경우에 따라 좀 다른 부분도 있다.

○ 漢나라 초에 燕의 亡命客 衛滿이 朝鮮의 王이 되면서 沃沮의 [邑落들은] 모두 [朝鮮에] 복속케 되었다.
漢 武帝 元封 2년(B.C.109)에 조선을 정벌하여 [위]만의 손자 右渠를 죽이고, 그 지역을 분할하여 四郡을 설치하였는데, 沃沮城으로 玄菟郡을 삼았다. 뒤에 夷·貊의 침략을 받아 郡을 [고]구려의 서북쪽으로 옮기니 지금의 이른바 玄菟의 故府라는 곳이 바로 그곳이다.
옥저는 다시 樂浪에 속하게 되었다. 한나라는 그 지역이 넓고 멀리 떨어져 있으므로, 單單大領의 동쪽에 있는 지역을 나누어 東部都尉를 설치하고 不耐城에 治所를 두어 별도로 領東 7縣을 통치하게 하였다. 이때에 옥저의 [邑落도] 모두 현이 되었다.

○ [後漢] 建武 6년(A.D.30; 高句麗 大武神王 13)에 변경의 郡을 줄였는데, [沃沮의 東部]都尉도 이때 폐지되었다. 그 후부터 縣에 있던 [토착민의] 우두머리(渠帥)로 모두 縣侯를 삼으니, 不耐·華麗·沃沮등의 諸 縣은 전부 侯國이 되었다. 이들 夷狄들은 서로 침공하여 싸웠으나, 오직 不耐濊侯만이 오늘에 이르기까지 [侯國으로서의 면모를 유지하여] 功曹·主簿 등의 諸曹를 두었는데, 濊人이 모두 [그 職을] 차지하였다. 옥저의 여러 읍락의 우두머리(渠帥)들은 스스로를 三老라 일컬으니, 그것은 옛 [漢나라] 縣이었을 때의 제도이다.

○ [東沃沮는] 나라가 작고 큰 나라의 틈바구니에서 핍박을 받다가 결국 [고]구려에 臣屬케 되었다. [고]구려는 그 [지역 인물] 중에서 大人을 두고 使者로 삼아 [토착 渠帥와] 함께 통치하게 하였다. 또 大加로 하여금 租稅를 통괄 수납케 하여, 貊·布·魚·鹽·海草類 등을 천리나 되는 거리

에서 져나르게 하고, 또 동옥저의 미인을 보내게 하여 종이나 첩으로 삼았으니, 그들(동옥저 사람)을 奴僕처럼 대우하였다.

○ 毌丘儉이 [고]구려를 토벌할 때 [고]구려의 王 宮이 옥저로 달아났으므로 [毌丘儉은] 군대를 진격시켜 그를 공격하게 되었고, 이에 沃沮의 邑落도 모조리 파괴되고, 3천여 級이 목 베이거나 포로로 사로잡히니 宮은 北沃沮로 달아났다.
北沃沮는 일명 置溝婁라고도 하는데 南沃沮와는 8백여 리 떨어져 있다. 그들의 풍속은 남·북이 서로 같으며, 挹婁와 접해 있다.
挹婁는 배를 타고 다니며 노략질하기를 좋아하므로 북옥저는 그들을 두려워하여 여름철에는 언제나 깊은 산골짜기의 바위굴에서 살면서 수비하고, 겨울철에 얼음이 얼어 뱃길이 통하지 않아야 산에서 내려와 촌락에서 산다.

○ [後漢] 建武 6년(A.D.30; 高句麗 大武神王 13)에 변경의 郡을 줄였는데, [沃沮의 東部] 都尉도 이때 폐지되었다. 그 후부터 縣에 있던 [토착민의] 우두머리(渠帥)로 모두 縣侯를 삼으니, 不耐·華麗·沃沮등의 諸 縣은 전부 侯國이 되었다. 이들 夷狄들은 서로 침공하여 싸웠으나, 오직 不耐濊侯만이 오늘에 이르기까지 [侯國으로서의 면모를 유지하여] 功曹·主簿 등의 諸曹를 두었는데, 濊人이 모두 [그 職을] 차지하였다.
옥저의 여러 읍락의 우두머리(渠帥)들은 스스로를 三老라 일컬으니, 그것은 옛 [漢나라] 縣이었을 때의 제도이다.

앞에서 설명한 대로 【사료169】『후한서(後漢書)』東夷列傳 東沃沮, 【사료39】『삼국지(三國志)』〈위서〉「동이전」東沃沮상의 동옥저가 위치한 곳으로 기록되어 있는 고구려 개마대산 및 이 자리에서 옮긴 현토군의 위치인 고구려 서북쪽에서의 고구려는 고구려가 아니라『한서』「지리지」상의 현토군 고구려현의 고구려이다.

이 고구려현에서 생겨난 것이 구려이다. 고구려와 구려는 다르다. 둘 다 고조선 제후국이었으나 고구려는 대국으로 이후 소위 삼국을 형성하는 나라이고 구려는 중국사서에 의하면 소요수 지역에서 탄생하는 소수맥이다. 이 구려는 예맥족으로 선비족이다. 이 고구려현은 개마대산 즉 지금의 하북성과 산서성을 나누는 태행산맥으로 사서 기록상의 '구려'가 탄생한 곳이고 원래 옥저 땅이었다. 사서 기록상에 현토와 옥저는 관계가 깊은 것으로 기록되어 있다. 이와는 다른 채 착각한 당시 고구려 국가는 하북성 남쪽 산동성에서 건국하여 북쪽으로 영역을 확대한 후 하북성 옥저 남쪽에 있다가 이 옥저 땅을 정복하면서 그 동북쪽으로 영역을 확대해 왔다. 그리고 현토군은 이 옥저와 마찬가지로 북상한 고구려 남쪽에 있다가 고구려 서북쪽으로 이동하여 서쪽의 동옥저와 북쪽의 북옥저가 되었다.

> 중국사서상의 현토군 고구려현에서 고구려는 고구려가 아닌 구려이다. 개마대산은 개마고원 등 한반도 북부의 산이 아니라 지금의 태행산맥이다. 동옥저는 이 개마대산인 태행산맥의 동쪽에 있었고 고조선과 고구려는 이 동옥저 동쪽에 있었다. 이를 주류 강단 사학계는 고구려 동쪽에 동옥저가 있는 것으로 착오 비정하고 있다.

따라서 이 사서 기록에 따라 고구려를 압록강 북부로 비정하고, 개마대산을 잘못된 사서 기록대로 고구려와 연계시켜 고구려 동쪽으로 비정한 채 이 동쪽인 함경도 두만강으로부터 그 남쪽의 함흥 인근까지 옥저들 즉 북옥저, 동옥저, 남옥저를 위치시켜 놓았다. 그리고 현토군은 고구려 남쪽에 위치시켰다가 기록대로 고구려 서북쪽인 만주의 소자하 인근으로 옮기는 것으로 하였다. 옥저를 고구려 동쪽이자 개마대산의 동쪽에 비정한 것, 현토군을 고구려 서쪽으로 비정한 것, 개마대산을 고구려 동쪽 내지는 남쪽에 비정한 것은 한마디로 무식의 소치이자 역사왜곡의 소치이고 조작의 소치이다. 이는 모두 그들의 잘못된 제1 교리인 '낙랑군 평양설'과 중국사서가 현토군 고구려현에서 고구려와 다른 구려가 탄생한 것을 고구려가 탄생한 것으로 착각하여 오류로 기록한 것을 그대로 따르는 한편 옥저가 고구려 개마대산 동쪽에 있다는 잘못된 사서 기록을 그대로 따른 무식한 비정이다. 원래의 옳은 위치는 개마대산과 옥저 그리고 현토군은 고구려 동쪽에 있었던 것이 아니고 기록과 같이 부여의 남쪽으로 고구려 서쪽이자 개마대산인 태행산맥 동쪽에 있었다.

이것은 그들의 제1교리인 '낙랑군 평양설'에 뒤이은 두 가지 커다란 착오 내지는 무지 내지는 조작에 의한 위치 비정이다.

① 즉 蓋馬大山 : 唐 章懷太子 李賢의 注에는 蓋馬는 玄菟郡의 縣名으로 그 山은 지금의 平壤城의 西쪽에 있다고 되어 있다. 柳馨遠은 『磻溪隨錄』에서 오늘날의 평안남도와 함경남도 사이를 가로지르는 병풍산 일대로 비정하였으나, 丁若鏞은 『疆域考』에서 蓋馬를 奚摩尼(=白頭)로 풀이하였다.라는 주류 강단 사학계의 해설과 같이 【사료169】『후한서(後漢書)』東夷列傳 東沃沮, 【사료39】『삼국지(三國志)』〈위서〉「동이전」東沃沮상의 기록대로 고구려 개마대산 동쪽에 동옥저가 있다는 잘못된 기록을 그대로 따른 채 고구려 개마대산인 산서성 태행산맥 즉 실제로는 고구려 서쪽에 있는 이 개마대산을 한반도 고구려의 동쪽 내지는 동남쪽의 지금의 개마고원이나 평안도와 함경도 사이의 산맥으로 왜곡 해석한 것과,

② 이 개마대산의 동쪽에 있는 것이 고구려라고 하였으나 이는 중국 사서의 구려에 대한 착오에 의해 이 동쪽에 옥저가 있는 것으로 해석한 것 등 두 가지이다.

그러나 위의 사서 기록상의 '고구려 개마대산의 동쪽'의 이 고구려는 고구려가 아니고 구려로 정작 고구려는 이 구려 즉 현토군과 같이 있는 동옥저 동쪽에 있었다. 따라서 이를 주류 강단 사학계의 논리대로

한번 비정해 본다면 동옥저는 함경도가 아닌 고구려 서쪽인 요동반도 방향에 비정하였어야 한다. 이러한 사실을 입증하는 것이 위의 주류 강단 사학계의 해설상에 나타난 당나라 장회태자 이현의 주석대로 개마와 현토군은 고구려 평양성의 서쪽에 있다고 하여 일제 식민 사학자들이 설정하고 이를 그대로 현재 주류 강단 사학계가 추종하는 한반도 비정과는 전혀 다르다. 당나라 장회태자 이현은 제대로 보았다. 이는 당시 고구려의 위치와 개마대산 즉 태행산맥의 위치를 있는 그대로 보고 해설을 기록하였기 때문이다.

더군다나 호동왕자가 남쪽에 있던 낙랑국의 최리와 만난 옥저는 북옥저도 아니고 동옥저도 아닌 남옥저이다. 남옥저는 죽령이 있는 땅으로 신라와 같이 있는 것으로 신라 옆에 있는 최씨 낙랑국이 있는 산동성 지방이다. 마찬가지로 최씨 낙랑국 역시 고구려 동쪽에 있었던 함경도 옥저 지방에 있었던 것이 아니라 산동성에서 고구려 남쪽이자 백제 동쪽과 신라 서쪽 위치에 있었다. 그러기에 여기에 있었던 고구려의 호동왕자가 고구려의 서쪽이자 최씨 낙랑국의 동북쪽인 남옥저 땅에서 여기에 온 최리와 만나자 최리가 산동성 자기 나라의 북쪽에 있는 북국인 고구려 왕자라고 하였다. 만약 한반도라면 같은 함경도 지방에 각각 옥저와 최씨 낙랑국이 있다가 여기서 고구려 호동왕자를 만났다면 고구려를 북국의 왕자라고 하지 않고 서쪽 내지는 서북쪽의 왕자라고 하였을 것이기 때문이다.

주류 강단 사학계는

【사료110】 『후한서(後漢書)』 東夷列傳 濊

濊(註 100)는 북쪽으로는 高句驪・沃沮와, 남쪽으로는 辰韓과 접해 있고, 동쪽은 大海에 닿으며, 서쪽은 樂浪에 이른다. 예 및 옥저・구려는 본디 모두가 [옛] 朝鮮의 지역이다.

○ 元朔 원년(B.C.128)에 濊君 南閭 등이 右渠를 배반하고 28萬口를 이끌고 遼東에 귀속하였으므로, 武帝는 그 지역으로 蒼海郡을 만들었으나, 수년 후에 곧 폐지하였다. 元封 3년(B.C.108)에 이르러서는 조선을 멸망시키고, 그 땅을 나누어 樂浪·臨屯·玄菟·眞番의 四郡을 두었다. 昭帝 始元 5년(B.C.82)에는 임둔과 진번을 폐지하여 낙랑과 현도에 합병하였다. 현도는 다시 句驪로 옮겼으며 單單大領의 동쪽의 沃沮와 濊貊은 모두 낙랑에 예속되었다. 뒤에 그 지역이 넓고 멀리 떨어져 있어서, 다시 [大]領의 동쪽 7縣을 떼어 낙랑군에 속한 東部都尉를 두었다. [濊가 漢에] 복속된 후부터 풍속이 점점 나빠짐에 따라, 법령도 점차 늘어나 60여條나 되었다. [後漢] 建武 6년(A.D.30; 高句麗 大武神王 13)에 [東部]都尉의 관직을 폐지하고, [大]領 동쪽의 지역을 포기한 뒤, 그 지방의 우두머리(渠帥)들을 봉해 縣侯로 삼으니, 歲時마다 모두 와서 朝賀하였다.

註 100
濊 : 濊는 沃沮의 南쪽에 위치하여 舊七縣 중의 華麗·邪頭昧·東暆·不而 등을 포함한 社會였으나 後漢 末期에 高句麗에 服屬되었다. 이 濊의 위치는 그 南界가 江原道 南端으로 비정되어 왔으나, 이를 平康·淮陽(春川 以北) 附近으로 비정하는 견해가 제기되었다.(李丙燾,「後方行列社會의 夫餘·沃沮 및 東濊」pp. 228~230)
〈참조〉
『三國志』濊傳 註 2)
濊
濊의 종족적 계통과 濊·貊·濊貊의 상호관계에 관해선 다수의 논고가 있다. 이를 크게 大別해 보면 濊·貊同種說과 濊·貊異種說로 나누어진다. 前者로는 일찍이 丁若鏞이 貊은 種族名이고 濊는 地名 또는 水名이라고 보아, 濊貊은 九貊 중의 一種을 지칭한 것이라고 하였다.(『疆域考』「濊貊考」) 凌純聲도 濊는 濊水地域에 거주하였던 貊族이라고 하여 동일하게 이해를 하였다.(『松花江下游的赫哲族』p. 30)
三品彰英은 先秦文獻上의 貊은 北方族에 대한 汎稱이며, 濊는 秦代의 문헌에서 처음 보이는데, 漢代의 汎稱的인 濊는 고구려·부여·東濊를 포괄하는 民族名이고, 濊貊이라는 熟語的인 호칭은 濊라는 현실적인 民

族名과 古典的인 北族에 대한 汎稱인 貊을 결합시킨 것이라고 보고, 고구려를 지칭한 貊은 民族名인 汎濊族內의 특정 部族名으로 보았다. 곧 漢代 이후의 貊은 濊와 同一한 系統이라고 보았다.(「濊貊族小考」) 尹武炳은 濊貊이라는 명칭은 『史記』에서부터 사용되었는데, 濊族과 貊族을 합친 汎稱이 아니라 貊族인 高句麗를 지칭하는 것이었고 漢代 이후의 濊와 (濊)貊을 同一系統 내에서 各各 구분되는 實體로 보았다.

한편 臺灣의 芮逸夫는 韓民族을 濊貊과 韓의 兩系로 구성되었다고 하면서, 濊貊族중 濊族은 한반도 중북부와 松花江·吉林·嫩江 등에 살았고, 貊族은 山東·遼東·渤海岸 등에 거주하여, 그 居住分布에 따라 구분되었다고 보았다.(「韓國古代民族考略」) 金貞培도 濊·貊·韓은 同一系 족속으로서 그 分布地域의 차이에 따라 각각으로 구분되어졌다고 보았다.(「濊貊族에 관한 硏究」) 異種說의 대표로서 三上次男은 濊族은 有文土器文化를 영위하였고, 生活方式에 있어서 수렵·어로의 비율이 컸던 古아시아族 系統이고, 貊族은 無文土器文化를 남긴 퉁구스계통으로 파악하였다.(「東北アジアの古代文化と穢人の民族的性格」)

三上次男說은 빗살문토기文化와 無文土器文化가 同時代의 것이 아니라 時代를 先後하는 文化였다는 것이 확실해짐에 따라 부정시된다. 그런데 高句麗族과 濊貊과의 관계에 대해 李玉은 독특한 입론을 제기하였다. 즉, 그는 貊族과 濊族은 中國의 山西省·河北省 방면에 각각 거주하다가 점차 東으로 이동해 왔는데, B.C. 3세기 무렵 장춘·농안 방면에 먼저 定着해 있던 濊族은 이어 貊族에게 밀려 南으로 왔다가 고조선에게 쫓겨 요동군에 예속된 것이 濊君 南閭의 집단이고, 이 濊의 일부가 貊族에 흡수되어 B.C. 2세기 무렵 새로운 종족인 濊貊이 成立되었으니, 이것이 高句麗族이라고 하였다.(「高句麗民族의 形成과 社會」)

〈참고문헌〉

丁若鏞, 『疆域考』 卷2 「濊貊考」
尹武炳, 「濊貊考」『白山學報』 1, 1966.
金貞培, 「濊貊族에 관한 硏究」『白山學報』 5, 1968.
李 玉, 『高句麗 民族形成과 社會』 1984, 敎保文庫.
凌純聲, 『松花江下游的赫哲族』 1935.
芮 逸 夫, 「韓國古代民族考略」『中韓論集』 1, 1955.

三品彰英, 「濊貊族小考」『朝鮮學報』 4輯, 1953.
三上次男, 「東北アジアの古代文化と穢人の民族的性格」『古代東北アジア史研究』 1966.

〈참고문헌〉
李丙燾, 「後方行列社會의 夫餘·沃沮 및 東濊」『韓國古代史硏究』 1976, 博英社.

【사료40】『삼국지(三國志)』 〈위서〉 「동이전」 濊

濊는 남쪽으로는 辰韓과, 북쪽으로는 高句麗·沃沮와 접하였고, 동쪽으로는 大海에 닿았으니, 오늘날 朝鮮의 동쪽이 모두 그 지역이다.

○ [濊에는] 大君長이 없고 漢代 이래로 侯·邑君·三老의 관직이 있어서 下戶를 통치하였다. 그 나라의 노인들은 예부터 스스로 일컫기를 '句麗와 같은 종족이다'라고 하였다.

○ 單單大山領의 서쪽은 樂浪에 소속되었으며, 領의 동쪽 일곱 縣은 [東部]都尉가 통치하는데 그 백성은 모두 濊人이다. 그 뒤 都尉를 폐지하고 그들의 우두머리(渠帥)를 封하여 侯로 삼았다. 오늘날의 不耐濊는 모두 그 종족이다. 漢末(202~220)에는 다시 구려에 복속되었다.

또다시 역사의 무지 내지는 자기들 논리를 위해서는 모든 사서 기록을 무시하는 무모함을 보이는 비학문적 태도를 보이고 있다. 『후한서』 및 『삼국지』의 '예'전 기록상의 옥저는 동옥저와 북옥저가 아닌 남옥저이다.

『후한서』 및 『삼국지』의 「동옥저」전 기록상에 기록된 대로 북옥저와 "南沃沮와는 8백여 리 떨어져 있다." 예 즉 예족인 신라가 건국되고 그 서북쪽에 고구려가 있는 이곳은 산동성이다. 그리고 같은 사서의 『후한서』 및 『삼국지』의 「고구려」전 기록상의 고구려 동쪽에 위치한 것으로 기록된 옥저 역시 동옥저나 북옥저가 아닌 남옥저이다. 고구려가 남쪽 산동성에서 건국되었을 때 이곳의 동쪽에 신라가 건국된 남옥저가 있음을 기록한 것이다. 이후 고구려는 북쪽인 하북성에 진입하여 당시의 위치는 당연히 하북성이다. 이러한 전후 사정을 모르고 『후한서』 및 『삼국지』의 「고구려」전 기록상의 고구려 동쪽에 위치한 것으로 기록된 옥저에 의하여 옥저를 고구려의 동쪽에 비정한 것 역시 무지의 소치이다.

> 옥저는 북옥저, 동옥저, 남옥저가 있었다.
> 북옥저, 동옥저는 하북성 고구려 서쪽에,
> 남옥저는 죽령 지방으로 신라가 건국된 산동성 지역이다.

그리고 「예」전상에 '이곳이 조선의 동쪽'이라는 것은 한반도 조선의 동쪽 경상도가 아니라 앞에서 살펴본 바와 같이 대륙에서의 삼한 즉 마한, 진한, 변한 중 진한의 동쪽 즉 신라가 건국된 마한의 동쪽이자 전체 삼한의 동쪽이라는 의미이다.

이를 왜곡 해석하여 한반도 조선의 동쪽이라고 하는 것은 자기 논리에 맞춘 어불성설이다. 따라서 옥저를 함경도 지방에 비정하는 것은 자기들 논리인 '낙랑군 평양설'에 의하여 고구려를 이 낙랑군 근처에 두고 고구려도 이 현토군 근처에 두기 위하여 한반도 북부에 비정하여 놓고 위의 기록들을 왜곡 내지는 무식하게 해석한 커다란 오류이다.

차라리 옥저는 고구려 서쪽에 그리고 낙랑국은 백제와 신라 사이에 두어야 하지 옥저를 고구려 동쪽에 그리고 낙랑국을 옥저 지방인 함경도에 비정하는 것은 왜곡이자 무식의 소치이다. 이것이 식민사학의 왜곡성이고 무식성이자 현재 주류 강단 사학의 왜곡성이고 무식성이고 종속성이고 친일성이다.

이 낙랑이 『삼국사기』 초기 기록상에 백제 동쪽과 신라 옆에 있어 특히 신라의 왕성을 에워싸거나 점령하면서 괴롭혔다.

본 필자가 강조하여 언급하지만 중국사서를 연구 내지는 확인함에 있어 중국사서의 우리 고대사 기록은 그들에게는 동쪽 오랑캐의 역사를 기록함에 있어 나중의 '춘추필법'에 의한 왜곡 기록도 있지만 이전에는 인식과 지식의 부족 및 혼란 등이 있어 일부 부정확한 기록이 분명히 있다.

하지만 본 필자가 이 글에서 반복하여 강조하면서 언급하는 사항은 후대의 중국사서와 원 사료에 대한 주석 등은 왜곡이 심하여 따를 수 없는 기록이지만 원 사료의 중국사서와 우리나라의 『삼국사기』는 일부 왜곡되고 부정확하고 인식과 지식 부족의 기록이 있지만 왜곡되기 전의 올바른 인식과 지식에 의하여 해석하고 판단하면 현재의 왜곡된 역사가 아닌 원래의 제대로 된 역사를 밝힐 수 있다는 것이다.

특히 『후한서』 및 『삼국지』의 「동이전」 기록을 한반도에 잘못 비정한 채 이에 맞춘 왜곡된 인식과 지식에 의하여 해석 및 비정함으로써 우리 고대 역사가 왜곡 조작되었다. 이뿐 아니라 비주류 강단 사학계 및 재야 민족 사학계는 이의 해석과 비정이 잘못되었음을 비판하면서도 정작 자신들도 왜곡된 인식과 지식을 가진 채 이를 비판함으로써 제대로 된 역사를 정립하지 못하고 또 다른 왜곡에 빠지는 잘못을 범하고 있음도 문제이다. 『후한서』 및 『삼국지』의 「동이전」 기록에 있어 '한'전 기록을 한반도에 비정한 채 한반도 중부 이남 지방인 마한, 진한, 변한에 소국 78개국이 난립하여 있는 미개 지역으로 설정하였다.

물론 '한'전 기록만으로 비정하면 현재 주류 강단 사학계가 비정하는 바와 일치한다고도 볼 수 있다. 즉 낙랑 내지는 대방 밑에 마한이 있고 그 마한 동쪽에 있는 진한 북쪽에는 예맥 그리고 남쪽에는 변한

이 있게 된다. 하지만 이 설정에는 몇 가지 커다란 오류가 있다.

(1) 역사 정립은 한 가지 기록과 사실만으로 되는 것이 아닌데 이 한 가지 기록만으로 설정한다는 자체는 상당히 심각한 오류로 적어도 같은 「동이전」의 다른 기록과도 연관시켜 모두를 충족시키는 설정을 하여야 함은 물론, 「동이전」의 기록뿐만 아니라 이후의 역사서 즉 다른 중국사서와 『삼국사기』상의 초기 삼국의 역사 활동 기록과도 연관시켜 설정하여야 하는 것이 당연한데도 이를 지키지 않았다.

따라서 「동이전」의 다른 기록과 다른 중국사서와 『삼국사기』상의 초기 삼국의 역사 활동 기록에 의하면 주류 강단 사학계가 설정한 한반도 비정은 잘못된 것이 확실히 입증된다. 이에 대한 좋은 예가 낙랑의 기록이다. 분명히 「동이전」의 '한'전 기록에는 마한 북쪽에 낙랑이 있는 것으로 되어 있다.

그리고 마한 동쪽에 있는 진한 북쪽에 있는 예맥의 서쪽에 낙랑이 있는 것으로 되어 있다. 하지만 「동이전」의 다른 기록인 '예'전 기록에는 진한 북쪽에 있는 예의 서쪽에 낙랑이 있는 것으로 되어 있다. 물론 예맥과 예를 같이 보면 같은 것일 수 있다. 하지만 예와 예맥은 다르다. 물론 한 기록이 오류이거나 인식의 부족일 수도 있다.

두 기록에 의하여 판단이 곤란하다면 다른 사서의 기록을 연관시켜 확인하여야 한다. 즉『삼국사기』상의 초기 신라 기록을 보면 신라의 서쪽이자 백제의 동쪽에 낙랑이 있는 것으로 기록되어 있어 신라 서쪽에 낙랑이 있다. 즉 신라는 진한 땅에 있는 것이므로 진한 서쪽에 낙랑이 있는 것으로 이는 진한 북쪽에 있는 예맥의 동쪽에 낙랑이 있다는 기록과 다르다.

이러한 경우를 대비하여 주류 강단 사학계는 예를 한반도 평양 지방의 낙랑군 동쪽인 동해안 지방으로 비정하고 예맥은 그 북쪽인 함경도 지방으로 비정하여 놓고 있다. 하지만 예와 예맥은 명백히 다르다. 여러 사서 기록을 종합 확인하여 판단한 바에 의하면 예는 신라 족속이고 예맥은 예족과 맥족의 결합체이다.

  이러한 사실은 여러 다른 사서에서도 확인되고 이 두 사서의 「동이전」의 다른 기록인 '예'전상에 예를 신라와 연관시키고 이 예가 구려와 같은 종족이라고 함으로써 예와 맥이 결합하여 예맥족인 구려가 되는 것을 기록한 것에 의한다. 즉 구려의 별종인 소수맥 즉 선비족의 한 갈래인 모용선비족이 구려이자 예맥인 기록과 일치한다. 물론 이러한 사항에 대하여 두 사서의 '한'전 및 '예'전의 기록상에 문제가 있다고 할 수도 있지만 이것을 떠나서라도 예는 신라와 같이 보고 예맥은 선비나 말갈로 보는 것이 합당한 것으로 이들은 서로 다르다. 그러므로 그 위치도 예는 신라와 같이, 예맥은 이와는 달리 '한'전상의 낙랑의 서쪽으로 비정하여야 되는 것으로 결국 '한'전상의 예맥은 '예'의 혼돈 기록으로 '예'가 맞는다. 이는 앞에서 확인한 '예'전상의 옥저가 남옥저이고 그 남쪽에 있다는 예는 신라이고, 그 동쪽에 있다는 낙랑은 낙랑국이라는 올바른 설정과 일맥상통한다. 이는 '고구려' 전상의 고구려 동쪽에 있다는 옥저가 남옥저인 것과 마찬가지이다.

  이와 같이 여러 사서를 종합하여 판단하는 것으로 다른 기록들과의 연관에 의한 비정에 의하면 더 명백해진다. 이렇게 함으로써 오히려 부족한 중국사서 기록을 온전히 보충하여 제대로 된 원래의 온전하고 합당한 역사 기록으로 만들 수도 있다. 그럼 여기서 예와 예맥에 대하여 좀 더 자세히 살펴보고 이와 관련된 우리 고대사를 살펴보고 다음으로 넘어가도록 하겠다.

[예와 예맥에 대하여]

중국사서에서 인식 부족에 의한 부실한 기록이 모든 사항에서 나타나고 있지만 특히 예맥과 예에 대한 인식 부족이 심각하다. 분명히 동옥저 및 고구려 남쪽에 예맥이 있다고 기록되어 있는데 정작 예맥은 없고 예의 북쪽에 동옥저와 고구려가 있는 것으로 기록되어 있다.

더군다나 예의 경우 기자가 동래하고 그의 후손인 준왕 시기에 연나라 사람 위만이 와서 왕이 되었는데 한나라가 정복하여 한사군을 설치한 것으로 기록하여 소위 한(韓)족 국가인 (고)조선국인 것으로 기록하였다. 더군다나 스스로 고구려와 같은 종족으로 하였다. 중국사서에 기록된 예족과 맥족은 다른 종족이다.

그리고 예맥은 예족과 맥족이 결합된 형태이다. 여기서 예족은 신라, 가야 계통이고, 맥족은 부여, 고구려, 백제 계통이다. 그리고 예맥족은 고구려와 더불어 부여의 복속집단으로 예족과 맥족의 결합집단인 선비족이다.

그리고 말갈족은 갈족으로 예족과 같이 옥저 지방에 이동한 족속 집단이다. 즉 옥저는 어느 나라 즉 정치 집단이 아니고 고조선의 지역이었던 전체 낙랑 땅의 한 지역 이름이다. 한나라의 핍박을 피하여 서쪽에서 넘어온 말갈족과 예족이 각각 말갈족은 산서성 대동시 인근 및 예족은 그 남쪽 탁수(거마하)에 있었다. 여기가 지금의 석가장시 북쪽인 북옥저이다.

중국사서에서는 예족인 신라를 변한의 후예라고 하면서 변한에서 탄생한 것으로 되어 있기도 하지만 위의 『삼국유사』에 의하면 진한에서 나타난 것으로 되어 있는데 이 진한은 남옥저인 옥저 아래에 있다는 예나라 즉 신라 남쪽에 있는 것으로 이는 한반도가 아니다.

중국사서는 예와 신라를 혼동하고 또한 옥저와도 혼돈하여 기록하고 있다. 그래서 기록상에 '예'전을 두고 있는 반면 정작 이 '예'를 가리키는 '예맥'을 '동옥저'전의 동옥저 밑에 있는 것으로 기록하면서 결국 '예맥'전은 없는 것으로 하였다. 결국 예와 예맥이 무엇인지 모르고 있다. 동옥저 남쪽에 예맥이 있다는 기록은 사실이다. 즉 동옥저 즉 북옥저 땅 즉 석가장시 북부와 산서성 흔주 사이에 말갈족과 예족이 있을 당시에 그 밑 즉 석가장시 북부 호타하 북쪽에 예족과 맥족이 합쳐서 만든 예맥족이 있었다.

> 옥저는 북옥저, 동옥저, 남옥저가 있었다.
> 북옥저, 동옥저는 하북성 고구려 서쪽에,
> 남옥저는 죽령 지방으로 신라가 건국된 산동성 지역이다.

그러나 정작 예맥과 같이 본 예족에 대한 중국사서의 '예'전 기록을 보면 이는 예맥족인 선비 모용씨에 대한 기록도 아니고 예족인 신라족에 대한 기록도 아니고 기자와 위만을 거론하는 등 이는 한민족 국가 즉 고조선 및 고조선 후예국 즉 맥족에 대한 이야기이다. 물론 사실상 이 '예'전의 예족이 아닌 실제 예족인 신라는 나중에 이 북옥저가 남으로 이동하여서 산동성 빈주 지방으로 옮겨서 남옥저가 되었을 때 그 밑에 있었던 것은 사실이다.

또한 '예'전에 있어 예의 남쪽에 진한이 있다는 기록도 중국사서는 여러 기록상 정확한 사실을 모르고 기록하였지만 이 기록은 사실이다. 즉 한반도의 진한이 아니라 중국 본토 산동성에 진한이 있어서 여기에서 신라가 탄생하였다는 최치원의 언급에 대한 『삼국사기』와 『삼국유사』의 기록은 사실이다.

마한은 사방 4천 리로 고구려를 포함한 중국 대륙에서의 하북성과 이 남쪽의 산동성을 포함한 영역을 말하는 것이고, 진한은 신라가 탄생한 산동성 빈주 지방을 일컬었던 것이고, 변한은 이보다 남쪽에 있었던 것으로 이 마한과 변한 밑에 왜 세력이 있었다. 이러한 사항이 『후한서』와 『삼국지』에 기록되어 있다.

이곳은 한반도가 아니다. 더군다나 마한 북쪽에 낙랑이, 진한 북쪽에는 예맥이 있다는 기록에서 낙랑은 낙랑군을 가리키는 것으로 적절하다. 또한 진한 북쪽에 예맥이 있다는 기록은 '예'전에서 예의 남쪽에 진한이 있다는 기록은 사실과 부합되는 기록이지만 이와는 상반되는 진한 북쪽에 예맥이 있다는 기록 또한 기록상으로는 맞지 않는 듯 보이지만 역사적 사실과는 부합하여 석가장시 남쪽 산동성 빈주로 옮긴 이후의 신라 및 진한에 있어서 석가장시 북부에 형성된 선비족 모용시의 예맥족은 위치상 맞는다.

이와 같은 사실은 정확한 역사적 사실을 파악해야만 알 수 있지만 모든 역사서가 이를 입증해 주고 있다. 물론 중국사서는 예와 예맥을 혼돈한 채 기록한 것은 사실이다. 사실상 여기서의 예맥은 예이다. 낙랑 동쪽 즉 엄밀히 하면 동남쪽에 예가 있고 그 낙랑 서쪽 내지는 서남쪽에 예맥이 있는 것이 맞는다. 이러한 역사적 활동이 이루어진 곳은 도저히 한반도일 수가 없다. 이곳은 바로 하북성과 산동성 그리고 산서성 일원이다.

이러한 중국사서 기록의 혼돈되고 인식 부족한 상태의 기록이지만 대략적인 위치를 잡아 주류 강단 사학계에서는 이를 한반도에 비정하였지만 위와 같은 상세한 내역에 대한 설명을 할 수 없다. 더군다나 이 기록상에 나오는 여러 지명과 예맥 등의 족속에 대한 중국사서의 기록에 의하면 절대로 한반도에 비정할 수가 없다. 마한과 진한 그리고 변한과 육지로 접해 있던 왜가 하북성에 있던 백제와 신라가 일부 세력이 한반도로 건너와 한반도에 제2의 국가를 형성함에 따라 중국사서가 이에 맞추어 한반도에 마한과 진한 그리고 변한이 있는 것으로 사서에 기록하는 한편 왜는 바다로 떨어져 일본열도에 있는 것으로 당나라 이후 기록하고 있다. 즉 마한, 진한, 변한 그리고 고구려, 백제, 신라는 하북성에서도 역사적 활동을 하였고 한반도에서도 하였으며 일본열도에서도 하였다.

특히 고구려는 수당 전쟁 시와 나당연합군과의 전쟁 그리고 백제는 말기까지, 신라는 통일신라시대 말기까지도 중국 본토에서 활동하였다. 이러한 사실은 중국사서와 『삼국사기』에서 확인된다. 이를 입증하는 것이 이 글의 진행사항이다. 이와 같은 차원에서 앞에서 마수산과 관련하여서도 그렇고 말갈과 관련하여 살펴보았듯이 여기 산서성 대동시 동쪽 지방의 본거지 및 조금 남쪽으로 내려와 석가장시 북부 및 북부 탁수 지역에서 활동하였던 말갈이 소위 북갈로 위 고구려와 같이 역사상에 나타나는 말갈인 흑수말갈, 속요말갈, 백산말갈이다. 이 중 속요말갈과 백산말갈은 고구려에 예속되어 삼국시대 후기에 고구려와 연합하여 그 남쪽에 있던 대륙백제와 대륙신라를 괴롭혔다. 이러한 말갈 즉 삼국의 초기 및 후기까지 신라와 백제를 괴롭힌 남갈과 북갈에 대한 역사적 활동에 대한 기록이 없듯이 인식도 없었다.

▎중국사서는 타민족에 대한 인식과 관심이 부족하였다.

이들 말갈은 나중에 이 근방에서 일어난 발해에 흡수되어 발해의 일원이 된다. 이들 말갈과 예족은 이곳까지 한나라가 압박하자 산동성 서부 지역인 지금의 산동성 빈주 지방 등으로 옮기고 일부는 남아 있다가 맥족과 합쳐서 예맥족이 된다.

> 신라 예족과 부여계 맥족이 결합하여 예맥족이 되었는데 이들이 바로 사서기록상의 하북성 석가장시 북부의 대요수와 소요수 지역의 구려족과 소수맥으로 선비족이다.

예맥족에 대하여는 앞에서 요수를 설명하면서 언급하였지만 이 예맥족이 바로 나중에 전연과 후연을 세워 고구려와 자기들의 본거지를 두고 싸우는 모용선비족이다. 이들은 고구려 옆의 고구려현에서 산동성 빈주로 가지 않고 남은 예족과 고조선 및 부여로 이어지는 맥족과 결합하여 생긴 족속이다.

중국사서에서는 고구려가 이곳에서 탄생한 것으로 보고 이곳을 고구려현이라고 하여 뒤의 사서들이 혼돈을 겪고 있지만 이곳 고구려현 위치는 예맥족 즉 소수맥 탄생지이고 고구려는 이보다 남쪽에서 탄생하였다가 점차 이곳까지 북상하면서 영역을 넓혀 이곳에 있던 현토군과 낙랑군을 두고 모용씨 선비족 전연과 후연과 치열한 공방전을 벌이게 된다.

【사료197】『삼국사기(三國史記)』卷第十七 高句麗本紀 第五 미천왕(美川王)

현도군을 침략하고 잡아 온 포로를 평양에 두다(302년 09월(음))

3년(302) 가을 9월에 왕이 병력 30,000명을 거느리고 현도군을 침략하여 8,000명을 포로로 잡아 이들을 평양으로 옮겼다.

주류 강단 사학계는 고구려를 한반도 북부 만주에 그리고 현토군을 그 아래 내지는 인근 서북부 쪽으로 비정하고, 선비족 전연, 후연을 요하 인근까지 비정하여 사서상의 기록을 맞추고 있다. 하지만 이는 우리 고대사를 갉아먹는 행위이다.

> 중국 측의 역사 조작을 추종한 채 주류 강단 사학계가 요령성 요하 서쪽에 선비족 전연, 후연, 북연을 비정하는 것은 역사왜곡이자 우리 역사를 피폐하게 만드는 행위이다. 선비족 및 이들 국가는 산서성 태행산맥 동쪽이자 하북성 고구려 서쪽에 있었다.

우리의 고대 영토였던 요하 서쪽 지방을 저 멀리 하북성에 있던 선비족 전연, 후연, 북연을 갖다 놓고 있는 셈이다. 그래서

【사료202】『삼국사기(三國史記)』 권 제14 고구려본기 제2 모본왕(慕本王) 2년

후한의 우북평 등을 습격하였다가 다시 화친하다(49년 (음))

2년(49) 봄에 장수를 보내 한(漢)의 북평(北平), 어양(漁陽), 상곡(上谷), 태원(太原) 등을 습격하였다. 그런데 요동태수(遼東太守) 제융(祭肜)이 은혜와 신의로 대우하므로 다시 화친을 맺었다.

이 기록 등에 대하여는 난감해 한다. 북평, 어양, 상곡 등은 사실상 성과 산서성 인근에 있었지만 어떻게든지 왜곡하여 동쪽으로 비정하였으나 태원은 아직도 산서성에 지명이 남아 있어 어쩔 수 없이 이곳을 공략한 것을 인정하여야 하나 그들이 비정하는 만주 지방의 고구려, 그것도 초기 고구려에는 불가능한 머나먼 산서성 공략이다. 이렇게 주류 강단 사학계의 비정은 앞에서 살펴본 죽령, 우산성, 니하 등 여러 지명에 대하여 한곳으로 지명 못 하는 자가당착에 빠지는 같은 사례이다. 기본적인 것을 제대로 비정하면 문제가 발생하지 않는데 원래의 비정을 잘못하므로 제대로 비정 못 하는 사례가 항상 발생한다. 고구려가 산서성 가까이 있었기에 태원과 같은 산서성 공략이 가능하다. 이 간단한 공식이 수학처럼 고차원 방정식이 되어버린다. 이곳은 앞에서 설명하였듯이,

【사료22】『한서』「지리지」1. 유주
⑨ 현토군(玄菟郡)

1) 고구려현(高句驪玄), 요산(遼山)에서 요수(遼水)가 나오는데 서남쪽으로 요동군 요대현(遼隊縣)에 이르러 대요수(大遼水)로 들어간다. 또한 남소수(南蘇水)가 있는데 서북쪽으로 새(塞) 밖을 지난다.[2]

[2] 應劭曰故句驪胡. 응초(應劭)가 말하기를 옛 구려(句驪) 호(胡)이다.

【사료23】『삼국지(三國志)』〈위서〉「동이전」'고구려전'

또 小水貊이 있다. [고]구려는 大水유역에 나라를 세워 거주하였는데, 西安平縣의 북쪽에 남쪽으로 흘러 바다로 흘러드는 작은 강이 있어서, 고구려의 別種이 이 小水유역에 나라를 세웠으므로, 그 이름을 따서 小水貊이라 하였다. 그곳에서는 좋은 활이 생산되니, 이른바 貊弓이 그것이다.

【사료10】『후한서(後漢書)』「군국지」1. 유주
⑧ 요동군(遼東郡)
8) 서안평현(西安平縣).[2]

[2] 魏氏春秋日. 縣北有小水, 南流入海. 句驪別種, 因名之小水貊. 위씨춘추(魏氏春秋)에서 말하기를 '서안평현 북쪽에 소수(小水)가 있는데 남쪽으로 흘러 바다로 들어간다. 구려(句驪) 별종(別種)이 (있는데), 그것의 이름(즉 소수 小水)으로 인하여 소수맥(小水貊)'이라 한다.

소수 즉 발원지가 요산 즉 지금의 하북성 석가장시 행당현의 오어산(Aoyu Mountain, 鰲魚山)으로 비정되는 소요수 즉 고하(Gaohe River, 鄗河)가 흐르는 곳이 예맥족 즉 전연과 후연의 원래의 근거지인 용성이 있던 하북성 석가장시 정정현이다. 그리고 고구려는 이곳 인근 대수 즉 대요수인 지금의 자하(Cihe River, 磁河)가 흐르는 석가장시 동쪽 지방에 남쪽인 산동성에서 올라와 자리를 잡았다.

이 대수이자 대요수인 자하가 수당 전쟁 시 요하이고, 이 고구려가 자리 잡은 지역 남쪽에 원래는 현토군이 있다가 고구려 등의 압박에 밀리어 고구려 서북쪽으로 옮겼다가 고구려와 구려의 별종인 소수맥이자 모용선비족인 전연 및 후연에 시달리다가 고구려에 합병된다.

그래서 중국사서는 고구려가 현토군 지역에 있다고 기록하고 있다. 한편 이곳은 동옥저 즉 북옥저 땅이기도 하다. 그래서 중국사서상에 "고구려 개마대산의 동쪽에 있다."고 하였는데 이는 혼란이 올 수 있는 기록으로 개마대산은 지금의 태행산맥으로 이곳의 동쪽에 북(동)옥저 즉 예맥 땅이 있었고 그 동쪽에 고구려가 있었고, 그 서남쪽에 현토군이 있었던 것을 고구려를 기준으로 산맥과 연관시켜 위치를 기록하다 보니 "고구려 서쪽에 있는 개마대산 동쪽에 있다."는 기록을 하였다. 그래서 현토군이 고구려 남쪽에 있다가 고구려 서북쪽으로 옮겨 인근에 있다 보니 중국사서는 고구려가 현토군에 있는 것으로 착각하여 기록하고 있다.

【사료42】『양서(梁書)』「동이열전」'고구려'

그 나라는 漢代의 玄菟郡 [지역]에 있다. 요동으로부터 천 리쯤 떨어져 있다.

이 위치는 여러 풍부한 기록에 의거 하북성 지방에 있음이 확인되는데,

【사료39】『삼국지(三國志)』〈위서〉「동이전」東沃沮

沃沮城으로 玄菟郡을 삼았다.

> 【사료198】『한서』「열전」〈엄주오구주부서엄종왕종왕가전〉 '가연지편'
>
> 동쪽의 갈석산을 지나면 현도와 낙랑군이 나온다.

연나라 동쪽에 고조선이 있고 이곳에 진나라와 한나라가 '요동고새'를 두고 위만조선과 대치하였다. 이곳은 연나라와 고조선의 경계로 갈석산과 진장성이 있다. 이곳은 산서성과 하북성 경계지방과 하북성 서부 지역이다. 이곳에서 예족과 말갈족이 옮긴 산동성 덕주 지방과 빈주 지방 사이가 바로 남옥저이다. 여기에 말갈족도 내려와 삼국시대 초기에 백제와 신라를 괴롭히는데 이를 남갈이라고 하였다. 이곳 남옥저는 나중에 고구려가 차지하였다가 다시 신라에 빼앗기자 이곳을 다시 차지하려고 장성을 쌓고 전쟁을 벌이다가 나당연합군에 고구려가 멸망한다. 여기서 예맥족은 모용선비족이 되고, 산동성 덕주와 빈주 지방 사이에 이주한 예족은 신라국을 만든다.

> 【사료165】『북사(北史)』 列傳 新羅
>
> 新羅는 그 선조가 본래 辰韓의 종족이었다. 그 땅은 高[句]麗 동남쪽에 있는데, 漢나라 때의 樂浪 지역이다. 辰韓을 秦韓이라고도 한다. 대대로 전해오는 말에 의하면 秦나라 때 流亡人들이 役을 피하여 [馬韓으로] 가자, 馬韓에서는 그 동쪽 지경을 분할하여 그들을 살게 하고, 그들이 秦나라 사람인 까닭에 그 나라 이름을 秦韓이라 하였다고 한다.
>
> ○ 일설에 의하면 魏나라 장수 毋丘儉이 고[구]려를 토벌하여 격파하니, [고구려인들은] 沃沮로 쫓겨 갔다가 그 뒤 다시 고국으로 돌아갔는데, [이 때에 따라가지 않고] 남아 있던 자들이 마침내 新羅를 세웠다고 한다. [신라는] 斯盧라고도 한다.

【사료166】『수서(隋書)』東夷列傳 新羅

新羅國은 高[句]麗의 동남쪽에 있는데, 漢代의 樂浪 땅으로서 斯羅라고도 한다. 魏나라 장수 毋丘儉이 고[구]려를 토벌하여 격파하니, [고구려]는 沃沮로 쫓겨 갔다. [그들은] 그 뒤 다시 고국으로 돌아갔는데, [이때에 따라 가지 않고] 남아 있던 자들이 마침내 新羅를 세웠다.
그러므로 그 나라는 중국·고[구]려·백제의 족속들이 뒤섞여 있으며 沃沮·不耐·韓·獩의 땅을 차지하고 있다. 그 나라의 王은 본래 百濟 사람이었는데, 바다로 도망쳐 신라로 들어가 마침내 그 나라의 왕이 되었다.

이 중국사서에서는 신라가 관구검에 쫓겨 간 고구려인이 쫓겨 간 옥저 땅에 세운 나라라고 착각하여 기록하였지만 이는 확인한 바와 같이 고구려 동천왕이 관구검에 쫓기어 남옥저 죽령 땅으로 도망간 사건을 이야기한다. 이 남옥저 땅은 이전에 신라가 이미 이곳 남쪽에서 건국되어 이곳을 개척하다가 동천왕이 도망 오기 전에 고구려에 빼앗긴 것을 잘못 알고 혼돈하여 기록하였다. 이곳은 나중에 수나라가 고구려를 공격할 때에 다시 신라가 차지하였으며 중국사서『신당서』에 기록되어 있다.

【사료26】『신당서(新唐書)』「동이열전 고구려」

"지난날 [우리가] 隋의 侵略을 받았을 적에 新羅는 그 틈을 타 우리 땅 5백 리를 빼앗아갔소."

하지만 이는 중국사서가 잘못 기록한 것으로 실제 신라가 다시 탈환한 것은 551년 백제와 연합하여 백제가 475년 개로왕 시기에 빼앗겼던 한성 지방을 다시 찾을 때 신라가 다시 차지하였다. 551년은 수나라(581~619) 건국 이전이다. 이와 같이 중국사서의 잘못된 기록도 있다. 이곳을 다시 빼앗긴 후 고구려가 다시 차지하려고 공격하고 이 신라를 상대로 천리장성을 쌓는 계기가 되는 곳이다.

655년에는 고구려와 백제가 연합하여 이 신라 땅을 다시 고구려가 탈환함으로써 신라가 위기에 몰리게 되자 나당연합군을 형성하여 백제와 고구려를 멸망시키는 계기가 되는 곳이 바로 이 죽령 남옥저 땅이다. 이에 대하여는 차후에 자세하게 설명할 것이다.

이와 같이 이곳은 고구려와 신라가 서로 연고권을 주장하는 유서 깊은 곳이다. 그런데 이와 같은 사실을 주류 강단 사학계는 언급한 적이 없다. 왜냐하면 이와 같은 사실과 그 지역은 한반도에 있을 수 없기 때문이다. 한편 탁수 지역에 남아 있던 예족 세력과 일부 산동성 빈주 세력은 중국 요동반도 지방을 거쳐 한반도 평양 지방을 거친 다음 경주로 들어가 제2의 신라국인 사로국을 세우게 된다.

> 예족이 정착하거나 경과한 지역인 산동성 지역과 요동반도, 경주 지방은 삼국시대 신라의 영토가 되고 나당연합군에 고구려와 백제가 멸망한 후에도 이곳을 영역으로 가지고 있다가 발해에 일부를 넘겨주고 대부분은 나중에 고려에 그대로 넘겨주게 된다.

따라서 이들 예족이 정착하거나 경과한 지역인 산동성 지역과 요동반도, 경주 지방은 삼국시대 신라의 영토가 되고 나당연합군에 의하여 고구려와 백제가 멸망한 후에도 이곳을 영역으로 가지고 있다가 발해에 넘겨주거나 일부를 나중에 고려에 그대로 넘겨주게 된다. 그리고 이들이 거친 평양 지방에는 낙랑과 관련된 중국계 유물이 발굴된다. 여기서 낙랑이라는 것은 지역 이름이기도 하고 이 지역에 세운 정치체제이기도 하다. 즉 한나라가 세운 낙랑군과 산동성 빈주 지방에 세운 최씨 낙랑국이기도 하는데 크게는 위만조선 전체의 땅 이름이기도 하고 작게는 남옥저 즉 신라가 세워진 땅 이름이기도 하기 때문에 신라를 낙랑과 연관시킨다. 이러한 사실은 이미 중국사서 등을 통하여 앞에서 확인하였듯이 여러 중국사서가 입증해 주고 있다.

한나라 때 낙랑 땅에 있었다든지(『구당서』, 『신당서』「신라전」), 신라의 왕을 이후에도 당나라가 '낙랑군왕 신라왕'으로 봉하였다든지(『구당서』, 『신당서』「신라전」), 스스로도 낙랑이라고 하였다.

【사료151】『삼국유사』 권 제1 제1 기이(紀異第一) 낙랑국(樂浪國)

≪국사(國史)≫에 이르기를 "혁거세(赫居世) 30년에 낙랑인(樂浪人)들이 항복해 왔다."라고 하였다.

신라인이 또한 스스로 낙랑이라 일컬었으므로 오늘날 본조[고려]도 이로 인하여 낙랑군부인이라고 일컫고, 또 태조가 딸을 김부에게 주고 낙랑공주라 하였다.

【사료199】『고려사절요』 권1 태조신성대왕(太祖神聖大王) 태조(太祖) 18년 10월 935년 10월 미상

신라가 고려에 항복하다

김부를 관광순화위국공신 상주국 낙랑왕 정승(觀光順化衛國功臣 上柱國 樂浪王 政丞)으로 삼고 식읍(食邑) 8,000호(戶)를 내려주었으며, 그 지위를 태자(太子)의 위에 있게 하였다. 해마다 녹봉(祿俸) 1,000석(碩)을 지급하였으며, 신라국(新羅國)을 없애고 경주(慶州)로 삼은 후 김부에게 식읍으로 내려주었다.

> **【사료64】**『삼국지(三國志)』〈위서〉「동이전」 **韓**
>
> ○ 辰韓은 馬韓의 동쪽에 위치하고 있다. [辰韓의] 노인들은 代代로 傳하여 말하기를,
>
> "[우리들은] 옛날의 망명인으로 秦나라의 苦役를 피하여 韓國으로 왔는데, 馬韓이 그들의 동쪽 땅을 분할하여 우리에게 주었다."고 하였다.
>
> 서로 부르는 것을 모두 徒라 하여 秦나라 사람들과 흡사하니, 단지 燕나라 · 齊나라의 명칭만은 아니었다.
> 樂浪 사람을 阿殘이라 하였는데, 東方 사람들은 나(我)라는 말을 阿라 하였으니, 樂浪人들은 본디 그중에 남아 있는 사람이라는 뜻이다. 지금도 [辰韓을] 秦韓이라고 부르는 사람이 있다.

(2) 위와 같은 다른 사서와의 연관에 의한 설정은 당연하다. 그러나 설사 이러한 기록을 적용하지 않더라도 이 '한'전의 기록에 의해서도 주류 강단 사학계의 비정은 잘못임을 알 수 있다. 즉 '한'전상에 마한과 변한 남쪽에 왜와 접해 있다는 기록을 설정에 적용하지 아니한다. 그러면서 같은 편의 다른 기록을 적용하면서 같은 편의 또 다른 기록은 적용하지 않는 편의적인 방법은 적절한 역사 비정 방법이 아니다. 이에 의한 설정은 결국 잘못된 결과를 도출한다.

(3) 그럼에도 설정을 강행함에 따라 이를 한반도로 비정한 채 모든 기록을 이에 맞추어 해석함으로써 당연히 발생하는 오류에 대하여는 이에 맞추어 왜곡 해석하는 한편 정면으로 배치되는 기록은 그 기록을 무시하거나 배척하는 또 다른 잘못을 저지르고 있다. 이의 결과가 바로 『삼국사기』 초기 기록 불신론'이다.

설정한 바와 다른 기록이 많이 나타나 설정 자체에 문제가 있다면 설정 자체가 잘못이므로 이를 바꾸어야 함에도 불구하고 설정 자체

에 문제를 제기하는 기록 자체를 무시한다. 이에 의한 설정은 원초적으로 잘못이다. 이러한 실례는 남쪽에 접한다는 왜에 대한 확실한 적용이나 해답을 내놓지 못하고 회피 이론으로 넘어가고 있다는 것은 이러한 잘못의 또 다른 것이다.

왜냐하면 이러한 왜의 존재가 이 사서 기록뿐만 아니라『삼국사기』초기 신라의 역사에 주류 강단 사학계의 회피 주장과 달리 육지로 가까이 접하여 수시로 신라를 괴롭히는 것으로 나타나고 있기 때문이다. 이러한 사례는 소위 삼국시대 초기는 물론 390년대 말경인 광개토대왕 시기까지 발생함은 물론 500년대 초까지 발생하고 있다.

특히 광개토대왕 시기 왜의 침범에 대한 광개토대왕 비문상의 기록에 의하여 논란이 발생하는 책임은 결국 일제 식민사학과 이를 추종한 주류 강단 사학계에 있다. 신라를 가까이에서 침범하면서 괴롭힌 왜를 제대로 비정하지 못함에 따른다. 이 왜는 한반도에 있지 않았고 산동성 신라 남쪽에 육지로 붙어 있었기 때문에 가능하다. 역사를 바른 대로 비정하였으면 논란도 필요 없었을 것이다.

이렇게 거론한 여러 가지에 의하더라도 그렇고 앞으로 살펴볼 다른 기록들과의 연관성에 의하더라도 주류 강단 사학계가 두 사서「동이전」의 '한'전 및 다른 기록의 위치를 한반도에 비정하는 것은 전혀 맞지 않는다. 하지만 연나라 위치 등과 자체적인 위치 등에 의한 고조선과 위만조선의 위치 그리고 이에 따른 낙랑군과 대방군의 위치 그리고 고구려의 발상지 등에 의한 기록들의 백제와 신라 그리고 왜, 말갈 등 수많은 사항들이 맞게 적용되는 위치는 한반도가 아니라 중국 산서성과 하북성 그리고 산동성이 맞는다.

> 모든 중국사서와 우리 사서들을 제대로 해석하면
> 이들이 적용되는 곳은 한반도가 절대 될 수 없다.
> 이곳은 하북성, 산동성 지역이다.

주류 강단 사학계가 이 두 사서를 왜곡 해석하여 우리 고대사를 조작하여 놓은 것과는 다른 것이다. 그리고 이를 비판하여 이러한 비정과는 다르게 주장하는 재야 민족 사학계의 비정과는 다르다는 사실을 확인하였다. 이 사실은 획기적이다. 하지만 은연중에 많은 재야 사학자들 일부가 단편적으로 주장해 오던 사항인데 본 필자의 연구 결과 이러한 결론에 도달하였다.

그동안 주류 강단 사학계의 논리는 이 두 사서의 「동이전」은 한반도에서의 상황으로 한반도 북부는 대방과 낙랑 그리고 그 위는 부여, 고구려, 읍루, 동옥저, 예가 있었다는 것이다. 이는 「동이전」의 각 편들을 한반도 및 한반도 북부에 비정한 것이다. 그래서 마한, 진한, 변한이 한반도 중부 이남으로 내려온 것이다. 그 위에 대방과 낙랑이 있어야 하므로.

그리고 재야 민족 사학계는 이러한 주류 강단 사학계의 비정은 일제 식민사학을 그대로 추종한 것으로 일제 식민사학의 논리인 한반도 고착화에 따른 것으로 이는 잘못이고, 다른 고대 중국사서 기록이 한반도 및 북부의 기록이 아니므로 원래 삼한은 중국과 한반도를 아우르는 개념이었는데 나중에 한반도로 들어와 삼한이 형성되었다는 전후 삼한론을 내세웠다.

하지만 이들의 논리는 모두 잘못인 것이 같은 두 사서의 「동이전」 전체 기록과 이후 소위 삼국(고구려, 백제, 신라) 관련 역사를 연관시켜 확인한 결과 밝혀진다. 즉 삼한은 한반도 중남부가 아니라 중국과 한반도를 아우르는 지역이었다가 변하여 한반도를 지칭하는 개념도 아닌 것이다.

 삼한은 두 사서의 「동이전」 '한'전 기록은 물론 전체 「동이전」의 다른 기록에 의하여 그리고 나중에 백제와 신라 관련 기록에 의하여 삼한은 고구려가 먼저 생긴 산동성 지방 이남과 그 동쪽을 가리키는 것으로 이곳 마한과 진한 일부 지방에서 백제와 신라가 탄생하였다. 결국 두 사서의 「동이전」 '한'전 기록상의 삼한 즉 마한, 진한, 변한의 기록은 한반도의 기록으로 잘못 판단하고 비정한 것이지 이 삼한 기록은 원래의 위치인 중국 대륙 산동성에서의 기록이 맞는다.

 이 삼한의 78개 소국 중 하나인 마한의 백제(伯濟)와 진한에서의 진나라에서 망명 온 집단인 나중의 신라가 바로 이곳에 있었던 것이다. 이 삼한은 한반도의 삼한이 분명히 아니다. 이러한 판단과 비정이 가능한 증거는,

 ① 두 사서의 「동이전」 '한'전 기록상에 마한이 낙랑 내지는 대방과 접해 있다고 하는데 이 낙랑과 대방이 반드시 한나라 군현인 낙랑군과 대방군을 일컫는 것은 아니다. 낙랑은 위만조선의 땅이었던 전체 큰 의미의 낙랑 즉 중국사서상에 현토군과 낙랑군이 설치된 지역으로 이전에 조선 땅이었다가 나중에 신라 지역으로 옮겨 신라와 관계있는 낙랑 땅을 그리고 대방은 대방고지 등 대방 땅을 의미하는 것이다.

 물론 낙랑 땅과 대방 땅은 각각 마한 위에 있었던 고구려를 포함한 지역과 그 북쪽 지역으로 여기에 중국사서의 기록대로 대방고지인 졸본 지방에는 고구려, 그 위의 낙랑 땅에 현토군, 낙랑군 등이 있게 되는 것이다. 설사 이 기록상의 낙랑과 대방이 낙랑 땅과 대방고지가 아니고 한나라 군현인 낙랑군과 대방군이라고 하더라도 이 대방군과 낙랑군이 하북성에 있었으므로 남쪽에 있다는 마한은 당연히 산동성

지역이라는 것이 입증된다.

② 또 다른 증거는 이미 설명하였듯이 두 사서의 「동이전」 '한'전 기록상에 마한 북쪽에 있다는 예맥의 경우 이 두 사서의 다른 편인 '예'전의 기록상의 예인 것은 '예'전상의 기록에 이 예의 북쪽에 있다는 옥저의 기록에 의한 것이다. 이 옥저는 두 사서의 '동옥저'전상의 고구려 북쪽 등에 있다는 동옥저, 북옥저가 전혀 아니므로 이는 남옥저인 것이다. 이 남옥저는 신라가 개척한 죽령 땅으로 신라의 발상지이다. 따라서 이것은 또 다른 신라의 위치는 물론 삼한의 위치가 한반도가 아닌 산동성임을 입증하는 자료이다.

두 사서의 같은 「동이전」상의 '예'전을 보면 마한 즉 '한'전상의 마한 위에 대방 내지는 낙랑이 있다는 마한에 대한 기록은 생략하고 '한'전상에 마한 동쪽에 있다는 진한 위에 예가 있고 그 예의 서쪽에는 낙랑이 있고 북쪽에는 고구려와 옥저가 있다고 하였다. 그리고 나중의 백제와 신라 초기 기록을 보면,

① 이 '한'전과 마찬가지로 마한의 동북쪽 땅을 떼어서 백제, 마한의 동쪽 땅을 떼어서 신라 땅이 되었다고 하였듯이, 백제 동쪽에 신라가 있어 서로 동서로 있었다.
② 그리고 백제 동쪽에 낙랑(국)이 있고 신라(의 인근 즉 서쪽)에 낙랑이 있어 이 낙랑이 수시로 백제와 신라를 괴롭힌다는 기록에 의하여
③ 그리고 『삼국사기』상의 낙랑공주와 호동왕자 기록에 의하여 옥저 지방(이 옥저는 고구려 및 신라의 건국지를 감안할 때 신라의 북쪽 즉 진한의 북쪽에 있는 옥저로 신라와 관계가 있으므로 중국사서 및 『삼국사기』상의 신라와 관계있는 신라가 개척한 죽령 땅인 남옥저이다.) 즉 남옥저에서 낙랑국의 최씨 왕과 북국의 고구려 왕자의 만남은 '예'전의 기록이 정확한 것으로 이는 예이자

진한이자 신라의 북쪽인 것으로 이 신라 즉 진한의 남쪽인 변진의 남쪽에 왜가 있는 산동성이다. 한반도가 될 수 없다.

④ 또한 이후의 신라, 백제 초기 기록에 의하면 신라는 예족이고 이 예족이 하서회랑 서쪽 진나라에서부터 동쪽으로 건너와 산서성 동쪽, 하북성 서쪽 탁수 즉 거마하 지역으로 왔다가 남쪽인 남옥저 지방으로 와서 신라를 건국한 역사에 의하면 이 '예'전상의 예는 신라의 예 그리고 옥저는 남옥저를 거론한 것이다. 이러한 예와 신라의 관계는 다른 여러 사서는 물론 이 기록상의 신라의 노인과 연관 기록에 의해서도 확인된다. 두 사서 「동이전」의 두 편의 '예'전 기록과 '한'전 기록에 의하면 이곳은 산동성 지역으로 그 서쪽인 마한의 동쪽 지역인 진한과 그 북((남)옥저, 고구려)과 서((최씨) 낙랑)를 기록한 것이다.

⑤ 또한 초기 신라의 기록을 보면 남쪽에 왜와 접하여 수시로 괴롭힘을 당한 것과 이 '예'전상의 진한 위치와 '한'전상의 진한 남쪽에 있는 변진(한)의 남쪽에 왜가 육지로 접해 있다는 사실과 부합된다.

⑥ 위의 기록상에 "오늘날 朝鮮의 동쪽이 모두 그 지역이다." "예 및 옥저 · 고구려는 본디 모두가 [옛] 朝鮮의 지역이다."라는 기록 중 주류 강단 사학계는 조선을 한반도로 설정한 다음 이 동쪽 즉 동해안의 예를 비정하였다. 이른바 동예이다. 얼마나 수준 낮은 비정인지 여러 기록을 살펴보면 확실히 알 수 있다. 이 기록상의 조선은 예와 함께 그 남쪽의 진한이 있는 서쪽에는 마한이 있다. 따라서 이 조선은 전체 삼한 즉 한이거나 마한을 나타낸 것이다. 그것은 다음 기록인 예 등이 조선의 지역이라는 것에서 확실히 알 수 있다. 이는 예가 전체 삼한 즉 한의 동쪽 지역에 진한과 같이 있으므로 동쪽이라고 하였지 한반도를

나타낸 것은 아니다.

따라서 두 사서의 「동이전」의 두 편의 '예'전 기록과 '한'전 기록 그리고 이후의 백제와 신라 기록에 의하면 이 진한과 변한 그리고 마한은 산동성 지역이다. 이러한 비정은 다른 「동이전」 기록인 세 편의 기록 '동옥저', '부여', '고구려'전 기록에 의하여도 입증된다. 즉 세 편의 기록들은 삼한 즉 마한과 진한, 변한이 있는 산동성 북쪽에 있는 하북성과 산서성의 것으로 확인된 집단, 세력 내지는 국가들에 대한 기록이다. 또한 이 두 편 외에 두 사서의 「동이전」의 다른 편인 '동옥저전'과 '부여전' 그리고 '고구려전'에 의하여 두 사서 「동이전」의 모든 편 대상이 한반도가 아니라 산동성, 하북성, 산서성임이 증명된다. 따라서 두 사서의 「동이전」 기록은 이 위치에서의 기록이지 한반도가 절대 아니다. 그러면 계속하여 두 사서의 「동이전」 두 편 이외에 다른 세 편을 분석하여 입증해 보도록 한다.

먼저 '동옥저'전을 살펴보면 같은 지역으로 같은 기록인 '부여'전을 연결하여 살펴보아야 한다. 우선 '동옥저'전을 살펴보면, 이 기록은 앞에서 인용하여 일부 살펴보았는데 좀 더 자세하게 살펴보기로 한다.

【사료169】『후한서(後漢書)』東夷列傳 東沃沮

"앞의 인용 원문 참조"

【사료39】『삼국지(三國志)』〈위서〉「동이전」東沃沮

"앞의 인용 원문 참조"

두 사서가 거의 같은 내용으로 되어 있다. 그리고 『삼국사기』에도 동옥저와 남옥저에 대하여 관련 내용이 나온다. 위의 두 기록에 의하여 파악할 수 있는 것은 다음과 같다. 잘못된 것은 지적하고 제대로 된 것은 우리 고대사에 반영하고 확인해 보도록 하자.

① 먼저 가장 두드려진 것이 동옥저는 고구려와 개마대산 그리고 현토군과 관련이 있는 것으로 되어 있다. 이는 앞에서 설명한 대로 중국사서의 인식 부족에 의한 기록이다. 즉 고구려와 구려를 같이 취급한 것이다. 이것은 당시 중국사서 인식에 의하여 『한서』「지리지」상 현토군에 고구려현이 있는 것과 일맥상통한다. 현토군 고구려현은 고구려가 아니고 구려가 탄생한 곳이다. 그래서 고구려 동쪽에 있는 것으로 기록하였다. 하지만 현토군 고구려현 그리고 구려는 고구려 서쪽에 있는 것이다. 즉 개마대산이 현재의 태행산맥으로 인근의 현토군 고구려현에 구려가 있고 고구려는 '한'전상 남쪽의 산동성 덕주시 즉 마한 북쪽인 대방 즉 대방고지(낙랑의 남쪽)에서 탄생하여 하북성으로 진출하여 '부여전'의 기록과 같이 부여 남쪽에 있게 된다. '동옥저'전과 '부여'전의 기록과 같이 동옥저 북쪽에 부여와 읍루가 있고, 남쪽에는 예맥이 있게 되는데, 이는 '부여'전의 기록상에 부여 동쪽에 읍루가 있고 서쪽 내지는 남쪽에 선비가 있다고 하여 이들의 위치 기록이 서로 일치하고, 예맥이 선비라는 사실이 확인된다.

② 그러나 '동옥저'전에는 부여 남쪽에 있다는 동옥저의 남쪽에 예맥이 있다고 하였으나 '부여'전에는 부여 남쪽에는 고구려가 있다고 하였다.(서쪽 내지는 남쪽에 선비가 있다고 하였다.) 이러한 사실은 확실히 '동옥저'전의 동옥저의 위치가 동쪽의 고구려 그리고 서쪽의 예맥 즉 선비의 위치가 맞고 동옥저가 구려와 착각하여 고구려 동쪽에 위치한다는 기록이 잘못임이 확인된다.

③ 이 '동옥저'전에서 주류 강단 사학계의 한반도 왜곡 비정에 의하여 당연한 사항이 유념할 사항으로 변하였다. 개마가 현토군의 현이고 그 개마산이 평양성 즉 고구려의 평양성이자 위만조선의 왕검성 서쪽에 있다는 것이다.

따라서 개마(대)산이 하북성과 산서성의 경계 지점에 있는 현재의 태행산맥임이 확인된다. 또한 이 기록은 고구려의 평양성이자 위만조선의 왕검성이 주류 강단 사학계가 비정하는 한반도 평양의 평양성(고구려 장수왕 평양성과 고조선의 왕검성)과 개마대산의 개마고원 등 한반도 북부의 산으로 비정은 잘못임을 여실히 증명하여 주는 동시에 고구려와 부여 등의 위치가 한반도가 아니라 산서성과 하북성의 경계지방과 하북성임을 입증시켜 준다.

이와 같이 주류 강단 사학계는 중국사서 기록도 제대로 해석하거나 받아들이지 않고 있으며 기록에 붙어 있는 주석도 자기들의 논리에 맞지 않으면 배척하여 따르지 않고 있다.

앞에서도 설명하였지만 분명 「사기집해」에서 이르는 장회태자 즉 이현의 주석에 의하면 이 개마대산은 고구려 평양성 즉 고조선의 왕험성 서쪽에 있다고 하였다. 이 주석에 의하면 현재 주류 강단 사학계의 비정에 의한 개마고원 등 한반도 북부의 산으로 비정한 것은 이에 맞지 않는다. 이는 평양이 고구려 평양성이라고 하는 주류 강단 사학계의 비정에 맞지 않는다.

그리고 이전의 조선시대 유형원 및 정약용의 비정 또한 이와는 맞지 않는다. 즉 유형원은 평안남도와 함경남도를 가로지르는 산인 병풍산 일대, 정약용은 지금의 백두산으로 비정하였는데 이는 모두 고구려 평양성의 서쪽이 아닌 동북쪽에 있다. 또한 청나라 학자인 심흠한과 이조락의 만주 봉천(심양(선양)의 옛 이름)의 비정 역시 그들 전통의 고구려 평양성 비정인 요령성 요양의 비정에는 맞지 않는다. 이곳은 요양의 동북쪽에 있다. 하지만 원래의 고구려 평양성에 맞는 위치인 하북성 보정시 만성구는 그 서쪽에 태행산맥이 있어 이것이 개마대산으로 그 위치가 맞는 것으로 장회태자 이현은 이를 가리켜 주석을 내린 것이다. 따라서 청대의 학자, 조선시대 학자, 일제 식민사학에 따른 현재 주류 강단 사학계의 비정은 모두 원 기록에 따르지 않거나 맞는 가장 오래된 주석도 따르지 않은 비학문적 잘못된 비정으로 전형적인 우리 고대사 왜곡 과정을 보여주는 예시이다.

한편 옥저의 경우에도 청대 학자 심흠한의 주석대로 만주 봉천 해성현, 개평현에 있는 것으로 왜곡 기록하여 지금의 요령성 해성시 인근으로 비정하였는데 이마저도 현재 주류 강단 사학계는 따르지 않고 일제 식민사학을 그대로 추종하여 개마고원 동쪽으로 비정하였다.

이러한 비정은 도저히 학문이라고 할 수 없다. 중국의 후대 왜곡 학자의 비정을 따르지 않았다고 학문이 아니라고 하는 것이 아니다. 학문은 합리적인 근거에 의한 것이어야 한다. 합리적인 근거는 당연히 원 사료에 의한 하북성 위치이다. 설사 이것이 아니더라도 이보다는 덜 합리적인 왜곡된 후대 주석을 따라야 그나마 근거가 있는데 '낙랑군 평양설'이라는 비학문적이고 정치적인 이데올로기 식민사학 논리에 맞춘 전혀 근거 없는 비정을 따르기 때문에 학문이 아니라는 것이다.

더군다나 다른 여러 요령성 및 한반도 북부 왜곡 위치 비정을 하는 명·청 시대 학자들의 주석을 많이 따르고 있는데 그들의 교리인 '낙랑군 평양설'에 방해가 되면 이도 따르지 않는 등 선택적으로 따르거나 따르지 않는 것이 문제라는 것이다.

① 원 사료 내용도 그대로 따르지 않거나 자기들의 식민사학 논리 즉 우리 고대 국가의 한반도 고착화 논리에 맞추어 왜곡 해석

② 원 사료에 대한 후대의 주석이나 해석도 무시하고 자기들의 논리 고수
③ 고대 역사 개념이 전혀 없거나 아예 무시하고 학문을 전개함

'춘추필법'에 의하여 만주 지방으로 왜곡된 중국 학자들의 주장은 올리지 않고 자기들의 논리와 같은 한반도로 비정한 조선시대 실학자들과 식민 사학자들의 주장을 올리고 있다.

주류 강단 사학계의 동옥저 비정은 개마대산의 개마고원 등 한반도 북부의 산으로의 비정은 '한반도 낙랑군 평양설'에 의하여 어쩔 수 없이 낙랑군과 인접하여야 하는 현토군 그리고 이 현토군과 인접하여야 하는 고구려와의 위치 때문에 할 수 없이 동옥저 등의 위치를 개마고원과 함경도 지방으로 비정할 수밖에 없었던 것이다. 즉 낙랑군을 평양에 두어야 하므로 현토군과 고구려는 이 북쪽에 둘 수밖에 없다. 그리고 이 현토군 고구려현 서쪽에는 개마대산. 이 개마대산의 동쪽에는 고구려가 있어야 하고, 이 고구려 동쪽에 동옥저가 있어야 하므로 동옥저는 개마고원 등 한반도 북부의 산 동쪽인 함경도에 위치해 놓을 수밖에 없는 것이다.

하지만 이 동옥저 사서의 기록을 제대로 해석하면 개마대산인 지금의 태행산맥 동쪽에는 현토군이 있는 것은 맞지만 이 현토군 고구려현은 고구려가 아니고 구려이다. 따라서 이 현토군과 같이 개마대산 즉 태행산맥 동쪽에 있는 것은 구려인 예맥족이다. 물론 이 기록에 따르면 예맥은 동옥저 남쪽에 있다고 하였다.

하지만 모든 사서의 기록은 한 가지만으로 해석하면 오류가 따르는 법이다. 이 동옥저의 기록도 마찬가지이다. 이 기록에서는 북쪽에 읍루와 부여가 있다고 하였다. 그런데 같은 사서의 '부여'전을 보면

'동옥저'전에 옥저의 북쪽에 있다는 이 부여의 남쪽에는 정작 옥저는 없고 고구려가 있고, '동옥저'전에 옥저의 남쪽에 있다는 예맥이 '부여'전에는 선비가 서쪽에 있다고 하였다.

물론 『진서』 '부여전'에는 선비가 부여의 남쪽에 있다고 하였다. 따라서 여기서 예맥은 선비이므로 이 예맥 및 선비는 부여의 서쪽 내지는 남쪽에 있다. 이 예맥 및 선비는 개마대산 즉 태행산맥 바로 동쪽에 있으므로 부여의 남쪽에 있다는 동옥저 역시 이 예맥 및 선비와 같이 있는 것이다.

따라서 고구려는 이 예맥 및 선비 그리고 동옥저의 동쪽에 있는 것이 된다. 물론 일률적으로 선비 즉 예맥과 동옥저가 고구려 서쪽에만 있었다고 할 수는 없다. 기록인 옥저의 남쪽에 예맥이 있다고 한 것과 같이 고구려가 하북성에 정착한 이후의 위치를 보면 그 서쪽과 남쪽이 예맥의 발상지이므로 옥저 또한 마찬가지이다. 이는 옥저의 땅이 나중의 고구려 국내(주) 땅으로 여기에 고구려가 초기에 정복한 고조선 및 부여의 연맹체 국가인 개마국, 구다국 등이 있었다.

따라서 고대 국가의 위치는 중국사서의 불확실한 기록으로 한 가지 기록만이 아니라 여러 사서의 여러 기록을 종합적으로 판단하여 설정하여야 모든 기록에 맞는 설정이 가능한 것이다. 직접 관련 기록인 중국사서상의 『삼국지』 및 『후한서』의 「동옥저」전 기록을 보면 옥저 지역에 현토군을 설치하였는데 처음에는 하북성 고구려의 남쪽인 나중에 고구려가 국내(주) 지역이라고 부른 곳이다.

후에 이곳에서 현토군이 고구려 서북쪽으로 옮겨진 후 옥저는 낙랑에 속하게 되었는데 단단대령의 동쪽 7현에 동부도위를 설치하였다가 나중에 고구려에 복속되었다는 기록에 의하여 확인되는 것이다.

즉 현토군은 원래 하북성 고구려 남쪽에 있다가 고구려 서북쪽으로 옮겨졌다가 고구려에 멸망당하는 사실과 일치한다.

따라서 옥저는 고구려 남쪽에도 있다가 서북쪽에도 있게 되는 것이다. 물론 이와는 다른 옥저인 남옥저는 원래 고구려가 건국된 산동성에서는 그 동쪽에 있어 이곳의 남쪽에서 신라가 건국되는 것이다.

물론 주류 강단 사학계는 현토군을 고구려로 비정한 길림성 집안시 서북쪽에 비정하고 있지만 이는 역사 조작이다. 이것이 잘못이라는 사실은 이 글에서 이와 관련된 사항에 대한 비판과 이 글 전체가 입증하고 있다.

이와 관련하여서는 추가로 설명할 기회가 많을 것이다.

그리고 북옥저는 동옥저 북쪽에 있다는 부여와 읍루 중에 읍루의 남쪽 경계에 있다고 하였으니 고구려 북쪽이자 읍루의 남쪽 사이에 있는 것이 된다.

여기서 읍루는 숙신, 읍루, 물길, 말갈, 여진으로 이어진다. 읍루가 말갈의 전신이다.

말갈은 말갈 편에서 자세히 다루겠지만 중국 측과 주류 강단 사학계는 우리 민족 국가인 부여와 고구려를 원래의 위치인 중국 대륙 북부가 아닌 동쪽으로 왜곡 비정하려면 한반도 북부에 위치하여야 하는 관계로 중국사서 『후한서』 및 『삼국지』의 '동옥저'전 및 '부여'전 기록에 의하여 부여의 동쪽이자 고구려의 북쪽에 있다는 읍루 또한 마찬가지로 고구려의 북쪽에 둔 부여 그리고 이 부여의 동쪽에 있어야 하므로 길림성 내지는 흑룡강성으로 몰아붙여 비정하였다.

하지만 말갈은 태행산맥 동쪽의 북쪽인 산서성에 있었다. 그 산서성 위치의 서쪽에 부여가 있었고 그 남쪽인 하북성에 고구려가 있어야 기록과 맞아떨어진다. 주류 강단 사학계의 한반도 북부 비정에 의하면 개마대산으로 비정한 개마고원 등 한반도 북부의 산은 고구려 서쪽이 아니라 동쪽이기 때문에 기록과 맞지 않는다. 그리고 이곳은 평양성의 동북쪽이지 기록상의 서쪽이 아니다.

이는 『후한서』 '동옥저'전의 주석인 집해상의 장회 주석의 기록인 개마는 그리고 현토군은 평양성 즉 위만조선과 고구려의 평양성 서쪽에 있다는 기록과 맞지 않는다. 주류 강단 사학계의 한반도 비정으로는 맞지 않는 것이다.

하지만 하북성 및 산서성의 위치로 오면 모든 기록상의 내역과 맞아떨어진다. 산서성과 하북성에서의 개마대산 즉 태행산맥과 평양성의 방향은 동서로 기록과 일치한다. 즉 개마대산은 현재 태행산맥이고 평양성은 보정시 만성구 지방으로 태행산맥의 정동쪽이기 때문이다.

이는 언급한 대로 잘못된 인식으로 이 기록을 해석하여 고구려 개마대산의 동쪽에 동옥저가 있다는 기록에서 이 고구려를 고구려가 아닌 구려로 해석하지 아니하고 고구려로 해석함으로써 이 고구려의 동쪽 즉 평양성의 동쪽에 동옥저가 있게 하는 현재 주류 강단 사학계의 비정이 잘못이라는 것을 입증하고 있는 것이다.

물론 이러한 당나라 시기의 장회의 하북성 및 산서성 위치 비정을 후대인 청나라 학자 심흠한은 후대의 기록인 『명지』상의 왜곡된 옥저의 위치 비정만을 근거로 이곳을 요령성으로 왜곡 이동시켰다.

이것이 중국의 우리 고대 국가 활동 지역의 왜곡 위치 비정의 전형적인 방법이다. 이렇게 옮긴 것도 모자라 일제 식민 사학자들은 이를 더 동쪽으로 옮겨 한반도 안으로 비정하였고 이러한 왜곡의 전후 사정이 확실히 보이는 데도 현재 주류 강단 사학계는 최종적으로 왜곡 이동시킨 일제 식민사학을 그대로 따른 채 우리 역사를 정립시켜 놓았다. 그러나 확인한 대로 이들 기록상에는 불분명하게 기록하면서 조선시대 유형원과 정약용을 들먹이면서 이들의 잘못된 비정으로 중국사서 주석인 장회의 평양성 서쪽, 심흠한 및 이조락의 만주 봉천에 대한 왜곡 비정과도 맞지 않은 "柳馨遠은 『磻溪隨錄』에서 오늘날의 평안남도와 함경남도 사이를 가로지르는 병풍산 일대로 비정하였으나, 丁若鏞은 『疆域考』에서 蓋馬를 奚摩尼(=白頭)로 풀이하였다. "만을 내세워 주류 강단 사학계의 해석으로 내세웠으나, 다른 기록상에는 더욱 왜곡하여

【사료200】『삼국사기(三國史記)』권 제14 고구려본기 제2 대무신왕(大武神王) 9년 10월

개마국을 정벌하다(26년 10월(음))

9년(26) 겨울 10월에 왕이 친히 개마국(蓋馬國)(註 001)을 정벌하여 그 왕을 죽이고 백성들을 위로하여 편안케 하였다. 〔개마국을〕 노략질하지 못하게 하고, 단지 그 땅을 군현으로 삼았다.

註 001
개마국(蓋馬國) : 본서 권37 잡지6 지리4 삼국유명미상지분(三國有名未詳地分)조에도 기재된 것으로 보아 본서의 찬자도 그 위치를 몰랐던 것으로 보인다. 다만 개마(蓋馬)라는 국명을 볼 때 개마고원 일대, 즉 북한 양강도 지역에 존재하였던 소국으로 추정된다.

개마고원으로 비정하고 있다. 『삼국사기』상에 그 위치를 알 수 없는 목록에 나오는 것은 한반도에 없을 가능성이 많은 것으로 확인되는 이 개마대산은 하북성과 산서성의 태행산맥이 사서의 기록상 여러 가지 및 위치 등에 의거하여 분명한데도 개마대산의 잘못된 개마고원의 비정뿐만 아니라 고구려 개마대산에서의 고구려의 잘못된 해석으로 동옥저가 개마대산 동쪽에 있었고 고구려가 개마대산 동쪽에 있으므로 당연히 동옥저도 고구려 동쪽에 있는 것으로 해석될 수 있다. 그래서 주류 강단 사학계의 비정대로라면 이 기록에 의하여 동옥저는 고구려 및 개마대산 즉 개마고원의 동쪽인 함경도에 위치해 있

어야 맞는다. 그래서 주류 강단 사학계는 이 동옥저를 함흥에 비정하였다. 이는 그 동쪽에 큰 바다와 인접하였다는 기록에도 맞춘 것이다. 이는 '한'전상의 기록에 한이 동서로 바다로 한계 내지는 경계로 삼는다는 것과 마찬가지이다.

하지만 '예'전상의 옥저 남쪽에 있다는 예가 동쪽으로 바다에 닿으므로 그 북쪽에 있는 옥저가 동쪽으로 바다와 접한다는 기록과 일치하여 맞는 것으로 잘못 해석한 것이다. 즉 옥저가 동쪽의 바다와 접하는 대로 동쪽 즉 고구려 동쪽에 있는 것으로 해석하여 이렇게 비정한 것은 잘못이다. 물론 왜곡하려는 고의성이 아니라면 인식 부족 내지는 지식 부족에 의한 것이지만 그렇게 해석될 수도 있다. 하지만 '예'전상의 옥저의 동쪽 내지는 서쪽 즉 옥저와 고구려가 예의 북쪽에 같이 있다는 것에 의하여 옥저가 고구려 동쪽에 있다고 해석할 수도 있다는 것이다. 더군다나 동옥저의 동쪽은 큰 바다에 인접한다는 기록에 의거하여 동옥저를 왜곡하였지만 동해안 가까이에 비정한 것이다.

그러나 이 역시 이미 확인한 대로 '한'전상의 동서 양쪽에 바다로 한계를 삼는다는 기록상의 바다는, 그 서쪽의 바다와 같이,

【사료119】『삼국사기(三國史記)』 卷第二十三 百濟本紀 第一 시조 온조왕(溫祚王) 13년 8월

마한에 도읍을 옮긴다고 알리고 강역을 정하다(기원전 6년 08월)

〔13년(B.C.6)〕 8월에 마한(馬韓)에 사신을 보내 도읍을 옮긴다는 것[遷都]을 알리고, 마침내 강역을 구획하여 정하였다. 북쪽으로는 패하(浿河)에 이르고, 남쪽은 웅천(熊川)을 경계로 삼으며, 서쪽으로는 큰 바다에 닿고, 동쪽으로는 주양(走壤)에 이르렀다.

161

이 기록상 백제가 있는 마한의 서쪽의 바다로 큰 바다에 닿는다는 기록과 같은 바다로 지금 개념의 바다가 아닌 것이거나 아니면 '동옥저'전상의 동옥저의 동쪽에 있다는 바다는 '예'전상의 옥저 즉 남옥저 즉 진한 즉 신라 북쪽에 있는 남옥저 동쪽에 바다가 있는 것을 이 남옥저와 동옥저를 같은 것으로 보고 같이 동쪽에 바다가 있는 것으로 착오하여 기재한 것이다.

즉 산동성 남옥저 동쪽은 바다와 접하고 있으나 하북성의 동옥저 동쪽에는 바다가 없다. 더군다나 실제로 동옥저는 고구려 동쪽이 아닌 서쪽에 있었다. 차라리 고구려 그 동쪽에 천진만이라는 바다가 있었을지라도 고구려의 서쪽 즉 동옥저의 동쪽에는 바다는 없다. 있다면 하천이나 호수가 있을 뿐이다. 중국사서 고대 기록에 호타하를 바다로 일컫는 경우가 많으므로 이를 바다로 일컫는 경우이거나 '예'전상의 옥저인 남옥저의 동쪽에 바다가 있는 것을 같은 옥저로 보고 동옥저에 기록한 것이라고 판단할 수 있다. 하지만 동옥저 멸망 기록에 의하면,

【사료201】『삼국사기(三國史記)』권 제15 고구려본기 제3 태조대왕(太祖大王) 4년 7월

동옥저를 정벌하여 영토를 넓히다(56년 07월(음))

4년(56) 가을 7월에 동옥저(東沃沮)를 정벌하고 그 땅을 빼앗아 성읍(城邑)으로 삼았다. 영토를 넓혀 동쪽으로 창해(滄海)에 이르고 남쪽으로 살수(薩水)에 이르렀다.

그 동쪽에 창해라는 바다로 해석될 수 있는 기록이 있어 동옥저의 위치 기록인 동쪽은 큰 바다에 연접한다는 기록과 연관된다. 이 모두 남옥저의 동쪽 바다를 동옥저에 갖다 붙이는 혼돈 기록으로 해석될 수

도 있지만 분명히 여러 기록상 고구려 영역 이동 및 확대 과정을 보면 이 동쪽 바다는 동옥저가 하북성의 고구려 서쪽 내지는 남쪽에 있는 위치로 보아 그 동쪽이 지금 개념의 바다와는 접할 수 없는 것이므로 많은 기록상 바다로 표현되어 기록되는 이 시기 이후에 마자수이자 압록수인 지금의 호타하일 가능성이 가장 크다.

이것이 아니더라도 남옥저 동쪽의 바다로 혼돈한 동옥저의 동쪽 바다의 경우는 중국사서상에 패수 그리고 살수의 경우도 해당되는 착오에 의한 기록이다. 이러한 것을 그대로 따라 다른 기록들을 무시하거나 왜곡 해석하거나 인식 부족으로 잘못 해석하여 동쪽에 동해 바다가 있는 함경도 지방에 비정한 것은 잘못이다. 더군다나 의도적인 왜곡이라면 지탄을 받아 마땅하므로 반드시 시정해야 한다. 이러한 착오 기록 사례는 중국사서상에 많다. 하나의 실례로 동천왕 도피처가 '동옥저'전에는 북옥저로 되어 있으나『삼국사기』기록에 의하면 남옥저이다. 그런데 남옥저는 신라가 개척한 죽령 땅이다. 그런데 동천왕은 죽령 땅으로 도피한 것이다.

따라서『삼국사기』의 기록이 정확하고 중국사서는 북옥저와 남옥저를 혼동하고 있다는 것이 입증된다. 더군다나 '예'전상의 남옥저인 옥저를 남옥저로 표기하거나 기록하지도 아니 하였다. 또한 '예'전상의 예 즉 신라족인 이 기록상의 예와 '부여'전의 본래 예의 땅이라는 '예'에 대하여 예족 신라의 땅이라는 인식을 하지 못하고 있다. 물론 현재 주류 강단 사학계도 '부여'전의 예에 대하여는 이 부여의 위치가 부여가 맥족이므로 혹시나 예맥족으로 나타내는 것이 아닌가 하는 인식 부족의 인식을 하고 있고, '예'전상의 예에 대하여는 기록상의 위치를 한반도로 비정함에 따라 예의 동쪽에 바다가 있다는 기록대로 한반도 동해안의 동예로 비정하는 잘못을 저지르고 있다. '부여'전의 부여 지방이 본래 예의 땅이라는 것은 신라족인 예족이 서쪽 하서회랑에서 이곳 탁수 지역으로 왔다가 다른 곳으로 간 것에 의하여 이곳을 원래의 예의 땅이라고 한 것이다. 이곳 부여 인근이 바로 신라 족인 예족이 머물렀던 신라 탄생 및 이동 기록상의 탁수 지역인 것이다. 따라서 '부여'전의 이 기록은 잘 살펴보면 신라 산서성에서의 이동 사실을 입증해 주는 또 하나의 증빙이다.

④ '동옥저'전의 위치는 부여의 산서성 대동시 영구현 서쪽 내지는 서남쪽에 비정되고 고구려는 보정시 만성구의 평양성을 중심으로 그 동쪽과 서쪽 그리고 남쪽으로 비정되기 때문에 '동옥저'전의 기록은 '예'전의 산동성 기록과 달리 산서성과 하북성 기록이다.

⑤ '동옥저'전 기록에 이 기록이 한반도가 아니라는 증거도 있다. 즉 이 옥저와 관련된 단단대령과 영동 7현에 대하여는 그 허구성과 위치에 대하여 설명하겠지만 우선 이와 관련된 동부도위, 영동 7현의 불내(성), 화려와 관련된 사항을 살펴보겠다.

【사료100】『삼국사기(三國史記)』卷第一 新羅本紀 第一 유리(儒理) 이사금(尼師今) 17년 9월

화려와 불내가 침략해 오다(40년 09월(음))

17년(40) 가을 9월에 화려현(華麗縣)(註 001)과 불내현(不耐縣)(註 002) 두 현의 사람들이 연계하여 모의하고서는 기병을 이끌고 북쪽 변경을 침범하였다. 맥국(貊國)의 거수(渠帥)가 군사를 내어 곡하(曲河)의 서쪽에서 기다리고 있다가 쳐서 물리쳤다. 왕이 기뻐하여 맥국과 더불어 우호 관계를 맺었다.

註 001
화려현(華麗縣) : 낙랑군 동부도위에 속했던 영동 7현의 하나. 애초에는

> 임둔군 소속의 현이었다가 B.C. 82년에 임둔군이 소멸하자 현도군으로 이속되었다가, 얼마 후 현도군마저 퇴축되면서 낙랑군 동부도위 관할 현으로 바뀌었다. 현재 함경남도 영흥군 순녕면에 토성지가 남아 있는데, 이를 화려현의 치소로 추정하기도 한다(李丙燾, 1976, 『韓國古代史硏究』, 博英社, 207~208쪽).
>
> 註 002
> 불내현(不耐縣): 낙랑군 동부도위에 속했던 영동 7현의 하나로, 동부도위의 치소이기도 하다. 『한서』 권28 지리지 낙랑군조에는 '불이(不而)'로 나온다. 애초에는 임둔군 소속의 현이었다가 B.C. 82년에 임둔군이 소멸하자 현도군으로 이속되었고, 얼마 후 현도군마저 퇴축되면서 낙랑군 동부도위 관할 현으로 바뀌었다. 서기 30년에 동부도위가 혁파되면서 불내현은 '불내후국(不耐侯國)'이 되었고, 그 후 어느 시기엔가 고구려에 복속되었다. 『삼국지』 권30 위서 오환선비동이전 예(濊)조에 의하면, 245년에 낙랑태수 유무(劉茂)와 대방태수 궁준(弓遵)이 이끄는 위(魏)군이 영동예(嶺東濊)를 정벌하자 불내후(不耐侯) 등이 항복하였다고 하며, 247년에 이들이 조공을 바쳐오니 다시 '불내예왕(不耐濊王)'으로 봉했다고 전한다. 불내현의 구체적 위치는 분명하지 않지만, 현재의 강원도 통천 또는 안변 일대로 추정하기도 한다(李丙燾, 1976, 『韓國古代史硏究』, 博英社, 195~202쪽).

주류 강단 사학계의 비정에 의하면 일정한 장소에 비정하지 못하는 대략 함경도 지방의 불내(현)(성)가 경상도 경주의 초기 신라를 공격한 것이다. 이것은 함경도 지방으로 비정한 옥저 인근에 있다는 최씨 낙랑국의 유민이 경상도 경주로 유입한 것이라든지 동옥저 사신의 말을 선물로 하여 신라를 방문한 『삼국사기』의 기록에 의한 사건과 마찬가지로 불가능한 사항이다. 이는 주류 강단 사학계의 옥저의 비정, 신라의 비정 등 모든 것이 잘못되어 있음을 입증하는 것이다.

⑥ 또한 동천왕이 관구검의 공격을 피해 북옥저로 도피하였다고 기록하고 있다. 이는 앞에서 설명한 대로 남옥저의 착오 기록이다.

⑦ 이미 언급한 바 있듯이 옥저에 대한 이해가 전혀 없다. 옥저는 낙랑과 마찬가지로 고조선의 연장 체제가 붕괴하고 난 후 이 연방 체제에 있었던 제후국이었다가 그 지역명만 남아 있는 것으로 여기에 남아 있던 맥족에 하북성 북쪽이자 산서성 동북쪽에서 남하한 말갈족과 예족이 이곳에 자리를 잡아 역사상 기록이 되는 것으로 국가가 아니라 지역명이다. 말갈족이 북쪽에 있으면 이곳이 북갈 내지는 북옥저로 기록되고, 현토군 고구려현 동쪽의 개마대산 동쪽에 있다고 하여 동옥저가 되고 이들 말갈족이 남하하여 자리 잡은 곳이 남갈 내지는 남옥저 땅이 되는 것이다. 여기 남옥저 땅에 최씨 낙랑국과 신라가 건국되었다. 옥저는 비교적 넓은 지역에 걸쳐 있었던 당시 고대 국가 내지는 세력의 산서성, 하북성, 산동성에서의 활동 무대였다. 이것이 옥저에 대한 정확한 이해이다.

⑧ 또한 낙랑에 대한 이해가 전혀 없다. 이에 대하여는 본 필자가 중요시하여 누차 설명하고 있지만 낙랑은 크게는 고조선과 후의 위만조선의 땅으로 중국인들에게는 동이족 조선국의 땅을 일컫는다. 여기에 설치된 것이 현토군, 낙랑군이다. 이 전체 지역이 낙랑이고 그 지역 중에 한나라가 설치한 군 중의 하나가 낙랑군이다. 전체 지역인 낙랑이 동남쪽으로 이동하여 좁은 의미의 낙랑이 되었다. 이 낙랑 땅에 북옥저 내지는 동옥저 그리고 북갈이 내려와 자리를 잡으면서 남옥저 땅 남갈이 되었던 것이고, 이곳에 세운 최씨 국이 최씨 낙랑국이 되고, 옆에 신라가 세워지는 것이다.

이와 같이 제대로 된 인식에 따르면 위의 기록에 의하면 개마대산은 위만조선의 왕검성이자 고구려 평양성의 서쪽에 있는 것이다. 이 왕검성은 그들이 비정하는 낙랑군이다. 그런데 그들의 비정에 의하면 이 왕검성 즉 평양성 동북쪽에 개마대산이 있는 것이다. 모든 것이 엉망이 되어버렸다. 원초적으로 지키려고 하는 뭔가가 틀리니 이에 맞추어 비정하는 모든 것이 틀려지게 된다.

고구려는 나중에 현토군도 차지하고 위만조선의 왕검성이었던 평양성 즉 낙랑군도 차지해 이곳에 도읍을 옮겼는데 이곳은 한반도가 아니라 하북성 석가장시와 보정시 일원이다. 이것은 이 기록상 나중의 일로 고구려가 이곳에 위치해 와 있고 현토군은 그 서쪽 그리고 개마대산은 그 서쪽인 지금의 태행산맥이다. 이곳에 이전에 연나라가 있었고 이 동쪽에 고조선과 위만조선이 있었고 이 서남 경계지방에 연5군과 연장성, 진장성 그리고 한사군이 있었다. 이 동쪽과 고구려 사이에 갈석산이 있고 그 동쪽에 있던 고구려가 그 서쪽의 개마대산인 태행산맥과 고구려 사이에 있던 현토군과 낙랑군을 정벌하였던 것이다.

옥저는 개마대산의 동쪽에 있던 현토군과 낙랑군 그리고 고구려 서쪽에도 있었고 고구려의 남쪽이자 백제와 신라의 이웃에 있었다. 고구려가 동옥저를 정벌하면서 북상하기 전 개마대산 동쪽에 있었던 옥저가 동옥저였고 남쪽에 있었던 옥저가 남옥저였던 것이다. 한편 이 동옥저 북쪽에 있는 것으로 기록된 북옥저는 이미 전에 고구려 동명왕 즉 추모왕에게 정벌되어 일찍이 소멸하였다.

【사료203】『삼국사기(三國史記)』권 제13 고구려본기 제1 시조 동명성왕(東明聖王) 10년 11월

북옥저를 멸망시키다(기원전 28년 11월)

[10년(B.C.28)] 겨울 11월에 왕이 부위염(扶尉猒)에게 명하여 북옥저(北沃沮)를 정벌하여 멸망시키고, 그 땅을 성읍으로 삼았다.

그리고 동옥저는 위의 【사료169】『후한서(後漢書)』東夷列傳 東沃沮 전의 "마침내 [고]구려에 臣屬케 되었다." 기록과 【사료39】『삼국지(三國志)』〈위서〉「동이전」東沃沮 전의 "○ [後漢] 建武 6년(A.D.30; 高句麗 大武神王 13)에 변경의 郡을 줄였는데, [沃沮의 東部] 都尉도 이때 폐지되었다.", ○ [東沃沮는] 나라가 작고 큰 나라의 틈바구니에서 핍박을 받다가 결국 [고]구려에 臣屬케 되었다. 기록에 의거 A.D.30년 고구려 대무신왕에 의하여 정복된 것으로 확인된다. 그러나 우리 사서인

【사료201】『삼국사기(三國史記)』권 제15 고구려본기 제3 태조대왕(太祖大王) 4년 7월

동옥저를 정벌하여 영토를 넓히다(56년 07월(음))

4년(56) 가을 7월에 동옥저(東沃沮)(註 001)를 정벌하고 그 땅을 빼앗아 성읍(城邑)으로 삼았다. 영토를 넓혀 동쪽으로 창해(滄海)(註 003)에 이르고 남쪽으로 살수(薩水)(註 004)에 이르렀다.

註 001
동옥저(東沃沮) : 『삼국지』권30 위서30 동이 동옥저전에 따르면, 동옥저는 고구려 개마대산(蓋馬大山)의 동쪽에 위치하였다. 큰 바닷가에 접하며 동북으로 좁고 서남으로 길어 1천 리 정도나 되었다고 한다. 대체로 지금의 함흥평야에서 두만강 하류에 이르는 해안지대로 비정되는데, 함흥평야 일대의 옥저는 남옥저(협의의 동옥저), 두만강 하류 유역의 옥저는 북옥저로 불렸다(이현혜, 56~63쪽). 다만 본서에서는 동명성왕 10년(B.C.28)에 두만강 하류의 북옥저를 정벌하였다고 나오는 만큼, 이 기사의 동옥저는 함흥평야 일대의 남옥저를 지칭한다고 이해된다(李丙燾, 228~229쪽).

註 003
창해(滄海) : 본서에는 동명성왕 10년(B.C.28)에 두만강 하류의 북옥저, 태조대왕 4년(56)에 함흥평야 일대의 동옥저[남옥저]를 정벌하였다고 나온다. 이로 보아 창해는 지금의 함경도 앞바다 곧 동해를 지칭하는 것

> 으로 파악된다. 전한 무제 원삭(元朔) 원년(B.C.128)에 예군남려가 28만 명을 이끌고 요동군에 내속하자, 한나라가 요동에서 동해안에 이르는 지역에 '창해군(蒼海郡; 滄海郡)'을 설치하려다가 2년 만에 중단한 사실이 있는데(『사기』 권30 평준서8; 『한서』 권6 무제기6 원삭(元朔) 원년조; 『후한서』 권85 열전75 동이 예전), 이 기사의 '창해'라는 지명은 '창해군'에서 유래했을 가능성도 있다.
>
> 註 004
> 살수(薩水) : 지금의 청천강을 지칭한다. 본서 권14 고구려본기2 대무신왕 27년(44) 9월조 참조.

56년 고구려 태조대왕 4년에 고구려가 멸망시킨 것으로 기록되어 있다. 물론 위의 두 중국사서 기록상 30년 고구려 대무신왕 13년의 기록상

> 【사료204】『삼국사기(三國史記)』 권 제14 고구려본기 제2 대무신왕(大武神王) 13년 7월
>
> 매구곡 사람이 투항하다(30년 07월(음))
>
> 13년(30) 가을 7월에 매구곡(買溝谷) 사람 상수(尙須)가 그 동생 위수(尉須) 및 사촌 동생[堂弟] 우도(于刀) 등과 함께 투항해 왔다.

매구곡 사람이 투항해 온 사실이 기록되어 있는데 여기서 매구곡은 두 중국사서 기록상 북옥저를 '매구루'라고 하여 매구가 북옥저이든 동옥저이든 옥저와 관계가 있는 것으로 확인된다. 그런데 북옥저는 이미 고구려 동명성왕 10년(B.C.28)에 고구려가 멸망시킨 것이 확실하므로 여기서의 매구곡은 동옥저이다.

따라서 중국사서도 대무신왕 13년(30)에 동옥저가 약화된 것으로 기

록한 것으로 해석할 수 있으므로 이때 고구려에 일부 세력이 투항해 약화되었다가 그 후 56년 태조대왕 시 비로소 완전히 고구려에 멸망된 것으로 확인될 수 있겠다. 그런데도 중국사서는 자기들의 영역으로 하여 낙랑군에 예속된 것으로 기록하고 있다. 이는 전형적인 중국의 역사왜곡인 '춘추필법'에 의한 것이다.

이와 같이 중국사서는 북옥저, 동옥저, 남옥저를 혼돈하여 제대로 기록하지 못하거나 왜곡하여 기록하고 있다. 그런데 문제는 현재까지도 주류 강단 사학계는 이 수준에서 벗어나지 못하거나 의도적으로 제대로 옥저를 비정하지 못하고 있다.

【사료61】『삼국사기(三國史記)』 卷第十七 高句麗本紀 第五 동천왕(東川王) 20년 10월

밀우와 유유가 동천왕을 지키다(246년 10월(음))

〔20년(246)〕 겨울 10월에 관구검이 환도성을 공격하여 함락시키고 성 안을 도륙하였으며 장군 왕기(王頎)를 보내 왕을 추격하였다. 왕이 남옥저(南沃沮)로 달아나 죽령(竹嶺)(註 003)에 이르렀는데,

註 003
죽령(竹嶺) : 여기서의 죽령은 현재의 함경남도 황초령으로 비정된다(이병도, 1977, 『國譯 三國史記』, 을유문화사, 265쪽). 당시 고구려의 수도 국내성에서 동옥저 방면으로 이어지는 교통로가 독로강을 따라 낭림산맥을 넘어 황초령에서 함흥 일대로 이어지는 교통로였을 가능성이 높기 때문에 죽령은 황초령이 타당하다.

이 같은 예가 위의 【사료39】『삼국지(三國志)』〈위서〉「동이전」東沃沮에는 관구검 침입 시 고구려 동천왕이 북옥저로 도피하였다고 하였으나 『삼국사기』의 이 기록에는 남옥저로 도피하였다고 되어 있

다. 죽령과 남옥저는 신라가 개척하는 등 관계가 있으므로 남옥저 기록이 맞는 것이다.

【사료106】『삼국사기(三國史記)』卷第二 新羅本紀 第二 아달라(阿達羅) 이사금(尼師今) 5년 3월

죽령을 개척하고 왜의 사신이 오다(158년 03월(음))

5년(158) 봄 3월에 죽령(竹嶺)(註 001)을 개척하였다. 왜(倭)의 사신이 예물을 가지고 방문하였다.

註 001
죽령(竹嶺) : 지금의 경상북도 영주시 풍기읍과 충청북도 단양군 대강면 사이에 위치한 높이 689m의 고개로, 죽령재 혹은 대재라고도 한다. 죽령은 신라가 고구려·백제와 경계를 이루는 소백산맥을 넘어가는 교통로상의 요지라고 할 수 있다. 죽령은 직접적으로는 경상북도 영주시 풍기읍와 충청북도 단양군 대강면을 연결하는 곳이지만, 이곳을 중심으로 한반도 중부지역과 신라 왕경 경주를 잇는 교통로를 설정할 수 있다. 이를 죽령로(竹嶺路)라고 할 수 있는데, 충청북도 충주시-단양군-경상북도 영주시-예천군-안동시-청송군-의성군-군위군-영천시-경주로 이어지는 길이다.
〈참고문헌〉
徐榮一, 1999, 『新羅 陸上 交通路 硏究』, 학연문화사
崔永俊, 2004, 『한국의 옛길 嶺南大路』, 高麗大學校 民族文化硏究院

註 002
왜(倭) : 신라를 침략하거나 혹은 신라와 교류하는 왜 세력의 실체에 대해서는 여러 논의가 있다. 이에 대해서는 본서 권1 신라본기1 혁거세거서간 8년(B.C.50)조 기사의 주석 참조.

더군다나 B.C.28년 고구려는 북옥저를 정벌하여 북쪽으로 영역을 넓힌데 이어 56년 동옥저마저 정벌하여 좌우로 고구려 영역을 넓혔던 것이다. 이 남옥저 및 죽령에 대하여는 잠시 후에 자세히 입증하여 설명하도록 하겠다.

【사료201】『삼국사기(三國史記)』권 제15 고구려본기 제3 태조대왕(太祖大王) 4년 7월

동옥저를 정벌하여 영토를 넓히다(56년 07월(음))

4년(56) 가을 7월에 동옥저(東沃沮)(註 001)를 정벌하고 그 땅을 빼앗아 성읍(城邑)으로 삼았다. 영토를 넓혀 동쪽으로 창해(滄海)에 이르고 남쪽으로 살수(薩水)에 이르렀다.

註 001
동옥저(東沃沮) : 『삼국지』권30 위서30 동이 동옥저전에 따르면, 동옥저는 고구려 개마대산(蓋馬大山)의 동쪽에 위치하였다. 큰 바닷가에 접하며 동북으로 좁고 서남으로 길어 1천리 정도나 되었다고 한다. 대체로 지금의 함흥평야에서 두만강 하류에 이르는 해안지대로 비정되는데, 함흥평야 일대의 옥저는 남옥저(협의의 동옥저), 두만강 하류 유역의 옥저는 북옥저로 불렸다(이현혜, 56~63쪽). 다만 본서에서는 동명성왕 10년(B.C.28)에 두만강 하류의 북옥저를 정벌하였다고 나오는 만큼, 이 기사의 동옥저는 함흥평야 일대의 남옥저를 지칭한다고 이해된다(李丙燾, 228~229쪽).~

이러한 사실을 중국사서는 모르고 북옥저와 남옥저를 구분 못 하는 등 이러한 중국사서의 혼란은 이들이 시기를 불문하고 그 위치를 옮겨 이에 따라 여러 역사적 활동이 혼돈되어 기록한 것을 후에 인용하여 기록하였기 때문이다.

> 중국사서는 옥저의 이동에 따라 옥저에 대한 인식 부족에
> 의한 기록을 하였다.

　더군다나 이 사서들의 기록을 보면 개마대산 동쪽에 현토와 낙랑이 그리고 고구려가 있는 것으로 되어 있다. 하지만 주류 강단 사학계의 비정으로는 개마대산으로 비정하는 산의 범위를 벗어난 남쪽에 낙랑이 있고 동쪽도 아니고 북쪽에 현토와 고구려가 있는 것이다. 이러한 올바른 위치 비정과 달리 '낙랑군 평양설'에 맞추어 이들의 위치를 한반도로 비정함으로써 모든 것이 뒤틀리게 되었다.

　더군다나 사서 기록상 신라와 왜는 이 옥저와 관계가 있다. 주류 강단 사학계의 비정으로는 함경도의 옥저는 신라와 멀리 떨어져 있고 그 중간에 대방군과 낙랑군이 있어 사서 기록대로 가까운 교류가 불가능하다.

　그런데도 앞에서 살펴본 대로 함경도에 있다고 주류 강단 사학계가 비정하는 동옥저의 사신이 경상도 경주 지방의 신라에 말 20필을 선사한다는 사실, 고구려에 멸망된 옥저 위치인 함경도 지방에 비정된 최씨 낙랑국의 유민들이 37년 신라로 귀순하였다는 사실 등은 한반도에 설정한 주류 강단 사학계의 비정으로는 설명이 안 된다.

　그리고 백제의 경우에도 함경도에 있는 것으로 비정한 남옥저가 당시 서울 지방에 있었던 백제로 귀순해 왔다. 그리고 위의 경우와 같이 경상도의 신라가 개척한 남옥저 죽령 땅에 고구려 동천왕이 귀순해 온 사실, 평양의 낙랑군 화려현, 불내현이 경상도 신라로 쳐들어 온 사실 등은 도저히 주류 강단 사학계가 비정하는 한반도 내에서는 불가능한 것이다.

　주류 강단 사학계의 모든 비정 즉 고조선, 고구려, 신라, 백제, 옥저, 낙랑군 등의 한반도 비정이 잘못되었음이 확실하다.

또한 이것뿐만 아니라 많은 사항은 물론 모든 것이 잘못되었음을 이 글에서 입증하고 있듯이 우리 고대 역사는 한반도가 아닌 하북성과 산동성에서 이루어진 것에 의해서만 모든 기록이 맞는다.

이러한 우리 역사 관련 사항과 밀접하게 연관된 모든 사항 즉 말갈, 예맥, 선비, 거란 등을 비롯한 모든 지명 위치에 대한 중국 측과 일제 식민사학 그리고 이를 추종하는 우리 강단 사학계에 의하여 조작된 사항을 원래대로 바로잡아야만 제대로 된 동북아 역사가 정립될 것이다. 즉 원래 올바르게 비정하는 하북성 및 산동성에 같이 존재하면 문제가 없다.

그리고 본 필자가 누누이 강조하지만 이 개마대산도 원래 하북성에 있었던 것을 '춘추필법'에 의하여 중국 청대의 학자 심흠한에 의하여 만주 요하 인근으로 옮겨 역사를 왜곡하였다. 그런데 그래도 만주 요하 인근이다.

하지만 조선시대 유학자인 실학자 유형원, 정약용 등과 일제 식민사학자들과 식민사학 그리고 그대로 이어받은 현재 주류 강단 사학계에서는 이를 또다시 한반도 안으로 끌어들였다. 그러면서 그들의 한국사 데이터베이스상의 해설처럼 실학자들에게 그 비정의 책임을 돌린다. 그들이 항상 강조한 대로 일제 식민사학 계승이 아니라 실학자들로부터 검증된 것이라고 한다. 실학자들이 비정하면 제대로 한 것이라는 의미이다. 우선 학자라면 살필 수 있다시피 이는 그나마 청대의 중국 학자들 비정에 반하는 것이다. 그럼 누구 말이 맞는지 그 검증을 현재 주류 강단 사학자들이 하여야 하는 것이 아닌가 한다.

그리고 청대의 중국 학자들 비정도 맞는 것인지 검증해야 할 의무와 책임이 이를 이용하는 학자들의 의무이자 책임인 것은 너무나 당연하다.

두 사서의 「동이전」의 다른 편인 '부여'전에 대하여 살펴보기로 한다.

【사료67】『후한서(後漢書)』「동이열전(東夷列傳)」 부여(夫餘)

夫餘國은 玄菟의 북쪽 千里쯤에 있다. 남쪽은 高句驪와, 동쪽은 挹婁와, 서쪽은 鮮卑와 접해 있고, 북쪽에는 弱水가 있다. 국토의 면적은 방 二千里이며, 본래 濊[族]의 땅이다.

【사료68】『삼국지(三國志)』〈위서〉「동이전」 부여(夫餘)(국사편찬위원회 한국사 데이터베이스 중국정사조선전)

夫餘는 長城의 북쪽에 있는데, 玄菟에서 천 리 떨어져 있다. 남쪽은 高句驪와, 동쪽은 挹婁와, 서쪽은 鮮卑와 접해 있고, 북쪽에는 弱水가 있다. [국토의 면적은] 방 2천 리가 되며, 戶數는 8만이다.

【사료69】『진서(晉書)』卷九十七「列傳」第六十七 東夷: 夫餘國

夫餘國은 玄菟의 북쪽 천여 리에 있는데, 남쪽은 鮮卑와 접해 있고, 북쪽에는 弱水가 있다. 국토의 면적은 사방 2천 리이고, 戶數는 8만이다. 城邑과 宮室이 있으며, 토질은 五穀이 자라기에 적당하다.

【사료110】『후한서(後漢書)』東夷列傳 濊

"앞의 인용 원문 참조"

【사료40】『삼국지(三國志)』〈위서〉「동이전」濊

"앞의 인용 원문 참조"

(1) 부여는 현토의 북쪽 천리쯤에 있다고 하였다.

주류 강단 사학계의 비정에 의하면 현토군은 옥저설 즉 옥저 지역인 함경도 지방 내지는 옥저 및 고구려설 즉 압록강 중류에서 함흥에 이르는 지역 내지는 고구려설 압록강 중류 일대 지역(이병도)에 B.C.107년 현토군을 설치하고, B.C.75년 한반도 북부 만주 지방인 요령성 신빈현 소자하 인근으로 옮겨 제2의 현토군이 되고, 여기서 다시 106년에 요령성 혼하 지방으로 옮겨 제3의 현토군이 되었다는 것이다.

이 현토군 비정에는 치명적인 잘못된 사항이 세 가지 있다.

① 분명히 중국사서상에 현토군은 개마대산의 동쪽에 있다고 하였다. 그리고 현토군 고구려현은 옥저 지역이다. 그러면 주류 강단 사학계가 개마대산으로 비정하는(다른 이견도 있지만 통설은 개마고원임) 한반도의 개마고원 동쪽의 함경도가 맞는 것인데도 주류 강단 사학계는 개마대산 즉 개마고원의 동북쪽에 주로 비정하고 있다. 이는 나중에 고구려와의 관계를 의식해서인데 잘못이다.

② 현토군은 분명히 사서 기록상 낙랑 지역 즉 위만조선 지역에 낙랑군과 같이 설치되었다고 하였다. 분명히 주류 강단 사학계가 이 현토군이 설치된 것으로 비정하는 지역은 위만조선의 지역도 아니고 낙랑 지역도 아니다. 자기모순인 것이다.

③ 분명히 '부여'전 기록상에 부여의 위치를 현토군 위치를 기준으로 비정하였다. 부여와 현토가 남북으로 통한다는 것이다. 그런데 한반도의 주류 강단 사학계의 비정대로라면 현토와 부여 사이를 고구려가 가로막고 있다. 현토와 부여가 통하지 않는다. 하지만 하북성에서는 개마대산인 태행산맥 동쪽에 현토군이 있어 이곳에서는 그 동북쪽에 있는 고구려가 막지 않고 직접 통하는 위치에 있는 것이다. 이러한 위치 관계에서 현토군의 천리 북쪽에 있다는 기록에서 천리는 통상적으로 어느 정도 멀리 있다는 뜻이지 수치상의 정확한 기록은 아니다. 더군다나 당시의 거리는 직선거리가 아니라 도보 가능 거리 기록이다. 따라서 실제

직선거리는 기록거리보다 짧은 것임을 알아야 한다.

(2) 장성 북쪽에 있다고 하였다.

이는 바로 부여의 위치가 한반도가 아님을 강력히 입증하는 것이다. 즉 당시의 장성은 진장성으로 진장성은 당시 북경에도 못 미치는 하북성 보정시 래원현의 갈석산 즉 지금의 백석산까지에서 그 동쪽인 지금도 그 이름이 남아 있는 하북성 보정시 서수고 수성진까지이다. 그나마 지금의 하북성 북경시 북쪽을 지나 진황도시 산해관까지의 장성은 명장성인 것이다. 따라서 당시의 장성 북쪽은 바로 산서성을 가리키는 것으로 부여의 위치 비정인 산서성 대동시 영구현 일대와 일치한다.

> 주류 강단 사학계가 현재 비정하고 있는 현토군은 사서 기록과 전혀 맞지 않는다. 이는 일제 식민 사학자들이 비학문적으로 맞지 않는 비정을 한 것을 현재까지 그대로 따르고 있는 것이다.

> 고대 시기 (진)(만리)장성은 하북성 북경시에도 못 미치는 보정시에 있었다. 따라서 장성 북쪽에 있다는 부여는 하북성 보정시 북쪽 산서성 대동시 지역에 있었다.
> 산해관까지의 장성은 명나라 시기에 쌓은 것이다.

(3) 본래 예족의 땅이라고 하였다.

이것이 바로 신라의 역사와 관련이 있고 신라가 이곳을 거쳐 갔다는 증거가 되는 것이다. 신라는 예족으로 전국시대의 진나라 위치인 감숙성에서 동쪽으로 이동하여 하북성 북부이자 산서성 지역인 탁수 즉 지금의 거마하 지역에 이주하였다가 나누어져 일부는 요동반도와 한반도 평양을 거쳐 한반도 경주로 들어가 정착하는 한편, 일부는 산동성 남옥저 죽령 지방으로 내려가 신라를 건국하게 되는 경로상에 이곳 탁수 지역 즉 부여 지역을 기록한 것이다.

이와 같이 제대로 된 인식에 의하여 제대로만 해석하면 중국사서 곳곳에 보석 같은 기록이 숨겨져 있다.

다음은 '고구려'전을 살펴본다.

【사료24】『후한서(後漢書)』「동이열전」'고구려전'

고구려는 遼東의 동쪽 천리 밖에 있다. 남쪽은 朝鮮과 濊貊, 동쪽은 沃沮, 북쪽은 夫餘와 接境하여 있다. 그 나라의 넓이는 방 2천 리인데, 큰 산과 깊은 골짜기가 많으며 사람들은 산골짜기에 의지하여 산다. 농사지을 땅이 적어서 힘껏 농사를 지어도 自給하기에 부족하기 때문에 그 習俗에 음식을 아낀다. 그러나 宮室은 잘 지어 치장한다.

【사료23】『삼국지(三國志)』〈위서〉「동이전」'고구려전'

高句麗는 遼東의 동쪽 천리 밖에 있다. 남쪽은 朝鮮·濊貊과, 동쪽은 沃沮와, 북쪽은 夫餘와 경계를 접하고 있다. 丸都의 아래에 도읍하였는데 면적은 사방 2천 리가 되고 戶數는 3만이다.
큰 山과 깊은 골짜기가 많고 넓은 들은 없어 산골짜기에 의지하여 살면서 산골의 물을 식수로 한다. 좋은 田地가 없으므로 부지런히 농사를 지어도 식량이 충분하지 못하다.

먼저 확인되는 것은 두 사서의 「동이전」편에 '고구려' 편은 있으나 신라와 백제는 마한과 진한 속에 있으면서 당시에는 소국 상태로 있다. 이에 의하여 주류 강단 사학계는 신라가 고구려보다 먼저 활발한 활동을 하는 기록이 있는 『삼국사기』 불신론'이 주장되는 주요 근거가 된다. 하지만 두 사서의 「동이전」 기록 특히 '한'전 기록은 『삼국사기』상의 초기 삼국이 활발한 활동을 하기 이전의 단계를 기록한 것이다. 하지만 「동이전」의 편제를 보면 『삼국사기』 편찬자들이 신라를 적통 국가로 보아 신라가 먼저 건국한 것으로 기록하는 것과는 달리 고구려가 먼저 건국된 것으로 되어 있다는 것을 알 수 있다.

(1) ①"고구려는 요동의 동쪽 천리 밖에 있다." ②"고구려는 요동의 동쪽 천리에 있다." 무슨 차이가 있나. 그리고 "在遼東之東千里"의 한문 글귀를 해석함에 있어 어떠한 것이 맞는가. 먼저 차이가 있다. ①에 의하면 요동의 동쪽 전체가 이천 리라면 고구려는 이천리 밖 천 리이므로 삼천 리에 있는 것이다. ②에 의하면 무조건 동쪽 천 리에 있는 것이다. 그리고 한문 글귀는 ②에 맞는다. 그런데도 주류 강단 사학계가 ①로 해석한 이유는 무엇일까. 그들의 비정에 의하면 요동은 요하 동쪽이고 고구려의 중심지는 길림성 집안시 내지는 장수왕시대의 한반도 평안도 평양이다. 굳이 이렇게 표현한 이유는 되도록 고구려를 동쪽으로 치우치게 위치하여 자기들의 비정에 맞게 하려는 의도와 지속적인 습성 때문이라고 볼 수밖에 없다. 하지만 고구려는 실제로 요동의 천 리 즉 대략 어느 정도 떨어진 곳에 있었다. 즉 당시의 실제 요동은 요동군의 치소인 지금의 석가장시 행당현의 요동성 내지는 요수로 비정되는 자하 내지는 요동군의 위치인 석가장시 동쪽 지방에서 대략 동쪽 내지는 동북쪽으로 떨어진 하북성 보정시 만성구 지역의 위만조선의 왕검성인 평양성에 있었다. 하지만

(2) 다른 구절인 남쪽의 조선과 예맥, 동쪽의 옥저 그리고 북쪽의 부여는 중국사서의 인식의 부족 내지는 오류이다. 즉 고구려는 산동성과 하북성 두 중심지가 있었다. 즉 산동성에서 하북성으로 영역을

넓혀 북상한 것이다. 이에 따른 혼란인 것이다. 즉 당시 예맥은 '부여' 전의 기록과 같이 선비로 부여의 서쪽 내지는 남쪽에 있었으므로 하북성의 고구려에는 서쪽인데 남쪽이라고 하였다. 그리고 조선은 한으로 마한, 진한, 변한이다. 이는 '한'전의 기록과 같이 산동성 고구려 남쪽에 있었다. 이를 복합적으로 해석하여 산동성과 하북성의 고구려 비정을 같이 한 것이다. 이것은 다음의 기록 즉 동쪽의 옥저에서도 확인된다.

앞에서 본 필자가 옥저는 고구려의 서쪽 내지는 남쪽에 있다고 한 사실과 배치된다. 물론 이는 고구려가 하북성에 있는 것에 의한 것이다. 하지만 이는 앞에서 누누이 설명하였듯이 중국사서가 계속 구려와 고구려를 착각한 것이다. 즉 구려는 개마대산의 동쪽에 있고 이 구려 동쪽에 (동)옥저가 있는 것으로 이 구려를 고구려로 보아 고구려 동쪽에 구려가 (동)옥저가 있다고 한 것이다.

하지만 고구려는 이 구려와 달리 (동)옥저 동쪽에 있었다. 물론 중국사서가 착각하듯이 산동성 고구려와 산동성 남옥저의 경우에는 고구려의 동쪽에 남옥저 그리고 신라가 있는 것에 의하여 고구려의 동쪽에 옥저가 있는 것이 맞는 기록이다. 즉 고구려 동쪽에 있는 것은 '예'전상의 산동성의 진한 즉 신라 북쪽에 있는 남옥저이다. 하북성에 있었던 동옥저는 개마대산의 동쪽 즉 고구려의 서쪽 즉 현토군에 있었다.

(3) 중요한 사항이 이것이다. 고구려의 다음 구절 즉 사방 2천 리는 초기 고구려의 영역이므로 유의할 사항은 아니나 산골짜기에 살고 있어 자급을 할 수 없는 관계로 결국 약탈을 한다는 것이다.

약탈 언급은 이 글에서 비판하고 있는 '젊은 역사학자 모임'의 일원이 어느 매스컴 프로에 나와서 전문가로서 한 말이다. 고구려가 첫 도읍지 졸본인 환인 즉 오녀산성과 집안시 국내성 지역의 좁고 척박한 지역에 비정하면서 하는 언급이었다. 본 필자가 여러 사서에 의하여 비정한 산동성의 졸본 지방과 그 북쪽의 원래의 위만조선의 왕검성 즉 평양성 지역은 이같이 척박하지 않다.

고구려가 주류 강단 사학계의 비정대로라면 이 글의 비판 대상인 '젊은 역사학자 모임'의 일원에 의하면 이 지역에서 벗어나 장수왕 시기에야 한반도 평양으로 중심지를 옮기는데 과연 이것이 가능한가 하는 의문이 든다. 더군다나 고구려는 장수왕 평양(성) 천도(427) 이전에도 동천왕 21년(247) 평양 천도, 고국원왕 13년(343) 평양 동황성 천도가 있었다. 특히 동천왕 평양 천도지는 선인 왕검의 땅이라고 하여 여기가 고조선의 도읍이었음을 밝히고 있다. 그러면 '젊은 역사학자 모임' 일원들은 길림성 집안 지방이 고조선의 도읍이었던 것인지, 그러면 한반도 평양이 고조선 도읍이라는 주장은 어떻게 되는 것인지 묻고자 한다. 그리고 이때도 집안 지방을 벗어나지 않았다면 이 천도 기록들은 어떻게 설명되는지 묻고자 한다. (주류 강단 사학계에 대한 공개 질문 10)

그들은 고구려가 계속 정복 활동을 벌인 것이 척박한 환경에서 약탈을 할 수밖에 없는 환경에 기인한 것으로 고구려를 폄하한 것이다. '젊은 역사학자 모임' 일원들의 경우 장수왕 시기가 아닌 이전인 247년, 343년 이미 평양으로 천도한 사실이 왜곡된 것인데 이를 한반도 평양으로 해석하지 않고 다른 올바른 곳으로 해석하지 않은 채 계속 이를 길림성 집안시 일대로 해석하는 이유가 무엇인지 그리고 그것이 맞는 설정인지 진정으로 묻고 싶다. 그러면 주류 강단 사학계의 비정이 맞는다는 것인가. 지금까지 이 글을 읽고 이해한 사람이라면 이 정도의 답변은 가능하여야 한다. 결론은 두 사서의 '고구려전' 기록은 현토군 고구려현을 구려 즉 구려의 별종인 소수맥인 예맥의 구려를 고구려로 착각하여 구려가 있는 개마대산 즉 태행산맥의 현토군 고구려현 지역을 고구려 땅으로 착각하여 척박한 땅이라고 기록한 것이다. 그런데도 이 기록을 그대로 고구려라고 해석하여 고구려를 약탈 집단 국가라고 하면서 광개토대왕 비문을 고구려의 욕망에 의한 거짓 기록이라고 하는 것은 심각한 문제이다. 그러면서도 광개토대왕 비문상의 소위 신묘년에 왜가 바다를 건너 백제와 신라를 신민으로 삼았다는 구절은 조작한 것이 아니고 사실이라고 언급하는 것은 무엇이라고 해석하여야 하는지 모르겠다. 그런데 이를 그대로 믿는 방송국의 패널과 시청자들의 인식 또한 문제이다.

지금까지 살펴본 바에 의하면 주류 강단 사학계는 모든 것을 '낙랑군 평양설'에 맞추어 모든 기록이 이것을 입증할 수 있도록 왜곡시켜 놓았다. 그러므로 어느 한 곳에서 무너지면 모든 것이 무너지게 되어 있다. 역사적 사실은 서로 얽혀 있다. 따라서 한 가지를 왜곡하거나 조작하여도 다른 것을 왜곡할 수는 없기 때문에 밝혀질 수밖에 없다. 그런데도 현재까지 바뀌지 않는 것은 이를 비판하는 비주류 강단 사학계와 재야 민족 사학계의 치열한 분석과 비판이 부족했던 탓도 있다. 지금까지 살펴본 바와 같이 모든 것이 한반도에는 맞지 않는다. 맞는 곳이 아니기 때문에 맞출 수가 없는 것이다. 모든 것이 제대로 맞게 비정되는 곳에 비정하면 모든 것이 맞아떨어진다. 이곳이 바로 산서성과 하북성 그리고 산동성이다.

[개마대산, 단단대령, 영동 7현에 대하여]

한편, 이 옥저와 관련하여 현토 그리고 낙랑 그리고 고구려의 위치와 관련하여 지표가 되는 것이 앞에서 살펴본 개마대산이며 이는 같이 등장하는 단단대령이다.

그런데 이것에 대하여도 개마대산과 마찬가지로 주류 강단 사학계는 그들의 위치 비정상 어쩔 수 없이 평양도와 함경도, 평양과 함흥 사이의 준령 즉 철령 등으로 비유하고 있으나,

【사료169】『후한서(後漢書)』東夷列傳 東沃沮에는 개마대산만 나오고 단단대령은 나오지 않고(동옥저는 고구려 개마대산의 동쪽, 동쪽 큰 바다에 접함), 동 사서 '예'전에는 반대로 개마대산은 나오지 않고 단단대령만 나온다.(단단대령 동쪽의 옥저와 예맥은 낙랑에 예속/ (대)령의 동쪽 7현을 떼어 낙랑군에 속한 동부도위를 둠. 이후 [後漢] 建武 6년(A.D.30; 高句麗 大武神王 13)에 [東部]都尉의 관직을 폐지하고, [大]領 동쪽의 지역을 포기한 뒤,)

【사료39】『삼국지(三國志)』〈위서〉「동이전」東沃沮에는 개마대산도 나오고 단단대령도 나온다.(동옥저는 고구려 개마대산 동쪽, 동쪽 큰 바다에 접함)(옥저는 낙랑에 속하게 되었다/단단대령 동쪽 지역 나누어 동부도위 설치/불내현에 치소를 두어 별도로 영동 7현을 통치 이때에 옥저의 모든 읍락도 현이 되었다. 이후 [後漢] 建武 6년(A.D.30; 高句麗 大武神王 13)에 변경의 군을 줄였는데 이때 [옥저의 東部]都尉의 관직은 폐지되었다.)

동 사서 '예'전에는『후한서』'예'전과 마찬가지로 개마대산은 나오지 않고 단단대령만 나온다.(단단대령의 서쪽은 낙랑군에 소속/(대)령의 동쪽 7현을 동부도위가 통치하는데 그 백성은 모두 예인이다. [東部]都尉를 폐지, 불내예는 모두 그 종족, 한말에는 다시 고구려에 복속)

주류 강단 사학계는 이 개마대산에 대하여 이미 인용한 바와 같이 개마고원 일대로 비정하고 있는 한편 단단대령은【사료39】『삼국지

『(三國志)』〈위서〉「동이전」 東沃沮상의 주석과 같이

> 註 110
> 單單大領 : 領은 嶺과 같다. 『三國志』 濊傳에는 單單大山領으로 나온다. 그 위치에 관해서는 諸說이 분분하여 鐵嶺·薛罕嶺·黃草嶺·大關嶺·北大峯山 혹은 鐵嶺에서 大關嶺에 이르는 산줄기 등으로 비정되고 있다. 평양과 함흥 사이에 가로 놓인 준령을 지칭하니, 鐵嶺이 유력시 되지만 확실치는 않다.

여러 곳 내지는 특히 철령으로 비정하지만 확실히 비정하지 못하고 있다. 왜냐하면 맞는 곳에 비정을 못 하기 때문에 제대로 정확히 비정을 못 하는 것이다.

하지만 현재 중국의 동북공정에 따른 역사지도집상에 평안도와 함경도 사이에 있는 것으로 그려지는 개마대산의 남쪽으로 계속 이어져 황해도를 지나 경기도까지 이어지는 산맥으로 그어지는 것에 대하여 별다른 이의가 없는 것으로 보아 이를 인정하고 있는 것이다.

하지만 현토군이 원래 고조선과 연나라와의 경계에 있던 요수 인근에 있던 것이며 이곳이 옥저라는 근본적인 위치 개념도 있고, 다른 사서 기록들 특히『후한서』의 경우에는 2개의 편 즉「동옥저」편과「예」편을 해석하면 2개 편에 하나는 개마대산이 다른 하나는 단단대령만 나오는데, 결국 개마대산과 단단대령 동쪽에 있는 옥저는 이곳의 7현이 소속한 동부도위에 속하였다는 것이고, 이와는 달리『삼국지』경우에는 2개 편을 해석하면 한 편은 개마대산도 나오고 단단대령도 나오지만, 다른 한 편은 단단대령만 나온다. 둘 다 나오는「동옥저」편은 옥저는 낙랑에 속하게 되었는데 단단대령 동쪽에 동부도위를 두어 다스렸으며 불내현에 별도의 치소를 두어 영동 7현을 다스렸는데 그곳에 옥저가 모두 속하게 되었다는 것이다. 이와는 달리 단단대령만 나오는 「예」 편에는 단단대령 서쪽은 낙랑에 소속되고, 동쪽의 7현은 동부도위에 속하였다는 것이다.

결국 모두 개마대산 및 단단대령 동쪽에 옥저와 낙랑 그리고 동부도위가 있는 것으로 되어 있지만, 『삼국지』의 「예」 편에만 단단대령이 나오면서 이곳 서쪽은 낙랑군, 동쪽은 동부도위에 속한 것으로 기록되어 있다. 그러므로 이 기록만 다른 기록과 달라 오류로 보인다.

따라서 기록상 개마대산과 단단대령은 같은 것이고 이곳 동쪽에 옥저가 있었고 이 옥저 땅에 현토군이 있었는데 고구려 서북쪽으로 옮겨졌다가 낙랑에 속하였는데 이 중 7현을 동부도위에 속하게 하였고 나중에 불내현만을 제외하고는 모두 고구려에 복속되었는데 결국 이 불내현도 고구려에 복속되었다는 사실이 확인된다.

이 불내현은 고구려가 위 사서 기록대로 동옥저를 복속시킨 56년 태조대왕 4년 이전인 40년 신라 유리이사금 17년의 "화려와 불내가 침략해 오다"의 기록에서 확인된다. 이 기록의 사건은 주류 강단 사학계의 비정에 의하면 도저히 한반도에서는 불가능한 것이다. 그들의 비정대로라 하더라도 낙랑군 소속 군현으로 한반도 평양의 낙랑군에 위치한 군현이 한반도 동남쪽 구석의 경상도 경주의 신라를 공격한다는 것이 가능한 것은 그들에게만 용납되는 일이다.

그러나 이러한 사정을 식민 사학자 이병도는 알고 있었다. 그런데 이미 살펴본 두 중국사서상에 단단대령 동쪽에 있었다는 기사도 맞추려고 하다 보니 이병도는 이 낙랑군 소속 화려현과 불내현의 위치를 그들의 비정대로라면 낙랑군이 있는 평양 인근에 비정하여야 함에도 함경남도 영흥만(화려현)과 강원도 안변 일대의 원산만(불내현)으로 한심한 비정을 하였다.

이는 위의 단단대령 동쪽 기사와 낙랑군 평양 그리고 신라 공격 세 가지를 감안한 것이다. 하지만 모두 맞지를 않는다. 불가능하다. 더군다나 신라 유리 이사금 시기에는 고구려가 멸망시킨 함경도 두만 강 하류 이남 지방에 비정한 옥저 지방에 있다고 그들이 비정한 (최씨) 낙랑국이 유리 이사금 14년, 37년에 신라로 투항해 왔다. 이는 위의 사항과 마찬가지로 한반도에서는 불가능한 것이다. 더군다나 동옥저 사신이 말 20필을 신라에 선물한 사실, 함경도의 남옥저가 백제에 귀 순한다는 사실, 함경도 지방의 남옥저를 신라가 개척하였고 이곳에 왜 사신이 방문하였다는 사실 등은 낙랑군과 (최씨)낙랑국 그리고 옥저 가 백제 및 신라와 가까이 있어야 가능하다. 이러한 사실을 입증하는 것은 무궁무진하다. 따라서 이곳은 한반도가 아니다. 하북성, 산동성 에서만 가능한 것이다.

 옥저에 대한 중국 두 사서의 옥저, 개마대산, 단단대령과 관련한 기록 내용상 4개의 기록 중 『삼국지』의 「예」 편에만 단단대령이 나오 는데 이곳 서쪽은 낙랑군 동쪽은 동부도위에 속한 것으로 기록되어 있는 반면 나머지는 개마대산과 단단대령을 같이 기록 내지는 같이 하지 않으면서도 별도의 것으로는 볼 수 없게 해석된다. 그러므로 같 은 것이거나 아니면 개마대산의 어느 지역에 있는 고개를 단단대령 으로 기록한 것으로 보이고 설사 개마대산과 단단대령이 별개의 것 일지라도 위치는 같다. 그러므로 이곳 동쪽에 나중의 현토군과 이 현 토군이 속하게 되는 낙랑군이 있게 되는 것으로 보아 나중의 현토군 그리고 낙랑군의 위치로 보아 개마대산과 단단대령은 지금의 태행산 맥이거나 태행산맥 동쪽의 어느 산이나 고개일 수밖에 없다. 의무려 산이 지금의 태행산맥이라는 결정적인 증거는

【사료76】『신당서(新唐書)』「지리지」

하북도

> 7) 영주(營州) 유성군(柳城郡) 상도독부
> ① 유성현(柳城縣). 中. 서북쪽으로 해(奚)와 접하며 북쪽으로 거란과 접한다. 동북쪽의 진(鎭)으로 의무려산사(醫巫閭山祠)가 있다. 또한 동쪽에 갈석산(碣石山)[8]이 있다.

이 사서 기록이다. 동쪽에 갈석산이 있는 이곳은 태행산맥 동쪽에 갈석산이 있다. 이곳은 같은 사서 기록의,

> 4) 규주(嬀州) 규천군(嬀川郡)
> ① 회융현(懷戎縣). 上. 천보(天寶) 년간에 규천현(嬀川縣)을 쪼개서 설치하였다가 곧 없앴다. 규수(嬀水)가 가운데를 지나간다. 북쪽 90리에 장성이 있는데 개원(開元) 년간에 장설(張說)이 쌓은 것이다. 동남쪽 50리에 거용새(居庸塞)가 있고 동쪽으로 연이어 노룡(盧龍)과 갈석(碣石)이 있고 서쪽으로는 태행산(太行)과 상산(常山)이 잇닿아 있는데 실로 천하의 험한 곳이다. 철문관(鐵門關)이 있다. 서쪽으로 녕무군(寧武軍)이 있다. 또한 북쪽으로 광변군(廣邊軍)이 있는데 옛날 백운성(白雲城)이다.

태행산 동쪽에 노룡과 갈석이 있는 지금의 하북성 석가장시 정정현 인근이다. 이곳에 의무려산사가 있다. 이 의무려산(사)이 지금의 태행산맥이다.

물론 여기서 짚고 넘어가야 할 사항은 위 두 사서의 「예」전 기록상의 예는 분명 산동성의 예족인 신라가 건국된 지역을 예맥과 중국사서가 혼돈한 채 옥저 기록 즉 동옥저 기록도 여기에 기록하고 있다. 하지만 동옥저 기록은 동옥저에 대한 것이 맞지만 「예」전상의 기록상 '예'는 예 땅인 산동성 신라 땅의 예인 것이고, 여기서의 옥저는 하북성의 고구려 남쪽에 있다가 서쪽으로 현토군과 같이 옮겼다가 낙랑군에 속한 옥저 즉 동옥저가 아닌 남옥저인 것이다.

따라서 이곳 예의 동쪽에 있다는 바다 즉 예의 북쪽에 옥저가 있는

것으로 이를 동옥저와 같이 보고,「동옥저」전상의 동옥저 동쪽에 바다로 연결시켜 기록한 것이다. 이러한 사실을 굳이 분석하여 거론하는 것은 주류 강단 사학 즉 일제 식민사학의 비정이 하나하나 틀렸다는 것을 확실히 비판하여 바로잡기 위해서이다. 이것이 이 글의 유일한 목표이다.

> 註 112
> 領東七縣 : 오늘날의 함경도 및 강원도 북부에 걸쳐 설치되었던 縣을 가리킨다.『漢書』「地理志」樂浪郡條에 그 명칭이 전한다. 東暆縣은 오늘날의 咸南 德原, 不耐縣은 咸南 安邊, 華麗縣은 咸南 永興, 夫租縣은 咸南 咸興, 邪頭昧縣은 咸南 文川 혹은 江原 高城에 各各 비정되나, 前莫縣・蠶台縣은 미상이다.
> ≪參考文獻≫
> 李丙燾,「臨屯郡考」『韓國古代史研究』1976.

위의『삼국지』「동옥저전」상의 주석과 같이 이병도의 주장을 실었다.

당연히 그들의 논리상『삼국지』「예전」의 기록을 근거로 개마대산은 그만두고 단단대령의 서쪽은 낙랑군 그리고 동쪽에 동부도위와 영동 7현과 옥저를 두었다. 여기서 과연『삼국지』「예전」의 기록을 근거로 한 이병도 및 이를 그대로 이어받아 지금도 이대로 따르는 주류 강단 사학계의 비정이 맞느냐는 것이다. 이 기록은 우선 다른 3개의 기록과도 다른 잘못된 유일한 기록이다.

즉 다른 기록은 전부 개마대산과 단단대령의 동쪽에 모두 옥저와 동부도위 그리고 영동 7현이 있다고 하였다. 그런데 이 기록만이 서쪽에 낙랑군을 그리고 동쪽에 동부도위와 영동 7현과 옥저를 두었다.

그러면 무엇이 달라지냐 하면 개마대산과 단단대령이 이 기록에 의하면 다른 것으로 해석될 수도 있다는 것이다. 그리고 낙랑군의 위치가 오히려 옥저가 속한 현토군보다 서쪽에 있는 것으로 되는 것이다. 먼저 개마대산과 단단대령이 다른 것이냐 아니면 같은 것인가는 위의 네 가지 기록을 보고 판단하기에는 조금 부족하지만 옥저에 대한 기록으로 서쪽에 대한 기록이 특별히 없는 것으로 보아 옥저의 서쪽에는 개마대산 내지는 단단대령밖에는 없는 것으로 판단할 수밖에 없다.

따라서 같은 것이거나 설사 다르더라도 위치는 옥저의 서쪽인 지금의 태행산맥과 그 인근이다. 이곳 동쪽에 옥저에 설치된 현토군과 낙랑군이 있었다. 따라서 현토군보다 낙랑군이 동쪽에 있는 것이다.

그러므로 유일하게 다르게 기록된 위의『삼국지』「예전」의 기록은 잘못된 것이고, 그렇기 때문에 이에 의하여 아니면 자기들 논리에 맞기 때문에 다른 3개의 기록은 무시하고 이 기록에 의하여 그 위치를 비정한 식민 사학자 이병도의 비정과 이를 추종하는 주류 강단 사학계의 비정은 잘못이다.

물론 원초적인 잘못으로 하북성의 것을 길림성 내지는 한반도 동북부로 비정한 것은 역사 조작이다. 그리고 중요한 것은 이 잘못된 기록에 의한 이병도의 비정대로 동부도위가 다스린 영동 7현이 과연 존재하였고 존재하였다면 그의 비정대로 함경도 지방에 비정될 수 있는가 하는 문제이다. 우선 앞에서 본 필자가 여러 가지 사서의 기록에 의하여 낙랑군의 위치에 대하여 고조선의 위치, 연나라 위치, 갈석산의 위치, 요수의 위치 등을 가지고 이 위치가 지금의 하북성에 있었다고 증명한 것을 차치하고서라도 이 기록 관련 기록과 이병도의 논리 그리고 이를 이어받은 현재 주류 강단 사학계의 논리의 잘못됨을 밝혀낼 수 있다. 그러면 이로 말미암아 옥저 그리고 현토 그리고 낙랑군의 위치가 잘못됨으로 이병도와 주류 강단 사학계의 전체의 오류를 바로잡아 제대로 된 사서의 기록대로 되는 우리 고대사를 정립시킬 수 있다. 앞으로 살펴보겠지만 주류 강단 사학계의 영동 7현 비정은 허위라는 결론을 내릴 수 있다.

> 주류 강단 사학계의 영동 7현 낙랑군 동해안 비정과 단단대령 함경도와 평안도 사이 위치 한반도 비정은 잘못된 사서만을 선택하여 비정한 명백한 오류이다.

사실 영동 7현은 영동 6부이고 여러 군의 것을 동부도위가 다스린 것으로 이들 전부가 낙랑군이 아니다. 즉 영동 7현(영동 6부) 자리는 낙랑군 자리가 아니다. 여러 군(대군, 상곡군, 요서군, 요동군, 낙랑군, 안문군)의 현 6개가 모여 영동 6부가 되었고 이를 동부도위가 다스린 것이다. 따라서 이러한 사실은 소위 연5군 내지는 한사군(한이군)이 주류 강단 사학계의 비정대로 중국으로부터 한반도 북부까지 일렬로 늘어선 채 설치된 것이 아니라는 사실을 입증한다.

> 영동 7현(영동 6부) 기록에 의한 동부도위 기록은 소위 연5군이 일렬로 죽 늘어서게 설치된 것이라는 주류 강단 사학계의 주장이 잘못임을 입증한다.

확인 결과 『삼국지』 이외에는 중국 24사가 아닌 그리고 우리 사서가 아닌 일부 기록상에 영동 6부 내지는 영동도위부, 영동태수 공손현 개마 침략, 안평 지킴 같은 기록이 있지만 영동 7현은 없다. 『삼국지』 〈위지〉는 「동이전」을 비롯하여 위의 「동옥저전」, 「예전」과 같은 기록들에 우리나라 고대사에 불리한 기록 즉 '춘추필법'에 의하여 작성된 기록이 많은 것으로 알려져 있다.

> 『삼국지』 기록이 '춘추필법'으로 쓴 것으로 만든 것은
> 주류 강단 사학계이다. 『삼국지』의 기록 대부분은 제대로
> 해석하면 바른 역사가 보인다.

그러므로 주류 강단 사학계가 널리 애용하여 인용하는 것으로 비판받고 있기도 하다. 사실 본 필자도 본격적으로 중국사서와 우리 역사서를 연구하기 전까지는 그러한 줄 알았다. 물론 오해를 살 만한 기록이 있거나 다른 사서에 없는 기록이 있는 것이 사실이다. 그러나 본 필자가 파악하기로는 이러한 인식은 주류 강단 사학계에 의하여 절대적으로 형성한 것이다. 주류 강단 사학계가 이 사서의 기록을 자기들의 논리에 맞추어 이용하여 해석하였기 때문이다. 특히 오해를 살 만한 애매한 기록 특히 다른 사서에 나오지 않은 용어를 자기들의 논리에 맞추어 이용하였기 때문에 이 사서가 이러한 인식을 갖게 한 것이다. 이 사서의 기록을 선입관 없이 앞의 사서들의 기록 즉 『사기』나 『한서』와 이보다 앞선 기록 등 중국사서의 기록과 연계시켜 제대로 해석한다면 문제가 없다.

물론 오해를 살 만한 기록이나 다른 사서에 없는 기록을 가지고 있다는 것 자체가 문제일 수 있다. 그것을 다르게 해석해도 문제가 없게 그 원인을 제공하였기 때문이다. 하지만 이것이 어디 이 사서의 책임인가. 이것을 오해해서 자기들의 논리에 맞추어 잘못 해석한 그들에게 잘못이 있는 것이다. 그러므로 이러한 비난을 단지 식민 사학자와 이를 이어받은 주류 강단 사학자들에게만 해서는 안 된다. 이러한 자기들의 해석은 중국의 '춘추필법'에 의한 사학자들과 고려 및 조선의 우리나라 사학자 그리고 유교 주자학에서 벗어나지 못한 실학자들에게 있다. 이들의 해석이 식민 사학자들과 현재의 주류 강단 사학자들에게 커다란 밑받침이 되었기 때문이다.

하지만 본 필자는 제일 커다란 비난을 받아야 함은 현재의 주류 강단 사학계라고 생각한다. 중국 학자는 '춘추필법'에 의한 중화사상 때문에 그리고 고려 및 조선시대 유학자들과 실학자들은 주자학이라는 굴레와 사료 수집의 한계 때문에, 식민 사학자들은 제국주의 이데올로기 때문이라는 변명의 여지가 있다.

하지만 현재 주류 강단 사학계는 무수한 재야 민족 사학계와 비주류 강단 사학계의 비판과 사료의 풍부성이 있으므로 조금의 변명도 필요 없다. 『삼국지』〈위지〉상의 영동 7현은 이 사서의 기록자 내지는 편찬자인 서진의 진수 그리고 이 사서가 주로 인용하였으나 지금은 멸실된 사서 어환이 지은 『위략』이 착각하였거나 아니면 임의로 사용한 용어이다.

이러한 용어에는 우리 고대사의 중요한 사항과 관련한 다른 예인 '만번한'이 있다. 이 '만번한'은 연나라가 고조선을 침략하여 영토를 획득한 후 이곳을 경계로 삼았다는 곳이다. 이 기록으로 우리 강단 사학계에서는 이 용어를 요동군의 문현과 번한현으로 해석하여 지금의 요하 동쪽 지방으로 비정하는 단초가 되었던 것이다. 그러나 만번한 용어가 아니라 이를 자기들 임의대로 해석한 것이 문제이다. 원래 『삼국지』〈위지〉 기록자는 이 만번한을 강단 사학계가 해석하는 바의 인식하에 이 용어를 사용한 것이 아니다. 마찬가지로 본 필자가 확인한 바로는 이 영동 7현은 주류 강단 사학계가 비정하는 대로 사서상의 기록 그대로 낙랑군을 나누어 영동 7현을 두었고 【사료22】『한서』「지리지」1. 유주상의 낙랑군 속현 25현 중 7현이 다음 지리지인 【사료10】『후한서(後漢書)』「군국지」1. 유주에 누락되고 18현만 나오기 때문에 이를 영동 7현으로 본 것은 문제가 있다는 것이다. 아니 문제가 있는 것이 아니라 다른 오류에 앞선 원초적인 오류이다. 즉 위의 옥저와 관련된 『후한서』 2편과 『삼국지』 2편 기록에 나오는 영동 7현의 설치 과정을 보면 동옥저를 낙랑군에 속하게 한 다음 이 동옥저가 속한 단단대령 동쪽 지역을 떼어 낙랑군에 속한 동부도위를 두었다는 것이 『후한서』의 기록이다.

한편 『삼국지』 기록은 2편이 서로 다르다. 「동옥저」전에는 위의 『후한서』 기록과 일부 일치한다. 『후한서』 기록과 같이 단단대령 동쪽 지역을 나누어 동부도위를 두었다는 것이고 다른 것은 불내현에 치소를 두어 별도로 영동 7현을 통치하였는데 여기에 옥저도 포함되었다는 것이다.

그러나 「예」전에는 단단대령 서쪽은 낙랑군에 소속되었고, 동쪽의 7현은 동부도위가 통치하는데 이들 백성은 모두 예인이라는 것이다. 기록 당시의 불내현도 마찬가지로 예인이라는 것이다. 그래서 『삼국지』 2편의 기록의 상호적으로 그리고 『후한서』의 기록과 다른 점으로써 불확실한 것은 제외하고 『후한서』에는 단단대령의 서쪽에 낙랑이 없이 동쪽에 낙랑군에 속한 동부도위를 두었으며 영동 7현에 대한 언급이 없다.

반면에 『삼국지』 기록 1편은 단단대령 동쪽에 동부도위를 두는 한편 별도로 옥저가 포함된 영동 7현을 두고 낙랑이 다스렸다는 것이고, 다른 1편은 단단대령 서쪽 낙랑군에 소속하고, 동쪽은 동부도위를 두어 다스리는데 이곳은 전부 예인이라는 것이다. 여기에는 영동 7현이 없다.

따라서 영동 7현은 네 가지 기록 중 한 가지 기록에서만 나오고 이것도 단단대령 동쪽 지방을 나누어 설치한 동부도위 중 별도로 영동 7현을 두고 통치했다는 것인데 여기에 옥저도 포함되었는데 이 옥저가 예인이라는 것이다. 결국 영동 7현은 동부도위에 속하는데 여기에 예인의 옥저도 포함되었다는 것이다.

그러므로 이 영동 7현은 4개의 사서 기록 중 1개 기록에서만 나오는 점으로 보아 정식 명칭으로 실재 존재했는지 의문일 수밖에 없다. 또한 그 7현은 『후한서』「예전」과 『삼국지』「예전」에 의하면 동부도위의 7현이다. 별도의 7현이 아니다. 따라서 영동 7현은 동부도위의 7현으로 『삼국지』의 기록자나 편찬자가 임의로 만든 용어이다. 이를 지금까지 300년 이후 1,700년간이나 그대로 인정하였고, 식민사학과 주류 강단 사학계는 이를 사실로 인정하는 것에서 더 나아가 식민사학에 이용하였던 것이다.

> 영동 7현은 별도로 없었던 것으로 이는 1,700년간 잘못 해석하여 온 사항이다.

이 영동 7현이 임의로 사용한 용어이며, 없어진 낙랑군 7현이 아니라는 것은 그들이 이 논리를 위하여 인용하여 사용한 『삼국지』「동옥저전」의 다른 편인 「예전」에서도 확인할 수 있다. 즉 먼젓번 사서에 있었던 낙랑군 소속 7현이 나중의 사서에는 없어짐으로써 이 없어진 낙랑군 속현이 영동 7현이라는 주장의 낙랑군이 이 사서상의 기록에 의하면 영동 7현이 있는 단단대령의 동쪽이 아니라 서쪽에 있었다는 사실을 말해 주고 있다. 이는 영동 7현이 낙랑군 속현이 아니라는 것이다. 이는 이 영동 7현이 동부도위의 7현이라는 기록과 일맥상통한다. 또한 이들이 낙랑 속현 7현이 있었던 사서라는 【사료22】『한서』「지리지」 1. 유주상의 기록을 보면 소위 영동 7현이 속한 동부도위가 낙랑군뿐만 아니라는 사실이다. 즉, 동부도위 소속현은

1. 유주
③ 대군(代郡)
5) 마성현(馬城縣), 동부도위(東部都尉)가 다스린다.

> ④ 상곡군(上谷郡)
> 4) 여기현(女祁縣), 동부도위(東部都尉)가 다스린다.
> ⑦ 요서군(遼西郡)
> 8) 교려현(交黎縣), 유수(渝水)가 상류에서 새(塞) 밖에서 만나서 남쪽으로 바다로 들어간다. 동부도위(東部都尉)가 다스린다. 왕망은 금로(禽虜)라고 하였다.[4]
> [4] 應劭曰今昌黎師古曰渝音喻其下並同. 應劭(응초)가 말하기를 지금 昌黎(창려)라고 했다. 師古(사고)는 말하기를 渝의 음은 유(喻)라고 했다. 그 아래는 모두 같다.
>
> ⑧ 요동군(遼東郡)
> 13) 무차현(武次縣), 동부도위(東部都尉)가 다스린다.
> ⑩ 낙랑군(樂浪郡)
> 20) 부이현(不而縣), 동부도위(東部都尉)가 다스린다.
> 3. 병주(幷州)
> ① 안문군(鴈門郡)
> 11) 평성현(平城縣), 동부도위(東部都尉)가 다스린다.

들이다. 이들은 6개이다. 따라서 다른 일부 기록에 영동 6부라는 기록이 있는 것이다. 또한 이들은 낙랑군만이 아니다. 이는 결국 낙랑군 소속 현이 영동 7현이 아니라는 사실을 입증해 준다. 즉 영동 7현은 낙랑군 속현이 아니라 동부도위에 속한 현이라는 것이다. 이것을 『삼국지』 내지는 이 사서에서 주로 인용한 『위략』의 저자가 착오 내지는 임의로 기록한 것이다. 이것도 모르고 아니면 알고서도 아니면 관계없이 그들의 논리에 이용한 것이다. 그들은 낙랑군 속현으로 잘못 보고 낙랑군의 위치에 따라 이를 잘못 비정한 것이다.

> 주류 강단 사학계의 영동 7현은 허위다.
> 이는 영동 6현이고 여러 군의 것을 동부도위가 다스린 것으로
> 전부 낙랑군이 아니다. 더군다나 영동 7현의 불내현은
> 낙랑군 소속이 아니고 낙랑 지역이다.

이러한 사실에서 확인할 수 있는 것은,

① 이 원래 현토군 자리이자, 동옥저 자리이자, 예맥의 자리이자, 고구려의 국내(주) 위나암성 자리이자, 낙랑의 불내현 자리는 낙랑군 불내현 자리가 아니라는 사실이다. 위의 【사료22】『한서』「지리지」1. 유주상의 기록에 의하면 여러 군의 동쪽 지방을 동부도위가 다스린 것을 알 수 있다. 하지만 소위 영동 7현 내지는 영동 6부는 낙랑군 지역이라고 하였다. 이곳은 낙랑군 지역이 아니다. 그렇다면 무엇인가. 중국사서 『후한서』와 『삼국지』는 낙랑과 낙랑군을 혼돈하여 이곳 낙랑 지역을 낙랑군의 동부도위가 다스린 것으로 착각한 것이다. 이곳은 고구려가 현토군을 쫓아낸 다음 차지하여 국내주로 다스리고 위나암성을 둔 불내성 자리이다. 이 불내성을 낙랑군 소속의 불이(내)현과 착각한 것이다. 이것은 새로운 사실이다. 주류 강단 사학계는 예를 강릉 지방에 위치케 하려는 일념으로 이러한 검토 없이 무조건 『후한서』와 『삼국지』의 기록을 그대로 한반도로 비정해 버린 것이다. 즉 신라를 침범한 불내현과 화려현이 낙랑군 소속이라는 것을 고구려 국내주에 있던 위나암성의 불내(이)성을 적용한 채 이 불내(이)성을 낙랑군의 불내현으로 착각한 것이다. 낙랑군(불내현, 화려현)은 이곳 불내성인 고구려 국내주 북쪽에 있었다. 물론 이곳 전체는 하북성 낙랑 지역이다.

② 중국사서와 중국사서의 기록자들 그리고 이들의 역사인식과 지

식을 그대로 맹종하는 주류 강단 사학계는 낙랑과 낙랑군 그리고 낙랑국을 착오 내지는 고의로 착각하였으며 이 착각에 의하여 기록하고 해석하기 때문에 우리 고대 역사가 제대로 전해질 수 없었던 것이다. 우선 낙랑에 대한 개념이 이들에게는 없다. 낙랑에 대하여는 앞에서 살펴보았지만 낙랑은 크게는 고조선과 후의 위만조선의 땅으로 중국인들에게는 동이족 조선국의 땅 전체를 일컫는 것이다.

여기에는 나중에 고구려 지역이 되는 국내주 지역과 고국원 지역이 포함되어 있다. 그리고 여기에 설치된 것이 현토군, 낙랑군이다. 이 전체 지역이 낙랑이고 이 전체 지역 중에 한나라가 설치한 군 중의 하나가 낙랑군이다. 그리고 이 하북성 낙랑이 동남쪽 산동성으로 이동하여 여기에 동옥저가 옮기어 남옥저가 되고 이곳 남옥저 땅의 남쪽인 신라의 건국지 옆에 세운 것이 최씨 낙랑국이다. 위의 중국사서 『후한서』와 『삼국지』는 전체 낙랑 지역과 한나라의 낙랑군을 착각 내지는 고의로 혼돈하여 이곳 낙랑 지역을 한나라 낙랑군이 동부도위에 의하여 다스린 것으로 기록하고 있다.

낙랑은 원래 고조선 지역을 일컫는 넓은 지역으로 이 하북성 낙랑 지역에는 (동, 북)옥저, 낙랑군, 현토군이, 산동성 나중의 낙랑 지역에는 (남)옥저, 낙랑국, 신라 등이 있다.

이 착각한 지역은 고구려가 차지하여 그 영역으로 하고 있었던 것을 낙랑군이 다스린 것으로 기록하고 있다. 그리고 이 낙랑 땅에서 백제와 신라도 건국되었다고 사서에 기록하고 있다. 하지만 이 낙랑은 하북성 낙랑이 남으로 이동한 산동성 낙랑이다. 이에 대하여는 앞에서 낙랑에 대하여 설명하면서 자세히 확인하였다. 특히 신라는 낙랑이 동남쪽으로 옮겨져 산동성에 있게 되자 여기에 낙랑국이 생겼고 이 땅 즉 후의 낙랑 땅에서 신라가 건국되었기 때문에 계속하여 낙랑이라는 이름이 같이 따라다녀 결국 한반도 평양에조차 신라의 유민들이 이동 중에 그 이름을 남기는 것을 일제 식민 사학자들과 주류 강단 사학자들이 여기에 한나라 낙랑군이 있다고 믿게 되는 단서인 것이다.

③ 만약 주류 강단 사학계의 비정대로 영동 7현이 맞는다면 아니 사실 성립할 수가 없다. 만약 동부도위 즉 낙랑군이 평양에 있었고 그 동쪽인 강릉 지방의 예를 동부도위가 다스렸다면 그 동부도위가 다스린 7현은 아니지만 6현은 대군, 상곡군, 요서군, 요동군, 낙랑군, 안문군이 되는데 이들은 결코 한반도에 있을 수 없거니와 주류 강단 사학계도 비정하지 아니 한 사항이다.

절대로 있을 수 없는 것이지만 만약 그들의 비정대로라면 그 머나먼 하북성에서부터 한반도까지 죽 늘어선 연5군 내지는 한사군 중에 동부도위는 어떻게 동쪽에 있는 현만을 골라 설치할 수 있었을까 하는 비판을 도저히 감당하지 못한다. 이 동부도위 소위 영동 7현 아니 사실은 영동 6부이지만 이러한 관련 사실에 의하여서도 소위 연5군 내지는 소위 한사군은 그들의 비정대로 죽 늘어서서 한반도까지 설치된 것이 아니라 본 필자의 비정대로 하북성에서 모여 위치해 있었던 사실이 입증되는 것이다.

> 주류 강단 사학계의 영동 7현 한반도 비정은 중국 군현인 대군, 상곡군, 요서군, 안문군이 한반도에 있다는 심각한 오류를 발생하게 한다.

더군다나 이들의 위치는 대표적으로 요서군 교려현만 보더라도 위에 인용한 사서인 【사료22】『한서』「지리지」1. 유주상에 요서군 교려현이 창려 지방이라 하였고, 여기에 흐른다는 유수는 갈석산과 관련된 요서 지방이라고 하는 것이다. 여기에 갈석 즉 조조가 호타하에 와서 갈석을 보고 시를 지었다고 한다.

> 【사료125】『수경주』「유수」
>
> **유수는 또 동남으로 흘러 류현 갈석산에 이른다.** (문영은 말하기를 갈석은 요서군 류현에 있다고 하였는데 왕망 때의 선무이다. 류현은 임유현에 병합되었다. 왕망은 임유를 풍덕으로 바꾸었다. 지리지에서 말하기를 대갈석산은 우북평군 려성현 서남에 있다고 하였다.) **왕망이 한자를 바꾸어 개석이라 했다. 한 무제가 일찍이 올라가서 큰 바다를 바라보고 그 돌에다 글을 새겼는데 이것이다. 이제 용도와 같은 돌이 산 정상에 수십 리 서 있는데 큰 돌이 있어 기둥 모양인데 왕왕 가서 보면 큰 바다 가운데 서 있다. 밀물이 일면 숨겨져 보이지 않고 썰물이 되면 움직이지 않고 잠기지 않는다. 그 얕고 깊음을 알지 못하니 세간에서는 이를 천교주라 한다.**

즉 지금의 하북성 석가장시 정정현 인근이다. 이곳 바다 즉 바다로 불렸던 압록수인 지금의 호타하이다. 따라서 동부도위는 이곳이고 소위 '영동 7현'은 임의로 명명된 명칭으로 이것은 동부도위 소속 현을 말한다.

그리고 개마대산과 단단대령은 별개의 것이 아니라 같은 것을 사건이 다른 사항을 한 번에 기록하다가 다른 것처럼 기록한 것뿐이다. 증거는 영동 7현이 동부도위라는 것과 이들의 서쪽에는 개마대산과 단단대령밖에는 없다는 것이고 이들이 속한 옥저 경계에 대한 기록상 서쪽에는 개마대산 그리고 동쪽으로는 바다에 임한다고 되어 있어 다른 것이 없는 것으로 기록되었다는 것이다. 그렇다면 단단대령도 없거나 개마대산을 지칭하는 것이라고 해석할 수밖에 없다. 이 개마대산 즉 단단대령은 한반도에서는 찾을 수 없다. 평안도와 함경도 사이의 산맥이 아닌 것이다. 여기 한반도에는 옥저나 낙랑군이 없었다. 그리고 갈석산도 없었다. 그리고 유수인 호타하가 바다로 불려 그 바다 속에 갈석이라고 불리는 것도 없었다. 이곳은 우북평군도 아니었다. 이 고구려와 낙랑군 그리고 옥저가 있었던 개마대산 즉 단단대령은 갈석산이 있었던 지금의 하북성과 산서성을 가르는 태행산맥이다. 이 동쪽에 현토군 그리고 현토군 고구려현이 있었고, 낙랑군과 동옥저가 있었고 동쪽에 나중에 고구려가 있었던 것이다.

> 개마대산과 단단대령은 같은 것이고
> 이는 원래 태행산맥으로 하북성 산서성에 있다.

여러 가지를 감안한 채 이를 '낙랑군 평양설' 논리에 맞추어 소위 영동 7현을 동해 바닷가 함흥 등지에 비정하였다. 이러한 비정은 모든 것이 조작이고 잘못된 것임을 이미 앞에서부터 밝혀왔다. 특히 갈석산이 없다. 갈석산은 하북성에만 존재하는 것이다. 더군다나 바다로 불리는 호타하도 없다. 조조가 여기에 오지도 아니 하였다. 그리고 요서라고 불리지도 아니 하였다. 이러한 사실을 현재 주류 강단 사학계는 아는가, 모르는가, 알고도 침묵하는 것인가.

> 영동 7현 즉 동부도위 6현은 하북성 호타하 및 갈석산과 같이
> 요서에 있었다. 이병도의 함경도 동해안이 아니다.

이러한 여러 사항에 의하여 입증되어 충분하지만 몇 가지만 추가로 제시하고자 한다. 식민사학과 주류 강단 사학계의 논리가 얼마나

허망한 것임을 알 것이다.

> 【사료102】『삼국사기(三國史記)』卷第二十三 百濟本紀 第一 시조 온조왕(溫祚王) 13년 5월
>
> 하남위례성으로 천도할 계획을 세우다(기원전 6년 05월)
>
> 〔13년(B.C.6)〕여름 5월에 왕이 신하들에게 말했다. "동쪽에는 낙랑이 있고, 북쪽에는 말갈이 있다. 그들이 변경을 침공하여 편안한 날이 없다."

여러 차례 반복하여 거론하지만 백제 동쪽에 낙랑이 있고, 북쪽에는 말갈이 있어

> 【사료150】『삼국사기(三國史記)』卷第二十三 百濟本紀 第一 시조 온조왕(溫祚王) 17년
>
> 17년(B.C.2) 봄에 낙랑이 쳐들어와서 위례성(慰禮城)을 불태웠다.

> 【사료95】『삼국사기(三國史記)』卷第二十三 百濟本紀 第一 시조 온조왕(溫祚王) 2년 1월
>
> 말갈에 대한 방어 대책 마련을 지시하다(기원전 17년 01월)
>
> 2년(B.C.17) 봄 정월에 왕이 여러 신하에게 말하기를, "말갈(靺鞨)은 우리의 북쪽 경계와 잇대고 있는데, 그 사람들이 용감하고 속임수가 많으니, 마땅히 병장기를 수선하고 양곡을 쌓아두어 막아 지킬 계획을 세워야 한다."라고 하였다.

수시로 침범하는 한편 말갈의 경우 말갈 단독으로는 무령왕 시기에는 503년, 506년 그리고 고구려와 함께는 507년까지 침범하는 곳,

이 말갈이

【사료151】『삼국유사』 권 제1 제1 기이(紀異第一) 낙랑국(樂浪國)

또 ≪삼국사(三國史)≫에 이르기를 "백제(百濟) 말년에 발해와 말갈과 신라가 백제의 땅을 갈랐다."라고 하였다. 이에 의하면 말갈발해(靺海)가 또 갈라져 두 나라로 된 것이다. [신]라(羅) 사람들이 이르기를 "북쪽에는 말갈이 있고 남쪽에는 왜인이 있고 서쪽에는 백제가 있으니 이것들이 나라에 해악이다."라고 하였고 또 "말갈의 땅은 아슬라주(阿瑟羅州)에 접하였다."라고 하였다.

【사료205】『삼국사기(三國史記)』 卷第一 新羅本紀 第一 지마(祗摩) 이사금(尼師今) 14년 1월

말갈이 북쪽 변경을 침략하다(125년 01월(음))

14년(125) 봄 정월에 말갈(靺鞨)이 북쪽 경계에 대거 침입하여 관리와 백성을 죽이고 노략질하였다.

신라에도 초기부터 가까이 있어 침범하는 한편 늦게는 921년까지 침범하는 곳,

【사료191】『삼국사기(三國史記)』 권 제12 신라본기 제12 경명왕(景明王) 五年春二月

견권이 말갈족을 물리치다(921년 02월(음))

2월에 말갈(靺鞨)의 별부(別部)인 달고(達姑) 사람들이 북쪽 변경에 와서 도적질을 하였다. 이때 태조의 장수인 견권(堅權)이 삭주(朔州)를 지키다가 기병을 이끌고 공격하여 크게 격파하여, 말 한 필도 돌아가지 못하였다. 왕이 기뻐하여 사신과 편지를 보내 태조에게 사례하였다.

한편 백제의 동쪽 가까이 있어 백제를 괴롭힌 낙랑이 신라 역시

【사료101】『삼국사기(三國史記)』卷第一 新羅本紀 第一 시조 혁거세(赫居世)거서간(居西干)30년

낙랑이 침략하다(기원전 28년 04월30일)

〔30년(B.C.28)〕 낙랑인(樂浪人)이 병사를 이끌고 침략해 왔다. 변경 사람들이 밤에 문을 걸어 잠그지 않고 곡식도 한데에 쌓아 들판에 널린 것을 보고서 서로 말하기를, "이곳의 백성들은 서로 도둑질을 하지 않으니, 가히 도(道)가 있는 나라라고 할 수 있다. 우리가 군사를 몰래 내어 습격하는 것은 도적이나 다를 바 없으니 부끄럽지 않겠는가?"라고 하며 병사를 물려서 돌아갔다.

수시로 침범하는 한편,

【사료103】『삼국사기(三國史記)』권 제1 신라본기 제1 유리(儒理) 이사금(尼師今) 14년

낙랑인이 투항해 오다(37년 (음))

14년(37)에 고구려왕 무휼(無恤)이 낙랑(樂浪)을 습격하여 멸망시켰다. 그 나라 사람 5,000명이 투항해 오니 6부(六部)에 나누어 살게 하였다.

이 (최씨)낙랑국이 투항해 오는 곳이자,

【사료100】『삼국사기(三國史記)』卷第一 新羅本紀 第一 유리(儒理) 이사금(尼師今) 17년 9월

화려와 불내가 침략해 오다(40년 09월(음))

203

> 17년(40) 가을 9월에 화려현(華麗縣)과 불내현(不耐縣) 두 현의 사람들이 연계하여 모의하고서는 기병을 이끌고 북쪽 변경을 침범하였다. 맥국(貊國)의 거수(渠帥)가 군사를 내어 곡하(曲河)의 서쪽에서 기다리고 있다가 쳐서 물리쳤다. 왕이 기뻐하여 맥국과 더불어 우호 관계를 맺었다.

한나라 군현인 낙랑국도 침범하는 곳이자, 남쪽에는 왜가 가까이 있어 수시로 침입하는 곳

【사료171】『삼국사기(三國史記)』 卷第一 新羅本紀 第一 시조 혁거세(赫居世) 8년

왜인이 변경을 침략하다(B.C.50)
8년(B.C.50)에 왜인(倭人)이 병사를 일으켜 변경을 침범하려 했는데,(註001) 시조가 신령한 덕이 있다는 말을 듣고 되돌아갔다.

註 001
왜인(倭人)이 … 했는데 : 신라와 왜 사이의 적대 관계가 오랜 연원을 가졌음을 보여주는 기사이다. 본서에서 왜는 신라의 변경을 침범한 최초의 외부 세력으로 나온다. 신라본기에는 이 기사를 비롯하여 총 51건의 '왜' 관련 기사가 나오는데, 그 기사의 대부분은 5세기 말 이전에 몰려 있으며, 그 가운데서도 왜의 '침략'을 전하는 기사는 도합 29건에 이른다. 한편 신라를 침탈한 왜의 실체를 둘러싸고는 한반도 남부의 가야 지역에 들어와 있던 왜인으로 보는 견해도 있고(井上秀雄, 1970), 일본열도에서 바다를 건너온 해적 집단으로 보는 견해도 있다(旗田巍, 1975).
〈참고문헌〉
井上秀雄, 1970, 「日本書紀の新羅傳說記事」, 『日本書紀研究』 4
旗田巍, 1975, 「三國史記新羅本紀にあらわれた倭」, 『日本文化と朝鮮』 2
강종훈, 2011, 「『삼국사기』에 보이는 '왜(倭)'의 성격」, 『삼국사기 사료비판론』, 여유당

이 왜는 신라 초기는 물론 신라 소지왕 시기에는 482년, 486년, 497년, 500년 각각 침입하는 이곳은 한반도가 아니다. 더군다나 주류 강단 사학계의 비정에 의하면 함경도 지방에 있다는 옥저가

> **【사료104】**『삼국사기(三國史記)』 卷第一 新羅本紀 第一 시조 혁거세(赫居世)거서간(居西干)53년
>
> 동옥저 사신이 오다(기원전 5년)
>
> 53년(B.C.5)에 동옥저(東沃沮)(註 001)의 사신이 와서 좋은 말 20필을 바치며 말하기를, "저희 왕께서 남쪽의 한(韓)에서 성인이 나셨다는 소식을 들으셨기에 신으로 하여금 와서 선물을 드리게 하셨습니다."라고 하였다.
>
> 註 001
> 동옥저(東沃沮) : 삼국시대 초기에 함흥을 중심으로 한 함경도 해안 일대에 자리 잡았던 예족(濊族)의 나라. 애초의 이름은 '부조(夫租)'였으며, 낙랑군 동부도위(東部都尉)에 속한 이른바 '영동 7현'의 하나였다. 『삼국지』 권30 위서 오환선비동이전에서 '동옥저(東沃沮)'라는 이름으로 적기 시작하여, 역대 사서에서는 일반적으로 '옥저(沃沮)'로 표기하였다. 『삼국지』에 의하면, "큰 나라 사이에 끼여 핍박을 받다가 고구려에 신속(臣屬)하였다."라고 하는데, 본서 권15 고구려본기3 태조왕 4년(56) 7월조에 "동옥저를 정벌하여 그 땅을 빼앗아 성읍으로 삼았다."는 기사가 나온다.

경상도의 신라에 말 20필을 선사하는 곳이자 서울 지방의 백제에 귀순해 오는 곳이자,

【사료105】『삼국사기(三國史記)』권 제23 백제본기 제1 시조 온조왕(溫祚王) 43년 10월

남옥저 구파해 일행이 귀순하다(25년 10월(음))

〔43년(25)〕 겨울 10월에 남옥저(南沃沮)의 구파해(仇頗解) 등 20여 가(家)가 부양(斧壤)(註 002)으로 와서 귀순하니[納款] 왕이 이들을 받아들여 한산(漢山) 서쪽에 안치하였다.

註 002
부양(斧壤) : 본서 권23 백제본기1 온조왕 8년(B.C.11)과 22년(4) 9월에 말갈과 전투를 벌인 대부현이나 부현과 같은 곳으로, 현재의 강원도 평강군 평강면에 비정된다.

이러한 옥저를 신라가 개척하는 이 함경도 지방에 왜 사신이 방문하는 곳,

【사료106】『삼국사기(三國史記)』卷第二 新羅本紀 第二 아달라(阿達羅) 이사금(尼師今) 5년 3월

죽령을 개척하고 왜의 사신이 오다(158년 03월(음))

5년(158) 봄 3월에 죽령(竹嶺)(註 001)을 개척하였다. 왜(倭)(註 002)의 사신이 예물을 가지고 방문하였다.

註 001
죽령(竹嶺) : 지금의 경상북도 영주시 풍기읍과 충청북도 단양군 대강면 사이에 위치한 높이 689m의 고개로, 죽령재 혹은 대재라고도 한다. 죽령은 신라가 고구려·백제와 경계를 이루는 소백산맥을 넘어가는 교통로상의 요지라고 할 수 있다. 죽령은 직접적으로는 경상북도 영주시 풍

기읍과 충청북도 단양군 대강면을 연결하는 곳이지만, 이곳을 중심으로 한반도 중부 지역과 신라 왕경 경주를 잇는 교통로를 설정할 수 있다. 이를 죽령로(竹嶺路)라고 할 수 있는데, 충청북도 충주시-단양군-경상북도 영주시-예천군-안동시-청송군-의성군-군위군-영천시-경주로 이어지는 길이다.

〈참고문헌〉
徐榮一, 1999, 『新羅 陸上 交通路 硏究』, 학연문화사
崔永俊, 2004, 『한국의 옛길 嶺南大路』, 高麗大學校 民族文化硏究院

註 002
왜(倭) : 신라를 침략하거나 혹은 신라와 교류하는 왜 세력의 실체에 대해서는 여러 논의가 있다. 이에 대해서는 본서 권1 신라본기1 혁거세거서간 8년(B.C.50)조 기사의 주석 참조.

　이곳은 주류 강단 사학계가 비정하는 한반도도 아니고 어느 다른 한반도에 비정할 수 없다. 이곳은 56년 동옥저가 고구려에 멸망하기 전에는 신라와 교류하였으며 이 옥저가 남쪽으로 내려오자 이곳 남옥저 죽령 지방 남쪽에 신라가 나라를 세우고 그 북쪽 경계지방인 이곳 죽령 지방을 개척(158년)하였던 것이다. 이곳에 246년 고구려 동천왕이 피신해 왔던 것이다. 따라서 사서에는 기록되지 않았지만 이 158년(신라 죽령 지방 개척)과 246년(고구려 동천왕 피신) 사이에 신라의 북쪽 변경인 이 죽령 지방을 고구려가 차지한 것이다. 따라서 사서에는 기록되지 않았지만 158년과 246년 사이에 신라의 이 죽령 지방을 고구려가 차지한 것이다. 이러한 사실은 245년

【사료206】『삼국사기(三國史記)』 권 제17 고구려본기 제5 동천왕(東川王) 19년 10월

신라의 북쪽 변경을 공격하다(245년 10월(음))

〔19년(245)〕 겨울 10월에 군사를 내어 신라의 북쪽 변경을 침략하였다.

【사료207】『삼국사기(三國史記)』 권 제2 신라본기 제2 조분(助賁) 이사금 (尼師今) 16년 10월

고구려가 쳐들어오자 석우로가 마두책을 지키다(245년 10월(음))

16년(245) 겨울 10월에 고구려가 북쪽 변경을 공격하였다. 우로(于老)가 병사들을 거느리고 나가 싸웠으나 이기지 못하고 물러나 마두책(馬頭柵) 을 지켰다. 그날 밤 매우 추웠는데, 우로가 병사들을 위로하고 몸소 장 작을 태워 그들을 따뜻하게 해주니, 병사들이 감격하였다.

■三國史記 卷第三十七 雜志 第六 지리(地理)四 백제(百濟)

삼국의 이름만 있고 그 위치가 상세치 않은 곳

마두책(馬頭柵)

고구려가 신라의 북쪽 변경을 침략한 것으로 알 수 있다. 물론 이 기록에는 남옥저 죽령 지방이라고 하거나 이곳을 고구려에 빼앗긴 것을 기록하지 않았지만 신라의 북쪽 변경이라고 한 것으로 보아 이 곳은 신라가 개척한 남옥저 죽령 지방이라는 사실을 명확히 알 수 있 다. 사정이 이러한데도 주류 강단 사학계는 중국사서보다도 이러한 역사를 모른 채 아니 알면서도 그들의 교리인 '낙랑군 평양설'을 유지 하기 위하여 모든 것을 여기에 맞추어 조작을 가하여 옥저 해방 후

75년이 지났는데도 이병도의 주장대로 동옥저를 "대체로 지금의 함흥평야에서 두만강 하류에 이르는 해안지대로 비정되는데, 함흥평야 일대의 옥저는 남옥저(협의의 동옥저), 두만강 하류 유역의 옥저는 북옥저로 불렸다."라고 하여 함경도 지방으로 전부 비정하고 있다.

그러면 여기 함경도 지방에서 그들의 비정대로라면 백제와 신라 그리고 왜, 낙랑, 말갈과 밀접한 관계를 맺었다는 것이다. 신라가 함경도 두만강 지방을 개척하고 왜가 이곳을 방문하였다는 것이다. 그리고 이 신라를 왜가 수시로 침범하였다는 것이다. 이는 역사가 아니다. 단지 '낙랑군 평양설'에 관련해서만 맞춘 어설픈 조작이다. 이 설에 의하면 고구려가 신라 북쪽 변경을 침범하는 사건은 있을 수 없다. 왜냐하면 당시 고구려는 이곳까지 진출하지 않았다. 더군다나 고구려와 신라 중간에 낙랑이 버티고 있었기 때문이다. 그리고 그 다음에 동해안을 제외하고는 백제가 버티고 있기 때문이다. 이것이 가능한 곳은 주류 강단 사학계가 비정하는 한반도가 아니다. 이러한 사실은

【사료94】『삼국유사』권 제1 제1 기이(紀異第一) 말갈(靺鞨)과 발해(渤海)

살펴보건대 동명제(東明帝) 즉위 10년에는 북옥저(北沃沮)를 멸망시켰으며, 온조왕(溫祚王) 42년(24)에는 남옥저(南沃沮)의 20여 가호가 신라로 귀순해 왔다. 또 혁거세 53년(5)에는 동옥저(東沃沮)가 와서 좋은 말을 바쳤다고 하였은즉 또 동옥저도 있는 것이다. ≪지장도≫에서는 "흑수는 만리장성 북쪽에 있고, 옥저는 만리장성 남쪽에 있다."고 하였다.

『삼국유사』에서도 확인되는 것이다. 또한 고구려는 당연히 현토군과 관련 있고 이 현토군은 옥저와 관련이 있다. 이 옥저와 관련 있는 것으로 주류 강단 사학계는 낙랑군을 연관시켰고 여기에 개마대산과

단단대령을 엮어 이들을 평안도와 함경도 등에 비정하였다. 그런데 위의 기록들을 보면 옥저는 백제와 신라가 다 관계가 있고 낙랑도 백제와 신라가 다 관계가 있다. 또한 말갈도 백제와 신라가 관계가 있다. 그들의 비정에 의하면 평양과 함경도에 있던 낙랑과 옥저가 기원전후 시기에 경기도 및 서울에 있던 백제와 경상도 경주에 있던 신라와 가까이 있었던 것이다. 더군다나 백제의 수도와 낙랑이 가까웠던 것이다. 물론 당시 이들 신라와 백제의 북쪽에 말갈이 있었고 북쪽에는 고구려가 있었다. 이러한 기록은 수없이 많다. 이러한 현상은 그들이 비정하는 한반도에서는 성립할 수 없다.

이에 대하여는 계속하여 증거를 가지고 설명할 것이다. 역사적 진실은 위의 『삼국유사』 기록에 새겨져 있다. 이에 의하면 옥저는 만리장성 남쪽에 있다고 되어 있다. 당시의 만리장성은 현재의 만리장성으로 하북성 진황도시 산해관에서 동북쪽으로 북경 북쪽을 지나는 것이 아니다. 이것은 명나라 장성이다. 당시의 만리장성은 하북성 보정시와 석가장시에 있었던 연장성에 추가로 쌓은 것이다. 따라서 옥저는 사서의 기록대로 개마대산이자 단단대령인 지금의 산서성 태행산맥 동쪽인 석가장시 북쪽이자 보정시 서쪽(북옥저)과 이보다 남쪽인 보정시 서남쪽(동옥저)에 있었던 것이다.

> 옥저는 사서의 기록대로 개마대산이자 단단대령인 지금의 산서성 태행산맥의 동쪽인 석가장시 북쪽이자 보정시 서쪽(북옥저)과 이보다 남쪽인 보정시 서남쪽(동옥저)에 있었고 남옥저는 산동성 신라의 북쪽인 산동성 낙릉시 인근에 있었다.

이곳 주위에 백제와 신라가 있었던 것이다. 『삼국사기』 초기 기록은 아니 고구려, 백제, 신라의 초기를 비롯한 전체 역사적 활동은 한반도에서 이루어진 것이 아니다. 이는 모든 중국사서 및 『삼국사기』의 기록에 의하여 어쩔 수 없이 내려지는 결론이다.

> 【사료61】『삼국사기(三國史記)』 卷第十七 高句麗本紀 第五 동천왕(東川王) 20년 10월
>
> 밀우와 유유가 동천왕을 지키다(246년 10월(음))
>
> 〔20년(246)〕 겨울 10월에 관구검이 환도성을 공격하여 함락시키고 성 안을 도륙하였으며 장군 왕기(王頎)를 보내 왕을 추격하였다. 왕이 남옥저(南沃沮)로 달아나 죽령(竹嶺)(註 003)에 이르렀는데,
>
> 註 003
> 죽령(竹嶺) : 여기서의 죽령은 현재의 함경남도 황초령으로 비정된다(이병도, 1977, 『國譯 三國史記』, 을유문화사, 265쪽). 당시 고구려의 수도 국내성에서 동옥저 방면으로 이어지는 교통로가 독로강을 따라 낭림산맥을 넘어 황초령에서 함흥 일대로 이어지는 교통로였을 가능성이 높기 때문에 죽령은 황초령이 타당하다.

이미 살펴본 기록으로 이는 남옥저가 죽령 지방이라는 것이고 이 죽령은 신라가 개척한 땅이고 왜와 교류도 있다. 또한 남옥저 사람이 백제로 귀순하여 왔다는 기록에 의하여 남옥저의 기록들에 의하면 죽령을 매개체로 하여 고구려, 백제는 물론 신라 그리고 왜가 관계가 있다. 이는 다시 백제와 신라 초기 기록과 연관되어 낙랑과 관계가 되고 한산 등 백제 역사와 관계가 되어 결국 이곳이 한반도가 아님이 확인된다.

이미 확인하였듯이 사서 기록상 옥저에는 동옥저와 북옥저 그리고 남옥저가 있다. 이에 대하여 자세히 논하고자 하면 지면을 많이 할애한다. 이에 대하여는 앞에서 설명하였다. 본 필자가 중국사서와 『삼

국사기』와 『삼국유사』를 연구해 본 결과, 이 모든 곳에는 우리 고대사의 수많은 비밀이 담겨 있다. 하지만 이것은 비밀이 아니었다. 일제 식민사학과 이를 이어받은 주류 강단 사학계가 비밀로 만들었다.

즉 중국사서와 이러한 모든 것을 제대로 역사를 정립하였으면 이것은 그 역사를 펼침에 각 요소가 되었을 것인데 이를 무시하거나 왜곡하여 역사를 세운 관계로 비밀로 되어버린 것이다. 중국사서와 『삼국사기』와 『삼국유사』에는 비록 편찬자가 자기 역사인식에 의하여 자기 나름의 해석을 하여 역사의 굴절을 가져왔지만 이들을 잘 연결하여 해석하면 제대로 된 역사가 발굴되어 바른 역사가 정립된다는 것을 알게 되었다.

본 필자의 작업이 바로 그것이다. 모든 우리 역사는 여러 번의 굴절을 거쳐 왜곡 조작된 것이 틀림없다. 왜곡 굴절 조작된 역사를 상식적인 것으로 가지고 있기 때문에 제대로 된 역사를 발굴한 것에 거부감이 있을 것이다. 하지만 수많은 세월 동안 역사가 굴절되었고 본인도 그 굴절된 역사를 제대로 된 역사로 알고 있었기 때문에 바른 역사를 제시하면 바른 역사가 굴절된 역사로 여겨지는 것은 당연한 이치이다.

> 중국사서와 『삼국사기』와 『삼국유사』를 제대로 해석하면 바른 역사가 보인다. 지금까지 이들 사서를 왜곡 해석하여 역사를 조작하였다.

이 굴절된 역사를 바로잡아 굴절된 인식을 바로 펴야 한다. 이 작업이 지금 이 순간이다. 우선 받아들이고 다시 생각해 보고 그래도 아니면 원래대로 생각하시라. 그러면 모든 것이 제대로 말해 줄 것이다.

확인한 바와 같이 동천왕이 도피하고 신라가 개척한 죽령이 지금 우리가 함흥 지방에 있다고 배워 알고 있던 옥저에 있는 것이다. 이 죽령은 우리가 알고 있기로 경북 영주와 충북 단양 사이의 고개로 알고 있다.

당연히 여기를 역사상 기록되어 있던 죽령으로 알고 있다. 그런데 주류 강단 사학계가 경상도와 충청도 사이에 있다고 가르쳐준 이 죽령이 주류 강단 사학계가 비정한 옥저가 있는 함경도 함흥 지방에 있다는 것이다. 그래서 주류 강단 사학계는 이 죽령을 그들의 논리대로 이 근방의 황초령으로 비정하였다.

또다시 이병도이다. 그가 과연 제대로 비정하였을까. 제대로 비정할 수도 있다. 하지만 그는 일제 식민 사학자이다. 역사에 식민지 사관을 불어넣어 역사를 왜곡한 장본인이다. 바르게 사료 그대로 해석하여야 함에도 모든 한민족 역사를 한반도에 구겨 넣어 한정시키려는 의식밖에는 없던 사람이다. 그가 제대로 역사를 해석하였을 가능성, 그대로 제대로 했다기보다 굴절, 왜곡, 조작했을 가능성이 많다. 그렇다.

[죽령과 남옥저에 대하여]

다음의 사서 기록을 보자. 그러면 더욱 혐의가 짙어질 것이다.

【사료105】『삼국사기(三國史記)』卷第二十三 百濟本紀 第一 시조 온조왕(溫祚王) 43년 10월

〔43년(25)〕 겨울 10월에 남옥저(南沃沮)(註 001)의 구파해(仇頗解) 등 20여 가(家)가 부양(斧壤)(註 002)으로 와서 귀순하니[納款] 왕이 이들을 받아들여 한산(漢山) 서쪽에 안치하였다.

註 001
남옥저(南沃沮) : 동옥저라고도 한다. 동옥저라는 명칭은 '고구려의 동쪽에 있는 옥저'에서 유래한 것이고, 남옥저는 두만강유역의 북옥저에 대한 대칭으로 사용되었다. 『삼국지(三國志)』 권30 동이전 동옥저전에 의하면 옥저는 개마대산의 동쪽 대해에 접해 있으며, 지형은 동북은 길어 천 리나 되고 북으로는 읍루·부여와 접하고 남으로는 예맥과 접한다고 한다. 『삼국지』에 나오는 동옥저가 옥저 전체를 가리키는지, 함흥 일대의 옥저에만 한정된 것인지 논란이 되었다. 이에 대해서는 동옥저가 함경남도 해안지대에서 두만강유역 일대에 걸쳐 존재하기 때문에 남옥저(함흥)와 북옥저(두만강 유역)를 포괄하는 것으로 보는 견해가 있다(이현혜, 57쪽). 이와 달리 동옥저와 남옥저를 동일시하면서 북옥저의 존재를 보면 남옥저가 적절한 명칭이라고 보는 견해도 있다(문안식, 3~5쪽). 또한 『삼국지』 권30 동이전 동옥저전에서 서술하고 있는 함흥 일대에서 두만강유역에 이르는 지역의 토착집단 전체를 지칭할 경우에는 옥저로, 함흥 일대에 한정되는 지역과 집단을 지칭할 경우는 남옥저로 지칭한다고 보기도 한다(이종록, 169~170쪽).
전체적으로 보면 동옥저=남옥저가 옥저의 총칭으로 사용되었으며, 옥저의 중심세력이라고 할 수 있다. 동(남)옥저의 중심지는 현재의 함흥지

역이며, 동예와의 경계선은 정평 일대였을 것으로 추정된다. 함흥지역의 정치집단은 임둔의 중요세력의 하나였으며, 부조현(夫租縣)이 설치되었다. B.C. 75년 현도군이 만주로 축출된 후 낙랑군의 동부도위(東部都尉)에 소속되었다(李丙燾, 1976). 동옥저를 구성한 세력 중에서는 불내(不耐)·화려(華麗)·옥저(沃沮) 등이 유력하였다. 태조왕 4년(56) 고구려에 신속된 후 맥포·어염·해중식물과 미녀들을 고구려에 공물로 바쳤다. 고구려는 이 지역에 대해 각 읍락 단위로 대인(大人)을 고구려의 사자(使者)로 삼아 공납을 징수하게 하는 등 간접적으로 지배하였다.

〈참고문헌〉
李丙燾, 1976, 『韓國古代史研究』, 博英社
문안식, 2008, 「옥저의 기원과 대외관계의 변화」, 『歷史學研究』 32, 湖南史學會
이현혜, 2010, 「沃沮의 기원과 문화 성격에 대한 고찰」, 『韓國上古史學報』 70
이종록, 2018, 「北沃沮의 기원과 실체에 관한 高句麗의 두만강 유역 進出」, 『韓國古代史研究』 91

註 002
부양(斧壤) : 본서 권23 백제본기1 온조왕 8년(B.C.11)과 22년(4) 9월에 말갈과 전투를 벌인 대부현이나 부현과 같은 곳으로, 현재의 강원도 평강군 평강면에 비정된다.

【사료106】『삼국사기(三國史記)』 卷第二 新羅本紀 第二 아달라(阿達羅) 이사금(尼師今) 5년 3월

죽령을 개척하고 왜의 사신이 오다(158년 03월(음))

5년(158) 봄 3월에 죽령(竹嶺)(註 001)을 개척하였다. 왜(倭)(註 002)의 사신이 예물을 가지고 방문하였다.

註 001
죽령(竹嶺) : 지금의 경상북도 영주시 풍기읍과 충청북도 단양군 대강면

사이에 위치한 높이 689m의 고개로, 죽령재 혹은 대재라고도 한다. 죽령은 신라가 고구려·백제와 경계를 이루는 소백산맥을 넘어가는 교통로상의 요지라고 할 수 있다. 죽령은 직접적으로는 경상북도 영주시 풍기읍과 충청북도 단양군 대강면을 연결하는 곳이지만, 이곳을 중심으로 한반도 중부지역과 신라 왕경 경주를 잇는 교통로를 설정할 수 있다. 이를 죽령로(竹嶺路)라고 할 수 있는데, 충청북도 충주시-단양군-경상북도 영주시-예천군-안동시-청송군-의성군-군위군-영천시-경주로 이어지는 길이다.

〈참고문헌〉
徐榮一, 1999, 『新羅 陸上 交通路 硏究』, 학연문화사
崔永俊, 2004, 『한국의 옛길 嶺南大路』, 高麗大學校 民族文化硏究院

註 002
왜(倭) : 신라를 침략하거나 혹은 신라와 교류하는 왜 세력의 실체에 대해서는 여러 논의가 있다. 이에 대해서는 본서 권1 신라본기1 혁거세거서간 8년(B.C.50)조 기사의 주석 참조.

【사료61】『삼국사기(三國史記)』 卷第十七 高句麗本紀 第五 동천왕(東川王) 20년 10월

밀우와 유유가 동천왕을 지키다(246년 10월(음))

〔20년(246)〕 겨울 10월에 관구검이 환도성을 공격하여 함락시키고 성 안을 도륙하였으며 장군 왕기(王頎)를 보내 왕을 추격하였다. 왕이 남옥저(南沃沮)로 달아나 죽령(竹嶺)(註 003)에 이르렀는데,

註 003
죽령(竹嶺) : 여기서의 죽령은 현재의 함경남도 황초령으로 비정된다(이병도, 1977, 『國譯 三國史記』, 을유문화사, 265쪽). 당시 고구려의 수도 국내성에서 동옥저 방면으로 이어지는 교통로가 독로강을 따라 낭림산맥을 넘어 황초령에서 함흥 일대로 이어지는 교통로였을 가능성이 높기 때문에 죽령은 황초령이 타당하다.

【사료208】『삼국사기(三國史記)』卷第四十四 列傳 第四 거칠부(居柒夫)

고구려 10군을 점령하다(551년 (음))

[진흥대왕] 12년 신미(辛未, 551)에 왕이 거칠부 및 대각찬(大角湌) 구진(仇珍), 각찬(角湌) 비태(比台), 잡찬(迊湌) 탐지(耽知), 잡찬 비서(非西), 파진찬(波珍湌) 노부(奴夫), 파진찬 서력부(西力夫), 대아찬(大阿湌) 비차부(比次夫), 아찬(阿湌) 미진부(未珍夫) 등 여덟 장군에게 백제와 더불어 고구려를 침공하도록 명령을 내렸다. 백제 사람들이 먼저 평양(平壤)(註 046)을 공격하여 깨뜨렸다. 거칠부 등은 승리를 틈타서 죽령 바깥, 고현(高峴)(註 047) 이내의 10군을 빼앗았다.(註 048)

註 046
여기서의 평양은 이른바 남평양(南平壤), 곧 북한산성이다(이병도,《국역 삼국사기》, 을유문화사 1977, 644쪽).

註 047
이곳에 처음 나오는 지명으로 현재의 확실한 지명은 알 수 없다. 고현은 철원 북쪽의 황해도 곡산(谷山)에 있는 고개로 확인되어 혹 이곳이 아닐까 한다(《海東地圖》하, 서울대학교 규장각 영인본, 1995, 82쪽). 고현은 《신증동국여지승람(新增東國輿地勝覽)》권42 곡산군(谷山郡) 산천조(山川條)에 나오는 고달산(高達山)으로 생각되며, 이 산은 군 동쪽 오십 리에 있다고 되어 있다. 그러나 철령(鐵嶺)으로 추정한 견해도 있다(이병도,《국역 삼국사기》, 을유문화사 1977, 644쪽). 죽령 이북의 10군을 생각할 때 철령은 적절하지 않다(정구복 외,《역주 삼국사기》4 주석편(하), 한국정신문화연구원, 694~695쪽).

註 048
《삼국사기》권4 신라본기 진흥왕 12년(551)조에도 보인다.

【사료209】『삼국사기(三國史記)』권 제45 열전 제5 온달(溫達)(A.D.590)

온달이 출정에 앞서서 맹세하다

[온달은] 출정하기에 앞서 맹세하기를 "계립현(鷄立峴)(註 162)·죽령(竹嶺)(註 163)의 서쪽 지역(註 164)을 되찾아오지 못한다면 돌아오지 않겠다!"고 하였다.

드디어 가서 아단성(阿旦城)(註 165) 아래에서 신라군과 싸웠는데, [온달은] 흐르는 화살에 맞아 쓰러져 죽었다.

註 162
鳥嶺(새재) 동북쪽의 고개로, 현재의 하늘재로 추정된다. 일명 鷄立嶺이다. 《신증동국여지승람》권29, 聞慶縣 山川조에서는 "鷄立嶺 俗稱麻骨山 以方言相似也 在縣北二十八里 乃新羅時舊路"이라고 했다(정구복 외, 《역주 삼국사기》4 주석편(하), 한국정신문화연구원, 752쪽).

註 163
현재의 충북 단양에서 경북의 영주시로 넘어가는 죽령(竹嶺)이다(정구복 외, 《역주 삼국사기》4 주석편(하), 한국정신문화연구원, 752쪽).

註 164
551년에 상실한 "竹嶺以外高峴以內十郡"을 지칭한다. 주보돈, 「단양신라적성비의 재검토」, 《경북사학》7, 1984, 39쪽, 39쪽 (정구복 외, 《역주 삼국사기》4 주석편(하), 한국정신문화연구원, 752쪽).

註 165
현재의 충북 단양군 영춘면 永春에서 서남 2km 되는 곳에 이른바 '온달산성'이 있다. 신라 溟州 奈城郡 子春縣(충북 단양군 영춘면)의 옛 지명이 乙阿旦城(일명 온달성)인 것이다. 이와 달리 현재의 서울특별시 성동구 광장진 북쪽 아차산으로 견해도 있다(이병도, 《국역 삼국사기》, 673쪽)(정구복 외, 《역주 삼국사기》4 주석편(하), 한국정신문화연구원, 752~753쪽).

【사료210】『삼국사기(三國史記)』卷第五 新羅本紀 第五 선덕왕(善德王) 11년

〔11년(642)〕 겨울에 왕이 장차 백제를 쳐서 대야성(大耶城)에서의 싸움을 되갚으려고 이찬(伊飡) 김춘추(金春秋)를 고구려에 보내서 군사를 청하였다. 처음에 대야성이 패하였을 때 도독(都督)인 품석(品釋)의 아내도 죽었는데, 바로 춘추의 딸이었다. 춘추가 이를 듣고 기둥에 기대어 서서 하루 종일 눈도 깜박이지 않았고, 사람이나 물건이 그 앞을 지나가도 알아채지 못하였다. 이윽고 말하기를, "아! 대장부가 되어 어찌 백제를 삼키지 못하겠는가?"라고 하고는 곧 왕에게 나아가 말하기를, "신이 고구려에 사신으로 가서 군사를 청하여 백제에 원수를 갚고자 합니다."라고 하자 왕이 허락하였다. 고구려의 왕인 고장(高臧)은 평소 춘추의 명성을 들었기 때문에 군사의 호위를 엄중히 한 뒤에 그를 만났다. 춘추가 나아가 말하기를, "지금 백제는 무도하여 긴 뱀과 큰 돼지가 되어 저희 영토를 침범하므로 저희 임금이 대국(大國)의 병마(兵馬)를 얻어서 그 치욕을 씻고자 합니다. 이에 저[下臣]로 하여금 대왕께 명을 전하도록 하였습니다."라고 하였다. 고구려의 왕이 말하기를, "죽령(竹嶺)은 본래 우리의 땅이니, 너희가 만약 죽령 서북의 땅(註 005)을 돌려준다면 군사를 내줄 수 있다."라고 하였다. 춘추가 대답하기를, "신은 임금의 명령을 받들어 군사를 구하는데, 대왕께서는 환란을 구원하여 이웃과 친선하는 데에는 뜻이 없으시고 단지 사신을 위협하여 땅을 돌려 줄 것만을 요구하십니다. 신은 죽을지언정 다른 것은 알지 못합니다."라고 하였다.

註 005
죽령 서북의 땅 : 본서 권제41 열전 제1 김유신 상(上)조에는 '마목현(麻木峴)과 죽령(竹嶺)'으로 기록되었다. 「단양 신라 적성비」에 의하면, 신라가 진흥왕 때 고구려의 적성(赤城 : 충북 단양)을 함락하였다고 한다. 이는 신라가 진흥왕 12년(551) 이전에 죽령을 돌파하고 소백산맥을 넘어 남한강 상류지역까지 진출했음을 알려준다. 이후 신라군은 남한강 줄기를 따라 북서진하여 한강 하류지역까지 점령하였다.

【사료211】『삼국사기(三國史記)』卷第四十一 列傳 第一 김유신(金庾信) 상

고구려왕이 김춘추를 곤경에 빠뜨리다(642년 (음))

혹자가 고구려왕에게
"신라 사신은 보통 사람이 아닙니다. 지금 온 것은 아마 우리의 형세를 관찰하고자 함일 것입니다. 왕께서는 그 계책을 세우시어 후환이 없도록 하소서."라고 고하였다. 왕이 곤란한 질문으로 대답하기 어렵게 하여 그를 욕보이고자 "마목현(麻木峴)(註 082)과 죽령(竹嶺)(註 083)은 본래 우리나라의 땅이다. 만약 우리에게 돌려주지 않는다면 돌아가지 못할 것이다." 라고 하였다. [김]춘추가 "국가의 토지는 신하가 마음대로 할 수 있는 것이 아니니 신은 감히 명을 따를 수 없습니다."라고 대답하였다. 왕은 노하여 그를 가두고 죽이고자 하였으나 미처 실행하지는 못하였다.

註 082
조령의 동북쪽 약 4km 지점에 위치하여 조령과 죽령 사이의 가장 낮은 지점에 해당하는 鷄立嶺을 가리키며, 《신증동국여지승람》 권14 연풍현 산천조에 따르면 鷄立嶺은 '俗云 麻骨岾'이라 하였고, 《삼국사기》 권45 열전5 溫達傳에서도 鷄立嶺과 竹嶺을 나란히 언급하고 있어 이 기사와 상통하는 측면이 있다. 지금도 鷄立嶺 주변에는 많은 성지가 남아 있어, 당시 계립령이 상당히 중요한 교통로의 하나였음을 알 수 있다(정구복 외, 《역주 삼국사기》 4 주석편(하), 한국정신문화연구원, 656쪽).

註 083
태백산맥의 큰 고갯길로, 영주시와 단양군 사이의 고갯길이다(정구복 외, 《역주 삼국사기》 4 주석편(하), 한국정신문화연구원, 656쪽).

【사료212】『삼국사기(三國史記)』卷第四十九 列傳 第九 개소문(蓋蘇文)

당 사신 상리현장과 연개소문이 대답하다(644년 01월(음))

처음 [상리]현장이 국경에 들어갔을 때, 연개소문은 이미 군대를 거느리고 신라를 공격하고 있었다.(註 048) 왕이 사신을 보내 연개소문을 부르자, 이에 돌아왔다. [상리]현장이 [황제의] 조서를 보여주니, [연개]소문은 다음과 같이 말하였다.
"지난날 수나라 사람들이 우리를 침략하였을 때, 신라가 이를 틈타 우리 성읍(城邑) 5백 리를 빼앗아 갔습니다.(註 049) 이로부터 원한이 생기고 사이가 멀어진 것이 이미 오래되었습니다. 만약 우리를 침략해서 빼앗아 간 땅을 돌려주지 않는다면, 전쟁을 멈출 수가 없습니다." [상리]현장이 다음과 같이 말하였다.
"이미 지나간 일을 어찌 다시 끄집어서 논의하고자 하십니까! 지금 요동(遼東)은 본래는 모두 중국의 군현(郡縣)이었습니다. [이러한] 중국도 오히려 말하고 있지 않은데, 고구려는 어째서 반드시 옛 땅을 찾고자 하십니까?"(註 050) [연개]소문은 [상리현장의 말을] 따르지 않았다.

註 048
이에 관해서는 《구당서》卷199上 列傳149上 東夷 高麗 貞觀 17年(643)과 《자치통감(資治通鑑)》卷197, 唐紀13 太宗 貞觀 18年(644) 正月 |《삼국사기》권5 신라본기5 선덕왕 13년(644) 春 正月 |《삼국사기》권21, 고구려본기9 보장왕 3년(644) 春 正月의 年月에 차이가 있다. 본 열전은 《삼국사기》고구려본기의 年月을 따른다.

註 049
이와 관련하여 《삼국사기》권4 신라본기4, 진흥왕 12년(551) |《삼국사기》19, 고구려본기7 양원왕 7년(551) 등을 참고할 수 있다. 그리고 보면 고구려가 신라에 한강 유역을 비롯한 영역을 빼앗긴 것은 수나라가 등장하기 전인데, 여기서는 짐짓 수나라 때의 일로 이야기하고 있다고 볼 수 있다.

註 050
요동의 귀속 문제를 둘러싼 고구려와 수·당과의 여러 논의에 대해서는 김수진, 2008, 「수·당의 고구려 실지론과 그 배경-대고구려전 명분의 한 측면-」《한국사론》54, 서울대 국사학과 참조.

【사료31】『구당서(舊唐書)』「동이열전 고구려」

○ [貞觀] 17년(A.D.643; 高句麗 寶藏王 2)에 그 嗣王 藏을 冊封하여 遼東郡王 高[句]麗王으로 삼았다. 또 司農丞 相里玄獎을 보내어 璽書를 가지고 가서 高[句]麗를 설득하여 新羅를 공격하지 말도록 하였다.
蓋蘇文이 玄獎에게 말하기를,
"高[句]麗와 新羅는 원수를 맺은 지가 이미 오래다. 지난날 隋와 서로 싸울 적에 新羅는 그 틈을 타서 高[句]麗 땅 5백 리를 빼앗고, 城邑도 신라가 모두 차지하였다. 스스로 그 땅과 城들을 돌려주지 않으면 이번의 싸움을 그만둘 수 없다."라고 하였다. 玄獎이, "이미 지나간 일을 追論해서야 되겠는가?" 하였으나, 蘇文은 끝내 듣지 않았다. 이에 太宗은 侍臣들을 돌아보며
"莫離支는 그의 君主를 시해하고 大臣을 다 죽였으며, 用刑이 함정과 같아서 백성을 움직이는 대로 죽이므로, 원한이 가슴에 사무치어 길가에서도 눈짓을 한다. 무릇 군사를 일으켜 [백성을] 위로하고 [죄인을] 친다는 것은 모름지기 명분이 있어야 하는데, 그가 임금을 시해하고 아랫사람을 학살한 구실을 내세운다면 무너뜨리기가 매우 쉬울 것이다."라고 하였다.

【사료213】『삼국사기(三國史記)』권 제5 신라본기 제5 태종(太宗) 무열왕(武烈王) 2년

고구려가 북쪽의 변경을 침략하다(655년 (음))

〔2년(655)〕 고구려가 백제와 말갈(註 001)과 더불어 군사를 연합하여 우리의 북쪽 변경을 침략하여 33성을 탈취하였다.(註 002) 왕이 당나라에 사신을 보내 구원을 요청하였다.(註 003)

註 001
말갈 : 말갈은 동해안 지역에 거주하던 예족(濊族)을 가리키는 것으로 보인다. 이에 관한 자세한 내용은 본서 권제1 신라본기 제1 지마이사금 14년(125) 정월조 참조.

註 002
북쪽 변경을 침략하여 33성을 탈취하였다 : 33성은 죽령(竹嶺)과 계립령(鷄立嶺) 이북의 신라 영토라는 견해가 있다(정구복 외, 176쪽). 고구려가 차지한 신라 33성의 중심을 죽령로를 중심으로 한 영서 내륙 지역으로 비정하기도 한다(장창은, 327~330쪽). 『구당서(舊唐書)』 권199 신라전(新羅傳) 영휘(永徽) 6년(655)조와 백제전(百濟傳) 영휘 6년조에는 30여 성, 『신당서(新唐書)』 권220 고려전(高麗傳) 영휘 6년조에는 36성, 『자치통감(資治通鑑)』 권199 영휘 6년조와 『책부원귀(冊府元龜)』 권986 외신부(外臣部) 정토(征討)조 및 권995 교침(交侵)조에는 33성을 빼앗았다고 기록되어 있다.
〈참고문헌〉
정구복 외, 2012, 『개정증보 역주 삼국사기 3(주석편상)』, 한국학중앙연구원출판부
장창은, 2014, 『고구려 남방 진출사』, 경인문화사

註 003
당(唐)나라에 사신을 보내 구원을 요청하였다 : 이때 당나라에 파견된 사신은 태종무열왕(太宗武烈王)의 둘째 아들인 김인문(金仁問)이었을 것으로 추정하는 견해가 있다(권덕영, 1997, 『고대한중외교사 - 遣唐使硏究』, 일조각, 34~35쪽).

【사료214】 『삼국사기(三國史記)』 권 제12 신라본기 제12 효공왕(孝恭王) 905년 08월(음)

궁예가 침략하자 성주에게 수비를 명하다(905년 08월(음))

八月, 弓裔行兵, 侵奪我邉邑, 以至竹嶺東北. 王聞疆場日削, 甚患, 然力不能禦. 命諸城主, 愼勿出戰, 堅壁固守.
〔9년(905)〕8월에 궁예가 병사를 보내 우리[=신라] 변경 읍락을 침략하여 죽령(竹嶺) 동북쪽에까지 이르렀다. 왕이 나라의 강역이 나날이 줄어든다는 소식을 듣고 깊이 걱정하였으나, 막을 수 있는 힘이 없었다. 여러 성주(城主)에게 명하여 신중을 기해 출전하지 말고, 견고히 수비하도록 하였다.

■ [도표10] 죽령, 남옥저 비정

구분	출처	해당	대상	내용	주류 강단 비정	원래 위치
1	삼국사기 AD25	백제 온조왕	남옥저	남옥저 귀순 -한산 서쪽 안치	남옥저= 동옥저 함경도	
2	삼국사기 AD158	신라 아달라왕	죽령	죽령 개척, 왜 사신 방문	충청- 경상 죽령재	
3	삼국사기 AD246	고구려 동천왕	남옥저, 죽령	관구검 공격 시 도피	함남 황초령	
4	삼국사기 AD551	신라 진흥왕	죽령	고구려의 죽령 10군 점령	황해도 곡산 또는 함경도 철령 또는 비정 못 함	산동성 빈주시 북부
5	삼국사기 AD590	고구려 평원왕	죽령	온달 죽령 서쪽 지역, 아단성	충청-경상 죽령재	
6	삼국사기 AD642	신라 선덕왕	죽령	고구려, 신라에 반환 요구	남한강 상류	
7	삼국사기 AD655	신라 무열왕		고구려, 신라 북쪽변경 33성 점령	영서 내륙 등	
8	삼국사기 AD905	신라 효공왕	죽령	궁예, 죽령 동북쪽 침략	비정 없음	
9	고려사 AD928	고려 태조	죽령	견훤 공격	비정 없음	

■ [그림27] 남옥저, 죽령 비정 비교도

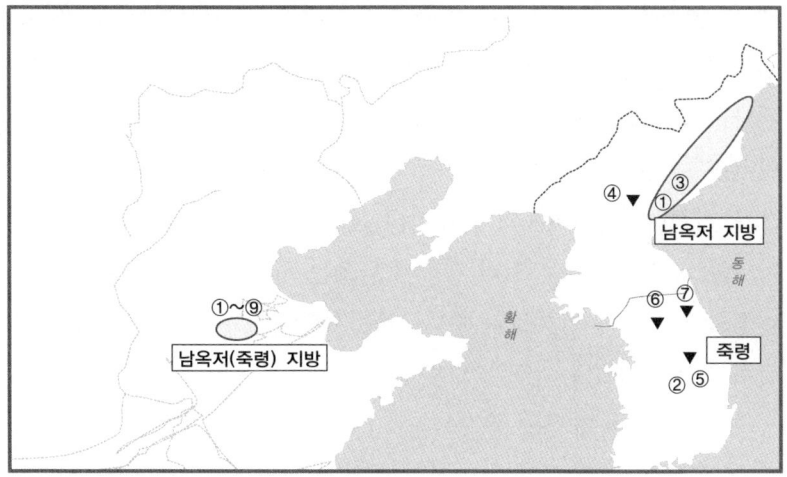

① 삼국사기 A.D.25 백제 온조왕 : 남옥저 귀순 - 한산 서쪽 안치
② 삼국사기 A.D.158 신라 아달라왕 : 신라 죽령 개척, 왜 사신 방문
③ 삼국사기 A.D.246 고구려 동천왕 : 남옥저 죽령 지방으로 동천왕 관구검 침입 시 도피
④ 삼국사기 A.D.551 신라 진흥왕 : 고구려의 죽령 10군 점령
⑤ 삼국사기 A.D.590 고구려 평원왕 : 온달 죽령 서쪽 지역, 아단성 전사
⑥ 삼국사기 A.D.642 신라 선덕왕 : 고구려 신라에 죽령 지방 반환 요구
⑦ 삼국사기 A.D.655 신라 무열왕 : 고구려가 신라 북쪽 변경 33성 점령
⑧ 삼국사기 A.D.905 신라 효공왕 : 궁예, 죽령 동북쪽 침략 - 비정 없음
⑨ 고려사 A.D.928 고려 태조 : 견훤 죽령 지방 공격 - 비정 없음

관련 사서 기록을 살펴본 바에 의하면,
(1) 주류 강단 사학계가 함경도로 비정한 사서 기록상의 남옥저는 신라가 개척하였다. 그들의 비정대로라면 신라가 함경도에 있을 수 없다. 더군다나 이 남옥저를 동옥저와 같이 비정하였다. 분명히『삼국지』및『후한서』「동옥저」전상에 남옥저는 북옥저와 800리 떨어져 있다고 하였다. 물론 중국사서상에 거리 수치는 직선거리도 아니고

정확한 수치도 아니다. 그러나 대략적으로 확인해 보면 800리는 현재 환산단위로 314km이다. 이를 도보거리로 환산하면 1/3은 100km 정도이다. 이는 하북성에서는 하북성으로부터 산동성 경계 정도는 된다. 그리고 한반도에서는 함경도 함흥에서는 강원도 거리밖에는 안 된다. 주류 강단 사학계가 여러 기록에 나오는 같은 지명을 한 곳으로 비정하지 못하는 이 남옥저의 죽령은 한반도에 위치하는 곳이 아니다. 산동성에서는 여러 기록에 나오는 지명을 모두 맞게 한 곳에 비정할 수 있다. 이것부터 주류 강단 사학계의 비정 내지는 한반도 비정이 잘못되었다.

(2) 함경도에 있다는 옥저(남옥저)가 한강 유역의 백제에 귀순하였다. 어렵게 가능도 하겠지만 상식상 맞지를 않는다. 이러한 상식 밖의 귀순의 예는 앞에서 함경도 옥저 지방에 비정한 최씨 낙랑국이 경상도 경주의 신라로 귀순한 것과 마찬가지이다. 또한 함경도 지방의 동옥저가 경상도 경주의 신라에 말 20필과 함께 사신이 방문하였다. 이는 비교적 가까운 육지에서나 가능한 것이다. 주류 강단 사학계의 함경도와 경상도는 너무 멀다. 그리고 그 중간에 그들의 비정대로라면 낙랑군, 대방군, 동예도 있다.

(3) 신라가 개척하였다는 죽령에 대하여는 신라의 위치를 감안하여 함경도에 있는 것으로 비정한 남옥저와 관계없이 충청~경상 간의 죽령재로 비정하였다. 이것도 맞지를 않는다. 더군다나 이 죽령은 왜와 관계가 있다. 이는 『삼국사기』상의 초기 신라 및 『삼국지』 및 『후한서』「한」전상의 마한 및 변진의 남부에 왜가 육지로 접해 있어 수시로 신라를 공격한다는 사실과 일맥상통한다.

(4) 고구려 동천왕이 도피한 남옥저 죽령 지방은 고구려의 위치를 감안하여 이번에는 함경도 황초령으로 비정하였다. 그러면 함경도로 비정한 옥저(남옥저) 비정과는 맞을지 몰라도 충청~경상 간의 죽령재

로 비정한 죽령과는 맞지 않는다. 이 비정을 무시한 비정이다. 사서 기록상의 죽령은 같은 지역에 있었던 같은 죽령인 것이다.

(5) 551년 신라와 백제가 연합하여 고구려가 빼앗긴 죽령 바깥 10군 지방에 대하여는 황해도 곡산, 함경도 철령 지방 등의 의견을 제시하면서도 정작 비정을 못 하고 있다. 사서 기록상 이 공격 시 백제가 고구려 남평양을 공격함을 기화로 신라가 죽령 지방을 차지한 것으로 되어 있다.

이 남평양을 식민 사학자 이병도는 지금의 북한산성으로 비정하였다. 그는 비상한 사람이다. 그가 비정한 것은 다 이유가 있다. 물론 그 이유는 그들의 기본 원리인 '낙랑군 평양설'과 '한반도 고착화'에 맞춘 것이다. 이에 맞추는 것을 감안한 채 이에 맞춘 다른 것들을 다시 맞추기 위해 비정하는 것이다. 자기(들)의 잘못된 논리에 맞추기 위하여 많은 것을 최대한 감안한다. 자기들의 잘못을 최대한 덮고자 하는 노력이다. 그러나 그러다가 결국 자충수를 둔다. 왜냐하면 이들은 모두 원래의 자리에서 벗어난 잘못된 것이기 때문에 아무리 맞추려고 했어도 결국 맞지 않기 때문이다. 이렇게 해서 만든 결론을 지금 우리는 우리의 역사로 알고 있었다.

결국 장수왕의 평양을 한반도 평양으로 왜곡 비정한 까닭에 이후 사서 기록상 하평양은 결국 북한산성으로 할 수밖에 없어서 비정한 것이다. 하지만 전혀 합리적인 근거나 문헌학적, 고고학적 근거가 없다. 그러나 여러 중국사서 기록상

【사료29】『요사』「지리지」

해주 남해군
해주(海州) 남해군(南海軍)이 설치되었으며 절도를 두었다. 본래 옥저국(沃

> 沮國) 지역이며 고구려 때 비사성(沙卑城)으로 당나라 이세적이 공격하였던 곳이다. 발해는 남경남해부(南京南海府)로 불렀다.
>
> 암연현(巖淵縣) 동쪽으로 신라와 경계하고 있다. 옛날 평양성이 현 서남쪽에 있다. 동북쪽 120리에 해주가 있다.

> 【사료30】『신당서(新唐書)』「가탐도리기」
>
> 영주에서 출발하여 안동도호부로 가는 길
>
> ~ 또한 (연군성으로부터 동쪽으로) 여라수착(汝羅守捉)을 지나서 요수(遼水)를 건너면 옛날 한국(漢)의 양평성(襄平城)이었던 안동도호부(安東都護府)에 이르기까지 500리이다. (안동도호부에서) 동남쪽으로 평양성(平壤城)까지 800리이고, (안동도호부에서) 서남쪽으로 도리해구(都里海口)까지 600리이며, ~

이 기록들에 의하여 옥저 즉 남옥저 지역의 동남쪽, 안동도호부인 현재의 하북성 석가장시 행당현에서 가리키는 평양성은 바로 졸본성으로 이는 산동성 덕주시 평원현에 있어 이를 가리키는 것이다. 이곳이 바로 고구려의 남평양이다. 당시 고구려는 이곳에서 북상하여 하북성 보정시 만성구에 도읍 평양성을 두었기 때문에 예전의 첫 도읍지인 졸본성을 중국사서는 통상적으로 그냥 평양성이라고 기록하고 있는데 『삼국사기』와 『삼국유사』는 남평양이라고 명백히 구분하여 기록하였다. 한편 광개토대왕 비문상에는 하평양이라고 하였다.

물론 이 하평양에 대하여 주류 강단 사학계는 당연히 한반도에 비정하였다. 이곳 남평양이자 하평양은 백제 근초고왕이 고구려 고국원왕을 전사시킨 평양성이다. 이에 대한 주류 강단 사학계의 입장은 난처하다. 이때는 장수왕의 평양 천도 이전이다. 이 시기에는 이전부터 고구려는 길림성 집안시에서 벗어나지 못한 것으로 하는 것이 그들의 입장이다. 물론 그들은 이전에 이루어진 247년 동천왕 21년의 평양성 천도와 343년 고국원왕 13년 평양 동쪽 황성(평양 동황성)의 천도 기록이 있는데도 이는 무시하고 있다. 이것은 학문도 아니고 역사학도 아니다. 왜냐하면 '낙랑군 평양설'에 의하여 평양에는 계속 낙랑군이 있어야 하기 때문이다. 그들의 논리대로 313년까지는 말이다. 그래서 할 수 없이 낙랑군과 나중의 장수왕 평양성이 있는 평양을 제외하고 서울의 북한산성으로 남평양(하평양)을 비정한 것이다. 그러나 이에 대한 문헌학적, 고고학적 근거가 전혀 없다. 없는 곳에 비정하므로 당연히 없는 것이다. 이곳이 아니다.

　나중에 확인하겠지만 『신당서』상에 기록된 고구려 3경 중 하나인 한성에 대하여도 황해도 재령 지방으로 비정하고 있다. 이병도에 의하여 한성 즉 서울 지방의 북부 지방인 북한산성 지방을 남평양(하평양)으로 비정하고 보니 달리 비정할 곳이 없어 황해도에 한성을 비정하고 있는 것이다. 하나를 잘못 비정하여 놓으니 다른 것도 틀려지는 것이다. 또한 위대한 학자 이병도가 비정해 놓은 것을 존중하여 따르다 보니 이렇게 된 것이다. 이러함에 의하여 만들어진 우리 고대사는 당장 폐기되어야 한다. 원래 맞는 고구려 3경의 한성은 바로 산동성의 백제 첫 번째 도읍지였던 한성 지역을 고구려가 점령하고 이곳을 3경 중의 하나로 설정해 놓은 것이다.

　(6) 온달 장군은 죽령 서쪽 지방 아단성에서 사망하였는데 이 죽령은 신라가 개척한 죽령과 마찬가지로 충청~경상 간의 죽령재로 비정하였다. 이의 근거로 삼는 것이 온달과 죽령 기록상의 계립현·죽령의 서쪽 지역에서의 계립현이다. 『삼국사기』 및 『삼국유사』상에 계립은 두 번 나온다. 한 번은 계립현으로 위의 온달 열전상에 그리고 다른 한 번은

■ 三國史記 권 제2 신라본기 제2 아달라(阿達羅) 이사금(尼師今) 3년 4월

계립령로를 개척하다(156년 04월(음))

3년(156) 여름 4월에 서리가 내렸다. 계립령로(鷄立嶺路)(註 001)를 개척하였다.

註 001
계립령로(鷄立嶺路) : 계립령(鷄立嶺)은 지금의 충청북도 충주시 수안보면 미륵리와 경상북도 문경시 문경읍 관음리 사이에 소재한 고개를 이르는데, 계립현(鷄立峴)이라고도 한다. 마목현(麻木峴), 마골참(麻骨站), 지릅·지름·기름재, 유티[油峙], 경티[經峙]라고도 불리고 있다. 6세기 후반 인물인 고구려 온달(溫達)이 신라로부터 되찾아야 할 영토를 말하면서 그 기준으로 이 고개를 든 것을 보아도 알 수 있듯이, 고구려·백제와 신라 사이, 곧 한반도 중부 지역과 경주를 잇는 교통로상의 요지에 해당한다. 신라는 이 길을 통해 나아가 남한강 상류지역으로 진출할 수 있었다. 계립령로는 계립령을 포함하는 교통로를 의미할 텐데, 충주-문경-상주-선산-왜관-대구-영천-경주로 이어지는 교통로상의 한 부분이다. 계립령에서 파생된 고갯길로는 조령로와 이화령을 들 수 있는데, 계립령, 조령, 이화령은 모두 조령천의 상류인 문경분지로 수렴된다.
〈참고문헌〉
徐榮一, 1999, 『新羅 陸上 交通路 硏究』, 학연문화사
崔永俊, 2004, 『한국의 옛길 嶺南大路』, 高麗大學校 民族文化硏究院

상의 계립령(로)으로 나온다. 해설상에 있듯이 이 계립현과 계립령은 같은 것으로 한 채 한반도 충청도와 경상도 사이 지역으로 비정하고 있다. 하지만 주류 강단 사학계는 모르고 간과하거나 고의로 취사선택한 것이 있다. 그것은 ①위의 같은 계립현, 계립령은 죽령과 같이 신라가 초기에 개척한 땅이라는 것이다. ②그리고 주류 강단 사학계는 계립현, 계립령을 죽령하고만 연계시켜 같이 한반도 같은 곳으로

비정하지만 오히려 ①과 같이 거의 같은 시기에 신라 초기인 신라 아달라 이사금 시기에 개척한 고구려 동천왕이 도피한 남옥저 지방이라는 사실을 고려하지 않고 있다. 주류 강단 사학계의 비정대로라면 남옥저는 한반도 함경도 지방이다. 이곳에서 왜의 사신이 오고, 온달이 전사하고, 고구려와 신라가 서로 영역으로 다투어 연고권을 주장하고, 궁예와 견훤이 활동할 수 있는 지역이 아니다. 물론 주류 강단 사학계는 이 남옥저, 죽령과 계립현(계립령), 죽령은 서로 다른 것이라고 할 것이다. 그들의 한반도 비정으로는 그렇게 할 수밖에 없다. 그것도 이병도 작품이다. 하지만 원래의 위치인 산동성에서는 모든 기록이 한 곳에 비정될 수 있고 한 곳에 비정되어야만 맞는 것이 된다. 더군다나 위의 ①과 같이 설사 그들이 비정하는 죽령 즉 충청도와 경상도 사이라고 한다면 신라가 초기에 이곳까지 진출하여 개척하였다는 사실은 주류 강단 사학계가 부정하고 있는 사실이다. 당시 신라는 경주 지방 및 이웃 경상도 지방에서 겨우 세력을 키우는 형편이었다. 더군다나 다른 죽령 지역인 남옥저 지역 함경도 지방까지 신라가 초기에 개척할 수는 없다. 물론 이는 신라가 초기에 개척한 죽령 지역이 아닌 다른 죽령 지역이라고 할 것이다. 이는 한반도에서는 불가능하지만 원래 위치인 산동성에서는 가능한 것이어서 위의 남옥저, 죽령 지역과 계립현(계립령) 죽령 지역이 같은 지역이 되는 것이다. 더군다나 왜가 죽령과 관계있는 곳은 한반도일 수가 없다. 이곳은『삼국지』및『후한서』「한전」상의 마한과 변한 남쪽에 육지로 접해 있는 곳에 왜가 있는 산동성일 수밖에 없다.

그리고 이 아단성은 당연히 아차성이다. 아차성은 나중에 자세히 입증하여 설명하겠지만 주류 강단 사학계의 비정에 의하면 고구려 장수왕이 한반도 서울 한성 지방의 백제 수도를 침략하여 백제 개로왕을 살해한 장소로 백제 왕성으로 그들이 비정하는 한강 이남의 송

파구 지역 북쪽인 한강 건너 지역이다. 사서 기록에 나오는 아단성(아차성)의 위치가 전부 다르게 비정될 수밖에 없다. 이들의 비정 사건 장소가 다 다르기 때문이다. 사건 장소 위치 비정이 전부 잘못이라는 것이 드러난다. 하지만 모든 사건이 맞는 곳에 비정하면 한 곳에 비정될 수 있다. 이곳이 바로 삼한의 마한, 진한, 변한 4천 리가 있고 마한과 변한 남쪽에 왜가 육지로 접해 있고 이 왜가 수시로 변한 위의 진한 땅에서 건국된 신라를 가까이에서 계속 침범하는 곳, 백제의 동쪽이자 신라의 서쪽에 낙랑(국)이 있어 신라를 계속 괴롭힌 곳, 이 신라와 백제의 북쪽에 말갈이 있어 수시로 괴롭힌 곳 그리고 이후의 모든 사서 기록상의 사건이 각각 바른 한 곳에 비정될 수 있는 곳은 바로 아단(채)성이 있는 산동성 지방이다.

(7) 김춘추의 고구려에 대한 연합제의 시 고구려가 신라에 이곳의 연고권을 주장한 채 반환을 조건으로 내세웠는데 이 연고권과 반환 조건의 대상인 죽령에 대하여는 이번에는 당시의 주류 강단 사학계가 정해 놓은 한반도 상황에 맞추어 남한강 상류로 비정하였다. 이는 어떻게 보면 다른 사항을 모른다거나 연계시키지 않으면, 즉 죽령이 남옥저 땅으로 옥저에 대하여는 함경도로 비정하였다는 점, 죽령이 여러 사항으로 기록되어 있고 이때마다 주류 강단 사학계의 비정이 달라져 왔다는 사실들을 모르면 타당한 것이라고 할 수 있다. 하지만 이러한 사실들과 더욱 중요한 사실 즉 나중에 살펴볼 죽령이 고구려 천리장성 축조의 원인이 된다는 사실을 알면 남한강 상류로의 비정은 그야말로 있을 수 없는 비정이다. 그러므로 이 사실은 절대 밝히지 않는다.

이 사실 즉 고구려 천리장성의 축조 원인과 결국 나당연합군 결성 원인, 종국적으로 고구려와 백제의 멸망 원인이 된 것이 남옥저 죽령 지방이라는 사실을 아는 역사가는 아마 거의 없을 것이다. 이 사실을 그들에게 거론하면 아마 갖은 다른 논리를 들어 부정할 것이다. 하지만 명백히 사서 기록에 나와 있다. 사서 기록이 자기들의 논리에 맞지 않으면 무시하고 은폐하고 변명하여 부인한다. 대표적인 것은 전제 모두이지만 그래도 알려진 것도 수없이 많으나 고구려의 평양 천도 사실이다. 사서에 기록되어 명백한 데도 부인한다. 이것이 주류 강단 사학계의 민낯이다.

(8) 이 죽령은 또한 궁예의 활동 지역으로도 기록되어 있다. 주류 강단 사학계가 강원도 철원 지방으로 비정하는 궁예의 활동 지역이 문제인 것이다. 이는 위 천리장성과 같이 역사 조작이다. 모두 우리 고대사를 한반도로 고착시키려는 유일한 교리에 의해서이다. 궁예의 활동 지역 조작은 이 죽령 기록뿐만 아니라 궁예 및 왕건의 활동 지역에 의한 것이지 죽령과 같은 단순히 몇 가지 사실에 의해서가 아니다. 이 죽령에 대하여는 주류 강단 사학계는 비정이 없다. 그동안의 죽령에 대한 각각의 다른 곳 비정과는 또 다른 곳에 비정할 수밖에 없다. 이 죽령 지방은 궁예의 활동 지역도 되지만 고려 태조 왕건과 후백제 견훤의 활동 지역으로도 기록되어 있다. 여러 다른 기록 등에 의하여 소위 통일신라 및 고려의 영역에 따른 소위 후삼국의 위치도 재조명되어야 할 것이다.

(9) 나중에 살펴보겠지만 이 죽령과 남옥저와 관련 즉 죽령과 남옥저 위치와 관련된 아단성(온달)과 이 아단성의 여러 기록(광개토대왕 비문상 백제 공격 루트) 그리고 아단성과 같은 것인 아차성(고구려 대방 공격, 백제 구원 기록, 장수왕 개로왕 살해 지역 기록)과 부현(백제 온조왕 시기 남옥저 귀순 지역, 한산)의 다른 기록(말갈) 그리고 부현과 같은 것인 부양의 기록(궁예의 철원) 그리고 부현과 같은 것인 대부현의 기록(말갈과 위례성) 등에 의하여 남옥저와 죽령이 신라와 백제의 위치는 물론 궁예와 왕건 그리고 견훤의 활동 위치를 알려주는 지표 역할을 한다. 이에 대하여는 계속 입증 설

명하도록 하겠다.

(10) 위와 같은 남옥저 및 죽령의 직접적인 기록에 의하여도 백제의 건국지인 한산이 남옥저와 죽령 가까이에 있다는 것을 나타내고 있고,

(11) 신라가 개척한 죽령, 남옥저가 있는 신라의 영역 남쪽에 왜가 있으며, 신라 서쪽에 있는 백제 동쪽에 낙랑국이 있고, 이 죽령과 남옥저 땅에 고구려왕이 피신하여 오는 곳으로 신라와 고구려의 계속된 연고권 다툼이 있는 곳을 한 위치로 지정하여 비정할 수 있는 곳은 한반도에 없다. 주류 강단 사학계가 비정하는 우리 고대사 역사학 체계에는 없다. 이곳은 한반도가 아닌 산동성 신라 영역 북쪽이다. 이곳의 본 필자 비정 아니 원래의 제대로 된 우리 삼국이 존재하였던 곳이라야 한 곳의 비정으로 맞는 것이 된다.

(12) 앞에서 확인하였지만 이곳 남옥저 죽령 지방은 신라가 이곳 남쪽에 나라를 세우고 그 북쪽 경계지방인 이곳 죽령 지방을 개척(158년)하였던 것이다. 이후 246년 이곳에 고구려 동천왕이 피신해 왔으므로 사서에는 명백히 이 지방이라고 하지 않고 신라 북쪽 변경 지방이라고 기록하였지만 158년과 246년 사이인 245년에 신라의 이 죽령 지방을 고구려가 차지하였다.

【사료207】『삼국사기(三國史記)』 권 제2 신라본기 제2 조분(助賁) 이사금(尼師今) 16년 10월

고구려가 쳐들어오자 석우로가 마두책을 지키다(245년 10월(음))

16년(245) 겨울 10월에 고구려가 북쪽 변경을 공격하였다. 우로(于老)가 병사들을 거느리고 나가 싸웠으나 이기지 못하고 물러나 마두책(馬頭柵)을 지켰다. 그날 밤 매우 추웠는데, 우로가 병사들을 위로하고 몸소 장작을 태워 그들을 따뜻하게 해주니, 병사들이 감격하였다.

【사료206】『삼국사기(三國史記)』권 제17 고구려본기 제5 동천왕(東川王) 19년 10월

신라의 북쪽 변경을 공격하다(245년 10월(음))

[19년(245)] 겨울 10월에 군사를 내어 신라의 북쪽 변경을 침략하였다.

【사료85】『삼국사기(三國史記)』卷第三十七 雜志 第六 지리(地理)四 백제(百濟)

삼국의 이름만 있고 그 위치가 상세치 않은 곳

마두책(馬頭柵)

고구려가 신라의 북쪽 변경 지방을 차지한다는 것은 주류 강단 사학계가 한반도에 설정한 바로는 설명이 되지 않는다. 이 사이에 낙랑군과 대방군이 있고 그 동쪽에는 예(동예)와 옥저가 있기 때문이고 당시 신라는 한반도 북쪽으로 진출도 하지 못했다. 이곳은 한반도가 아니다. 이러한 사실은 이곳 위치와 관련된 이웃 장소인 '마두책'에 대하여『삼국사기』상에 그 위치를 모르는 곳으로 나와 있어 이곳이 한반도가 아님을 시사하고 있다.

이에 대하여는 나중에 설명할 기회를 마련하겠지만 이 마두책은 신라 남쪽에 있는 가야와 관련이 있다. 또한 이 사건과 관련된 신라 장수 석우로는『삼국사기』「열전」상에 훌륭한 장수였으나 왜국 왕에 대한 말실수로 왜군에 화형을 당하였고 이에 대하여 그의 아내가 복수를 한 일화로 유명한 인물이다. 이 사실은 개인 신상에 대한 평범한 사실 내지는 말실수 그리고 아내의 복수 사건으로 보인다. 하지만 당시 왜가 가까이 있어 수시로 신라를 침범하는 상황에서 이 같은 일

은 서로 가까이 있지 않고는 있을 수 없는 일로 당시 신라가 사서의 기록과 함께 다른 많은 기록들에 의하여 사서의 기록대로 왜와 가까이 접하고 있음을 입증해 주는 사건이다.

(13) 이후 이곳 죽령 지방은 551년 신라와 백제가 연합하여 백제가 고구려 남평양성 즉 졸본성을 공격할 때 신라는 245년에 고구려에 빼앗겼던 자기들이 개척한 이 땅 죽령 지역 10군을 다시 찾는 한편 백제는 475년 한성 함락 시 빼앗겼던 한성 땅을 다시 찾았다. 이에 대하여 고구려가 김춘추에게 연고권 주장 시 고구려가 수나라와의 전쟁 틈에 신라가 차지하였다고 하지만 주류 강단 사학계의 해당 기록 해설에도 나와 있듯이 수나라는 581년 건국되어 고구려가 598년 선제공격을 함으로써 고구려와 첫 전투를 시작하였으므로 551년과는 맞지 않는다. 나중에 입증하여 설명하겠지만 여기서의 남평양인 졸본성은 고구려의 첫 도읍지로 신라의 서쪽이자 백제의 동북쪽인 산동성 덕주시 평원현이다. 이곳의 위치라야만 551년 기록이 맞게 되는 것이다. 이 기록이 한반도에서의 주류 강단 사학계의 비정으로는 맞지 않는다.

(14) 이렇게 고구려는 다시 빼앗긴 이 죽령과 남옥저 땅을 탈환하기 위해 지속적으로 노력을 기울여 온달 장군이 고구려의 숙원 사업인 이곳 즉 죽령 서쪽 지방을 탈환하기 위해 나섰다가 결국 590년 이곳 서쪽 지방인 아단성에서 전사하면서까지 탈환하려고 하였던 땅이다.

(15) 고구려가 신라와의 연합 결렬 위험성을 감수하면서도 연고권을 주장하는가 하면 신라는 중요한 연합 결렬을 감수하면서도 양보하지 않음으로써 결국 고구려는 이를 빼앗기 위한 이전의 노력과 더불어 치열한 신라와의 다툼으로 631년 연개소문에 의하여 천리장성을 쌓기 시작하여 13년만인 644년에 완성하였다. 나중에 입증하여 설명하겠지만 주류 강단 사학계에 의하여 설정된 바로는 이 천리장

성이 당나라를 상대로 그쪽 즉 서쪽으로 쌓은 것이라고 하고 있지만 이는 역사 조작으로 신라를 대상으로 쌓은 것이고 방향도 당나라가 아닌 신라를 향해 동쪽으로 쌓았다. 또한 이것은 당시 고구려의 위치를 말해 주는 것으로 고구려는 요령성이 아니라 하북성에 있었음을 입증해 주는 것이다. 당시 고구려와 당나라는 화친 분위기였던 반면 신라와는 당나라의 중재 활동에서 확인할 수 있듯이 심각한 다툼의 시기였다. 이렇게 이 죽령 땅이 천리장성을 쌓게 되는 원인이 될 정도로 이곳은 심각한 영토 분쟁의 대상이었다.

(16) 이러한 고구려의 탈환 노력과 신라와의 다툼 중 642년 연개소문 시기에 연고권을 주장하게 된다. 고구려의 첫 도읍지 졸본성인 산동성 덕주시 평원현의 동쪽이자 신라의 건국지인 산동성 빈주시의 북쪽이 이곳이기에 고구려와 신라가 서로 영유권 다툼을 하는 것이다. 이곳은 동쪽인 신라 쪽의 남옥저 죽령 지방이자, 서쪽의 고구려 쪽이자 백제의 북쪽인 아차성(아단성) 지역이다. 이곳은 서로에게 탄생지인 요람과 같은 곳이다. 그러기에 처절한 다툼과 집요한 영유권 주장이 있는 것이다. 한반도에서는 있을 수 없다. 여기에 그 유명한 김춘추와 연개소문의 만남이 있는 것이다. 물론 기록상으로는 김춘추가 고구려 왕을 만나 대화하는 것으로 되어 있다. 이 만남이 결렬되는 과정에 '귀토지설' 설화가 전해지고 결렬 결과로 신라와 당나라가 연합하여 나당연합군 결성으로 이어져 결국 새로운 역사가 생기는 계기가 되는 것이 이곳이다.

(17) 고구려의 집요한 탈환 노력에 위기를 느낀 신라가 당나라에 고구려 공격 중지 중재 요청을 하자 644년 당나라는 중재에 나섰으나 고구려는 거절하였다. 중재 시 연개소문은 당나라 사신에게 신라의 공격 이유를 죽령 지역 땅 때문이라고 말했을 것이 확실하다. 또한 당나라 사신이 연개소문에게 한 말 중 눈여겨볼 만한 사항이 있

다. 즉 당나라도 원래 자기 땅이라고 할 수 있는 중국(한나라) 군현이라는 것이다. 그런데도 연고권을 주장하여 침략을 안 한다는 것이다. 여기서 요동은 당연히 당시의 요동인 지금의 하북성 석가장시 동북쪽 지역인 한나라 낙랑군 지역이다. 즉 고구려가 차지하여 수도 평양을 둔 평주 지역이다. 주류 강단 사학계는 이 요동을 요하 동쪽으로 비정하여 이 사료 또한 논리의 근거로 삼고 있다. 하지만 이는 역사 조작이다. 이 기록은 고구려가 연5군의 요동군 지역인 원래의 요동 지역을 차지하고 있고 이곳은 하북성 보정시 인근이라는 것을 입증해 주는 증거이다.

(18) 이러한 고구려의 죽령 땅 탈환 노력에 드디어 백제, 말갈과 연합하여 655년 신라의 33성(30~57성)을 공격하여 차지하면서 탈환하였다. 명백히 구체적으로 기록된 바는 없어도 그동안의 경과를 보면 죽령 땅이 확실하다. 백제 역시 475년 고구려에 빼앗겼던 한성 지역의 땅을 551년에 되찾았다가 신라에 강탈당한 후 655년에 되찾았다. 이러한 기록은 당시는 없으나 백제 멸망 시 기록에서 확인된다.

【사료99】『신당서(新唐書)』 東夷列傳 百濟

○ 이듬해에(642) 高[句]麗와 連和하여 新羅를 쳐서 40여 城을 탈취하고, 군사를 보내어 수비하였다. 또 黨項城을 탈취하여 [新羅의] 朝貢길을 막고자 하였다. 新羅가 다급함을 알려 오자, 太宗은 司農丞 相里玄奬에게 詔書를 주어 보내어 화해하라고 설득하였다. 太宗이 새로 高[句]麗를 토벌한다는 소문을 듣고 그 틈을 타 新羅의 일곱 城을 탈취하였다. 얼마 후 또 십여 城을 빼앗고, 그로 인하여 조공하지 않았다.
~
永徽 6년(A.D.655; 百濟 義慈王 15)에 新羅가 百濟・高[句]麗・靺鞨이 북쪽 국경의 30城을 빼앗아 갔다고 호소하여 왔다.

이 기록에 의하면 655년 이전에 이미 백제는 고구려와 연합하여 신라를 공격하여 당나라 조공 길인 백제의 한성 지역 등을 차지하였고, 655년에는 다시 고구려, 말갈과 연합하여 신라 북쪽 변경인 남옥저 죽령 지방을 되찾은 것으로 확인된다. 『삼국사기』 기록은 신라 계통으로 쓰여 신라가 백제를 멸망시킨 사실을 합리화하기 위하여 의자왕의 향락 기사를 내세우고 이를 백제의 멸망 원인으로 기록한 것으로 판단되는데, 백제 의자왕이 이 사건 이후 고구려와 화친을 맺고 연합하여 신라를 공격하는 등 그동안 치열하게 다투었던 신라에 공격을 멈추고 급격히 향락에 빠지는 등 실정하는 것으로 기록되어 있다.

이에 따라 그동안 숙원사업이었던 자기들의 원래 지역인 한성 지역을 되찾아 더 이상 신라를 공격하지 않은 것이다. 655년 기록에서 눈여겨볼 사항은 '말갈'과 '33성(30~57성)'이다. 소위 삼국시대 초기부터 백제와 신라 북쪽에 있으면서 괴롭힌 것으로 기록된 말갈이 이 시기까지 기록되고 있다. 물론 이때의 말갈은 강력해진 고구려에 부용된 세력의 말갈이다. 하지만 말갈이 당시의 한반도에 나타났다는 것은 이 위치가 소위 삼국시대 초기 상황의 지역이라는 것을 의미한다. 이곳은 한반도가 아니다. 그리고 이때 연합군이 탈취한 성은 33개로 신라의 북쪽 변경에 있었다고 한다. 주류 강단 사학계가 비정하는 바로는 한반도에서 신라의 북쪽 변경인 당시 백제로부터 탈취한 서쪽 지역의 서해안으로부터 한성 지역을 거쳐 동쪽 지역의 동해안까지 33성이 있다는 것은 가능하지 않은 숫자이다. 더군다나 백제 관련 성은 이전에 되찾았고 655년에 차지한 것은 고구려가 신라에 다시 빼앗긴 신라 북쪽 변경인 남옥저 죽령 지방이다. 이곳이 33성이 된다는 것은 상당한 것으로 한반도가 아닌 것이다. 이 모든 것에 의하면 이곳은 한반도가 아닐 가능성이 더 높다.

이와 같이 많은 사항 전부를 종합하여 살펴보면 남옥저의 죽령 지방과 관련된 여러 기록을 한 위치로 맞게 비정할 수 있는 곳은 한반도에 없고, 이러한 모든 것이 가능한 곳은 오로지 산동성 빈주시 북쪽 지역이다.

> 고구려, 백제, 신라, 왜와 관련 있는 남옥저의 죽령이
> 있을 수 있는 곳은 한반도가 될 수 없다.

그리고 앞에서 입증하였듯이 중국사서 기록상 요서군에 있다는 마수산, 임유관 역시 위의 남옥저의 죽령과 마찬가지로 한반도의 일정한 장소에 비정할 수 없었다. 즉 중국서상 요서군에 있다고 기록되고 『삼국사기』상의 말갈 그리고 백제와 연관되고 당나라의 고구려에 대한 공격 루트상의 마수산 그리고 많은 중국사서상 요서군에 있으면서 갈석산이 있다고 기록되는 한편 『삼국사기』상에 백제의 요서 지역과 나중에 고구려에 대한 수나라 공격 루트였던 임유관 그리고 앞으로 살펴볼 아차(단)성과 독산성 등 중국사서와 『삼국사기』상에 백제와 낙랑과의 관계, 신라와 왜와의 관계, 고구려와 평양성과의 관계 등 그리고 이외에 많은 『삼국사기』상의 말갈과 낙랑 그리고 예와 맥 그리고 삼국 및 가야와 관련된 기록들은 현재 주류 강단 사학계가 한반도에 비정하는 바로는 설명이 안 된다.

더군다나 앞으로 살펴볼 하(아)슬라주와 니하, 우산성 등 수많은 사항이 주류 강단 사학계의 한반도 비정으로는 설명이 안 된다. 하지만 앞에서도 한반도가 아닌 곳에 비정하면 모든 것이 맞아떨어진다. 더군다나 모든 사서 기록상 이곳을 하북성 및 산동성으로 기록하고 있다. 이와 같이 모든 사서 기록의 설명이 완벽히 충족되는 곳이 있다. 다음의 사서 기록을 보자. 앞에서도 낙랑을 설명하면서 인용하였지만,

【사료215】『삼국사기(三國史記)』卷第二十三 百濟本紀 第一 시조 온조왕(溫祚王)

하남위례성으로 천도할 계획을 세우다(기원전 6년 05월)

여름 5월에 왕이 신하들에게 말했다. "동쪽에는 낙랑이 있고, 북쪽에는 말갈이 있다.(註 064) 그들이 변경을 침공하여 편안한 날이 없다.

註 064
백제본기에는 백제의 동쪽과 북쪽에 각각 낙랑과 말갈이 위치한 것으로 되어 있다. 이는 낙랑을 비롯한 중국 군현이 백제의 북방에 위치한 오늘날의 평안도와 황해도에 설치된 역사적 사실과 모순된다. 말갈이 백제의 북쪽에 존재한 것으로 《삼국사기》 편찬자에게 인식된 배경은 접전을 벌인 곳이 주로 백제의 북쪽 또는 동북쪽이었기 때문으로 추정된다. 이는 단순한 기록상의 실수가 아니라 말갈이 백제의 북쪽이나 동북쪽을 주로 침입한 사실로 인하여 '북유말갈(北有靺鞨)'로 서술하지 않았을까 짐작된다. 또한 '동유낙랑(東有樂浪)'은 춘천의 토착 집단 즉, 군현의 부용 세력으로 있던 맥국(貊國)을 낙랑으로 호칭한 것과 관련이 있다(정약용,《여유당전서》제6집 제1권, 강역고2, 낙랑별고). 평양의 낙랑군은 춘천의 토착 세력을 내세워 분치(分治)하였는데, 춘천 지역의 맥인들이 낙랑을 자칭한 것으로 보고 있다(김기섭,《삼국사기》'백제본기'에 보이는 말갈과 낙랑의 위치에 대한 재검토」,《청계사학》 8, 1991).

위의 옥저, 죽령 등의 사항을 설명하면서 이 백제의 동쪽에 있다는 낙랑의 설명은 궁색하기 짝이 없다. 한반도로는 설명이 안 된다. 그리고 다음에 살펴볼 사항은 더욱 난감해진다. 주류 강단 사학계의 한반도에 비정한 모든 것이 허망해진다. 고구려, 백제, 신라, 왜, 낙랑, 말갈, 옥저, (동)예 등 모든 비정이 곤란해진다. 다음의 기록들을 보자.

【사료94】『삼국유사』卷 第一 제1 기이(紀異第一) 말갈(靺鞨)과 발해(渤海)

또 ≪삼국사(三國史)≫에 이르기를 "백제(百濟) 말년에 발해와 말갈과 신라가 백제의 땅을 갈랐다."라고 하였다. (이에 의하면 말갈발해(靺鞨)가 또 갈라져 두 나라로 된 것이다.) [신]라(羅) 사람들이 이르기를 "북쪽에는 말갈이 있고 남쪽에는 왜인이 있고 서쪽에는 백제가 있으니 이것들이 나라에 해악이다."라고 하였고 또 "말갈의 땅은 아슬라주(阿瑟羅州)(註 338)에 접하였다."라고 하였다.

註 338
오늘날의 강원도 강릉시 일대에 해당한다.

이 기록에서는 우선 '왜' 관계를 잠시 살펴보고 다음에는 아슬라에 대하여 살펴보기로 한다. 앞에서 살펴보았듯이 물론 고구려 및 옥저와 관계가 있는데도 불구하고 신라 그리고 왜와 관계가 있다고 하여 죽령을 경상도 충청도 사이의 고개로 비정하는데 전제가 되는 왜라는 존재도 많은 사서들이 한반도와 관계있는 왜라고 볼 수 없는 기록이 그야말로 차고 넘친다. 만약 그 왜가 한반도일지라도 그리고 기록상의 오류라 할지라도 많은 사서가 한반도 남부 육지에 있다고 기록하고 있다. 하지만 이 왜는 본 필자의 검토 결과 한반도의 왜가 아니다. 다음 기록을 보자.

고대 중국사서상의 왜는 일본열도의 왜가 아니다.
왜는 백제와 신라하고 육지로 접해 있었다. 이곳은 산동성이다.

【사료21】『수경주』「대요수」, 「소요수」

「대요수」

[주]

백랑수(白狼水)는 또한 동북쪽으로 흘러 창려현(昌黎縣) 옛 성의 서쪽을 지난다. 지리지에서 말하기를 교려현(交黎縣)이며 동부도위(東部都尉)에서 다스리며 왕망이 금로(禽虜)라고 바꾸었다고 했다. 응초(應劭)가 말하기를 지금의 창려(昌黎)라고 하였다. 고평천수(高平川水)가 백랑수(之)로 들어가는데 고평천수(水)는 서쪽 북평천(北平川)을 나와서 동쪽으로 흘러 왜성(倭城) 북쪽을 지나는데, 아마도 왜(倭)의 땅에 사람들이 이곳으로 옮겨왔을 것이다.

이곳에 왜가 있었던 것이다. 이곳은 한반도가 아니다.

【사료64】『삼국지(三國志)』〈위서〉「동이전」韓

韓은 帶方의 남쪽에 있는데, 동쪽과 서쪽은 바다로 한계를 삼고, 남쪽은 倭와 접경하니, 면적이 사방 4천 리쯤 된다. [韓에는] 세 종족이 있으니, 하나는 馬韓, 둘째는 辰韓, 셋째는 弁韓인데, 辰韓은 옛 辰國이다.

○ 弁辰은 ~

그중에서 瀆盧國(註 182)은 倭와 경계를 접하고 있다.

註 182
瀆盧國 : 巨濟島에 있다는 說과 對馬島에 있다는 견해가 있다.

○ [後漢의] 桓帝·靈帝 末期에는 韓과 濊가 강성하여 [漢의] 郡·縣이 제대로 통제하지 못하니, [郡縣의] 많은 백성들이 韓國으로 유입되었다.
建安 연간(A.D.196~220; 百濟 肖古王 31~仇首王 7)에 公孫康이 屯有縣 이남의 황무지를 분할하여 帶方郡으로 만들고, 公孫模·張敞 등을 파견하여 漢의 遺民을 모아 군대를 일으켜서 韓과 濊를 정벌하자, [韓·濊에 있던] 옛 백성들이 차츰 돌아오고, 이 뒤에 倭와 韓은 드디어 帶方에 복속되었다.

> 【사료109】『후한서(後漢書)』 東夷列傳 韓
>
> 馬韓은 서쪽에 있는데, 54國이 있으며, 그 북쪽은 樂浪, 남쪽은 倭와 接하여 있다.(註 116) 진한은 동쪽에 있는데, 12國이 있으며, 그 북쪽은 濊貊과 接하여 있다. 弁辰은 辰韓의 남쪽에 있는데, 역시 12國이 있으며, 그 남쪽은 倭와 接해 있다.
>
> 註 116
> 南與倭接 : 『三國志』 弁辰傳에 '弁辰의 瀆盧國은 倭와 境界를 접하고 있다'고 기록되어 있기 때문에 倭를 弁辰의 南쪽으로 비정한 것 같다.

신라 서쪽에 백제가 있다는 사실은 주류 강단 사학계가 한반도에 비정한 바와 같으나 신라와 백제 북쪽에 말갈이 있고 남쪽에 왜인이 있다는 것은 그동안 주류 강단 사학계에 의하여 『삼국사기』 기록상에 초기 신라에 왜가 수시로 침입한 것을 일본열도의 왜이거나 가야 세력이라는 왜곡된 해석이 아니면 이는 이상한 것이다. 이 이상한 사항을 이해시켜 주는 기록이 그다음 기록이다. 백제와 신라의 원류라고 하는 마한과 변진(한)이 왜와 접경하고 있다는 것이다. 이는 바다로 떨어져 있는 한반도와 일본열도 사이에는 성립할 수 없다. 더군다나 대방에 한과 같이 왜가 복속하였다고 하였다. 이 대방이 주류 강단 사학계의 비정대로라면 황해도에 있는 것으로 이는 왜와 관계가 없다. 하지만 이 대방의 남쪽인 대방고지에서 백제가 건국되고 이 동쪽에 신라가 있고 이 남쪽에 왜가 있는 초기 백제와 신라가 있었던 하북성과 산동성이라면 맞는다. 이곳은 본 필자가 고조선, 고구려, 신라, 백제 그리고 낙랑, 말갈, 옥저, 왜가 있다고 비정하는 하북성 석가장시 동남부로부터 산동성 서쪽 지방인 것이다. 여기에 비정하면 모든 사서의 기록이 맞아떨어진다.

앞에서의 연나라 위치, 고조선 위치, 한이군 위치, 갈석산 위치, 요수 위치, 마수산 위치, 독산성 위치, 이와 관련된 낙랑, 말갈, 옥저, 신라, 백제 등 모든 중국사서와 『삼국사기』와 『삼국유사』 기록들에서 후대의 별개 학자들과 당해 사서 편찬자들의 개인적 역사관에 의한 견해 기록을 제외한 원본 기록들은 우리 민족 고대 국가의 역사적 활동 무대가 한반도가 아니고 하북성과 산동성이라는 것을 증거하고 있는 것이다. 한반도에서의 역사적 활동은 같은 시기 같이 진행하였고 나중에는 한반도에서 주로 이루어졌다. 이러한 사실을 중국사서와 『삼국사기』와 『삼국유사』는 혼합하여 기록하였다.

이에 대하여는 순서에 따라 관련 사항이 있을 때마다 설명할 것이다. 이것이 우리 고대사의 역사이고 이 역사적 활동에 대한 기록의 진실인 것이다. 죽령의 성격 및 위치를 잘 알려주는 것이 나당연합군이 형성되기 직전에 고구려와 신라의 죽령에 대한 연고권 주장이다. 과연 연고권을 주장하는 죽령이 함경도 것일까. 아니면 경상도 충청도 사이의 것일까. 이것에 대하여 고구려가 신라에 연고권을 주장하고 이것을 주면 백제를 공격하는 군사를 내어주어 연합하자고 했을까. 그럴 가능성도 있지만 또한 미심쩍은 것이 사실이다. 하지만 죽령이 있는 남옥저는 신라가 건국한 땅이다. 이것이 【사료106】『삼국사기(三國史記)』卷第二 新羅本紀 第二 아달라(阿達羅) 이사금(尼師今) 5년(158) 3월 봄에 "죽령을 개척하고 왜의 사신을 받은" 기록에서 확인할 수 있다. 물론 죽령은 고구려 동천왕이 관구검을 피하여 간 남옥저 땅이다. 이 남옥저는 고구려가 원래 개국한 졸본 땅으로 고구려가 이곳에서 개국한 후 북쪽으로 옮기어 영역을 확대하는 동안 신라가 이곳에 있던 낙랑국 옆에 자리 잡아 이곳을 자기 영역으로 하였던 것이다. 이곳은 산동성 북부이자 하북성 남부이다.

우리 역사에서는 즉 주류 강단 사학계에서 정립한 역사 전개상으로는 신라는 옥저와 관계가 없다. 단지『삼국사기』기록상 신라와 백제 그리고 고려와 가까이 있어 밀접한 관계에 있고 여기에 있는 죽령은 왜와도 관계가 있는 한편 특히 고구려와 신라와는 이 지역의 연고권을 놓고 오랜 기간 동안 대규모 전쟁을 벌인 지역이다. 이러한 것을 충족시켜 주는 곳은 한반도 안에서의 주류 강단 사학계에서 정립한 역사 전개상으로는 충족되지 않는다. 더군다나 고구려와 신라와의 연고권 쟁탈과 고구려 천리장성의 축조 원인이 될 수 있는 원인과 그 원인이 충족될 수 있는 곳은 한반도일 수가 없다. 연고권에 있어서는 당나라 시기에 두우가 편찬한『통전』에는 "신라국은 위魏라 때 신로국新盧國으로 기록되었고, 그 선조는 본래 진한辰韓이다. 진한辰韓은 처음에 6국이었는데 점차 나누어져서 12국이 되었다. 신라는 그 중의 하나이다. 위魏나라 장수 관구검毌丘儉이 고구려를 쳐서 이기자 고구려왕은 옥저沃沮로 달아났다. 그 뒤에 옛 나라로 돌아왔으나 남은 사람들이 신라를 세웠다."라고 되어 있고,

그리고 남송 말 원초인 1319년 마단림이 저술한『문헌통고』에도 "신라국은 백제 동남 5백여 리에 있다(또한 고구려 동남에 있고, 한나라 때 낙랑군 땅을 차지하고 있다.). 초기에 신로 또는 신라로 불렀다. 동쪽 끝은 대해이다. 위魏의 관구검이 고구려를 쳐부수자 옥저로 달아났다. 그 뒤에 옛 나라로 돌아왔으나 남은 사람들이 신라를 세웠다. 그래서 그 나라 사람들은 화하華夏 고구려 백제 사람이 섞여 있다. 옥저沃沮 불내不耐 한韓 예濊의 땅을 차지하고 있다. 그 왕은 본래 백제인인데 바다를 통해 신라로 들어와 그 나라 왕이 되었다."고 되어 있다.

또한『북사』에는 "백제는 한漢나라 때의 낙랑 땅에 있다. 혹은 위나라 장수 〈관구검毌丘儉〉이 고구려를 쳐서 이기자 {왕이} 옥저로 달아났는데 그 후 옛 나라에 돌아왔으나, 남은 사람들은 신라 또는 사로를 세웠다. 그 왕은 본래 백제인으로 바다를 통해 신라에 들어왔다. 초

기에는 백제에 부용되었는데 백제가 고구려를 정벌할 때 부역을 감당하지 못하여 백성들이 서로 이끌고 오니 점차 강성해졌다. 30대를 전하여 〈진평真平〉에 이르렀다."고 되어 있다.

그리고 중국 북송대에 성립된, 오대의 왕부가 저술하여 961년에 완성한 책「당회요」에는 "신라는 본래 변한의 땅이다. 그 선조는 고구려에서 나왔다. 위魏나라가 고구려를 쳐서 이기자 그 무리들은 옥저沃沮로 가서 보존하였다. 뒤에 옛 나라로 돌아갔다. 그곳에 남은 사람들을 신라로 불렀다."라고 되어 있으며,

여러 사서에 또한 "신라는 처음에 옥저沃沮를 확보하였다"고 하여 신라가 옥저 땅에서 건국된 것으로 하고 있다.

물론 여러 가지 검토할 오류 사항은 있다. 즉 신라가 고구려에서 나왔다는 사항은 단지『삼국사기』상에 기록되어 있듯이 고구려 동천왕이 관구검의 공격을 피하여 남옥저로 도망간 사건을 이야기하는 것을 고구려가 이곳에 왔다가 돌아가는 와중에 남은 세력이 신라를 세운 것으로 한 것이다. 하지만 옥저가 초기 신라와 관계가 있다는 것은 많은 사서가 입증해 주고 있다. 그런데도 우리 주류 강단 사학계는 이에 대하여는 전혀 언급이나 연구가 없다. 이것은 그들이 정립해 놓은 한반도 고착화에 위배되기 때문이다. 그렇다는 것은 이 옥저와 관련된 것은 한반도일 수가 없는 것이 명백하다.

| 죽령이 있는 (남)옥저 땅에 신라가 건국되었다.
| 이곳은 한반도일 수가 없다. 이곳은 산동성이다.
| 이곳에 고구려, 백제, 낙랑국, 왜, 말갈이 있었다.

이곳의 서쪽은 나중에 백제가 여기서 개국을 하는 이른바 대방고지이다. 이곳 동쪽의 신라 남부에 왜라고 불리는 세력이 있었다. 이

247

왜에 대하여는 곧이어 설명할 것이다. 그래서 고구려가 신라에 이 땅의 연고권을 주장하여 이곳을 주면 신라의 연합 제의를 수락할 것으로 제의하였으나 이는 신라의 제의를 거절하는 수락 못 할 제의를 한 것이다.

왜냐하면 이 땅은 신라의 고향으로 개국지이기 때문에 다른 어떠한 것보다 포기할 수 없는 것이었다. 이러한 점을 알기에 이것을 요구하여 신라의 제의를 거절하고자 하였던 것이다. 결국 신라는 연합의 더 큰 이익을 포기하고 이 땅을 포기하지 않았다. 따라서 사서 기록에 의하면 655년까지 신라가 산동성 북부 지방을 차지하고 있었다는 것이다. 이러한 사실과 고구려가 수당 전쟁을 이 신라의 위치 부근인 하북성에서 치렀다는 사실은 후대의 중국 사가들과 고려 및 조선 유학자들 그리고 식민 사학자들과 주류 강단 사학계에 의하여 철저히 왜곡 조작되어 요령성 요하 및 한반도로 옮긴 까닭에 놀랍고 믿지 못할 것이 되었지만 중국사서와 『삼국사기』의 기록이 이를 입증해 준다. 이들이 조작한 것을 배워 익힘으로써 이것이 옳은 것으로 되었으나 왜곡 조작되어 해석하지 않고 있는 그대로를 제대로 해석하면 왜곡 조작되기 전의 원래의 것이 보여 그때부터는 아니 그제야 반대로 왜곡 조작된 것이 그렇게 된 것으로 보이게 된다.

물론 이 시기 전과 후 즉 김춘추 고구려 방문 연합 제의 사건 전후에 고구려가 수당 전쟁을 이곳 산동성 북부 북쪽인 하북성 지방에서 치른 것이 중국사서와 『삼국사기』에 의하여 입증됨을 앞에서 '안시성', '임유관'을 통하여 일부 살펴보았고 앞으로도 계속 입증해 나갈 것이다. 중국사서와 『삼국사기』의 모든 기록이 이를 입증해 준다. 이에 대하여 본 필자는 계속 밝히고 입증하여 나갈 것이다. 이 글이 바로 그것이다.

> 중국사서와 『삼국사기』의 모든 기록이 진실을 증거하고 있다.
> 이들 기록을 왜곡 해석하여 우리 역사를 조작하였다.

또한 중국사서와 『삼국사기』 기록이 말갈의 바른 역사를 입증해 주고 있다. 사서 기록대로 말갈은 백제와 신라 북쪽에 있어 괴롭혔는데, 이 말갈은 어떠한 말갈인지 이에 대하여 살펴보기로 한다.

(6) 말갈

말갈에 대하여 살펴보고자 소위 중국의 정사 기록을 살펴보면서 지금까지 확인한 『삼국사기』와 『삼국유사』상에 나타난 우리 소위 삼국과의 관계에서 나타난 바와 교차 검증하여 살펴보고자 한다.

> 【사료216】 『삼국지(三國志)』 魏書 30 東夷傳 挹婁
>
> 挹婁는 夫餘에서 동북쪽으로 천여 리 밖에 있는데, 큰 바다에 닿아 있으며, 남쪽은 北沃沮와 접하였고, 북쪽은 그 끝이 어디인지 알 수가 없다.

> 【사료217】 『후한서(後漢書)』 東夷列傳 挹婁
>
> 挹婁는 옛 肅愼의 [지역에 있는] 나라이다. 夫餘에서 동북쪽으로 천여 리 밖에 있는데, 동쪽은 큰 바다에 닿고 남쪽은 北沃沮와 접하였으며, 북쪽은 그 끝이 어디인지 알 수가 없다.

> 【사료218】 『진서(晉書)』 동이열전(東夷列傳) 숙신(肅愼)
>
> 肅愼氏는 일명 挹婁라고도 하는데, 不咸山 북쪽에 있으며, 夫餘에서 60일쯤 가야 하는 거리에 있다. 東쪽으로는 큰 바다에 연해 있고, 西쪽으로는 寇漫汗國과 접해 있으며, 北쪽은 弱水에까지 이른다. 그 땅의 경계는 사방 수천 리에 뻗쳐 있다. [사람들은] 深山窮谷에 살며, 그 길이 험준하여 수레나 말이 통행하지 못한다.
>
> 周 武王 때에 그 楛矢와 石砮를 바쳤다. 周公이 成王을 보좌하던 때에는 다시 사신을 보내어 朝賀하였다. 그 뒤 천여 년 동안은 비록 秦나라와 漢나라의 강성한 세력으로도 그들을 오게 하지 못하였다.
>
> 成帝 때에 이르러서는 [後趙의] 石季龍에게 通好하여 朝貢하였는데, 4년

만에 비로소 도달하였다. 석계룡이 [사신에게 그 까닭을] 물으니 대답하기를, "언제나 소와 말이 항상 서남쪽으로 향하여 잠자는 것을 3년간 보고서, 大國이 있다는 것을 알았기 때문에 왔습니다." 하였다 한다.

【사료219】『위서(魏書)』列傳 勿吉國

勿吉國은 高句麗의 북쪽에 있으니, 옛 肅愼國의 지역이다. 邑落마다 각각 우두머리가 있으며 하나로 통일되어 있지는 않다. 그들은 굳세고 흉폭하여 東夷 중에서 가장 강하며, 언어도 그들만이 다르다. 豆莫婁 등의 나라를 항상 깔보며 여러 나라도 이들을 두렵게 여긴다.
洛陽에서 五天理 떨어져 있다. 和龍에서 북으로 2百餘里에 善玉山이 있고, 그 산에서 북으로 13日을 가면 祁黎山에 이른다. 다시 북으로 7日을 가면 如洛瓌水에 이르니, 강폭이 1里 남짓이다. 다시 북으로 15日을 가면 太魯水에 이르고, 다시 동북으로 18日을 가면 그 나라에 도달한다. 그 나라에는 큰 강이 있어, 폭은 3里 남짓이며 이름은 速末水이다.

나라 남쪽에는 徒太山이 있는데 魏나라 말로는 「大白」으로,

【사료220】『북사(北史)』列傳 勿吉

勿吉國은 高句麗의 북쪽에 있는데, 靺鞨이라고도 한다. 邑落마다 각각 우두머리가 있으며 하나로 통일되어 있지는 않다.
洛陽에서 5천 리 떨어져 있다. 和龍에서 북쪽으로 2백여 리에 善玉山이 있고, 그 山에서 북쪽으로 13日을 가면 祁黎山에 이른다. 다시 북쪽으로 7日을 가면 洛瓌水에 이르는데, 江의 폭이 1里 남짓이다. 또 북쪽으로 15日을 가면 太岳魯水에 다다르고, 다시 동북쪽으로 18日을 가면 그 나라에 도달한다.
그 나라에는 큰 강이 있는데, 폭은 3里 남짓이며 이름은 速末水이다.

그 部類는 통틀어 7種이 있다.
첫째는 粟末部로서 高[句]麗와 접경하고 있는데, 勝兵이 수천 명으로 용

감한 병사가 많아, 항상 高[句]麗를 침입하곤 하였다.
둘째는 伯咄部로서 粟末[部]의 북쪽에 있으며, 勝兵이 7천 명이다.
셋째는 安車骨部로서 伯咄[部]의 동북쪽에 있다.
넷째는 拂涅部로서 伯咄[部]의 동쪽에 있다.
다섯째는 號室部로서 拂涅[部]의 동쪽에 있다.
여섯째는 黑水部로서 安車骨[部]의 서북쪽에 있다.
일곱째는 白山部로서 粟末[部]의 동남쪽에 있다. 勝兵은 모두 3천 명에 불과한데, 黑水部가 제일 굳세고 건장하였다.

【사료221】『수서(隋書)』東夷列傳 靺鞨

○ 靺鞨(註 187)

靺鞨(註 188)은 高[句]麗의 북쪽에 있다. 邑落마다 酋長이 따로 있어 하나로 통일되어 있지 않다.
모두 7種이 있다.
그 첫째는 粟末部(속말부)(註 189)로서 高[句]麗와 인접하여 있는데, 精兵이 수천 명으로 용감한 병사가 많아, 늘 高[句]麗를 침입하였다.
둘째는 伯咄部(백돌부)로서 粟末[部]의 북쪽에 있으며, 精兵이 7천이다.
셋째는 安車骨部(안거골부)로서 伯咄[部]의 동북쪽에 있다.
넷째는 拂涅部(불열부)로서 伯咄[部]의 동쪽에 있다.
다섯째는 號室部(호실부)로서 拂涅[部]의 동쪽에 있다.
여섯째는 黑水部(흑수부)(註 194)로서 安車骨[部]의 서북쪽에 있다.
일곱째는 白山部(백산부)(註 195)로서 粟末[部]의 동남쪽에 있다.
[이들은] 精兵이 모두 3천에 불과한데, 黑水部가 가장 굳세고 건장하였다. 拂涅[部]에서부터 동쪽 지방은 화살이 다 돌촉(石鏃)인데, 곧 옛날 肅愼氏의 [땅이기 때문이다.]

註 187
靺鞨傳 : 『隋書』 靺鞨傳은 卷81의 「東夷列博」에 高句麗·百濟·新羅·流求·倭國傳과 함께 수록되어 있다. 그 내용은 靺鞨의 위치 및 七部·風俗 등에 대한 상태 서술과 隋 開皇 年間(581~600)부터 大業 13年(617)

까지의 中國과의 교섭사실에 대한 기록으로 구성되어 있다.
靺鞨이란 部族名이 역사상에 처음 나타나는 것은 南北朝時代 말경인 北齊 河淸 2년(563)인데, 勿吉族의 후예로 알려지고 있다. 靺鞨이란 명칭으로 立傳하고 있는 것은 『隋書』와 『舊唐書』뿐이며, 그 이후의 史書에는 黑水靺鞨로 立傳되고 있다.
≪參考文獻≫
凌純聲, 『松花江下游的赫哲族』 1935. 中國 中央研究院 歷史語言研究所.
三上次男, 『古代東北アシア史研究』 1966, 吉川弘文館重版.

註 188
靺鞨: 靺鞨이란 原音이 Moxo, 또는 Moho로 滿洲의 女眞語의 물(水)을 뜻하는 Muke에서 나온 것이라 생각된다.
(생략) 靺鞨의 7부가 散在한 地域은 대체로 북쪽으로 黑龍江에서 남쪽으로는 豆滿江 一帶까지 광범위하게 걸쳐 있었는데, (생략) 黑龍江 流域에 있었던 黑水靺鞨이 가장 肅愼·挹婁·勿吉과 유사하였기 때문에 三上次男은 이들을 한 單位로 묶어 古Asia族으로 보고, 그 나머지 6부는 Tungus系로 보고 있다(『古代東北アシア史研究』pp.223~244). (생략)

註 189
粟末部: 粟末部의 住居地에 대해서 『吉林通志』에서는 吉林·烏拉一帶로 보았으며, 小川裕人도 北流 松花江流域으로(『靺鞨史研究に關する諸問題』 pp.62~81), 日野開三郞도 輝發河流域·伊通河流域(農安)·松花江 沿流地라고 하여(『夫餘國考』pp.1~4) 모두 吉林·烏拉中心으로 보았다. 鳥山喜一은 松花江 中流의 위쪽 地域으로 보았다(『渤海王國の建設』p.53).
≪參考文獻≫
『吉林通志』 卷22.
小川裕人, 「靺鞨史硏究に關する諸問題」 『東洋史硏究』 第2卷 5號, 1937.
日野開三郞, 「夫餘國考-特にその中心地の位置に就いて-」 『史淵』 34輯, 1946.
鳥山喜一. 「渤海王國の建設」 『渤海史上の諸問題』 1968, 風間書房.

註 194

黑水部 : 『吉林通志』에서는 吉林一帶를 黑水部의 거주지로 보았으며, 池內宏은 三姓의 동쪽 混同江 南北地域으로 보았고(『勿吉考』pp.469~523,) 小川裕人은 依蘭의 동쪽 松花江流域에서 黑龍江에 이르는 지역으로(『靺鞨史硏究に關する諸問題』pp.62~81), 日野開三郎은 三姓의 동쪽에서 黑龍江에 이르는 松花江流域으로(『夫餘國考』pp.1~4), 鳥山喜一은 松花江과 黑龍江의 合流點에서 下流地域으로 보았다(『渤海王國の建設』p.53).

≪參考文獻≫

『吉林通志』 卷22.

小川裕人, 「靺鞨史硏究に關する諸問題」 『東洋史硏究』 第2卷 5號, 1937.

日野開三郎, 「夫餘國考」 『史淵』 第34輯, 1946.

池內宏, 「勿吉考」 『滿鮮史硏究』 (上世篇) 第1冊, 1951.

鳥山喜一, 「渤海王國の建設」 『渤海史上の諸問題』 1968.

註 195

白山部 : 白山部의 居住地에 대해서 『吉林通志』에서는 敦化·琿春西境으로 보았고, 池內宏은 間島지역으로(『勿吉考』pp.469~523), 松井等은 白頭山 지역으로(『渤海王國の疆域』pp.429~430), 小川裕人은 敦化지역으로(『靺鞨史硏究に關する諸問題』pp.62~81), 日野開三郎은 敦化·間島에서 咸鏡道에 이르는 지역으로(『夫餘國考』pp.1~4), 鳥山喜一은 間島지역으로 각각 보았다(『渤海王國の建設』p.53).

≪參考文獻≫

『吉林通志』 卷22.

松井等, 「渤海王國の疆域」 『滿鮮歷史地理』 卷1, 1913.

小川裕人, 「靺鞨史硏究に關する諸問題」 『東洋史硏究』 第2卷 5號, 1937.

日野開三郎, 「夫餘國考」 『史淵』 第34輯, 1946.

池內宏, 「勿吉考」 『滿鮮史硏究』 (上世篇) 第1冊, 1951.

鳥山喜一, 「渤海王國の建設」 『渤海史上の諸問題』 1968.

【사료222】『구당서(舊唐書)』 北狄列傳 靺鞨

靺鞨은 곧 肅愼의 땅이니, 後魏때에는 이를 勿吉이라 하였다. 京師에서 동북으로 6천여 리 밖에 있다. 동쪽은 바다에 이르고, 서쪽은 突厥과 접하며, 남쪽은 高[句]麗와 경계하고, 북쪽은 室韋와 인접해 있다. 그 나라는 모두 수십부나 되는데, 각각 酋帥가 있어 더러는 高[句]麗에 附庸되어 있고, 더러는 突厥에 臣屬되어 있다. 그런데 黑水靺鞨이 가장 북방에 있으면서 제일 강성하여 늘 그 용맹을 과시하므로 항상 이웃 부족의 걱정거리가 되었다.

○ 酋帥인 突地稽라는 자가 隋末에 그 部族 1천여 명을 거느리고 內屬해오니, 營州에 거주시키고 煬帝는 突地稽를 金紫光祿大夫 遼西太守로 삼았다. ~ 劉黑闥의 반란에 突地稽가 그의 부족을 이끌고 定州(註 329)에 와서 ~ 또 그 部落을 幽州의 昌平城(註 330)으로 옮겼다. 마침 高開道가 突厥[兵]을 이끌고 와서 幽州를 공격하므로, 突地稽가 군병을 거느리고 요격하여 크게 무찔렀다.

註 329
定州 : 後魏代에는 中山郡으로, 隋代에는 博陵郡으로, 唐代에는 定州郡으로 일컬어졌다. 현재에는 直隷省 曲陽·深澤 2縣으로 되었다.
[본 필자 주석]청대(淸代)에는 직례성(즈리성[直隷省])이라고 불렀고, 신해혁명(辛亥革命) 후 1928년 허베이성(하북성[河北省])이라고 고쳤다.

註 330
昌平城 : 지금의 直隷省 順天府에 속한 縣名이다.

○ 그 가운데 白山部는 본래 高[句]麗에 附庸되었는데, 平壤[城]이 함락된 뒤에 많은 무리들이 中國으로 들어 왔다.

【사료223】『신당서(新唐書)』 北狄列傳 黑水靺鞨

黑水靺鞨은 肅愼 땅에 있는데, 또한 挹婁라고도 하며, 後魏 때에는 勿吉로도 불리었다. 京師에서 동북으로 6천 리 밖에 있는데, 동쪽은 바다에 접하고, 서쪽은 突厥에 닿으며, 남쪽은 高[句]麗와, 북쪽은 室偉와 접해 있다.

○ 수십部로 나뉘어져 酋長들이 각기 自治를 한다. 그중 가장 두드러진 部는 粟末部로서 가장 남쪽에 위치하여 太白山에 이른다. [그 산은] 徒太山이라고도 하는데, 高[句]麗와 서로 닿는다. 粟末水의 연안에 의지하여 사는데, 이 물은 [太白]山 서쪽에서 흘러 나와서 북으로 它漏河(타루하)에 들어간다.
조금 동북쪽에 있는 것이 汩咄部이고, 그 다음의 것이 安居骨部이며, 더 동쪽은 拂涅部이다. [安]居骨[部]의 서북쪽에 있는 것이 黑水部이고, 粟末[部]의 동쪽에 있는 것이 白山部이다. 部와 部의 사이는 먼 것은 3~4백 리이고, 가까운 것은 2백 리이다.
白山[部]는 본래 高[句]麗에 臣屬되어 있었는데, 王師가 平壤[城]을 攻取하자, 그 무리들이 대개 唐으로 들어왔다. 汩咄·安居骨 등도 모두 분산되어 점차 미약하여져 [뒤에는 활동이] 알려지지 않았으며, 遺民들은 뿔뿔이 渤海로 들어갔다. 오직 黑水[部]만이 완강하여 [땅을] 16部落으로 나누고 南部와 北部로 일컬었으니, 이는 그 위치가 가장 북쪽이기 때문이었다. 사람들이 거세고 步戰을 잘하여, 늘 다른 部族의 걱정거리가 되었다.
~
○ 당초 黑水[靺鞨]의 서북쪽에는 思慕部가 있는데, 더 북으로 10日을 가면 郡利部가 있고, 동북으로 10日로 가면 窟設部가 있다. [窟設은] 屈設이라고도 부른다. 조금 동남으로 10日을 가면 莫曳皆部가 있고, 또 拂涅(註 033)·虞婁·越喜(註 034)·鐵利(註 035)등의 部가 있다.
그 땅은 南으로는 渤海에 이르고, 北과 東은 바다에 닿아 있으며, 西로는 室韋에 이른다. 南北은 2천 리이고, 동서는 1천 리에 뻗쳐 있다. 拂涅(불열)·鐵利(철리)·虞婁(우루)·越喜(월희)는 때때로 中國과 통하였으나, 郡利·屈設·莫曳皆는 스스로 통할 수가 없었다.

註 033
拂涅〔部〕:『吉林通志』에서 지금의 古塔地方으로 비정한 이래 池內宏은 榆樹溝 附近을 중심으로 하여 榆樹 및 五常을 포함한 지방으로(「鐵利考」pp.7~18), 小川裕人은 寧安地方의 森林地帶로(「靺鞨史硏究に關する諸問題」), 李學智는 與凱湖 附近으로 비정하였다(「黑龍江與隋唐兩代之黑水靺鞨」).
<참조>
『隋書』靺鞨傳 註 6)
拂涅部
『吉林通志』에서는 寧安에서 依蘭에 이르는 寧古塔을 拂涅部의 居住地로 보았으며, 池內宏은 石頭城子·榆樹·五常을 포함한 地域으로(「勿吉考」pp.1~70), 松井等은 東京城 寧安地方을 포함하는 牧丹江 流域으로(「渤海國の疆域」pp.429~430), 小川裕人은 張廣才嶺 以東의 森林地로(「靺鞨史硏究に關する諸問題」pp.62~81), 日野開三郎은 張廣才嶺 以東의 森林地에서 瑚爾客河까지를(「夫餘國考」pp.1~4), 鳥山喜一은 牧丹江 中流地域의 以東地域으로 각각 보았다(「渤海王國の建設」p.53).
≪參考文獻≫
松井等,「渤海國の疆域」『滿鮮歷史地理』卷1, 1913.
小川裕人,「靺鞨史硏究に關する諸問題」『東洋史硏究』第2卷 5號, 1937.
日野開三郎,「夫餘國考」『史淵』第34輯, 1946.
池內宏,「勿吉考」『滿鮮史硏究』(上世篇) 第1册, 1951.
鳥山喜一,「渤海王國の建設」『渤海史上の諸問題』1968.
≪參考文獻≫
『吉林通志』卷22.
李學智,「黑龍江與隋唐兩代之黑水靺鞨」『大陸雜誌』第13卷 8期.
池內宏,「鐵利考」『滿鮮史硏究』(中世篇) 第1册, 1933.
小川裕人,「靺鞨史硏究に關する諸問題」『東洋史硏究』2卷 5號, 1937.

註 034
越喜〔部〕: 이 越喜部의 住地에 대해 池內宏은 지금의 長春 西南의 懷德

방면으로 비정하였고(『鐵利考』pp.35~43), 金毓黻은 沿海州의 海邊 地域으로 비정하였으며(『渤海國志長編』「地理考」), 和田淸은 지금의 松花江下流域 三姓 附近으로 비정하였다(『渤海國地理考』pp.101~106).

<참조>
『新唐書』 渤海傳 註 87)
越喜故地
越喜는 『舊唐書』 渤海靺鞨傳에는 振國 즉, 渤海建國 당시의 境域을 '其地在營州 之東二千里 南與新羅接 越喜靺鞨 東北至黑水靺鞨 地方二千里'라 하고 있다.
越喜靺鞨의 方向에 관하여 같은 史料를 전한 『册府元龜』의 '其地在營州 之東二千里 …… 西接越喜靺鞨 ……'이라는 記事를 보면 『舊唐書』의 記事에는 '西'字가 빠져있으며, 越喜가 渤海國에 西接하고 있었던 것 같다. 그리고 『通典』 安東府條에 '東至渤海部落二千五百里 …… 北至渤海一千九百五百里'라고 한 것에서 보면 唐에서 遠距離에 있었던 것이 틀림없다. 그 정확한 位置를 比定하려고 처음 시도하였던 『盛京通志』「沿革志」鐵嶺條에 의하면 漢과 魏晋南北朝時代까지 鐵嶺은 挹婁國地였다가 隋代에 越喜國地가 되어 唐代에 이르러 '渤海大氏 取越喜也 改富州 屬懷遠府'라고 瀋陽 北인 지금의 鐵嶺을 옛 越喜였던 것으로 보고 있다.
丁若鏞은 이와 같은 中國의 諸說을 批判否定하고 있으나, 그렇다고 獨自的인 位置의 比定은 하지 않고 있다(『我邦疆域考』「渤海考」).
한편 韓鎭書는 『遼史』「地理志」東京道 信州條의 '…… 本越喜故城 渤海置懷遠府今廢 聖宗以地鄰高麗 開泰初置州 ……'라는 記事가 前揭한 『盛京通志』가 誤謬를 범한 根源이 되었다고 指摘하고, 鐵利와 더불어 越喜故地의 懷遠府는 모두 黑龍江地方에 있다고 臆測하고 있다(『續海東繹史』「渤海」).
이상의 中國과 韓國學者의 主張과는 달리 松井等은 遼代의 兀惹이라는 部族은 唐代의 越喜이며, 또 兀惹의 西에 있는 越里吉이라는 部族도 어쩌면 越喜와 같은 部族이 아닌가 臆測하면서, 그 住地를 烏蘇里・松花江 兩江의 下流 地域으로 比定하였다(『渤海國の疆域』p.419).
이에 대하여 池內宏는 지금의 長春 西南의 懷德 方面을 越喜의 옛 터로 比定하였으며(『鐵利考』pp.35~43), 金毓黻은 沿海州의 海邊 地域으로 臆斷하였다(『渤海國志長編』「地理考」). 즉 學者에 따라 그 方向에 엄청난 差異를

보이고 있는 것이다.

한편 和田淸은 『遼史』「營衛志」에 보이는 盆奴里・剖阿里 등 遼代의 五國部中에 보이는 越里吉이 越喜이며, 金代의 胡里改路가 두어지기도 하였던 지금의 松花江 下流域 三姓 부근으로 比定하고 그 위치는 渤海國의 '西接'이 아니고 '北接'이나 『冊府元龜』의 記事에서 '西接'이라 한 것은 '北接'의 誤記인 것으로 主張하고 있다(「渤海國地理考」pp.101~106). 和田淸의 이 比定은 그 住地를 三姓 부근으로 推斷하였던 鐵利의 住地와 그 境界가 명확히 그어지지 않는 결점이 있다.

≪參考文獻≫

『舊唐書』 卷199下 「北狄列傳」 渤海靺鞨條.

『遼史』 卷33 「營衛志」; 卷38 「地理志」 東京道 信州條.

『冊府元龜』 卷959 「外臣部」

『通典』 卷180 安東府條.

『盛京通志』 卷10 「沿革志」 鐵嶺條.

丁若鏞, 『我邦疆域考』 卷5 「渤海考」

韓鎭書, 『續海東繹史』 卷9 「渤海」

金毓黻, 『渤海國志長編』 卷14 「地理考」

松井等, 「渤海國の疆域」 『滿洲歷史地理』 1卷, 1913.

池內宏, 「鐵利考」 『滿鮮史硏究』 (中世篇) 第1冊, 1933.

和田淸, 「渤海國地理考」 『東亞史硏究』 (滿洲篇), 1955.

≪參考文獻≫

金毓黻, 『渤海國志長編』 卷14 「地理考」

池內宏, 「鐵利考」 『滿鮮史硏究』 (中世篇) 第1冊, 1933.

和田淸, 「渤海國地理考」 『東亞史硏究』 (滿洲篇), 1955.

註 035

鐵利〔部〕: 鐵利部의 住地에 대해서는 異說이 많다. 즉, ①圖們江北・與凱湖의 南說(丁若鏞,「渤海考」) ②黑龍・烏蘇里江下流 地域說(松井等,『滿洲歷史地理』p.45 ; 鳥山喜一,『渤海史考』p.294) ③收丹江流域說(津田左右吉,「遼の遠東經略」pp.282~285), ④阿什河流域說(池內宏, 「鐵利考」pp.43~53) ⑤松花江下流域의 依蘭地域說(小川裕人,「鐵利の住地に就いて」)등이 있다. 이 중에서 小川裕人說

이 가장 유력한 것으로 보인다.
<참조>
『新唐書』渤海傳 註 85)
鐵利故地
鐵利는『新唐書』黑水靺鞨傳에
…… 又有拂涅・虞婁・越喜・鐵利等部 其地南距渤海 北・東際於海 西抵室韋 南北裵二千里 東西千里 拂涅・鐵利・虞婁・越喜時時通中國 …… 鐵利開元中六來 ……
라고 하여 唐代부터 中國에 처음으로 알려진 部族이다.

이 部族은 海上을 통하여 日本과도 往來하였을 뿐 아니라『遼史』「聖宗本紀」開泰 元年 丙申條에는 鐵驪의 이름으로 그 酋長 那沙가 遼에 佛像・儒書를 請하여 護國仁王像・易・詩・書・春秋・禮記 各 一部를 받아 갔다고 한다.

이 那沙는 또『高麗史』顯宗 21年 夏四月 己亥條에 '鐵驪國王那沙 遣女眞計陀漠等來 獻貂鼠皮 淸曆日 許之'라고 한 것으로 보아 渤海國의 멸망 후에는 遼 및 高麗와 交涉이 있었던 部族이다.

丁若鏞은 宋의 開寶 5年에 鐵利王子가 馬・布・腽肭臍를 貢한 記事를 引用하여 豆滿江 北으로 興開(凱)湖의 南일지도 모른다고 臆測하고, 그들이 腽肭臍를 貢한 것을 그 證據로 제시한 바 있다(『我邦疆域考』『渤海考』). 이에 대하여 松井等은 현재의 黑龍江과 烏蘇里江의 合流點으로 比定한 바 있다.(『渤海國의 疆域』p.418). 그 후 池內宏은 鐵利의 本據를 일찍이 夫餘・勿吉의 本據로 比定하여 生女眞 즉, 金朝의 發祥地인 阿勒楚喀河畔의 阿城 부근으로 比定한 바 있다(『鐵利考』pp.15~177).

이와 같이 鐵利의 住地와 그 中心部에 대한 諸說이 엇갈리게 되었는데, 和田淸은 牧丹江이 松花江과 合流하는 地點의 左岸인 지금의 三姓對岸으로 比定하였다. 이 地方은 元明時代에는 斡朶里站으로서, 그 뒤에도 이 方面에 있어서의 要衝地였다(『渤海國地理考』pp.99~100).

≪參考文獻≫
『高麗史』卷5 顯宗 21年條.
『新唐書』卷219「北狄列傳」黑水靺鞨條.
『遼史』卷15「聖宗本紀」開泰 元年條.

丁若鏞, 『我邦疆域考』 卷5 「渤海考」
松井等, 「渤海國の疆域」 『滿洲歷史地理』 1卷, 1913.
池內宏, 「鐵利考」 『滿鮮史硏究』 (中世篇) 第1冊, 1933.
和田淸, 「渤海國地理考」 『東亞史硏究』 (滿洲篇), 1955.
≪參考文獻≫
丁若鏞, 『我邦疆域考』 卷5 「渤海考」
松井等, 『滿洲歷史地理』 卷2, 1913.
津田左右吉, 「遼の遼東經略」 『滿鮮地理歷史硏究報告』 3, 1916.
池內宏, 「鐵利考」 『滿鮮史硏究』 (中世篇) 第1冊, 1933.
小川裕人, 「鐵利の住地に就いて」 『史林』 22卷, 2號 1937.
鳥山喜一, 『渤海史考』 1977, 原書房.

○ 지금에까지 남아 있어 京師에 朝覲을 온 것을 左에 附記해 둔다.
拂涅은 大拂涅로도 일컬으며, 開元(A.D.713~741; 新羅 聖德王 12~孝成王 5)·天寶 연간(A.D.742~755; 新羅 景德王 1~14)에 여덟 번 와서 鯨睛·貂鼠·白兎皮를 바쳤다.
鐵利는 開元 연간(A.D.713~741; 新羅 聖德王 12~孝成王 5)에 여섯 번 왔다.
越喜는 [開元 연간에] 일곱 번 오고, 貞元 연간(A.D.785~804; 新羅 元聖王 1~哀莊王 5)에 한번 왔다.
虞婁는 貞觀 연간(A.D.627~649; 高句麗 榮留王 10~寶莊王 8)에 두 번 오고, 貞元 연간(A.D.785~804; 新羅 元聖王 1~哀莊王 5)에 한번 왔다.
뒤에 渤海가 강성해지자, 靺鞨은 모두 그들에게 役屬되어 다시는 王과 만나지 못하였다.

【사료224】『구당서(舊唐書)』 北狄列傳 渤海靺鞨

渤海靺鞨의 大祚榮은 본래 高[句]麗의 別種이다. 高[句]麗가 멸망하자 祚榮은 家屬을 이끌고 營州로 옮겨와 살았다.
萬世通天 연간(A.D.696; 新羅 孝昭王 5)에 契丹의 李盡忠이 반란을 일으키니, 祚榮은 靺鞨의 乞四比羽와 함께 각각 [그들의 무리를] 거느리고 동쪽으로 망명하여 要害地를 차지하여 수비를 굳혔다. 盡忠이 죽자, 則天[武后]

가 右玉鈐衛大將軍 李楷固에게 명하여 군대를 거느리고 가서 그 餘黨을 토벌케 하니, [楷固는] 먼저 乞四比羽를 무찔러 베고, 또 天門嶺을 넘어 祚榮을 바짝 뒤쫓았다. 祚榮이 高[句]麗·靺鞨의 무리를 연합하여 楷固에게 항거하자, 王師는 크게 패하고 楷固만 탈출하여 돌아왔다. [이때] 마침 契丹과 奚가 모두 突厥에게 항복을 하므로 길이 막혀서 則天[武后]는 [그들을] 토벌할 수 없게 되었다. 祚榮은 마침내 그 무리를 거느리고 동으로 가서 桂婁[部]의 옛 땅을 차지하고, 東牟山에 웅거하여 城을 쌓고 살았다.

그 땅은 營州 동쪽 2천 리 밖에 있으며, 남쪽은 新羅와 서로 접하고 있다. 越憙靺鞨(註 356)에서 동북으로는 黑水靺鞨에 이르는데, 사방이 2천 리이며, 編戶는 십여만이고 勝兵은 수만 명이다. 풍속은 高[句]麗 및 契丹과 같고, 文字 및 典籍도 상당히 있다.

其地在營州之東二千里, 南與新羅相接. 越憙靺鞨東北至黑水靺鞨, (南與新羅相接越憙靺鞨東北至黑水靺鞨册府卷九五九作「南與新羅相接, 西接越憙靺鞨, 東北至黑水靺鞨.」)

註 356
越熹靺鞨 : 『舊唐書』 靺鞨傳에 越熹靺鞨로 적혀 있는 靺鞨族의 一部이다. 『册府元龜』에 의하면 鐵利·拂涅과 더불어 자주 唐에 朝貢한 바 있다. 松井等에 의하면 遼代에 烏蘇里江 下流에 거주하던 兀惹라는 部族과 同一族인 것 같으며, 그 住地는 烏蘇里江과 松花江 兩江의 下流 附近으로 比定되고 있다(『渤海國の疆域』, p.419).

【사료225】 『신당서(新唐書)』 北狄列傳 渤海

渤海는 본래 粟末靺鞨로서 高[句]麗에 附屬되어 있었으며, 姓은 大氏이다. 그곳은 營州에서 동으로 2천 리 밖에 위치하며, 남쪽은 新羅와 맞닿아, 泥河로 경계를 삼았다. 동쪽은 바다에 닿고, 서쪽은 契丹과 [접하고 있다.]

○ 萬歲通天 연간(A.D.696; 新羅 孝昭王 5)에 契丹의 [李]盡忠이 營州都督 趙

𢵧를 죽이고 반란을 일으키자, 舍利 乞乞仲象이라는 자가 靺鞨의 酋長 乞四比羽 및 高[句]麗의 남은 종족과 동쪽으로 달아나, 遼水를 건너서 太白山의 동북을 거점으로 하여 奧婁河를 사이에 두고 성벽을 쌓고 수비를 굳혔다. 武后는 乞四比羽를 許國公, 乞乞仲象을 震國公으로 책봉하여 그 죄를 용서하였다. 比羽가 그 명령을 받아들이지 않자, 武后는 玉鈐衛大將軍 李楷固와 中郎將 索仇에게 조서를 내려 그를 쳐 죽였다. 이때에 仲象은 이미 죽고 그의 아들 [大]祚榮이 敗殘兵을 이끌고 도망쳐 달아났는데, 楷固는 끝까지 추격하여 天門嶺을 넘었다. 祚榮이 高[句]麗 兵과 靺鞨兵을 거느리고 楷固에게 저항하니, 楷固는 패전하고 돌아왔다. 이에 契丹이 突厥에 붙으므로 王師의 길이 끊겨서 그들을 치지 못하게 되었다. 祚榮은 곧 比羽의 무리를 합병하여 지역이 [중국과] 먼 것을 믿고, 나라를 세워 스스로 震國王이라 부르며, 突厥에 使者를 보내어 通交하였다.

땅은 사방 5천 리이며, 戶口는 십여만이고, 勝兵은 수만이다. 書契를 제법 안다. 扶餘·沃沮·弁韓·朝鮮등 바다 북쪽에 있던 여러 나라의 땅을 거의 다 차지하였다.

~

국토는 5京·15府·62州이다.

肅愼의 옛 땅으로 上京을 삼으니, [府名은] 龍泉府이며, 龍[州]·湖[州]·渤[州]의 3州를 통치한다.

그 남부로 中京을 삼으니, [府名은] 顯德府이며, 盧[州]·顯[州]·鐵[州]·湯[州]·榮[州]·興[州]의 6州를 통치한다.

獩貊의 옛 땅으로 東京을 삼으니, [府名은] 龍原府로, 柵城府라고도 한다. 慶[州]·鹽[州]·穆[州]·賀[州]의 4州를 통치한다.

沃沮의 옛 땅으로 南京을 삼으니, [府名은] 南海府이며 沃[州]·晴[州]·椒[州]의 3州를 통치한다.

高[句]麗의 옛 땅으로 西京을 삼으니, [府名은] 鴨淥府이며, 神[州]·桓[州]·豊[州]·正[州]의 4州를 통치한다.

長嶺府는 瑕[州]·河[州]의 2州를 통치한다.

扶餘의 옛 땅에 둔 扶餘府에는 늘 강한 군대를 주둔시켜 契丹을 방어하는데, 扶[州]·仙[州]의 2州를 통치한다.

> 鄚頡府는 鄚[州]·高[州]의 2州를 통치한다.
> 挹婁의 옛 땅에 둔 定理府는 定[州]·瀋[州]의 2州를 통치한다.
> 安邊府는 安[州]·瓊[州]의 2州를 통치한다.
> 率賓의 옛 땅에 둔 率賓府는 華[州]·益[州]·建[州]의 3州를 통치한다.
> 拂涅의 옛 땅에 둔 東平府는 伊[州]·蒙[州]·沱[州]·黑[州]·比[州] 5州를 통치한다.
> 鐵利의 옛 땅에 둔 鐵利府는 廣[州]·汾[州]·蒲[州]·海[州]·義[州]·歸[州] 의 6州를 통치한다.
> 越喜의 옛 땅에 둔 懷遠府는 達[州]·越[州]·懷[州]·紀[州]·富[州]·美 [州]·福[州]·邪[州]·芝[州]의 9州를 통치한다.
> 安遠府는 寧[州]·郿[州]·慕[州]·常[州]의 4州를 통치한다.
> 또 郢[州]·銅[州]·涑[州]의 3州를 獨奏州로 삼았다. 涑州는 그곳이 涑沫 江과 가까운데, [涑沫江은] 이른바 粟末水인 듯하다.
> 龍原의 동남쪽 연해는 日本道이고, 남해는 新羅道이다. 鴨淥은 朝貢道 이고, 長嶺은 營州道이며, 扶餘는 契丹道이다.

위의 사서들상 국사편찬위원회 한국사 데이터베이스상에 주석을 달아 설명한 바와 같이 중국사서상에 말갈은 처음 『북사』 이후 『수서』, 『구당서』, 『신당서』에 나온다. 이 기록에 따르면 말갈은 시기를 달리하여 춘추전국시대에는 숙신, 한나라 때에는 읍루, 북위 때에는 물길, 당나라 이후에야 말갈로 기록되고 있다.

(1) 앞에서 살펴본 『후한서』 및 『삼국지』상의 「동옥저전」과 「부여전」에 의하면 분명히 말갈의 전신인 읍루는 부여 동쪽에 접해 있는 것으로 기록되어 있다. 그런데 정작 같은 사서의 「읍루」전은 이 읍루가 숙신 땅에 있는데 이는 부여에서 동북으로 천여 리나 60일 가야 하는 위치에 있는 것으로 기록하고 있다. 그리고 말갈의 전신인 읍루의 후예인 물길에 대하여는 낙양에서 5천 리 떨어진 곳으로 기록하고 있다. 그리고 정작 말갈에 대하여는 경사 즉 낙양에서 6천 리

에 있는 것으로 기록하고 있다. 이러한 기록에서 확인할 수 있는 것은
- 중국사서 거리 수치의 오류성이나 왜곡성이다. 숙신이나 물길이나 말갈이나 모두 같은 지역에 있는 것으로 부여 동쪽에 있다면 부여와 거의 같은 위치에 있는 것인데, 부여에서 동북으로 천여 리나 60일 가야 하는 위치까지는 아닌 것이다. 물론 중국사서의 기록상 천 리는 조금 떨어진 것이지 정확하게 천 리 떨어진 것을 의미하는 것은 아니다.
- 여기서 역으로 확인되는 것은 고구려의 위치 기록이다. 고구려를 두 『당서』는 5,100리, 5,000리로 기록하였다. 사서 기록상 부여는 현토군에서 동북으로 1,000리 떨어져 있지만, 고구려는 현토군 동쪽에 붙어 있다. 그러면 부여보다 동북으로 1,000리 떨어진 곳에 위치한 물길이나 말갈의 5천 리, 6천 리보다는 부여는 1,000리 가까운 4,000리나 6,000리이고 고구려는 이보다 1,000리 가까운 3,000리나 4,000리가 되어야 하는데 5,100리, 5,000리 기록은 잘못인 것이다. 더군다나 고구려는 이들보다 당나라 낙양에서 가까운 남쪽이다. 그러므로 중국사서 기록상 거리 수치는 이미 앞에서 입증하여 확인하였듯이 『후한서』「군국지」상의 연5군 및 한이군의 거리 수치 조작과 더불어 고의로 맞춘 수치에 불과하다. 더군다나 당시의 어려운 도보 도로 사정에 의한 거리 수치이므로 현재와는 상당한 차이가 있다.

> **중국사서 기록상 거리 등 수치는 대부분 조작되었거나 현재 개념의 거리 수치가 아니다.**

(2) 따라서 이 말갈 관련 기록에 의한 말갈의 위치는 거리 수치로 판단해서는 안 된다. 이 잘못된 수치 기록을 배제하고 다른 여러 사

항에 의하여 이에 맞는 비정을 하여야 한다. 이는 고구려, 백제, 신라 그리고 부여의 경우에도 마찬가지이다. 분명히 중국사서 기록상 고구려 북쪽에 부여가 그리고 이 부여 동쪽에 말갈이 있는 것은 분명하다. 물론 나중에 살펴보겠지만 중국사서는 이들의 위치와 활동 사항만 기록하고 있지만 일부 기록인 【사료223】『신당서(新唐書)』北狄列傳 黑水靺鞨, 【사료224】『구당서(舊唐書)』北狄列傳 渤海靺鞨상의 남쪽으로 신라와 접하는 월희말갈 등 4개 부족으로 『삼국사기』와 『삼국유사』상 산동성 백제와 신라 북쪽에 있으면서 이들을 괴롭힌 남갈은 별개로 하고 주로 기록한 부여 동쪽에 있는 말갈인 북갈은 사서 기록상 확고히 거리 수치를 제외한 이들의 자체 위치 사항과 이들 옆에 있는 부여 위치, 고구려 위치에 의하여 확인된다. 이는 또한 역으로 이들 말갈의 위치는 고구려와 부여의 위치를 확인할 수 있는 근거가 된다.

(3) 물론 고구려와 부여의 위치는 주류 강단 사학계가 비정하는 한반도 북부가 아닌 산동성, 하북성 그리고 하북성 북부 산서성이다. 그러므로 말갈의 위치도 이곳 산서성 일대인 것이지 흑룡강성이 아니다. 이러한 위치 근거는 자체적인 말갈의 위치 확인에 의하여도 입증되지만 살펴본 자료에 의하여 말갈 옆에 있는 다른 사항에 의하여도 그 위치가 입증된다. 대표적으로 부여이다. 부여는 사서 기록상 말갈의 전신인 숙신, 읍루, 물길 서쪽에 있는 것으로 기록되어 있다. 그런데 기록상으로는 그 거리가 천여 리나 60일 거리에 있다는 것이다. 이는 상당한 거리이다. 하지만 이 수치가 문제가 있다는 것은 위에서 살펴본 바와 같으나 실제 부여 관련 사실에서도 확인되고 실제 위치 확인에 의하여도 허위임이 밝혀진다. 이미 살펴본 부여 관련 기록 그리고 이에 대한 분석에 의해서도 확인된 사항이지만 다시 한 번 살펴보면,

【사료67】『후한서(後漢書)』「동이열전(東夷列傳)」부여(夫餘)

夫餘國은 玄菟의 북쪽 千里쯤에 있다. 남쪽은 高句驪와, 동쪽은 挹婁와, 서쪽은 鮮卑와 접해 있고, 북쪽에는 弱水가 있다. 국토의 면적은 방 二千里이며, 본래 濊[族]의 땅이다.

【사료68】『삼국지(三國志)』〈위서〉「동이전」부여(夫餘)(국사편찬위원회 한국사 데이터베이스 중국정사조선전)

夫餘는 長城의 북쪽에 있는데, 玄菟에서 천 리 떨어져 있다. 남쪽은 高句驪와, 동쪽은 挹婁와, 서쪽은 鮮卑와 접해 있고, 북쪽에는 弱水가 있다. [국토의 면적은]방 2천 리가 되며, 戶數는 8만이다.

【사료69】『진서(晉書)』卷九十七「列傳」第六十七 東夷: 夫餘國

夫餘國은 玄菟의 북쪽 천여 리에 있는데, 남쪽은 鮮卑와 접해 있고, 북쪽에는 弱水가 있다. 국토의 면적은 사방 2천 리이고, 戶數는 8만이다. 城邑과 宮室이 있으며, 토질은 五穀이 자라기에 적당하다.

이 부여 관련 기록들에 의하면 분명히

① 현토의 북쪽 천 리에 있다고 하였다. 주류 강단 사학계의 비정에 의하면 이병도의 주장을 그대로 추종하여 한나라에 의해 위만조선을 멸하고 B.C.107년 나중에 고구려의 중심 지역인 국내성 지역 압록강 중류에 위치한 길림성 통화시 집안시 통구(通溝)를 중심으로 이곳에 설치하였다가(제1 현토군), B.C.75년 한반도 북부 만주 지방인 요령성 신빈현 소자하 인근으로 옮겨 제2의 현토군이 된 이래로 B.C.37년경에 고구려가 이 현토군 지역에서 선진문명인 중국 민족의 한나라 현토군 및 낙랑군의 영향을 받아 고대 국가로 형성되었다가 이후 고구려가 이 현토군을 공격하여 106년경 축출시켜 혼하강 지역

으로 옮겨 제3의 현토군이 된다는 것이다. 위의 중국사서 기록에 의하면 현토에서 북쪽 천 리에 부여가 있다고 하였다. 그리고 이 부여에서 동쪽으로 천 리, 60일 거리에 말갈의 전신인 읍루가 있다고 하였다. 그러면 주류 강단 사학계의 현토군 비정에 의하면 부여는 제1 현토군의 압록강 중류 길림성 통화시 집안시 통구(通溝) 북쪽에 있거나 이곳의 서북쪽에 있어야 한다. 그래서 주류 강단 사학계는 부여를 이곳의 북쪽인 길림성 장춘시 인근으로 비정하였다. 그러나

② 정작 부여는 위의 【사료68】『삼국지(三國志)』〈위서〉「동이전」부여(夫餘)상에 장성의 북쪽에 있다고 하였고, 이미 살펴본,

【사료94】『삼국유사』 卷第一 제1 기이(紀異第一) 말갈(靺鞨)과 발해(渤海)

≪지장도≫에서는 "흑수는 만리장성 북쪽에 있고, 옥저는 만리장성 남쪽에 있다."고 하였다.

이 기록과 같이 말갈의 주요 부족인 흑수말갈도 (만리)장성의 북쪽에 있다고 하였다. 당시 장성은 진장성으로 하북성 북경 지방도 못 미치는 하북성 보정시 인근에 있었다. 북경을 지나 진황도시에 이르는 장성은 명나라 시기에 쌓은 장성이다. 그렇다면 이 장성의 북쪽은 당연히 지금의 보정시 북쪽인 지금의 산서성 대동시 영구현인 것이다. 이곳에 부여가 있었다. 그리고 이곳 남쪽인 하북성 보정시에 고구려가 있었다. 또한 그 서쪽에 서남쪽의 대요수 구려와 소요수의 소수맥이 탄생하여 고구려 서쪽인 태행산맥 동쪽인 산서성과 하북성 경계지방인 '자몽지야' 지역에 선비족이 있었다. 이곳은 하북성과 산서성 경계지방이다. 이곳에 선비가 있었다.

이 부여 동쪽에 말갈의 전신인 읍루와 말갈이 있었다. 실제로 말갈의 주요 부족인 흑수말갈의 경우 사서 기록상 가장 북쪽에 있었는데

흑수하를 중심으로 있었기 때문에 그 명칭으로 불렸고, 다른 주요 부족인 속말말갈은 사서 기록상 태백산 즉 마자수이자 압록수인 하북성 호타하의 발원지 백산인 태백산을 근거지로 활동하였기 때문에 그 이름이 붙여진 것이다.

　사서 기록상 속말말갈의 동쪽에 있다는 백산말갈의 경우도 이 인근에 있었다. 이러한 흑수하와 태백산의 지명이 지금도 산서성에 남아 있어 그 위치를 증명하고 있다. 흑수하는 산서성 대동시 천진현 흑수하(Heishui River, 黑水河)이다. 그리고 태백산은 산서성 대동시 영구현 태백산(Taibai Mountain, 太白山)이다. 이곳 남쪽에 고구려가 있었고 그 서쪽에 부여가 있었다. 부여는 이 태백산이 있는 산서성 대동시 영구현 서쪽 지역에 있었다. 그리고 고구려는 나중에 그 동남쪽인 하북성 보정시 만성구 지역에 도읍인 평양성을 두었다. 부여와 말갈이 있었던 곳이 당시 (만리)장성이 마지막으로 뻗어 있던 하북성 보정시 서수구 수성진 서북쪽이다.

　이곳 서쪽에 당시 갈석산 즉 좌갈석이었던 지금의 백석산(Baishi Mountain, 白石山)이 하북성 보정시 래원현에 있다. 이 백석산 바로 가까이 서북쪽에 태백산(Taibai Mountain, 太白山)이 있다. 이 지역에 연나라와 고조선이 있었고, 나중에는 부여와 (숙신, 읍루, 물길)말갈, 고구려가 있었다. 위의 백산 즉 태백산이 사서 기록상과 같이 고구려와 고구려 평양성이 위치한 평주에 있는 마자수이자 압록수가 발원하는 백산으로 이 호타하는 바로 하북성 호타하로 그 발원지가 이곳 태백산이 있는 산서성 대동시 영구현 태백산을 그 수원으로 하는 그 인근 서쪽의 산서성 흔주시 번치현(繁峙縣)의 고산수고(Gushan Reservoir, 孤山水庫)에서 발원한다. 이 모든 것이 사서 기록과 일치한다. 이들이 모두 부합되는 곳이 바로 이곳 산서성과 하북성이다. 그런데도 이를 한반도 및 한반도 북부 길림성으로 비정하는 것은 역사 조작이다.

> 말갈의 위치는 부여와 고구려 등 많은 우리 고대 국가의 위치와 밀접한 관계가 있다. 말갈과 부여는 같이 장성의 북쪽에 있다. 이 장성은 하북성, 산서성이다. 말갈의 위치는 지금도 그 지명이 남아 있는 산서성이다. 산서성의 말갈을 주류 강단 사학계는 길림성으로 조작 비정하고 있다.
> 이는 사서의 수많은 기록에 의하여 입증된다.

이 역사조작에 대하여는 앞으로도 수많은 사실에 의하여 계속 입증하여 설명하겠지만 여기서는 우선 말갈과 관련한 다른 기록에 의하여 입증하기로 한다.

- 【사료218】『진서(晉書)』 동이열전(東夷列傳) 숙신(肅愼)상의 기록상 주 무왕 때 공물을 바쳤다고 하고, 중국 5호16국 시대 하북성에 있었던 후조(後趙)(319~351년)시대에 동북쪽에 위치한 것으로 확인되고, 【사료222】『구당서(舊唐書)』 北狄列傳 靺鞨상에서 영주, 정주, 유주의 창평성이 이들의 활동 지역으로 기록되어 있는 것은 이들이 결코 주류 강단 사학계의 비정대로 한반도 동북쪽 구석의 흑룡강성에 있지 않음을 확인시켜 주는 것이다. 이에 대하여는 앞으로 확실히 입증하여 설명하도록 할 것이다. 흑룡강성에 있는 이들이 당시 낙양 지역에 머물러 있던 주나라 때 교류를 한다는 것은 상상할 수 없는 일이다. 이곳은 명백히 하북성 고구려 북쪽인 산시성이다.
- 이와 같이 말갈이 나중에 발해에 흡수되는 것과 관련하여 빌해의 위치와도 관련 있지만 하북성 고구려와 산서성 부여의 위치와도 관련이 있는 것은 물론 이들이 남쪽으로 이동하여 남갈이 된 후 그곳 산동성의 백제와 신라와의 역사적 활동에 의하여 백제와 신라의 위치를 증명하는 사항이 되는 것으로 우리 고대사

와 밀접한 관련이 있으므로 이에 대한 적극적인 연구와 이에 따른 비정이 필요하다.

(4) 숙신, 읍루, 물길의 후신인 말갈과 관련한 기록에서 그 위치에 대하여 구체적으로 살펴보면, 앞에서 이미 인용한 말갈 관련 기록인 【사료221】『수서(隋書)』 東夷列傳 靺鞨, 【사료222】『구당서(舊唐書)』 北狄列傳 靺鞨, 【사료223】『신당서(新唐書)』北狄列傳 黑水靺鞨, 【사료224】『구당서(舊唐書)』 北狄列傳 渤海靺鞨, 【사료225】『신당서(新唐書)』 北狄列傳 渤海에서 우리 고대사와 관련된 사항 즉 소위 삼국의 위치와 관련된 말갈과 발해의 위치와 관련하여 확인한 바는,

① 【사료221】『수서(隋書)』東夷列傳 靺鞨 말갈은 고구려 북쪽에 있다. 『수서』상에는 말갈이 7종(부)이 있다고 하였다. 이 중에서 속말부가 가장 고구려와 가깝고 흑수부가 가장 북쪽에 있다.

② 【사료222】『구당서(舊唐書)』 北狄列傳 靺鞨상에 수나라 시기에 영주에 거주시키고, 정주에도 오고 유주의 창평성으로 옮기기도 하였다. 또한 유주에서 활동하기도 하였다.

③ 【사료223】『신당서(新唐書)』北狄列傳 黑水靺鞨상에 고구려와 가장 가깝고 남쪽에 있는 속말부가 태백산에 있다. 속말수가 태백산 서쪽에서 흘러나와 북으로 타루하에 들어간다고 하였다.

④ 말갈의 땅이 남으로는 발해에 이르고 북과 동은 바다, 서쪽 내지는 북쪽으로 실위에 이른다고 하였으며, 가장 북쪽에 있는 흑수말갈에서 동남쪽으로 10일 정도에 불열, 철리, 우루, 월희부가 있다고 하였다. 이 4개의 부만 때때로 중국과 통하여 당나라에

271

조공한 내역을 상세히 기록하고 있다.

⑤ 【사료224】『구당서(舊唐書)』北狄列傳 渤海靺鞨상에 발해 건국자 대조영은 본래 고구려 별종이고 건국 과정에서 영주에 산 것으로 기록하고 있다. 발해 땅은 영주에서 동쪽으로 2천 리 밖(其地在營州之東二千里)에 있는데, 발해 남쪽으로 신라와 월희말갈이 같이 접하고 있다고 하였다.

⑥ 【사료225】『신당서(新唐書)』北狄列傳 渤海상에 발해를 본래 속말말갈로 고구려에 부속되어 있었고, 건국자 대조영이라고 하였다. 발해 땅은 영주에서 동쪽으로 2천 리 밖(地直營州東二千里 : 땅은 곧~)에 있는데, 남쪽은 신라와 맞닿아 니하로 경계 삼았고, 동쪽으로 바다에 닿고 서쪽은 거란과 접하고 있다(築城郭以居, 高麗逋殘稍歸之 : 성곽을 쌓고 이로써 거주한다. 고려의 도망가고 남은 자들이 점점 그곳으로 돌아갔다.).

⑦ 발해는 5경 15부 62주이다. 월희의 옛 땅에 둔 회원부는 달주 등 9주를 통치한다.

⑧ 말갈이 예전의 읍루로 숙신의 땅에 있다고 하였다.

이상에서 확인한 바에 따라 분석 입증하여 설명하도록 하겠다.

① 사항은 주류 강단 사학계가 한반도 북부에 남북으로 비정하였듯이, 말갈의 위치에 따라 고구려의 위치가 정해지고, 반대로 고구려의 위치에 따라 발해의 위치가 변하는 상호 연관성이 있다는 당연한 내용이다.

② 사항은 말갈이 영주에 거주하고, 정주 및 창평성에 있기도 하였다는 것이다. 창평성은 유주에 있다고 하였다. 유주에서도 활동한 것으로 되어 있다. 이 내용은 중요한 사항이다. 본 필자는 고구려와 말갈의 위치를 하북성 및 산서성에 비정하였다. 중국 측과 주류 강단 사학계는 영주를 지금의 요령성 조양시로 비정하였지만 본 필자는 지금의 하북성 석가장시 북부 지방으로 비정하였다. 그런데 기록상 영주에 거주하기도 한 말갈이 정주 및 창평성에 있기도 하였다는 정주와 창평성을 주류 강단 사학계는 주석과 같이 정주를 현재 직례성 곡양, 심택 2현, 직례성 순천부에 속한 현으로 주석하였다.

그런데 2021년 현재 정주는 하북성 보정시 정주시로 되어 있고, 직례성 정주에 속했던 곡양과 심택은 각각 정주에서 분리되어 각각 하북성 보정시 곡양현, 하북성 석가장시 심택현으로 되어 있다. 한편 창평성은 현재 북경시로 되어 있다. 현재 시점 2021년도 직례성이라고 한 것부터 분리되거나 바뀌기 이전의 지명으로 한 것에 대하여 확인한 바에 의하면, 위의 주석 밑에 본 필자의 [주석]으로 기재한 바와 같이 이것은 청대의 호칭이고, 신해혁명 즉 1928년 이후에는 직례성이 하북성으로, 나머지 행정구역은 그 이후에 변경된 것이다. 따라서 주류 강단 사학계의 주석은 청대 이전에 비정한 것을 따른 것이다. 그렇다면 이는 이전의 명·청대 학자들의 주석을 따랐거나 이후 일제 강점기 일제 식민 사학자들의 해석을 따른 것이 분명하다.

이 사실도 문제이거니와 이것에만 의한다면 그 이후 이에 대한 주류 강단 사학계의 연구 실적이 없다는 것을 의미하는 것으로 문제라고 할 수 있다. 말갈의 위치 그리고 연계된 고구려의 위치를 알려줄 수도 있는 사항에 대한 연구가 없다. 이는 그들이 정한 식민사학에 의한 한반도 북부 비정에 도움이 안 되거나 오히려 방해가 되기 때문에 배척하는 그들의 통상적인 학문 방법의 일례인 것이다. 정주이든 정주의 곡양현과 심택현이든 별도의 곡양현이나 심택현이든 이들은 모두 같은 곳 즉 현재 석가장시 동북부에 있다.

이곳은 바로 이전의 한나라 낙랑군 지역이다. 이곳 동북쪽에 고구려가 있었고, 이곳 북부에 말갈이 있었다. 이곳 정주로 현재 석가장시 동북부 서남쪽이 바로 백제 요서군 진출 지역이다. 이곳 백제 요서군 진출 지역은 예전의 고죽국 지역이다. 이곳 고죽국 지역은 바로 ㈜갈석산과 진장성이 있는 '요동고새' 지역이다. 이곳 동쪽 및 동북쪽에 고조선과 위만조선이 있었다. 하지만 직례성 순천부를 지금의 북경시로 비정한 것은 통상적인 중국 측의 왜곡 이동 비정이다. 탁록, 안문관, 거용관을 산서성에서 하북성 북경시 인근으로 옮겨놓은 것과 마찬가지이다. 이것은 다음 기록으로 입증된다.

【사료22】『한서』「지리지」1. 유주

⑧ 요동군(遼東郡)

1) 양평현(襄平縣), 목사관(牧師官)이 있다. 왕망은 창평(昌平)이라 했다.

이 기록은 모든 기록의 첫 장소이자 원초적인 기록이다. 창평 지역은 한나라 시기의 유주 요동군 양평현이라는 것이다. 이에 대하여는 이 글에서 자세히 입증하였듯이 이곳은 현재 하북성 석가장시 정북 쪽인 석가장시 행당현으로 동북쪽이 곡양현, 정동 쪽이 정주, 동남쪽이 심택현이다. 따라서 창평현은 원래 유주 소속이고, 그 동쪽은 영주로 정주 동쪽이 이에 해당된다. 따라서 창평성은 지금의 북경시가 아니고 하북성 석가장시 행당현이다. 그러므로 현재 중국 측과 주류 강단 사학계가 통상적으로 비정하는 영주의 요령성 조양시 비정과 유주의 북경시 비정은 왜곡 비정으로 반드시 바로잡아야 하는 사항이다.

그런데 이러한 위치 비정이 중요한 것은 말갈의 활동 지역이다. 위의 사항은 『구당서』의 말갈에 대한 기록이다. 말갈이 여기서 활동하였다는 것은 여러 위치 기록과 더불어 이를 한반도 동북부에 비정한 현재 중국 측과 일제 식민사학에 의한 주류 강단 사학계의 비정이 왜곡 조작임을 확인시켜 주는 것이다. 머나먼 길림성에 있다고 하는 말갈이 하북성, 지금의 북경시 동남쪽에서 활동한다는 사실은 다른 여러 관련 위치 기록과 부합되게도 말갈이 이 근처에 있었다는 증거이기 때문이다. 모든 것이 본 필자의 왜곡된 개인적인 편견이 아니라 여러 가지 입증 사항을 확인하면 알 수 있듯이 오히려 중국 측과 일제 식민사학 그리고 이를 그대로 추종하는 주류 강단 사학계가 왜곡 조작하였다는 사실이 입증된다. 이 사항에서 입증하는 것은 물론 이 글 전체가 입증하는 사항이 바로 결과이다. 그러면 이를 계속 진행해 보기로 하자.

③ 이 글에서 자주 거론하여 입증하였듯이 고구려 바로 가까이 있어 북쪽에 있는 속말부는 태백산에 있고 가장 북쪽에 있다는 흑수부는 흑수하에 있다고 하였다. 그런데 중국 측과 일제 식민사학에 의한 주류 강단 사학계는 태백산은 지금의 한반도 백두산, 흑수하는 흑룡강성 흑룡강에 비정하고 있다. 본 필자는 태백산은 지금도 산서성 대동시 영구현에 이름이 그대로 남아 있는 태백산(Taibai Mountain, 太白山)이고, 흑수하는 지금도 산서성 대동시 천진현에 이름이 그대로 남아 있는 흑수하(Heishui River, 黑水河)로 비정하고 있다.

> 말갈의 위치인 흑수하와 태백산은 지금도 그 이름이 산서성에 남아 있다.

그러면 어느 비정이 맞을까. 모든 사실은 한 가지 기록 내지는 편의적으로 택한 몇 가지 기록이나 증거자료에 의하면 안 된다. 위에서 입증한 사항 그리고 앞으로 입증하는 모든 사항에 의하여 입증이 되는 것이다. 위의 기록상 속말부가 위치한 태백산 서쪽에서 속말수가 북으로 타루하에 들어간다고 되어 있다. 이곳은 태백산이 위치한 산서성 대동시 영구현 서쪽인 산서성 흔주시 번치현에서 발원하는 호타하에 북으로 합류하는 하천은 현재 같은 흔주시 번치현에서 발원하는 양안하(Yangyan River, 羊眼河)가 있다. 이 타루하로 비정되는 호타하는 이곳에서 발원하여 양안하를 이곳 인근에서 받아들여 합류한 다음 서남쪽으로 흐르다가 다시 산서성 삭주시 동남쪽인 안문현 인근에서 남쪽으로 흐르다가 산서성 흔주시 인근에서 동남쪽으로 흘러 하북성 석가장시 가운데를 흘러 지나가 결국 하북성 형수시 안평현 인근에서 소요수와 대요수를 만나 바다로 들어가는 것으로 되어 있다. 이곳 흔주시 이남과 석가장시 인근과 안평현 인근은

【사료25】『통전(通典)』「변방」'동이 하 고구려'

평양성(平壤城) 동북쪽에 노양산(魯陽山)이 있고 그 정상에 노성(魯城)이 있다. 서남쪽으로 20리에 위산(葦山)이 있는데 남쪽에 패수(浿水)가 가깝다. 대요수는 말갈국 서남산에서 나와 남으로 흘러 안시현에 이른다. 소요수는 요산에서 나와 서남으로 흘러 대요수와 만난다. 대양수는 나라의 서쪽에 있다. 새 밖에서 나와 서남으로 흘러 소요수로 흘러간다. 마자수는 일명 압록수이다. 물이 동북 말갈의 백산에서 나온다. 물의 색이 기러기 머리색을 닮았기 때문에 속되게 부른 이름이다. 요동에서 5백리 떨어져 있다. 국내성 남쪽을 지나 서쪽으로 흘러 염난수와 만나 두 물이 합하여 서남으로 흘러 안평성에 이르러 바다에 들어간다. 고구려에서 이 강이 제일 크다. 물결이 이는데 푸르고 맑으며, 나루터마다 큰 배가 서 있다. 그 나라에서 이를 천참(천연요새)으로 여긴다. 강의 너비가

> 3백 보이고, 평양성 서북 450리에 있다. 요수 동남 480리에 있다. (한나라 낙랑군, 현도군 땅이다. 후한 때부터 위나라 때까지 공손씨가 점거하고 있다가 공손연 때 멸망했다. 서진 영가(307~312) 이후 다시 고구려에 함락되었다.~(생략))(생략)

고구려가 있었던 당나라 시기의 평주로 이전의 유주와 영주 지방이다. 말갈의 백산 즉 태백산에서 발원하는 마자수이자 압록수가 지금도 그 이름이 하북성 형수시 안평현에 남아 있는 안평성에서 바다로 들어가는 이 강은 바로 호타하인 것이다. 바로 위 기록상 태백산 서쪽에서 속말수가 북으로 들어간다는 타루하인 것이다. 이 호타하가 남쪽에서 흐르는 지방 석가장시 북쪽 지방이 바로 한나라 때의 낙랑군, 현토군 땅이고 위나라 때까지 공손씨가 점령하였다가 위나라 사마의에게 소요수에서 목을 베어 죽은 공손연 때 멸망했다는 곳이다. 이곳은 기록대로 서진 영가(307~312년) 이후 다시 고구려에 함락되어 고구려 장수왕 때 도읍인 평양성으로 옮긴 곳이다.

이곳 북쪽에 말갈이 있었다. 일제 식민사학에 의한 주류 강단 사학계가 비정하는 속말부가 있다고 하는 태백산의 백두산과 여기서 발원한다는 송화강은 그나마 억지로 비정한 길림성 집안시 국내성 남쪽으로도 흐르지 않고 안평성으로 흐르지도 않고 여기에는 소요수도 없고 공손씨의 공손연이 있어 위나라가 여기까지 쳐들어오지 않았고 여기서 목 베어 죽이지도 아니 하였다.

이곳은 당나라 평주도 아니었고, 평주의 이전인 유주나 영주도 아니었다. 그리고 송화강은 그저 백두산 북쪽으로 흐르고 있다. 하지만 타루하로 기록된 호타하는 지금도 그 이름이 그대로인 태백산의 서쪽에서 발원하여 여기에서 서쪽으로 흐르다가 다시 남쪽으로 흐르다가 다시 동쪽으로 흘러 안평에 이르러 바다로 들어간다. 여기는 하북성 석가장시 인근이다.

> 말갈의 위치인 태백산 즉 백산에서 발원하는 호타하 즉
> 마자수이자 압록수가 발원하는 곳은 산서성이고 흐르는 곳은
> 하북성이다.

④ 먼저 말갈의 땅이 남으로 발해에 이르렀다고 하였다. 그리고 북과 동은 바다, 북 또는 서로는 실위에 이르렀다고 하였다. 본 필자가 이 글에서 반복하여 언급하고 있지만 현재 중국 측과 이를 용인한 우리 주류 강단 사학계에 의하여 발해를 지금의 중국 산동반도와 요동반도 사이의 북쪽 바다 전체를 가리키는 것으로 하고 있다. 그러나 중국사서상의 고대 기록에서 당시 발해는 분명히 지금의 천진만 바다만을 일컫는 작은 지역이었다. 그 이상의 기록 대상의 범위가 아니었다. 지금도 지도상에 영문으로는 이 천진만을 'Bohai Bay'라고 하여 '발해만'이라고 하고 현재 '발해'라고 하는 요령성과 산동성 사이의 바다 전체를 'Bohai Sea(발해)'라고 한다. 여기서 과거 특히 고대사 기록에 있어서 발해는 현재의 발해만인 'Bohai Bay'인 천진만을 가리킨다.

따라서 수당 전쟁 시 이곳에 있었던 고구려를 침략하면서 고구려가 이 '勃·碣之間(발갈지간)' 즉 이 발해와 갈석산 사이의 땅을 차지하고 있다고 한 것이다. 따라서 말갈족이 활동한 지역은 남쪽으로 이 발해만까지였던 것이다.

이것을 증명하는 중요한 사항이 있다. 그동안 주류 강단 사학계에서는 말갈 그리고 발해와 고구려를 한반도 북부에 비정한 관계로 위의 청나라 시대 하북성의 명칭인 직례성 주석에 대해 연구하지 않거나 회피하여 변경 없이 아직도 사용하고 있다. 그들의 논리에 반하기 때문이다.

앞에서 확인하였듯이 말갈이 하북성인 영주나 유주에서 활동하였

다는 사실은 말갈이 결코 아시아 대륙 동쪽 끝인 길림성에 위치하고 있지 않다는 것을 증명하고 있듯이 이 기록상에 나오는 越喜(월희)부를 비롯한 중국과 통하여 조공 기록을 자세하게 남긴 4부의 위치를 가장 북쪽에 있는 흑수부로부터 동남쪽으로 10일간의 위치에 있다고 하였다.

그렇다면 최남단 내지는 최동남단이다. 말갈의 남쪽이 발해만이라고 하였으니 이들은 발해만 인근에 있었던 것으로 확인된다. 이 발해만의 북쪽은 지금의 하북성 천진시이고 이의 남쪽은 산동성이다. 이곳의 내륙 서남쪽은 신라가 건국된 산동성 빈주시이다.『삼국사기』기록상 초기는 물론 말기까지 신라와 백제 북쪽에 말갈이 있어 괴롭힌 남쪽의 말갈 즉 남갈의 존재가 입증되는 것이다.

이 사항은 획기적인 것이다. 그동안『삼국사기』기록상에 이 같은 말갈의 존재에 대하여 주류 강단 사학계는 무시하거나 이 말갈을 함경도 내지는 그 이남으로 설정하는 등의 제대로 된 해석을 내놓지 못하였다. 본 필자의 경우 이 말갈이 옥저의 이동과 함께 형성된 남쪽 산동성의 남옥저 죽령 땅에 신라가 건국되고 이곳에 역시 북쪽에서 말갈이 내려와 남갈이 되어 신라와 그 옆의 백제를 괴롭힌 비정에 대한 증빙이 되는 것이다. 이로 인하여 말갈의 위치는 물론 말갈의 남쪽 말갈인 남갈의 위치 그리고『삼국사기』상의 말갈과 백제, 신라의 위치가 증명된다.

이 월희말갈이 바로 남갈의 후신으로 이들의 경계가『삼국사기』및 『삼국유사』에 기록된 신라가 개척한 하슬라주에 말갈과 경계로 하였다는 니하 지역이다. 기록상에 월희말갈 전신이 이 니하를 넘어 신라를 수시로 공격하였다는 것이다. 그럼 이에 대하여 좀 더 상세히 살펴보기로 한다.

다음의 기록인【사료224】『구당서(舊唐書)』北狄列傳 渤海靺鞨상에 이러한 말갈이 속하게 된 발해에 대한 설명에서 주류 강단 사학계가 "~ 그 땅은 營州 동쪽 2천 리 밖에 있으며, 남쪽은 新羅와 서로 접하고 있다. 越憙靺鞨에서 동북으로는 黑水靺鞨에 이르는데 ~"라고 한국사 데이터베이스상에 해석되어 있는 이 기록의 원문은 "~ 其地在營州之東二千里, 南與新羅相接. 越憙靺鞨東北至黑水靺鞨, (南與新羅相接越憙靺鞨東北至黑水靺鞨册府卷九五九作「南與新羅相接, 西接越憙靺鞨, 東北至黑水靺鞨.」~")이다. 이를 원문 그대로 해석하면,

> "~ 남쪽으로 신라와 월희말갈이 서로 함께 접하고 동북으로는 흑수말갈에 이르렀다.(남쪽으로 신라와 월희말갈이 서로 함께 접하고 동북으로는 흑수말갈에 이르렀다. 책부원귀 권959에는 남으로는 신라와 접하고, 서로는 월희말갈과 접하고, 동북으로는 흑수말갈에 이르렀다고 되어 있다.) ~"

라고 해석된다. 하지만 『책부원귀』 권959에 의하면, 위 【사료224】 『구당서(舊唐書)』 北狄列傳 渤海靺鞨상의 기록과 달리

> 靺鞨. 在高麗之北, 其地在營州之東二千里,
> ○ 靺鞨. 在高麗之北, 其地在營州之東二千里, 南與新羅相接, 越喜靺鞨東北至黑水靺鞨, 地方二千里, 編戶十餘萬, 兵數萬人.

부기로 달은 괄호 안의 내용과 같이 "남으로는 신라와 접하고, 서로는 월희말갈과 접하고"라고 되어 있지 않고, 【사료224】 『구당서(舊唐書)』 北狄列傳 渤海靺鞨상의 본문의 원 기록과 같이 "남쪽으로 신라와 월희말갈이 서로 함께 접하고"라고 되어 있다. 즉, 남으로는 신라와 서로는 월희말갈과 접하여 있는 것이 아니라, 남으로 신라와 월희말갈이 서로 같이 접하여 있는 것으로 기록되어 있다. 즉【사료224】『구당서(舊唐書)』 北狄列傳 渤海靺鞨이 허위로 기록하고 있는 것

이다.

결국 남으로 신라와 월희말갈이 서로 같이 접하여 있는 것이다. 이것이 맞는 것은 위에서 살펴본 바와 같이 이보다 앞선 기록인 【사료 223】『신당서(新唐書)』 北狄列傳 黑水靺鞨상에 말갈의 영역이 발해에 이르렀다고 하였는데 발해의 남쪽은 산동성 지역이므로 이곳에 신라가 건국된 남옥저 죽령 지방이 있는 것과 일맥상통하므로 남쪽에 신라와 월희말갈이 같이 접하고 있다는 것이 맞는 것이다.

이로써『구당서』의 왜곡이 확인되고, 산동성에서 말갈의 활동이 중국사서에서 입증되는 것이다. 또한 신라가 한반도가 아닌 산동성에 말갈과 같이 있었다는 사실이 입증되는 놀라운 기록이다. 그러므로 그동안 주류 강단 사학계가 감추어 온 모든 우리 고대사의 진실이 드러나고 이는 본 필자의 다른 여러 사항에 의하여 비정한 것이 입증되는 것이다. 이러한 사항은 본 필자의 독단적인 판단이나 근거가 없는 허위 예단에 의한 것이 아니다. 이러한 생각은 주류 강단 사학계의 왜곡 인식이 아직도 그 판단의 뿌리에 있다는 것을 의미한다. 이에 벗어나서 있는 그대로 판단해 보기를 권한다. 그렇지 않으면 언제까지 중국 측과 주류 강단 사학계의 왜곡에서 벗어날 수 없다. 이러한 판단은 다음의 객관적인 기록에 의하여 입증된다.

【사료29】『요사』「지리지」

2. 동경도(東京道)
함주 안동군
함주(咸州) 안동군(安東軍)이 설치되었으며 하급으로 절도를 두었다. 본래 고구려 동산현(銅山縣) 지역으로 발해는 동산군(銅山郡)을 설치하였다. 지역은 한나라 때의 후성현(候城縣) 북쪽과 발해의 용천부(龍泉府) 남쪽에 있다. 산이 많고 험준하여 도적떼들이 모여 있는 곳이어서 평주(平州)와 영주(營州)의 객호(客戶) 수백을 불러 성을 세우고 거주케 하였다. 처음에는 학리태보성(郝里太保城)이라 불렀다가 개태 8년 주를 설치하였다. 군사와 관련된 일은 북여진병마사에 속하게 하였다. 관할 현은 하나이다.
① 함평현(咸平縣) 당나라 안동도호(安東都護)가 천보(天寶) 연간에는 (요서군 옛 성) 영주(營州)와 평주(平州) 사이에 있었다고 하는 곳이 이곳이다. 태조가 발해를 멸망시키고 다시 안동군(安東軍)을 설치하였다. 개태 연간에 현을 두었다.

신주 창성군
신주(信州) 창성군(彰聖軍)이 설치되었으며 하급으로 절도를 두었다. 본래 월희(越喜)의 옛 성이 있던 곳으로 발해는 회원부(懷遠府)를 설치하였는데 지금은 폐지되었다. 성종이 이 지역이 고려와 인접하고 있다고 하여 개태 초반에 주를 설치하고, 지나인 포로로 채웠다. 군사와 관련된 일은 황룡부(黃龍府) 도부서사(都部署司)에 소속시켰다. 3주(미상) 2현을 관할하였다.
① 무창현(武昌縣) 본래 발해 회복현(懷福縣) 지역으로 평주의 제할사(提轄司) 및 표산현(豹山縣) 1,000호를 예속시켰다.
② 정무현(定武縣) 본래 발해 표산현(豹山縣) 지역으로 평주 제할사 및 유수현(乳水縣)의 민호로 설치하였다. 처음 이름은 정공현(定功縣)이다.

위에서 거론한 월희말갈이 있던 땅에 발해 때는 회원부가 설치되었고, 다음의 요나라 시기에는 신주 창성군이 설치되었다는 것이다. 발해 때 회원부가 설치되었다는 사실은

【사료225】『신당서(新唐書)』 北狄列傳 渤海

越喜의 옛 땅에 둔 懷遠府는 達[州]·越[州]·懷[州]·紀[州]·富[州]·美[州]·福[州]·邪[州]·芝[州]의 9州를 통치한다

에서 확인된다.

위의 요나라시대의 요사 지리지 동경도상의 신주 창성군은 이웃에 함평현이 있는 함주 안동군이 있는데 이 함평현의 기록을 보면 이곳은 예전의 요서군 지역임을 알 수 있다.

【사료126】『구당서(舊唐書)』「지리지」

27. 안동도호부

천보(天寶) 2년에 요서(遼西)의 옛 군에 있던 성으로 옮겨 다스리게 하였다.

이곳은 당나라가 신라와 연합하여 고구려를 멸망시키고 평양성에 안동도호부를 설치한 후 고구려 부흥 세력 및 신라의 공격에 시달려 이곳을 포기하고 다른 곳으로 옮기는 과정에서 먼저 요동군 옛 성으로, 다음은 신성으로, 그 다음은 안동도독부로 명칭을 바꾼 후 다시 원래의 안동도호부로 바꾼 다음 하북성인 평주로 옮겼다가 네 번째 옮긴 곳이 바로 이 요서의 옛 군에 있던 성인 나중의 요나라 시기의 함주 안동군 함평현 지역이다.

물론 이곳은 이곳에서 동남쪽의 산동성 빈주 지방에 위치한 신라국과는 떨어져 있지만 이 월희말갈인 남갈이 당나라 시기에는 신라가 있는 산동성 빈부 북부 지역 즉 요나라 시기의 신주 창성군의 동남쪽에 있다가 발해 시기에 발해 내지는 소위 통일신라에 흡수되었다가 다시 요나라 시기에는 이곳 요서군 지역 인근인 신주 창성군에서 활동함으로써 이곳이 『고려사』 기록상 서여진의 숙여진, 생여진의 지역이 되는 것이다.

이의 위치 등 상세한 내역에 대하여는 앞에서 상세히 입증하여 설명하였다. 이러한 위치 사실은 신라와 접하는 월희말갈의 위치가 【사료223】『신당서(新唐書)』北狄列傳 黑水靺鞨에서는 흑수말갈에서 동남으로 10일 가면 있다고 하여 흑수말갈의 동남쪽이라고 하였다. 이는 흑수말갈의 산서성 대동시 천진현 흑수하 지방에서 동남쪽은 신라가 있었던 산동성 빈주시 북부 인근이다. 그런데 【사료224】『구당서(舊唐書)』北狄列傳 渤海靺鞨 기록에는 월희말갈에서 동북쪽에 흑수말갈이 있다고 하여 흑수말갈의 서남쪽인 요서군 지역 즉 위에서 인용한『요사』「지리지」신주 창성군 지역을 지칭하여 서로 다른 것이다.

이것으로 보아도 앞에서 언급한 대로 월희말갈인 남갈이 발해에 흡수되기 전 말갈 시기에는 신라가 있는 산동성 빈부 북부 지역 즉 흑수말갈의 동남쪽인 산동성 지역에서 활동하다가 발해 시기에는 요서군 지역 인근인 신주 창성군 지역에서 활동함으로써 흑수말갈의 서남쪽인 이 지역으로 기록되는 것이다. 따라서 이는 『요사』「지리지」신주 창성군 지역은 발해 시기의 【사료224】『구당서(舊唐書)』北狄列傳 渤海靺鞨 기록이고 이 발해에 흡수되기 전 말갈 시기에는 신라가 있는 산동성 빈부 북부 지역 위치 기록은 앞선 【사료223】『신당서(新唐書)』北狄列傳 黑水靺鞨에서의 기록이다. 그런데 여기서 주류 강단 사학계의 잘못된 습성이랄까 고질적인 왜곡 인식을 비판하고자 한다. ⑤번 설명에서 거론하였지만 고구려 관련 기사에서 고구려가 요동의 천 리 밖이라는 해석과 발해 관련 기사에서 발해 땅이 영주에서 2천 리 밖에 위치하는 것으로 해석한 것이 문제가 있다고 하였다.

마찬가지로 월희말갈의 위치 기사 해석 【사료223】『신당서(新唐書)』北狄列傳 黑水靺鞨에서 원문은 "稍東南行十日得莫曳皆部"이다. 여기서 "稍東南行"을 "조금 동남으로 가면"이라고 해석하였다. 이것도 본 필자의 선입견일지 몰라도 "稍"에 대하여 사전을 확인해 보니 "稍[발음 : shāo] : 1.약간, 2.좀, 3.잠시, 道路稍远 : 길이 좀 멀다."라고 되어 있다. 조금 가는 거리 즉 가까운 거리가 아니라 제법 멀다는 의미가 맞는 것이다. 그런데 조금 동남으로 가면이라고 해석하여 가까운 거리라고 생각하도록 해석하였다. 이는 의미 없이 말 그대로 해석하였을 수도 있지만 위의 '천 리 밖'이나 '이천 리 밖'이라고 해석한 사례가 있음으로 하여 왜곡된 해석을 함으로써 이 월희말갈 등 4부가 흑수말갈보다 가까운 동남쪽에 있는 것으로 치부한 것이 아닌가 한다. 사실 주류 강단 사학계가 비정하는 흑수말갈의 흑룡강성 흑룡강 인근에서 동남쪽으로 10일간을 가면 동해 바다를 넘어가는 지역으로 바다 한가운데이지 육지 장소가 없다.

이것은 한반도 북부에 비정하였을 경우에 해당된다. 이 해석자인 주류 강단 사학계의 어떤 학자가 혹시나 산서성 지역의 흑수말갈과 산동성 지역의 신라와 접한 월희말갈 등 4부 사실을 알고 이를 회피하고자 산서성 흑수말갈에서 동남쪽으로 얼마 안 가는 지역 즉 조금 동남쪽으로 가는 것으로 기록했는지 모른다고 본 필자는 상상하였다. 그럴 리는 없겠지만. 또한 요서군 옛 군에 있던 성으로 옮긴 안동도호부의 실상에 대하여도 다음에 자세히 입증하여 설명하겠지만 일제에 의하여 조작된 이 사항을 그대로 이어받은 주류 강단 사학계에 의하여 오히려 힘을 얻은 중국 측도 왜곡 조작하여,

■ [도표11] 안동도호부 위치 비정

구분	기록상 위치	주류강단 사학계 비정	본 필자 비정
1	평양성	한반도 평양	하북성 보정시 만성구
2	요동군 옛 성	요령성 요양시	하북성 석가장시 행당현
3	신성	요령성 무순시 인근	지금도 그 이름이 남아 있는 하북성 석가장시 무극현 신성촌(新城村, Xinchengcun)
4	평주	하북성 진황도시	하북성 석가장시 동북부
5	요서군 옛 성	요령성 금주와 북진시 사이	하북성 석가장시 정정현

한반도 및 만주 지방 등으로 비정하고 있다. 하지만 이는 역사 조작으로 올바른 위치는 예전의 낙랑군, 현토군, 요동군, 요서군 지역이자 당나라 시기의 평주인 지금의 하북성 석가장시 인근이자, 동북부 지역으로 이곳이 멸망하기 전의 고구려 위치이다.

주류 강단 사학계의 비정은 틀린 위치이지만 이 비정에 의하더라도 한반도에서 점차 중국 쪽으로 멀리 갔다가(평주 : 진황도시) 다시 가까이(금주와 북진시 사이) 오는 것으로 문제가 있다. 반면에 옛 고구려 자리인 하북성 보정시 인근에서 서남쪽인 석가장시 인근에서 옮기는 것이 합리적이거니와 원래의 위치이다.

이러한 사항이 입증되는 것이 바로 이 사항이다. 이곳은 앞에서 살펴본 말갈이 활동하였던 영주 정주 지방이자 유주 창평성 지방으로 하북성 석가장시 북부 지방이다. 이곳 동북쪽이 사서상 말갈의 남쪽에 있다는 고구려가 있으며, 이곳 동남쪽이 발해만의 남쪽인 산동성 지방이다. 이곳에서 월희말갈과 신라가 같이 접해 있었다는 것이다. 이곳이 말갈의 남쪽 활동 지역 한계라는 것이 입증되는 것이다. 이러한 사항은 기록상에 월희말갈과 같은 위치에 있었던 4개의 부(종족)만이 이들이 속하게 된 발해국이 강성해지기 전에는 중국과 교류할 수 있었으며 조공도 하였다는 것에서 알 수 있다.

만약 주류 강단 사학계의 비정대로 모든 말갈족속이 한반도 동북부인 고구려 동북부에 있었다면 이들만이 중국과 교류할 수 없었으며 조공도 할 수 없는 것은 너무나 당연하다. 그리고 이들이 사실대로 하북성 북쪽 산서성에 전부 있다고 하더라도 이들만이 중국과 소통할 수 없었다. 이들이 고구려와 발해국의 통제권인 하북성에서 벗어난 지역인 이곳 남쪽 산동성 지역 즉 신라 지역 위에 있었기 때문에 그 서남쪽까지 영역을 가지고 있었던 당나라와 소통하고 조공을 할 수 있었던 것이다.

물론 이후 발해국이 전성기일 때 소위 통일신라가 소위 삼국 통일 시 차지하였던 하북성 지방을 발해에 빼앗기고 원래 말갈과 경계였던 신라가 개척한 하슬라주 니하를 발해국과 다시 경계로 하였을 때는 발해에 통제되어 당나라와 소통 내지는 조공을 할 수 없었다.
　그렇다면 신라가 이곳을 소위 삼국 통일 후 차지하고 있을 때 이들이 당나라와 소통 내지 조공을 할 수 있었던 것은 신라가 당나라와의 우호 관계 형성으로 이를 묵인해 주었기 때문인 것으로 파악된다. 이곳은 또한 위의 기록상에 "~성종이 이 지역이 고려와 인접하고 있다고 하여 개태 초반에 주를 설치하고~"라고 되어 있듯이 고려가 소위 통일신라의 이 영역을 그대로 이어받아 요나라와 거의 같은 곳에서 대치하며 여기에 소위 강동 6주(8성)를 설치하고 천리관성을 설치한다는 역사적 사실이 입증된다.

> 월희말갈 기록은 말갈의 남갈이 입증되는 것으로 이곳 지역은 『삼국사기』 및 『삼국유사』상의 신라와 백제와의 말갈 활동이 입증된다. 이곳 산동성은 소위 삼국시대 신라, 통일신라, 고려의 영역임이 입증된다.

　이러한 사항은 『삼국사기』 및 『삼국유사』는 물론 『고려사』, 『요사』 등에 기록된 말갈의 신라 및 백제와의 활동 사항 기록은 물론 이후 소위 통일신라 및 요나라와 고려와의 활동사항 기록에 의하여도 입증되는 한편 중국사서의 다른 영역 위치 기록에서도 입증된다. 이에 대하여 계속 살펴보자.
　【사료223】『신당서(新唐書)』 北狄列傳 黑水靺鞨상에 말갈의 땅이 남으로는 발해에 이르고 북과 동은 바다, 북 또는 서로는 실위에 이른다고 하였다. 남으로 발해에 이르는 것은 이미 확인하였고, 북과 동은

바다라고 한 것 중에서 동쪽의 바다는 주류 강단 사학계의 왜곡 조작된 길림성 및 흑룡강성 비정이나 본 필자의 하북성 내지는 산동성 북부 비정이나 마찬가지로 동쪽에 바다가 있는 것은 마찬가지이다.

하지만 북쪽에 바다가 있다고 한 것도 마찬가지로 길림성 및 흑룡강성 비정이나 본 필자의 하북성 내지는 산동성 북부 비정이나 북쪽에 정작 바다는 없다. 따라서 이것으로 보아 중국사서의 고대사 기록상 바다는 반드시 지금 개념의 바다가 아니라 큰 하천이나 호수를 바다로 표기하였다는 증거인 셈이다.

그리고 문제는 북쪽 내지는 서쪽에 있다는 실위이다. 사실 앞의 【사료222】『구당서(舊唐書)』北狄列傳 靺鞨에서 실위는 말갈 북쪽에 있다고 하였다. 또한 실위가 서쪽에 있다고 한 같은 사서의 앞부분에도 실위와는 북쪽에 접한다고 되어 있고 서쪽에는 돌궐이 있다고도 하였다. 그러면 기록상 실위는 말갈의 서쪽 내지는 북쪽에 있는 것이다. 그리고 돌궐은 확실히 말갈 서쪽에 있는 것으로 되어 있다.

우선 돌궐은 앞으로 고구려와 관련하여 살펴보겠지만 유연을 이어받은 나라이다. 이들은 통설적으로는 몽골고원과 알타이산맥을 중심으로 유목 생활을 하던 터키(투르크)계 민족으로 되어 있다. 통설적이라는 것은 중국 측과 이를 그대로 인용하는 우리 강단 사학계에 의하여 동쪽으로 왜곡 비정된 채 불확실하게 비정되었다는 것을 의미한다. 하지만 정확하게 사실적으로 비정하자면 이보다 더 서쪽인 중국 전체의 서북부인 고비사막 너머 알타이산맥과 천산산맥 그리고 항가이산맥을 중심으로 있었던 나라이다. 실위는 돌궐 동쪽에 있는 것으로 되어 있다. 통설적으로는 내몽골자치구 후룬베이얼시[呼伦贝尔市] 내몽골자치구 북동부로 요령성 조양시 정북쪽이자 하얼빈시 서북부에 위치하는 것으로 비정한다. 당연히 서쪽에 있는 돌궐을 동쪽으로 이동 배치시켰으므로 이의 동쪽에 있는 실위도 동쪽으로 이동시킨 것이다.

하지만 실위(室韋)족은 몽골족의 원조이다. 칭기즈칸의 몽골로 현재 몽골국의 수도는 울란바토르로 후룬베이얼시보다 서쪽이다. 이곳은 말갈족이 활동하였던 중국 산서성 서북쪽이다. 이것이 사서의 기록에 부합되는 것이다. 이곳의 동쪽 내지는 동남쪽에 말갈이 있었다. 이곳이 바로 흑수말갈, 속요말갈, 백산말갈이 있는 산서성 대동시 천진현의 흑수하, 영구현의 태백산이 있어 이곳의 서쪽 내지는 서북쪽에 실위가 있었던 것이 입증된다. 따라서 실위가 북쪽에 있다는 것과 서쪽에 있다는 기록이 혼재하거니와 같은 기록에서도 다르게 기록된 것은 벌써 이 시기에 실위의 위치를 동쪽으로 왜곡시키고 있다는 것을 의미한다. 당시 실위는 정확히 말갈이 있는 산서성 대동시 서쪽에 있던 것이 맞다. 이렇게 실위의 올바른 비정이 말갈의 올바른 비정을 가능하게 한다.

돌궐과 실위의 위치도 중국 측과 주류 강단 사학계는 동쪽으로 조작 이동시켰다.

이와 같이 본 필자가 누누이 강조하지만 역사는 서로 엮여 있어 한 가지 사실만으로 비정이 되는 것이 아니다. 그러므로 조작하면 연관된 모든 것을 조작하여야 한다. 그래서 조작된 한 가지 사실이 어긋나면 모든 것이 어긋나서 조작이 발각되는 것이다. 또한 한 가지 사실을 규명하면 다른 사실도 연관되어 같이 규명된다. 그러므로 한 가지 사실을 정확히 규명하려면 연관된 모든 것을 같이 규명하여야 한다.

이와 같이 바른 실위의 위치에 의하면 말갈의 산서성 위치 및 그 남쪽에서 신라와 접하는 발해 부족의 최남단 부족인 월희말갈의 존재와 위치가 확인되는 것이며, 이는 다시 『삼국사기』 및 『삼국유사』에 기록된 신라가 개척한 하슬라주와 여기에 있어 말갈과 경계로 하였다는 니하의 위치가 입증되며, 기록상에 말갈이 이 니하를 넘어 신라를 수시로 공격하고 백제도 괴롭힌 사실과 그 위치가 산동성임을 입증하는 것이며 이 말갈이 남갈인 것이 입증된다.

이러한 사실에 대하여 이 사서보다 나중에 기록한 【사료225】『신당서(新唐書)』 北狄列傳 渤海 상에는 이 같은 사실을 생략하고 직접적으로 말갈이 속하게 된 발해의 땅이 마찬가지로 남쪽은 신라와 맞닿아 니하로 경계 삼았다고 기록하고 있는 것이다. 이는

【사료94】『삼국유사』 卷第一 제1 기이(紀異第一) 말갈(靺鞨)과 발해(渤海)

또 ≪삼국사(三國史)≫에 이르기를 "백제(百濟) 말년에 발해와 말갈과 신라가 백제의 땅을 갈랐다."라고 하였다. 이에 의하면 말갈발해(鞨海)가 또 갈라져 두 나라로 된 것이다. [신]라(羅) 사람들이 이르기를 "북쪽에는 말갈이 있고 남쪽에는 왜인이 있고 서쪽에는 백제가 있으니 이것들이 나라에 해악이다."라고 하였고 또 "말갈의 땅은 아슬라주(阿瑟羅州)에 접하였다."라고 하였다.

~ 또 ≪동명기(東明記)≫에 이르기를, "졸본성(卒本城)은 땅이 말갈(혹은 이르기를 "지금의 동진(東眞)이다."라고도 한다.)에 연접하고 있다."라고 하였다. (신)라(羅) 제6대 지마왕(祗摩王) 14년(을축(乙丑))에는 말갈군사가 북쪽 국경으로 크게 몰려와서 대령책(大嶺柵)을 습격하고 니하(泥河)를 건넜다. ~

기록과 일치하여 서로 입증하는 것이다. 지금까지 확인한 바로도 중국사서의 대부분은 남갈로 확인되는 월희말갈 등 4부와 백제의 옛 땅을 발해(말갈)가 갈랐다는 기록을 제외하고는 부여 동쪽에 있으면서 고구려 북쪽에 있는 숙신, 읍루, 물길의 땅 위치에 있었던 북갈만 기록하였다. 하지만 월희말갈을 비롯한 남갈의 활동 기록이 『삼국사기』 및 『삼국유사』에 초기 백제와 신라 그리고 고구려와의 활발한 활동에 풍부하게 기록되고 있다. 하지만 다음 기록을 보자.

【사료93】『원사(元史)』「外夷列傳」高麗

高麗는 본래 箕子가 封해졌던 땅이다. 또 扶餘의 別種으로 일찍부터 살았던 땅이기도 하다. 그 땅은 동쪽으로는 新羅에 이르고, 남쪽으로는 百濟에 이르는데(註 007), 모두 큰 바다에 걸쳐 있다. 서북쪽으로는 遼水를 지나 營州에 인접하고 靺鞨이 그 북쪽에 있다. 그 나라의 도읍지는 平壤城으로 곧 漢의 樂浪郡이다. 靺鞨의 白山에서 始源하는 강을 鴨淥江이라 부르는데 平壤은 그 동남쪽에 위치하여 이를 믿고 의지하면서 要害地로 삼았다.
뒤에 땅을 더욱 넓혀 옛 新羅 · 百濟 · 高句麗의 세 나라를 통합하여 한 나라로 만들었다.

註 007
其地東至新羅 南至百濟 : 高句麗에서 보면 新羅의 위치가 동쪽일 것이나 百濟의 위치를 남쪽으로 가리킨 것은 적절치 못하며, 정확하게는 서남쪽이라 하여야 할 것이다.

물론 이 기록은 주류 강단 사학계가 『환단고기』와 더불어 소위 중국에 있어서 오랑캐 국가들이 편찬한 『요사』, 『금사』, 『만주원류고』와 함께 기피하거나 신뢰하지 않는 기록이다. 물론 주류 강단 사학계는 『삼국사기』 초기 기록도 부정한다. 그 이유는 단 하나이다. 자신들이 추종하는 일제 식민사학 논리에 맞지 않기 때문이다. 그러면서 항상 그러하듯이 여러 가지 이유를 댄다. 불확실하다든가 오류가 많다든가. 그러나 오류를 따지면 그들이 신뢰하는 『후한서』, 『삼국지』 등이 더 많다. 더군다나 중요한 사항은 이들 사서를 해석하는 일제 식민사학과 주류 강단 사학계에 오류가 더 많다는 것이다. 아니 전체 해석에 오류가 있다. 그럼으로써 이들 기피 사서들이 더 신뢰성이 있는 것이다. 물론 기본적인 오류는 있다. 그리고 역시 마찬가지의 왜곡성도 있다. 하지만 그들이 신뢰하는 중국 정사들보다도 중국 국가가 오랑캐로 생각하는 우리 민족 국가에 대한 인식과 지식이 더 신뢰성이 있다. 여러 가지가 있지만 그중의 하나가 이 기록이다. 즉 이 고려 기록은 태조 왕건의 고려일 수도 있지만 남쪽에 백제가 있는 것으로 보아 고구려가 분명하다.

그런데 신라가 동쪽으로 접한다고 했다. 이는 주류 강단 사학계의 비정인 한반도에서의 남쪽 비정과는 맞지 않는다. 하지만 원래 실제 맞는 역사인 산동성과 요령성에서는 맞는 것이다. 고구려 산동성 졸본성 동쪽에 신라가 있었고, 고구려 요동성 영역 동쪽에 길림성 즉 계림의 신라가 있는 것으로 맞는 것이다. 그리고 백제는 정남쪽에 있다. 이곳은 산동성의 고구려, 백제, 신라를 기록한 것이다. 이를 한반도에 비정하는 주류 강단 사학계는 이를 부정하려고

> 註 007
> 其地東至新羅 南至百濟 : 高句麗에서 보면 新羅의 위치가 동쪽일 것이나 百濟의 위치를 남쪽으로 가리킨 것은 적절치 못하며, 정확하게는 서남쪽이라 하여야 할 것이다.

라고 주석을 달았다. 이는 이 사서 기록을 철저히 부정하는 것으로 자기들 잘못된 논리에 맞춘 것에 불과하다. 이 기록은 고구려 위치 및 말갈의 위치로 중요한 지표 기록이 있다. 그것은,

> (i) 서북쪽으로는 遼水를 지나 營州에 인접하고 靺鞨이 그 북쪽에 있다.

이는 물론 같은 기록을 하고 있으나 제대로 해석하지 못하여 제대로 파악하지 못하는 다른 중국사서와 우리 사서 기록인 『당서』의 기록과 같이 서쪽이 아닌 서북으로 요수를 건너는 것이 아닌 서쪽으로 요수에 접하는 것으로 알고 있다. 물론 주류 강단 사학계의 비정에 의하면 고구려의 길림성 집안시에서 그들이 비정하는 요수인 요하는

서북쪽이다. 하지만 전체적인 면에서 요수는 고구려 서쪽에 있는 것이지 서북쪽에 있지 않다. 이 서북쪽 방향은 산동성의 고구려에 있어서 제대로 된 요수인 지금의 하북성 자하가 서북쪽에 있는 것을 기록한 것이다. 동쪽의 신라와 남쪽의 백제 기록이 이를 입증해 준다. 또한 영주는 주류 강단 사학계는 지금의 요령성 조양시로 비정하지만 이는 분명히 하북성 석가장시 북부이자 호타하 북부이다.

> (ii) 그 나라의 도읍지는 平壤城으로 곧 漢의 樂浪郡이다. 靺鞨의 白山에서 始源하는 강을 鴨淥江이라 부르는데 平壤은 그 동남쪽에 위치하여 이를 믿고 의지하면서 要害地로 삼았다.

위의 (i) 사항을 입증하는 것이 바로 (ii) 기록이다. 이도 (i) 사항과 마찬가지로 『당서』의 기록과 일치한다. 즉 고구려의 도읍은 평양인데 이곳 위치가 한나라 낙랑군이라는 것이다. 그런데 이 평양의 서북쪽을 흐르는 압록강이 있는데 이 강이 바로 말갈의 백산에서 발원한다는 것이다. 이는 고구려 북쪽에 말갈이 있다는 여러 기록과 일치한다. 그런데 이 압록강과 백산은 바로 하북성의 호타하와 지금도 지명이 그대로 남아 있는 산서성 대동시 영구현 태백산(Taibai Mountain, 太白山)인 것이다.

> 【사료37】『무경총요』 1044년 권22 압록수
>
> 압록수, 고구려高麗國의 서쪽에 있다. 수원은 백산白山이다. 물색이 압두(鴨頭 오리머리)와 같고 요동에서 5백 리 떨어져 있다. 고구려에 있다. 이 하천이 가장 크며 물이 맑고 천참天塹이 된다. 강폭은 3백 보이고 평양성 서북 450리에 있다. (압록)수는 동남쪽 20리쯤에서 갈라져서 신라국新羅國의 흥화진興化鎭에 도달한다. : 황토암 20리 서북에서 (요나라 초기) 동경까지 850리이다. 남쪽 해변까지는 60리이다.

【사료25】『통전(通典)』「변방」'동이 하 고구려'

평양성(平壤城) 동북쪽에 노양산(魯陽山)이 있고 그 정상에 노성(魯城)이 있다. 서남쪽으로 20리에 위산(葦山)이 있는데 남쪽에 패수(浿水)가 가깝다. 대요수는 말갈국 서남산에서 나와 남으로 흘러 안시현에 이른다. 소요수는 요산에서 나와 서남으로 흘러 대양수와 만난다. 대양수는 나라의 서쪽에 있다. 새 밖에서 나와 서남으로 흘러 소요수로 흘러간다. 마자수는 일명 압록수이다. 물이 동북 말갈의 백산에서 나온다. 물의 색이 기러기 머리색을 닮았기 때문에 속되게 부른 이름이다. 요동에서 5백리 떨어져 있다. 국내성 남쪽을 지나 서쪽으로 흘러 염난수와 만나 두 물이 합하여 서남으로 흘러 안평성에 이르러 바다에 들어간다. 고구려에서 이 강이 제일 크다. 물결이 이는데 푸르고 맑으며, 나루터마다 큰 배가 서 있다. 그 나라에서 이를 천참(천연요새)으로 여긴다. 강의 너비가 3백 보이고, 평양성 서북 450리에 있다. 요수 동남 480리에 있다. (한나라 낙랑군, 현도군 땅이다. 후한 때부터 위나라 때까지 공손씨가 점거하고 있다가 공손연 때 멸망했다. 서진 영가(307~312) 이후 다시 고구려에 함락되었다.~(생략))(생략)

이러한 사항은 많은 사서가 입증하는 것이다. 이는 또한 『당서』상에 이 압록수와 같이 흐르는 것으로 기록된 대요수, 소요수에 대한 『한서』「지리지」,『수경주』「대요수, 소요수」기록과 같은 평양성 기록과 신라국 홍화진으로 당나라 시기의 박작성 기록인 『신당서』「가탐도리지」가 이를 입증한다. 이 평양성은 호타하 동남쪽에 있는 산동성 고구려 졸본성을 가리킨다. 따라서 이 모든 기록은 산동성의 고구려, 백제, 신라와 그 북쪽의 압록수인 호타하와 그 북쪽의 영주 그리고 요수와 이 북쪽의 산서성에 있는 백산과 이를 근거지로 하는 말갈을 가리키는 기록이다. 이들 각각의 위치에 대하여는 이 글 곳곳에 자세히 입증하여 설명하고 있다.

| 말갈의 백산(태백산)이 발원지인 마자수이자 압록수인
| 호타하가 고구려 평양성 위치를 입증한다.

⑤ 발해의 건국자로 말갈을 발해에 포함시킨 대조영이 건국 과정에 영주에서 활동하였다는 이 사항 역시 위에서 입증한 바 있는 말갈의 영주 지역 활동 및 인근인 산서성의 말갈 본거지가 입증되는 것이다. 즉 말갈을 포섭하여 발해국을 세운 대조영이 건국 과정에서 영주에 거주한 기록은 여기에서 활동하던 말갈족을 포섭하려고 하였던 것이다. 그리고 발해 땅이 2천 리 밖에 있다는 것은 주류 강단 사학계의 번역인데 왜 2천 리 밖이라고 하였는지 이와 같은 주류 강단 사학계의 번역을 이미 설명하였지만, 앞에서 『삼국지』 및 『후한서』에 기록된 고구려의 위치 기록인 "遼東의 동쪽 천 리 밖(在遼東之東千里)에 있다."를 이렇게 해석한 것과 같은 맥락이다. 분명히 이는 요동의 천 리에 있다고 기록한 것이다. 마찬가지로 "발해 땅은 영주에서 동쪽으로 2천 리 밖(其地在營州之東二千里)에 있는데~"라고 번역한 것은 2천 리에 있다는 것을 가급적이면 멀리 동쪽으로 비정하려는 의도로밖에는 이해할 수 없다.

| 주류 강단 사학계의 역사 인식은 우리 역사를 비하하는
| 상식 이하의 인식이다.

⑥ 【사료224】『구당서(舊唐書)』 北狄列傳 渤海靺鞨상에는 발해 건국자 대조영은 본래 고구려 별종이라고 한 것과는 다르게 【사료225】『신당서(新唐書)』 北狄列傳 渤海상에는 발해를 본래 속말말갈로 고구려에 부속되어 있었고, 건국자 대조영라고 하였다. 1784년(정조 8) 『발해고』를 편찬한 유득공은 발해사를 한국사 체계에 수용해야 한다며 이

를 편입함으로써 신라와의 병립 시기를 소위 통일신라시대가 아니라 남북국시대로 하여야 한다고 하였다.

그런데 이로부터 약 200년이 넘어서야 겨우 우리 학계에서도 이를 수용하는 것으로 변하였다. 그것도 재야 민족 사학계의 집요한 주장에 의한 것이었다. 그런데 이 기록에서는 발해국 시조인 대조영의 부친을 진국공이라 하고 이는 성이 대씨(大氏)이고 이름은 걸걸중상(乞乞仲象)으로 고구려에 신속(臣屬)한 속말말갈인(粟末靺鞨人)이라고 하였다. 이 진국공의 아들이 조영(祚榮)으로 일찍부터 고구려의 장수라고 하여 발해가 고구려의 후계자임을 분명히 밝혀 발해국을 우리 민족사의 범주로 끌어들였다. 이에 의하면 아버지는 속말말갈인인데 그 아들은 일찍부터 고구려 장수였으므로 고구려인이라는 것이다. 이것은 모순이 있다.

이는 조선 말기에 편찬된 사서의 기록이다. 원래 기록에는 고구려 별종이라는 기록과 발해가 본래 속말말갈로 고구려에 부속되어 있다고 하여 과연 발해가 고구려의 후예인지 아니면 속말말갈인지 혼돈을 초래한다. 모든 역사적 사실 정립은 한두 가지 기록에 의하면 안 되고 모든 기록과 사항을 종합적으로 판단하여 정립하여야 한다. 일부 왜곡된 기록을 근거로 판단하면 안 된다. 이에 대하여는 앞으로 살펴볼 '발해' 편에서 자세히 확인하겠지만 『신당서』의 왜곡성, 일부 사서의 편파성, 대조영의 건국 과정, 말갈인이 발해에 차지하는 비율, 발해의 위치, 발해의 고구려 계승, 이후의 말갈 및 당나라와의 관계 등 종합적인 사항으로 판단하여야 할 것이다.

이에 의하여 판단한 결과, 대조영의 건국 과정에서의 고구려와의 친연성, 말갈의 고구려 국가에서의 구성 비율 미미, 일부 사서의 왜곡성 그리고 발해는 스스로 '고려'라 칭하는 등 고구려가 제1의 고려라 했다면 발해는 제2의 고려로 자처하고 그렇게 국가를 영위한 것

등에 의하면 대조영 즉 발해 건국 세력은 말갈이 아니라 고구려 계통임이 명백한 것으로 확인된다.

> **발해는 명백히 고구려의 후예이다.
> 일부 기록에 의하여 역사를 판단하면 안 된다.**

⑦ 이에 대하여는 차후에 설명할 '발해' 편에서 살펴보기로 한다.
⑧ 말갈이 예전의 읍루로 숙신의 땅에 있다고 하였다. 이는

【사료67】『후한서(後漢書)』「동이열전(東夷列傳)」 부여(夫餘)

夫餘國은 玄菟의 북쪽 千里쯤에 있다. 남쪽은 高句驪와, 동쪽은 挹婁와, 서쪽은 鮮卑와 접해 있고, 북쪽에는 弱水가 있다. 국토의 면적은 방 二千里이며, 본래 濊[族]의 땅이다.

라는 기록 등에 의하여 이곳 서쪽에는 부여가 있었다. 물론 말갈의 위치는 그 남쪽에 있는 고구려의 위치와도 관련이 있지만 원래 고구려 북쪽에 있다는 부여의 위치는 물론이거니와 부여와 말갈의 전신인 읍루의 위치에 의하여도 부여의 위치가 입증된다. 따라서 말갈에 의하여 고구려는 물론 부여의 위치도 이곳 하북성이라는 것을 확인할 수 있다.

이와 같이 확인된 말갈은 이후 이들 중 속말말갈이 발해로 흡수되는 것으로 되어 있다. 다른 사항은 여기서 언급할 사항이 아니고 그 위치와 활동 영역이 우리 고대 국가의 위치를 설정하는 지표가 되기 때문에 이를 살펴보아야 한다.

말갈의 종족은 위의 『북사』, 『수서』, 『신당서』에 의하여 7종족(부)으로 나뉘었다. 이 중에서 주류 강단 사학계는 이 사서의 기록대로 말

갈 특히 우리 고대 국가와 관계가 있는 말갈을 크게 흑수말갈과 속말말갈 그리고 백산말갈로 나누었다. 그리고 흑수말갈을 한반도 북부 만주 지방 흑룡강성의 흑룡강으로 비정하고 있으며, 속말말갈은 길림, 오랍 지역으로 백산말갈은 동예와 같이 보고 한반도 북부 지방 함경도에 비정하고 있다.

물론 이것은 중국사서에는 자세히 기록되지 않고 단편적으로 나타나 있어 활동사항 및 위치를 규명하기 어렵고 특히 일본 식민 사학자들은 학문을 정치적, 이념적 목적에 맞추어 왜곡하였다. 그러다 보니 기록상의 상황과 내용에 맞추어 제대로 해명이 안 된다. 그리고 이를 전수 받은 주류 강단 사학계 역시 그들이 내려주어 받은 철칙이자 교리인 '한반도 낙랑군 평양설' 및 우리 민족 국가 활동 영역의 한반도 고착화에 따라 발해에 대한 기록이 풍부한 『삼국사기』상의 여러 상황에 대한 기록을 잘못된 원칙에 맞추다 보니 모든 것이 꼬여 제대로 설명하지는 못하지만 최대한 맞추려고 노력한 곳이 엉망이 되었다. 이러한 결과는 당연한 것이다. 원래 맞는 곳에 맞게 비정하였으면 모든 기록이 이에 맞아떨어지는데 그렇지 않으니 맞지 않는 것이다.

그래서 식민사학과 주류 강단 사학계가 『삼국사기』 초기 기록을 불신하는 것이다. 그들의 비정에 의하면 『삼국사기』 초기 기록은 맞지 않는 것이다. 그 위치가 그들의 비정의 위치가 아니다. 일본 학자들이 소위 말갈의 여러 '부' 내지는 '종' 중 가장 (서)북쪽에 있고 가장 원조격이면서 가장 강력한 흑수말갈을 한반도 북부의 흑룡강성의 흑룡강으로 비정하는 근거가 무엇인지 의심스럽다. 그리고 그중 가장 남쪽에 있으면서 소위 태백산에 위치하면서 고구려와 접하면서 부속된 속말말갈을 지금의 길림, 오랍 지역으로 비정하고, 속말말갈의 동남쪽에 있다는 백산말갈은 함경도 지방에 이르는 지역에 비정한 것은 그들의 논리에 맞추기 위해서는 너무나 당연한 것이라고 여기면서도 근거가 없고 잘못됨에 놀라움을 금치 못한다.

　더군다나 이러한 비정이 『삼국사기』상의 여러 기록에 맞출 수 없을 뿐 단지 그들이 정해 놓은 논리 즉 고구려가 압록강 북부에 있으니 기록상에 이 고구려의 북부에 말갈이 있으니 어쩔 수 없이 여기에 비정할 수밖에 없었다는 이해를 하게 된다. 하지만 이러한 비정은 우리 고대사를 난도질하는 것이다. 아무런 근거도 없고 여러 사서의 기록과도 맞지 않는 비정을 한 것이다. 그럼에도 불구하고 이들이 정해 놓은 해방 후 75년이 지난 현재까지도 그 많은 역사 전문가인 우리나라 주류 강단 사학자들은 이를 그대로 이어받아 한 발자국도 나가지 못하고 그 주위를 맴돌고 있음에 더욱 놀라움을 금치 못한다.

　이를 본 필자가 다른 여러 재야 민족 사학자분들의 연구를 빌어 밝히는 것을 다행스럽게 여기면서도 쑥스러운 면도 있다. 본 필자 같은 아마추어 즉 그들이 칭하는 유사, 사이비 학자가 제대로 밝히는 것은 있어서는 안 되는 일을 하는 것이다. 이에 대하여 사실대로 밝히자면 가장 북쪽에 있었다는 흑수말갈이 있었던 곳은 일제 식민 사학자들이 비정하는 흑룡강성 흑룡강 인근이 아니다. 물이 검다거나 물이 검다는 한자어 한마디가 같아서 이 글 근거로 그들의 논리에 맞춘 학문이 아닌 일제 식민 논리에 의한 것임이 명백하다. 이것을 그대로 이어받고 있다는 것이 너무나 한탄스럽다.

　흑수말갈은 흑수를 중심으로 살았기 때문에 그렇게 불렸던 것이다. 식민사학 논리라는 이데올로기가 아니라 진정한 학문적으로 여러 역사적 사실과 부합되는 곳을 찾아 비정하여야 한다. 지금도 그 지명이 남아 있는 산서성 대동시 천진현 흑수하(Heishui River, 黑水河)이다. 그리고 가장 남쪽에 있었다는 속말말갈이 있었던 곳은 태백산으로 지금도 그 지명이 남아 있는 산서성 대동시 영구현 태백산(Taibai Mountain, 太白山)이다. 이곳 남쪽에 고구려가 있었다. 그리고 이 속말말갈 동쪽에 있었다는 백산말갈은 너무나도 명백히 기록에 나와 있다.

> 말갈은 한반도 북부에 있지 않았다.
> 흑수말갈은 지금도 그 지명이 남아 있는 산서성 흑수하에 있었고, 속말말갈은 산서성 태백산에 있었다.

이렇게 지금도 남아 있는 명칭을 무시하고 이를 엉뚱한 곳에 비정하는 것은 도저히 이해할 수 없다. 주류 강단 사학계가 왜곡 조작한 역사를 복원할 수 있는 단서인 지명이 중국 본토에 수많이 남아 있고, 그동안 왜곡 해석한 중국 사서를 제대로 해석하면 우리 역사를 제대로 복원할 수 있다.

【사료25】『통전(通典)』「변방」 '동이 하 고구려'

평양성(平壤城) 동북쪽에 노양산(魯陽山)이 있고 그 정상에 노성(魯城)이 있다. 서남쪽으로 20리에 위산(葦山)이 있는데 남쪽에 패수(浿水)가 가깝다. 대요수는 말갈국 서남산에서 나와 남으로 흘러 안시현에 이른다. 소요수는 요산에서 나와 서남으로 흘러 대양수와 만난다. 대양수는 나라의 서쪽에 있다. 새 밖에서 나와 서남으로 흘러 소요수로 흘러간다. 마자수는 일명 압록수이다. 물이 동북 말갈의 백산에서 나온다. 물의 색이 기러기 머리색을 닮았기 때문에 속되게 부른 이름이다. 요동에서 5백 리 떨어져 있다. 국내성 남쪽을 지나 서쪽으로 흘러 염난수와 만나 두 물이 합하여 서남으로 흘러 안평성에 이르러 바다에 들어간다. 고구려에서 이 강이 제일 크다. 물결이 이는데 푸르고 맑으며, 나루터마다 큰 배가 서 있다. 그 나라에서 이를 천참(천연요새)으로 여긴다. 강의 너비가 3백 보이고, 평양성 서북 450리에 있다. 요수 동남 480리에 있다. (한나라 낙랑군, 현도군 땅이다. 후한 때부터 위나라 때까지 공손씨가 점거하고 있다가 공손연 때 멸망했다. 서진 영가(307~312) 이후 다시 고구려에 함락되었다.~(생략))(생략)

이곳에 대하여 주류 강단 사학계는 맞지 않는데도 불구하고 막무가내로 요령성 요양으로 비정하지만 이곳은 하북성 석가장시 북부를 흐르는 호타하 인근을 기록한 것이다. 이 마자수이자 압록수는 바로 호타하이다. 이곳에서 수당 전쟁이 벌어졌다. 이곳 동쪽에 지금도 이 사서 기록상에 그 지명이 남아 있다. 바로 석가장시 동쪽의 호타하 남쪽에 안평현(중국 하북성 형수시 안평현(安平縣))이 있다. 고대 시절에는 호타하 즉 압록수가 흘러와 이곳에서 바다로 들어갔다. 말갈의 백산 즉 백산말갈이 있었다는 이곳에서 나온다는 마자수이자 압록수인 호타하는 기록대로 백산 즉 속말말갈이 있다는 태백산(Taibai Mountain, 太白山)이 있는 산서성 대동시 남부인 산서성 흔주시 번치현(繁峙縣)에서 발원한다. 이곳 북쪽인 산서성 대동시 천진현에는 흑수말갈의 근거지인 흑수하(Heishui River, 黑水河)가 있다.

> 사서 기록상 고구려 평양성 관련 기록상의 백산에서 발원하여 안평성에서 바다로 들어가는 압록수이자 마자수인 호타하는 현재 백산인 산서성 태백산에서 발원하여 하북성 형수시 안평현으로 흐른다.
> 사서 기록상 이곳이 영주이고, 낙랑군, 현토군 지역이다.
> 사서 기록상 이곳에서 공손씨가 활동하였다.
> 사서 기록상 이곳이 고구려 평양성이 있는 평주이다.
> 사서 기록상 이곳 안평현인 서안평현이 당나라 시기의 박작성이고 고려시대 천리관성 흥화진이다.

또한 『삼국사기』 기록상의 고구려, 백제, 신라와의 관계에서 나오는 수많은 말갈 기록 중 마수산이 백제 초기 말갈의 침입지였으며, 삼국시대 말기인 503년에도 말갈의 백제에 대한 침입지였고, 수당 전쟁 시 고구려의 전쟁터였는데 이 마수산이 "【사료22】『한서』「지리지」1. 유주 ⑦ 요서군(遼西郡) 4) 유성현(柳城縣), 마수산(馬首山)이 현의 서남쪽에 있다."로 기록되어 있다. 이곳은 당시 유성현으로 지금의 하북성 석가장시 정정현 근처에 있었다. 이곳은 말갈족들 흑수, 속요, 백산이 있는 산서성 흔주시 남부이다. 이 모든 것이 맞아떨어진다. 이곳이어야만 모든 역사적 기록이 일치한다. 한편 이곳은 기록상

【사료94】『삼국유사』 卷第一 제1 기이(紀異第一) 말갈(靺鞨)과 발해(渤海)

또 『삼국사(三國史)』에 이르기를 "백제(百濟) 말년에 발해와 말갈과 신라가 백제의 땅을 갈랐다."라고 하였다. (이에 의하면 말갈발해(鞨海)가 또 갈라져 두 나라로 된 것이다.)

[신]라(羅) 사람들이 이르기를 "북쪽에는 말갈이 있고 남쪽에는 왜인이 있고 서쪽에는 백제가 있으니 이것들이 나라에 해악이다."라고 하였고 또 "말갈의 땅은 아슬라주(阿瑟羅州)(註 338)에 접하였다."라고 하였다.

註 338
오늘날의 강원도 강릉시 일대에 해당한다.

이 기록과 같이 그 남쪽에 신라가 있고 신라 남쪽에 왜인이 있으며, 신라 서쪽에는 백제가 있다.

【사료226】『삼국사기(三國史記)』 卷第一 新羅本紀 第一 남해(南解) 차차웅(次次雄) 원년 7월

낙랑이 침입하다(4년 07월(음))

원년(4) 가을 7월에 낙랑(樂浪) 병사들이 와서 금성(金城)을 여러 겹으로 에워쌌다.

이 신라의 동쪽에는 낙랑이 가까이 있어 수시로 신라를 침략하였는데, 이 낙랑이 바로 사서상의 최씨 낙랑국이다. 말갈 또한 계속하여 신라를 괴롭혔다. 한편,

【사료205】『삼국사기(三國史記)』 卷第一 新羅本紀 第一 지마(祗摩) 이사금(尼師今) 14년 1월

말갈이 북쪽 변경을 침략하다(125년 01월(음))

14년(125) 봄 정월에 말갈(靺鞨)(註 001)이 북쪽 경계에 대거 침입하여 관리와 백성을 죽이고 노략질하였다.

註 001
말갈(靺鞨) : 일반적으로 6~10세기 만주 동부 지역에 거주한 퉁구스계 종족에 대한 지칭이다. 중국 역사서에 '말갈(靺鞨)'이란 종족명은 『북제서(北齊書)』 무성제기(武成帝紀) 청하(河淸) 2년(563)조에 처음 나온다. 이후 『수서(隋書)』, 『구당서(舊唐書)』, 『신당서(新唐書)』, 『구오대사(舊五代史)』, 『신오대사(新五代史)』 등에 말갈전이 수록되어 있는데(『신당서』 이하는 흑수말갈전), 특히 『수서』 말갈전에는 '말갈 7부(部)'의 존재가 나타나 있다. 이들의 계통에 대해서는 숙신(肅愼)-읍루(挹婁)-물길(勿吉)-말갈이라는 일원적 계통으로 보는 견해와 지역, 부족에 따라 숙신(읍루)계와 예맥계(濊貊系)로 계통을 달리해서 보는 다원적 계통론이 있다(김현숙, 2018). 후자의 경우 본서에 나오는 말갈 기사가 중요한 근거가 되기도 하였다.
본서 본기에는 말갈이 초기부터 신라 말까지 지속적으로 등장하고 있는데, 6세기 이후의 말갈은 중국 역사서에 보이는 것과 동일한 존재로 볼수 있지만, 초기 기사의 말갈에 대해서는 논란이 있다. 시기적, 지역적으로 도저히 같은 존재로 보기 어렵기 때문이다. 신라본기, 백제본기 초기 기사의 말갈은 낙랑 또는 고구려에 연결되어 신라나 백제의 북쪽 경계를 침입하는 존재로 나타나 있는데, 이 문제에 대해서 일찍이 정약용(丁若鏞)은 이들의 실체가 동예('東沃沮의 濊人, 漢史의 不耐濊'라고 함)이며 남북국 시기에 신라인들이 북도(北道)를 말갈이라고 하는 것이 익숙해져서 옛 기록의

북쪽에서 침입하는 자들을 모두 말갈로 기록했다고 하는 위말갈설(僞靺鞨說)을 제시하였다(丁若鏞, 「靺鞨考」). 많은 연구자들이 이것을 받아들이면서 발전시키고 있는데, 예컨대 동예 외에 영서 지역에도 예족이 거주했으며 본서에 보이는 말갈은 영서예라고 보는 견해도 제시되었다(文安植, 1998). 초기 기사의 '말갈'은 애초 사료에 '예맥(濊貊)'으로 표기되었던 종족이 후대 사서 편찬 시 일괄적으로 '말갈'로 개필된 결과로 파악하기도 한다(강종훈, 2011). 한편 말갈의 다원적 계통론을 주장하는 논자들은 본서에서 이른 시기의 예계 종족을 말갈로 표현한 것은 실제로 이들이 6세기 이후에 말갈로 지칭되었기 때문이라고 이해하기도 하였다.

〈참고문헌〉
丁若鏞, 「靺鞨考」, 『與猶堂全書』 第6集 疆域考 其2
文安植, 1998, 「三國史記 羅・濟本紀의 靺鞨 史料에 대하여 -靺鞨勢力의 地域的 分布 및 種族 構成上의 차이와 변화를 중심으로-」, 『韓國古代史研究』 13
문안식, 2003, 『한국 고대사와 말갈』, 혜안
강종훈, 2011, 「삼국사기 초기 기록에 보이는 낙랑의 실체」, 『삼국사기 사료비판론』, 여유당
김현숙, 2018, 「'고구려사에서의 말갈' 연구의 현황과 과제」, 『東北亞歷史論叢』 61

신라의 서쪽에 있다는 백제 또한 신라와 마찬가지로 북쪽에 말갈이 있어 신라와 마찬가지로 백제를 괴롭혔다.

【사료95】『삼국사기(三國史記)』 卷第二十三 百濟本紀 第一 시조 온조왕(溫祚王) 2년 1월

말갈에 대한 방어 대책 마련을 지시하다(기원전 17년 01월)

2년(B.C.17) 봄 정월에 왕이 여러 신하에게 말하기를, "말갈(靺鞨)(註 001)은 우리의 북쪽 경계와 잇대고 있는데, 그 사람들이 용감하고 속임수가 많으니, 마땅히 병장기를 수선하고 양곡을 쌓아두어 막아 지킬 계획을

세워야 한다."라고 하였다.

註 001

말갈(靺鞨) : 만주 지역에 거주하였던 퉁구스족의 일종이다. 말갈의 호칭은 시기마다 다른데, 중국의 선진(先秦)시대에는 숙신(肅愼), 한나라 때에는 읍루(邑婁), 북위 때에는 물길(勿吉)로 불리다가 당나라 때에 와서 말갈로 불렸다. 그런데 본서 백제본기에는 온조왕대부터 말갈에 대한 기사가 나오고 있는데, 초기기록에 보이는 말갈은 시대가 당나라보다 앞서기 때문에 6세기 중엽 이후 중국 사서에 등장하는 만주의 말갈과는 다른 존재였다(丁若鏞,「靺鞨考」,『與猶堂全書』). 백제본기 온조왕대 기사에 나오는 말갈을 보면 건국 초부터 북쪽이나 동북쪽에서 백제를 빈번히 침입해 왔으며, 백제를 한강 남쪽으로 몰아낼 정도로 강력한 세력이었다. 그러나 백제본기에 온조왕 때의 사실로 전하는 일련의 기사가 후대의 사실을 소급하여 정리한 것이 많아(李基東, 1987), 백제본기에 나오는 말갈과 고구려본기의 말갈은 실체가 다른 것으로 보아야 한다.

백제본기나 신라본기에 나오는 말갈의 실체(계통)에 대해서는 ① 동예를 비롯한 예족설(丁若鏞,「靺鞨考」,『與猶堂全書』; 李丙燾, 1976; 兪元載, 1979), ② 고구려 내의 말갈설(徐炳國, 1974), ③ 영동예와 영서예를 구분한 후 영서지역의 토착세력으로 보는 설(張元燮, 92~93쪽; 文安植, 1996; 1998) ④ 마한소국 중의 신분고국설(尹善泰, 2001) 등이다. 말갈의 실체에 대해 논의가 분분하지만 대체로 '동예=위말갈'로 파악한 정약용의 견해를 따르고 있다. 위말갈의 종족 계통을 동예로 보고 있는데, 『삼국지(三國志)』 동이전 예조에서 3세기까지 영동예와 영서예가 뚜렷이 구분되고 있기 때문에 종족 계통을 (예맥계 또는) 예계의 족속으로 범칭화하는 것은 가능하나, 동예로 보는 것은 문제가 있다고 한다(姜鍾薰, 128쪽; 尹善泰, 22쪽). 말갈이 주로 활동한 예성강에서 한강에 이르는 경기도 북부와 북한강, 남한강 중상류 일대를 포괄하는 지역은 영서예 지역이라는 것이다(尹善泰, 22쪽).

〈참고문헌〉
徐炳國, 1974, 「靺鞨의 韓半島 南下」, 『광운전자공과대학論文集』 3, 광운전자공과대학
李丙燾, 1976, 『韓國古代史研究』, 博英社

> 俞元載, 1979,「三國史記 僞靺鞨考」,『史學研究』29
> 李基東, 1987,「馬韓領域에서의 百濟의 成長」,『馬韓・百濟文化』10, 圓光大學校 馬韓・百濟文化研究所
> 張元燮, 1990,「百濟初期 東界의 形成에 관한 一考察 -靺鞨과의 관계를 중심으로-」,『清溪史學』7, 청계사학회
> 姜鍾薰, 1995,「『三國史記』初期記錄에 보이는 '樂浪'의 實體 -진한연맹체의 공간적 범위와 관련하여-」,『韓國古代史研究』10
> 文安植, 1996,「嶺西濊文化圈의 設定과 歷史地理的 背景」,『東國史學』40, 동국사학회
> 文安植, 1998,「≪三國史記≫ 羅・濟本紀의 靺鞨 史料에 대하여」,『韓國古代史研究』13
> 尹善泰, 2001,「馬韓의 辰王과 臣濆沽國」,『百濟研究』34

이 신라와 백제의 북쪽에 있던 이 말갈은 신라의 동쪽에 있던 낙랑국의 사주에 따라 백제를 공격하기도 했으며,

> 【사료227】『삼국사기(三國史記)』卷第二十三 百濟本紀 第一 시조 온조왕(溫祚王) 11년 4월
>
> 말갈이 낙랑의 부탁을 받고 병산책을 공격하다(기원전 8년 04월)
>
> 11년(B.C.8) 여름 4월에 낙랑이 말갈(靺鞨)을 시켜 병산책(甁山柵)을 습격하여 무너뜨리고 1백여 명을 죽이거나 사로잡았다.

결국 동쪽의 낙랑 즉 신라 동쪽에 있던 낙랑국과 북쪽의 말갈로 인하여 도읍을 옮기려고까지 하였다.

【사료102】『삼국사기(三國史記)』卷第二十三 百濟本紀 第一 시조 온조왕(溫祚王) 13년 5월

하남위례성으로 천도할 계획을 세우다(기원전 6년 05월)

〔13년(B.C.6)〕 여름 5월에 왕이 신하들에게 말했다. "동쪽에는 낙랑이 있고, 북쪽에는 말갈이 있다. 그들이 변경을 침공하여 편안한 날이 없다."

이러한 추세는 백제 말기까지 계속되었다. 이 시기는 503년으로 말갈이 백제를 침략하는 사태는 한반도에서는 일어날 수 없으며, 더군다나 위치가 수당 전쟁이 일어난 하북성 석가장시 정정현인 요서군 유성현에 있었던 마수산 즉 마수책이 있던 곳에서 벌어진 것은 이를 입증하는 것이다.

【사료86】『삼국사기(三國史記)』卷第二十六 百濟本紀 第四 무령왕(武寧王) 三年秋九月

말갈이 침입하여 마수책을 소각하다(503년 09월(음))
3년 가을 9월에 말갈(註 090)이 마수책(註 091)을 소각하고 고목성으로 진공하여 오자 왕이 군사 5천 명을 보내 이들을 물리쳤다.

註 090
靺鞨이라는 명칭은 중국에서는 唐代에 와서야 나온다. 따라서 본 기사에 나오는 말갈은 唐代의 말갈이 아니라 함경도 지역에 근거를 둔 濊族을 가리키는 것으로 보아왔다.

註 091
백제가 한성에 도읍을 하고 있을 당시에도 보이는 지명으로서 고구려의 馬忽郡(현재의 경기도 抱川郡 郡內面 지역)으로 비정된다. 그러나 웅진 천도 후의 마수책의 위치는 알 수가 없다. 이 지명도 아마 백제가 남천 후 한성시대의 지명을 그대로 移置하여 사용한 결과에서 나온 것이 아닐까 한다.

이들에 대한 주류 강단 사학계의 비정을 보면 도저히 갈피를 못 잡고 그 설명 또한 전혀 맞지를 않는다. 이에 대하여는 요서군을 설명하면서 마수산과 관련되어 모두 언급하였다. 따라서 백제의 역사적 활동 지역을 확인할 수 있다. 또한 이미 마수산과 관련한 말갈 기록에 의하여 살펴보았듯이 초기 백제와 신라는 물론 삼국시대 말기까지 끊임없이 백제와 신라 옆에 있으면서 괴롭힌 말갈은

> 【사료94】『삼국유사』 卷第一 제1 기이(紀異第一) 말갈(靺鞨)과 발해(渤海)
>
> ~ 또 『동명기(東明記)』에 이르기를, "졸본성(卒本城)은 땅이 말갈 (혹은 이르기를 "지금의 동진(東眞)이다."라고도 한다.)에 연접하고 있다."라고 하였다. (신)라(羅) 제6대 지마왕(祗摩王) 14년(을축(乙丑))에는 말갈군사가 북쪽 국경으로 크게 몰려와서 대령책(大嶺柵)을 습격하고 니하(泥河)를 건넜다. ~

고구려 첫 도읍지인 졸본성과 인접해 있는 것이다. 즉 백제와 신라 그리고 고구려 첫 도읍지인 졸본성이 거의 같은 선상에 연달아 있어 이곳을 같은 말갈이 활동하고 있다는 것이 입증된다. 이곳은 도저히 한반도일 수가 없다. 이곳은 산동성 지역이다. 서남쪽은 백제가 있고 중간에 고구려 졸본성이 있고 동쪽에 신라가 있으며 백제와 신라의 남쪽 중간에는 낙랑(국)이 있었고, 신라의 남쪽에는 왜가 있어 늦게까지 신라를 괴롭힌 이곳은 산동성에서 가능하다. 여기에 말갈이 있었다.

> **백제와 신라를 괴롭힌 말갈은 한반도 중부에 있을 수 없다.**
> **하북성과 산동성에 있었던 것을 한반도로 조작하였다.**

이 말갈은 우리 민족과 다른 몽골족 및 여진족의 전신이다. 이들은 원래 중국의 중원 지방에 있었다. 이들이 후에 중국 민족이 된 중국

한족 세력에 밀려 산서성 지방으로 옮겨왔다가 일부 세력은 여기에 남고 다시 일부 세력은 남쪽으로 내려와 산동성 대방고지 지역 인근인 백제와 신라 지역에 먼저 자리를 잡았다가 백제와 신라에 그 영역을 빼앗기자 그 남쪽에서 서쪽 편의 백제와 동쪽 편의 신라, 이들의 북방에서 이들을 괴롭히는 것이 『삼국사기』 기록상에 나타나는 말갈이다.

이들과 같이 움직인 것이 북옥저 및 동옥저와 남옥저이다. 즉 옥저는 원래 고조선 및 부여의 부용국이었던 국가 내지는 지역 이름으로 더 큰 지역인 낙랑 지역에 속한 작은 지역이었다. 이 지역을 말갈족이 차지하여 북갈 내지는 남갈로 불리는 것이다. 즉 하북성의 낙랑이 산동성으로 옮기면서 말갈도 일부 세력이 같이 이동하여 남갈이 되고 하북성에 남은 세력이 북갈이 된 것이다.

이들 말갈의 이동은 신라가 속한 예족의 이동과 그 맥락을 같이한다. 즉 중국 서역 및 중원 지방에서 산서성 인근 지방으로 옮겨왔다가 하북성에 있었던 낙랑과 이에 속한 옥저가 산동성으로 이동하자 같이 말갈과 예족이 이동하여 옮긴 산동성 낙랑 지역에 낙랑과 같이 이동한 맥족 일부 세력이 (최씨)낙랑국은 백제 동쪽이자 신라 서쪽에 세우고 옮긴 남옥저 땅에 같이 이동한 예족이 신라국을 세우고, 같이 이동한 말갈은 남갈이 되어 이곳에 나라를 세운 백제와 신라를 괴롭히는 것이 중국사서 『후한서』 및 『삼국지』의 「동이열전」 및 「동이전」의 '동옥저', '예'전 기록들이고 『삼국사기』 및 『삼국유사』상의 백제와 신라의 초기 기록이다. 즉 낙랑, 옥저, 예, 말갈이 같이 이동한 것이다.

그러나 『후한서』 및 『삼국지』를 비롯한 중국사서와 그 편찬자들은 우리 역사에 대한 인식이 부족함에 따라 옥저에 대하여도 동옥저, 북옥저, 남옥저를 구분하여 기록하면서도 그 역사적 활동과 정체에 대하여는 혼동되게 기록하고 있는 것과 같이 이 말갈도 북갈, 남갈 등 그 위치 및 정체 그리고 역사적 활동을 제대로 구분하여 파악하지 못하고 혼돈되게 인식하고 그 혼돈된 인식으로 역사를 서술하였던 것이다. 이와는 달리 『삼국사기』 및 『삼국유사』는 세세한 역사는 전하면서 『후한서』 및 『삼국지』를 비롯한 중국사서가 기록한 개괄적인 이들의 사항을 기록하지 못하고 있다. 하지만 이들 역사서를 면밀히 검토하면 제대로 된 역사를 파악할 수 있다. 모든 역사적 사실에 맞게 정립시킬 수 있는 것이다.

따라서 현재 주류 강단 사학계가 제대로 된 기록도 왜곡된 인식으로 해석하게끔 우리의 역사인식을 왜곡해 놓은 것이지 이에서 벗어나 왜곡되기 이전의 인식으로 바라보면 왜곡되어 기록되었다는 중국사서에도 제대로 된 역사 기록이 남아 있다. 중국사서는 그들의 인식 부족으로 제대로 전하지 못하거나 그들의 전통적인 자신들 이외의 족속에 대한 역사왜곡 기법인 '춘추필법'에 의하여 왜곡하였다.

하지만 그들도 현재 주류 강단 사학계와 마찬가지로 모든 것을 제대로 기록하지 않거나 왜곡시키지 못하여 사서 곳곳에 원래의 위치 등 역사적 진실을 남겨놓았다. 그런데도 일제 식민사학에 의하여 이것마저 왜곡 해석하여 우리 역사를 그릇되게 정립시키고 이를 주류 강단 사학계가 그대로 추종하여 통설로 되는 바람에 모든 우리 국민이 어릴 적부터 그대로 배워 역사 인식 바탕으로 가지고 있는 까닭에 중국사서에 남아 있는 제대로 된 부분을 정확히 알 수 있는 역사적 진실도 왜곡되게 해석하여 진실 되게 파악하지 못하게 되었다.

즉 왜곡된 인식에서 벗어나 왜곡되기 전의 인식과 지식에 의하여 그동안 왜곡되게 파악한 기록도 왜곡되기 이전의 사실로 제대로 파악할 수 있다는 것이다. 이러한 사항은 중국사서 및 우리나라 사서인 『삼국사기』와 『삼국사기』의 여러 기록 내지는 많은 기록에서 확인할 수 있다. 이 글에서 이러한 사항을 많이 밝히고 있다. 여러 사서의 기록들을 살펴 확인한 결과 중국사서와 이를 인용하여 편찬한 『삼국사기』와 『삼국유사』의 기록상의 옥저와 말갈은 같이 있어 왔다.

원래 말갈은 지금의 백석산이자 당시 갈석산이었던 하북성 보정시 래원현 서쪽 산서성 대동시 영구현과 산서성 흔주시 오대현 사이 및 그 남쪽으로 중국 중원 지방으로부터 옮겨와 있어 북옥저 내지는 동옥저로 기록되었다가 이곳을 고구려가 점령하자 동옥저의 말갈족은 옥저와 함께 다시 남쪽인 산동성 북부인 산동성 덕주시 동부 지역으로 내려가 남옥저와 남갈이 되면서 여기 옮긴 낙랑 땅인 남옥저 지방에 세워진 최씨 낙랑국과 함께 신라 그리고 그 서부 지역에 들어선 백제를 괴롭히게 된다. 그래서 말갈과 낙랑이 초기 신라와 백제를 괴롭힌 사실이 『삼국사기』에 기록되는 것이다. 즉 우리 사서상에 신라 및 백제 초기 역사에 말갈이 자주 등장하고 옥저가 가끔 나타나고 삼국시대 말기까지 고구려의 부용 세력이 되어 끊임없이 나타나는 것이다. 그런데 이러한 사실이 중국사서상에는 기록되지 않았다는 것은 왜곡된 인식이다. 중국사서를 제대로 해석하지 않고 일제 식민사학에 의한 주류 강단 사학계가 왜곡시킨 인식으로 해석하기 때문이다.

> 왜곡되기 이전의 바른 인식에 의하여 사서 기록을 해석하면 제대로 파악할 수 있다.

이에 대하여도 앞으로 사안이 발생할 때마다 거론할 것이다. 산동성의 신라와 백제를 괴롭힌 말갈인 남갈의 존재도 중국사서상에 기록되어 있다. 이것이 앞에서 살펴본 두 『당서』상의 월희말갈 등 4부 기록이다. 남갈의 존재와 이의 소위 삼국과의 활동 기록은 소위 삼국시대 말기까지 고구려, 백제, 신라의 영토가 여기에 있었다는 사실을 말해 준다. 이 같은 사실은 우리 『삼국사기』와 『삼국유사』에도 당시의 역사 인식이 들어가 왜곡되어 기록되어 있지만 본래의 사실이 기록되어 있는 것이다. 여러 사서상 말갈과 같이 나타나는 지명을 여러 상황과 더불어 연관시켜 추적하여 보면 그 위치가 한반도가 아니라는 사실이 여실히 드러난다.

【사료191】『삼국사기(三國史記)』 권 제12 신라본기 제12 경명왕(景明王) 五年春二月

견권이 말갈족을 물리치다(921년 02월(음))

2월에 말갈(靺鞨)의 별부(別部)인 달고(達姑)(註 076) 사람들이 북쪽 변경에 와서 도적질을 하였다. 이때 태조의 장수인 견권(堅權)(註 077)이 삭주(朔州)(註 078)를 지키다가 기병을 이끌고 공격하여 크게 격파하여, 말 한 필도 돌아가지 못하였다. 왕이 기뻐하여 사신과 편지를 보내 태조에게 사례하였다.

註 076
《고려사》 권1 태조 4년 2월조에서는 달고은(達姑狄)이라 하였는데, 이들 171명이 등주(登州) 즉 현재의 안변 지역을 거쳐 신라도(新羅道)에 침입했다고 한다(정구복 외,《역주 삼국사기》 3 주석편(상), 한국정신문화연구원,).

註 077
왕건과 함께 궁예 휘하에서 활동하다가 왕건 즉위 시에 공로가 있어 즉위 후 2등공신이 되었다. 그리고 고려 태조 19년(936)에 고려가 후백제를 칠 때 대상(大相)으로서 견훤, 박술희 등과 함께 마군(馬軍) 1만 명을 거느리고 참전하여 공을 세웠다(정구복 외,《역주 삼국사기》 3 주석편(상), 한국정신문화연구원, 376쪽).

註 078
현재의 강원도 춘천 지방으로, 선덕왕대에 우수주(牛首州)를 경덕왕대에 고친 이름이다(정구복 외, 《역주 삼국사기》 3 주석편(상), 한국정신문화연구원, 376쪽). 삭주(朔州)는, 가탐(賈耽)의《고금군국지(古今郡國志)》에서 "고구려(句麗)의 동남쪽, 예(濊)의 서쪽은 옛날 맥(貊)의 땅이니, 대개 지금 신라의 북쪽 삭주이다."라고 한 것이었다. 선덕왕 6년, 당나라 정관(貞觀) 11년(637)에 우수주(牛首州)로 삼고 군주(軍主)를 두었다. 또는 "문무왕 13년, 당나라 함형(咸亨) 4년(673)에 수약주(首若州)를 설치하였다."라고도 하였다. 경덕왕이 삭주(朔州)로 고쳤다. 지금[고려]의 춘주(春州)이다.《삼국사기》 권제35 잡지 제4, 지리 2/신라 삭주

【사료192】『고려사』권1 세가 권제1 태조(太祖) 4년 2월 921년 2월 15일(음) 임신(壬申),

장군 견권이 신라를 공격하러 가는 달고적과 싸워 이기다

임신 달고적(達姑狄) 171명이 신라(新羅)를 공격하러 가는데, 길이 등주(登州)를 통과하니 장군 견권(堅權)이 맞아 싸워 크게 패배시켜 말 한 필도 돌아가지 못하였다. 왕이 명하여 공이 있는 사람에게 1인당 곡식 50섬씩을 하사하니, 신라왕이 이 소식을 듣고 기뻐하며 사신을 보내 사례하였다.

말갈의 별부이지만 말갈 즉 소위 삼국시대 초기부터 신라와 백제의 북부에 있어 괴롭히던 말갈이 소위 통일신라 말기까지 신라를 공격한 것이다. 이 사항에 대해서는 고구려 천리장성의 위치를 설명하면서 그리고 여기에 나오는 등주에 대하여 설명하면서 또한 궁예와 왕건의 활동 지역을 설명하면서 추가로 확인하겠지만 주류 강단 사학계는 초기 소위 삼국시대 백제와 신라 북쪽에서 괴롭힌 말갈을 중국사서상의 옥저 밑에 있는 예맥으로 보아 이를 함경도 지방 이남 및 강릉 지방에 있었던 예로 보아 비정하고 있는데 이것은 주류 강단 사학계 자신들의 오류 회피용으로 당시의 상황 기록만 모면하고자 비정한 것이다.

당시의 모든 상황 즉 북쪽에는 말갈, 동쪽에 낙랑 그리고 남쪽에

왜가 있는 상황은 한반도가 아니다. 이곳은 한반도일 수가 없다. 그리고 천리장성도 요령성에 있는 것이 아니다. 등주 또한 산동성 산동반도나 한반도가 아니라 하북성에 있었던 것이다. 따라서 소위 통일신라의 위치 또한 한반도가 아니라 신라가 건국된 산동성에서 나당연합군에 의해 고구려와 백제를 멸망시키고 하북성으로 북상하여 등주인 하북성 석가장시에 이른 것이다.

이곳에서 고려를 건국한 왕건 세력이 탄생하여 결국 고려가 이곳을 이어받아 여기에 성을 구축하다가 발해를 멸망시키고 탄생한 거란족의 요나라와 대치하면서 결국 소위 강동 6주(8성)를 여기에 설치하고 고려의 천리관성을 설치하게 되는 것이다. 우리 고대사와 관련하여 소위 삼국시대 초기 및 말기 그리고 이후 남북국시대 즉 소위 통일신라시대와 발해시대까지는 물론 이후 여진족이 되어 고려시대 거란족의 요나라를 멸망시키고 금나라를 세우고 이후 몽골제국 다음에 후금 및 청나라를 세워 중원을 지배한 말갈의 존재 규명은 우리 고대사에 중요하다. 말갈 규명을 제대로 함으로써 우리 고대사의 활동 지역에 대한 올바른 규명이 되는 것이다.

그런데 이러한 취지에 따라 말갈을 규명하면서도 인식상 중국 측과 주류 강단 사학계에 의한 왜곡된 인식으로 이를 파악하면 또 다른 왜곡을 함으로써 우리 고대사를 더욱 혼미에 빠뜨리게 된다는 점을 명심하여야 할 것이다. 즉 우리 고대 국가와 활동을 같이한 말갈 또한 우리 고대 국가와 같은 곳에 위치하였다는 것이다. 더군다나 우리 고대사의 활동 지역이 그 지표가 되는 고조선의 위치에서 시작되는 바와 같이 말갈도 여기에서 출발한다는 사실이다.

이러한 사실을 '춘추필법'에 의한 중국 측과 주류 강단 사학계는 모든 것을 동쪽으로 옮겨놓고 고조선 및 이하 우리 고대 국가를 옮겨놓음에 따라 같이 활동한 말갈 역시 같이 옮겨졌다는 사실이다. 이 사실을 알고 말갈에 대한 규명을 하여야 할 것이다. 즉 말갈에 대해 규명하자면 먼저 우리 고대사에 있어서 고조선을 먼저 규명하듯이 고조선의 위치를 규명하고 이어 이 고조선의 위치에서 말갈의 본거지를 먼저 규명하고 시작하여야 한다는 것이다.

중국 측과 일제 식민사학과 이를 추종하는 주류 강단 사학계의 조작에 의하여 이동된 뒤의 위치나 마찬가지로 이동된 우리 고대사의 위치에서 말갈을 규명하면 안 된다는 것이다. 이미 자세히 설명하였지만 말갈의 위치나 이후 이들의 후손인 여진족의 위치를 우리 고대국가 고구려와 이와 관련된 옥저, 예 등을 모두 역사 조작하여 한반도 북부에 옮겨놓았듯이 한반도 북부 만주 지방에 위치한 것으로 시작하면 안 된다는 것이다. 이미 확인하였듯이 말갈은 이곳이 아니라 고조선, 부여, 고구려와 마찬가지로 하북성 위 산서성이 그 본거지였다. 그러나 이러한 말갈로는 설명이 안 된다. 왜냐하면 초기 소위 삼국시대에 있어 고구려 가까이 있으면서 신라와 백제를 괴롭힌 말갈이 있기 때문이다. 그런데 이 백제와 신라 옆에는 낙랑이 있었고 신라 밑에는 왜가 육지로 접해 있어 광개토대왕 시기까지 수시로 신라를 점령하여 고구려에 구원을 청하여 광개토대왕이 정벌하였기 때문이다. 그리고 그 옆에는 고구려가 있었다. 이곳은 한반도가 아니다. 이곳은 산동성일 수밖에 없다.

이것을 입증하는 것이 이 글 전체이다. 북쪽 즉 산서성을 근거지로 하였던 말갈이 인근 탁수인 거마하 지역인 북옥저 지역에 있던 신라와 더불어 남쪽 산동성으로 내려와 남옥저 지역이 되었는데 신라가 먼저 이곳에 자리를 잡은 (최씨)낙랑국 옆에 자리를 잡자 이 인근에서 활동한 것이 바로 남갈이다.

❙ 말갈은 산서성 하북성의 북갈과 산동성의 남갈이 있었다.

그리하여 이 기록과 같이 또 『동명기(東明記)』에 이르기를, "졸본성(卒本城)은 땅이 말갈 (혹은 이르기를 "지금의 동진(東眞)이다."라고도 한다.)에 연접하고 있다."라고 하였다. 이 남갈이 바로 이웃인 고구려 졸본 지역에 있으면서 초기 신라와 백제를 괴롭힌 것이다. 졸본과 백제와 신라가 이웃에 있는 곳은 주류 강단 사학계가 한반도로 비정한 곳에서는 성립할 수 없는 것이다. 이곳은 산동성이다. 말갈족은 독자성도 강하고 유목 성격도 강하여 정체적인 농경적인 국가를 형성하지 못하고 유목민처럼 생활하였던 것이다. 이후 신라가 당나라와 연합하여 고구려와 백제를 멸망시키자,

【사료94】『삼국유사』 卷第一 제1 기이(紀異第一) 말갈(靺鞨)과 발해(渤海)

『지장도(指掌圖)』 (註 330)에 보면 "발해는 만리장성(長城) 동북쪽 모서리 밖에 있다."라고 하였다.

註 330
송대(宋代)의 지도인 『역대지리지장도(歷代地理指掌圖)』를 가리킨다. 소식(蘇軾)이 서문을 썼기 때문에 뒤에 '동파지장도(東坡指掌圖)'라고도 칭하였다. 현행본은 남송대에 이르러 증보한 것이다(『宋本歷代地理指掌圖』序言·前言, 上海古籍出版社, 1998). 여기에 실린 「고금화이구역총요도(古今華夷區域總要圖)」에 보면 발해가 여진, 읍루와 함께 동북쪽 장성 바깥에 배치되어 있다 (신라사연구회(新羅史硏究會), 「≪삼국유사≫ 역주(4)」, ≪조선문화연구(朝鮮文化硏究)≫ 4, 1997, 136쪽).

가탐(賈耽)의 『군국지(郡國志)』에 이르기를 "발해국의 압록(鴨綠)·남해(南海)·부여(扶餘)·추성(橻城) 4부(四府)는 모두 함께 고[구]려의 옛 땅이니, 신라의 천정군(泉井郡)으로부터 (『지리지(地理志)』에는 삭주(朔州)에 소속된 고을(領縣)로 천정군이 있으니 지금의 용주(湧州)이다.)추성부까지는 39역이 있다."라고 하였다.

> 또 『삼국사(三國史)』에 이르기를 "백제(百濟) 말년에 발해와 말갈과 신라가 백제의 땅을 갈랐다."라고 하였다. 이에 의하면 말갈발해(靺海)가 또 갈라져 두 나라로 된 것이다. [신]라(羅) 사람들이 이르기를 "북쪽에는 말갈이 있고 남쪽에는 왜인이 있고 서쪽에는 백제가 있으니 이것들이 나라에 해악이다."라고 하였고 또 "말갈의 땅은 아슬라주(阿瑟羅州)에 접하였다."라고 하였다.
>
> 또 『동명기(東明記)』에 이르기를, "졸본성(卒本城)은 땅이 말갈 (혹은 이르기를 "지금의 동진(東眞)이다."라고도 한다.)에 연접하고 있다."라고 하였다. (신)라(羅) 제6대 지마왕(祗摩王) 14년(을축(乙丑))에는 말갈군사가 북쪽 국경으로 크게 몰려와서 대령책(大嶺柵)을 습격하고 니하(泥河)를 건넜다.

『후위서(後魏書)』에는 말갈을 물길로 썼다. 『지장도(指掌圖)』에 이르기를 "읍루(挹婁)는 물길과 함께 모두 숙신(肅愼)이다."라고 하였다. 흑수(黑水)와 옥저(沃沮)는 동파(東坡)의 『지장도』를 보면 진한 북쪽에 남북흑수가 있는데, 살펴보건대 동명제(東明帝) 즉위 10년에는 북옥저(北沃沮)를 멸망시켰으며, 온조왕(溫祚王) 42년(24)에는 남옥저(南沃沮)의 20여 가호가 신라로 귀순해 왔다. 또 혁거세 53년(5)에는 동옥저(東沃沮)가 와서 좋은 말을 바쳤다고 하였은즉 또 동옥저도 있는 것이다. 『지장도』에는 "흑수는 만리장성 북쪽에 있고, 옥저는 만리장성 남쪽에 있다."고 하였다.

위의 다른 기록인 『삼국사(三國史)』에 이르기를 "백제(百濟) 말년에 발해와 말갈과 신라가 백제의 땅을 갈랐다."라고 하였다. (이에 의하면 말갈발해(靺海)가 또 갈라져 두 나라로 된 것이다.) 백제 영역이었던 산동성 지역은 신라가 차지하였고, 하북성 요서 지역은 말갈이 차지하였다가 이 말갈이 편입된 발해에 흡수됨으로써 이들이 백제 땅을 갈라 차지하였던 것이다. 결국 산동성 지역은 신라가, 하북성 지역은 말갈에 이어 발해가 차지한 것을 기록한 것이다. 또한 전체 말갈 중 산서성 본거지

말갈과 요서 지방의 말갈인 북갈은 발해로 귀속되고, 남쪽의 초기 고구려 졸본 이웃에 있으면서 초기 백제와 신라를 괴롭힌 남갈은 소위 통일신라에 귀속된다. 그리하여 신라가 소위 통일 후 683년 편성하여 확정한 9서당 조직에 말갈도 포함하는 것이 이를 입증한다. 결국 신라는 초기부터 말기까지 발해와 같이한다.

> 【사료228】『삼국사기(三國史記)』 권 제40 잡지 제9 무관(武官)
>
> 구서당의 흑금서당(682년 (음))
>
> 여섯째는 흑금서당(黑衿誓幢)이다. 신문왕(神文王) 3년(683)에 말갈국민들로 당(幢)을 만들었다. 금장은 흑적(黑赤)색이다.

신라가 옥저 지방 즉 넓은 의미의 이전된 낙랑 땅인 낙랑 지방 남옥저 지방에서 건국하였다는 사실은 많은 사서에서 입증되는 것으로 이의 위치는 모든 옥저 즉 북옥저, 동옥저, 남옥저를 한반도 북부 고구려의 동쪽 개마고원 동쪽 두만강 하류 및 이남 지방으로 비정하는 주류 강단 사학계의 비정은 ■『후한서』 동이열전, ■『삼국지』 위서 동이전의 모든 기록 즉 동옥저, 예, 부여, 고구려, 한전의 기록을 모두 부정하거나 왜곡한 결과이다. 위의 『삼국유사』 기록은 물론 같은 사건을 기록한 『삼국사기』의 기록에 의하면 함경도 지방에 있었던 남옥저가 중간의 예와 낙랑군 대방군을 지나쳐 신라로 귀순해 오고, 함경도 지방의 동옥저가 신라에 말을 선물한 곳은 한반도가 아니다.

『지장도』에는 "흑수는 만리장성 북쪽에 있고, 옥저는 만리장성 남쪽에 있다."고 하였다는 기록과 같이 그리고 이와 관련된 다른 모든 사서가 입증하듯이 당시 말갈 즉 북갈은 만리장성 북쪽에 있었고, 옥저는 즉 북옥저는 만리장성 남쪽에 있었고 동옥저는 이보다 서남쪽인 ■『후한서』동이열전 ■『삼국지』위서 동이전의 기록과 같이 당시 개마대산 즉 현재의 태행산맥 동쪽인 산서성과 하북성 사이에 있었다. 이곳이 바로 기록상 만리장성 북쪽의 흑수말갈과 만리장성 남쪽의 북옥저와 동옥저이다.

당시 만리장성은 현재 하북성 북경시에도 못 미치는 보정시 서쪽 당시의 좌갈석인 지금의 하북성 보정시 래원현의 백석산까지만 있었다. 이러한 흑수말갈과 옥저를 요령성도 아닌 한반도 북부 그것도 동쪽 구석 길림성에 비정하는 것은 도저히 학문이 아니다. 이것은 오로지 우리 고대 활동 영역을 동쪽으로 옮기고자 하는 중국 측의 조작이자 한반도로 고착시키려는 일제 식민사학 논리에 의한 역사 조작이다.

당시 중국사서 기록자들은 물론 중국인들의 인식은 남갈에 대한 인식도 남옥저에 대한 인식도 없었다. 물론 지금도 대부분의 사학자들 또한 마찬가지이다. 그래서『삼국사기』는 동천왕이 피신한 곳을 남옥저라고 기록한 반면 중국사서는 북옥저라고 하였던 것이다. 그리고 남갈의 백제와 신라에 대한 공격 기록도 중국사서에는 전혀 없는 것이다.

> 말갈에 대한 제대로 된 인식이 중국사서에는 없었다.
> 신라와 백제를 괴롭힌 말갈에 대한 이해가 없다.
> 한반도에서는 설명이 안 된다.

이렇게 발해와 신라에 흡수된 말갈족 중 발해의 말갈 즉 북갈은 발해의 넓은 땅 각지에 흩어진 채 동쪽 길림성으로부터 원래의 근거지인 산서성 남쪽 하북성 지역에 널리 분포해 있었고, 신라에 흡수된 남쪽의 산동 지역 남갈은 이후 소위 통일 신라가 혼란스러워지자 신라 경명왕 때인 921년 말갈의 별부 달고 사람들 이름으로 지금의 하북성 호타하 인근의 통일신라 삭주이자 이전의 등주 지방에서 활동하게 되었던 것이다. 태조 왕건이 이곳에서 이 세력을 공격하며 활동한 곳이 신라의 건국지인 산동성 북쪽이다. 한편 발해에 흡수되었던 북갈 중 이곳 하북성 호타하 인근에서 활동한 세력은 거란족이 발해를 멸망시키고 요나라를 건국하고 있을 때에는 요나라에 흡수되어 있다가 반기를 들어 독립을 꾀하였다.

> 북갈은 발해, 요나라로 흡수되었고, 남갈은 소위 통일신라에 흡수되었다가 각각 합친 후 독립하여 중간 지점인 호타하 인근의 생여진, 숙여진이 주축이 되어 금나라를 건국하였다.

[서여진, 동여진, 생여진, 숙여진에 대하여]

그리하여 고려가 1014년 내지는 1015년에 요나라에 빼앗겼던 소위 서희 강동 6주(8성) 및 고려 천리관성 지역인 보주와 정주 즉 지금의 하북성 호타하 인근 지방에 금나라(1115~1234년)를 세운 후 요나라(916~1125년)가 약해진 1117년에 요나라로부터 빼앗아 고려에 양보해 주기까지 하였다. 그리하여 고려는 그해에 이곳 의주 즉 압록강을 경계로 관방을 재설치하였다. 한편 동쪽 길림성 지역에서 활동하던 또 다른 북갈 세력이 인근에 있던 고려에 반기를 들자 고려는 윤관 장군 등을 통하여 이를 물리치고 두만강 북쪽 700리인 공험진 등지에 동북 9성을 쌓았으나(1108년 3월 축성 완료), 이내 반환을 요구하자 돌려주었다(1109년 7월). 이렇게 동서로 나뉜 북갈을 고려는 『고려사』 기록에 서여진, 동여진으로 칭하였다.

그러나 주류 강단 사학계는 이러한 여진을 모두 한반도 동북부 길림성 지역으로 비정하고 있다. 물론 이러한 비정은 고조선을 시작으로 한나라 군현인 소위 한사군(한이군), 고구려 등 소위 삼국(사국)과 소위 통일신라, 발해, 고려 등 모두를 한반도 안팎으로 비정함에 이루어진 전혀 근거 없는 비정이다. 따라서 이 여진 즉 서여진, 동여진과 이들이 건국한 금나라에 대한 올바른 비정은 일제 식민사학과 중국 측의 '춘추필법'에 의한 역사왜곡 내지는 조작을 그대로 추종하는 우리나라 주류 강단 사학계의 비정이 잘못되었음을 밝히는 또 다른 단서가 된다. 도대체 여진의 서여진과 동여진이 모두 한반도 동북부 길림성에 있었다는 증거가 어디 있는가. 그리고 여진의 또 다른 분류인 생여진과 숙여진은 각각 생여진은 여진의 전신인 말갈의 흑수말갈의 근거지인 흑룡강성 비정에 따라 이 인근의 흑룡강성 하얼빈 지방으로, 숙여진은 이보다 서남쪽인 길림성 서남부에 비정하고 있다. 도대체 이들이 한반도 북부에 있었다는 증거가 어디 있는가. 금나라를 세우는 완안 아골타가 생여진인데 마찬가지로 한반도 북부 길림성 내지는 흑룡강성에 있었다는 증거가 어디 있는가.

본 필자가 모든 자료를 면밀히 살펴보아도 모든 자료가 오히려 한반도 북부에 있지 않았음을 입증하고 있다. 단지 본 필자가 이 글에서 누누이 강조하듯이 모든 우리 고대 국가의 활동 영역을 한반도 안팎으로 비정함을 전제로 한 설정이다. 이러한 모든 자료에 의하여 본 필자가 입증하여 설명하듯이 여진족의 선조인 말갈의 근거지 산서성 대동시 동쪽 즉 『후한서』 및 『삼국지』 「부여전」 상의 기록과 같이 말갈의 선조인 읍루가 신서성 대동시에 위치한 부여 동쪽에 위치한 것이 입증된다. 이곳에 있었던 말갈이 북갈이고 『고려사』 기록상의 서여진이다. 그리고 북갈 중 다른 갈래가 한반도 동북부에 위치한 『고려사』 기록상의 동여진이다. 그리고 이 산서성 및 하북성에 걸쳐 있었던 북갈 즉 서여진에 생여진과 숙여진이 있었고 생여진에 금나라 시조 아골타가 소속된 완안부가 있었다.

『고려사』 기록상 여진의 서여진은 하북성에, 동여진은 흑룡강성에 있었다.

모든 사료를 한반도 북부에 있다는 왜곡 조작된 선입견에 따라 해석하므로 잘못된 비정을 하고 있는 것이다. 여진 즉 금나라의 기록 및 이에 대한 『고려사』 기록은 이들과 고려의 영역이 한반도 북부 및 한반도가 아니라 산서성과 하북성 그리고 산동성에 있었다는 사실을 입증해 주고 있다. 이 글 앞에서부터 확인해 오는 바와 같이 이 여진족의 원류인 말갈족의 위치와 관련된 우리 민족 국가인 고조선, 고구려 그리고 발해의 위치가 한반도 내지는 북부가 아니라 하북성 인근임에 따라 당연히 말갈 및 여진족의 위치도 이곳인 것이다. 그리고 반대로 말갈과 여진족의 위치가 이곳 하북성 인근임에 따라 관련된 고조선, 고구려 그리고 발해의 위치도 이곳으로 입증된다. 그러면 과연 주류 강단 사학계의 비정이 맞는 것인지 아니면 이의 비정이 잘못되었고 본 필자의 비정이 맞는 것인지 확인하여 보자. 먼저 여진의 금나라 기록에 의한 고려 및 금나라 즉 여진의 위치를 확인하기로 한다. 이는 여진의 전신인 말갈에 대한 기록에 연이은 것이다. 말갈 역시 당시 마자수이자 압록수였던 현재 호타하가 발원하는 말갈의 백산 지역에 있었다.

【사료229】『금사(金史)』외국열전(外國列傳) 고려(高麗)

○ 金史 外國列傳 高麗

高麗王은 王楷(17대 인종(1122~1146))이다. 高麗 땅은 鴨綠江 이동과 曷懶路(갈라로)(註 005)이남에 위치하여 동남쪽은 다 바다에 닿는다. 遼나라 때부터 歲時마다 사신을 보내어 朝貢하였는데 그 사실은『遼史』에 실려 있다. 唐나라 초엽에는 靺鞨이 粟末·黑水 2部가 있었는데, 모두 高[句]麗에 臣屬되었었다. 唐나라가 高[句]麗를 멸하자 粟末이 東牟山을 차지하고 점점 강대하여져 渤海라 부르고 姓을 大氏라 하였는데 文物과 禮樂이 있었다. 唐나라 말엽에 이르러 [渤海는] 차츰 쇠퇴하여져 이 뒤로는 다시 알려지지 아니하였다. 金나라가 遼나라를 정벌하자 渤海는 [金나라에] 歸附하였는데, 대개 靺鞨의 후예들이다.
○ 黑水靺鞨은 옛 肅慎 땅에 있었으며, 白山(註 009)이라는 산이 있는데, 이는 長白山으로 金나라가 흥기한 곳이다. 女直이 비록 옛적에는 高[句]麗에 예속되었으나(註 010) 다시 서로 왕래하지 아니한 지 오래되었다. 金나라가 遼나라를 멸망시키자 高麗는 遼나라를 섬기던 옛날 예대로 金

나라에 稱臣하였다.(註 011)

註 005
曷懶路 : 曷懶路는 遼·金·元代에 設置된 官府로서 대개 東部滿洲 一帶를 다스렸던 것으로 推測된다. 初期 女眞의 세력이 成長할 때 占據한 曷懶甸이 이에 包含되는 것은 물론이고, 曷懶路는 더 넓은 廣意의 地域을 말하며, 曷懶甸은 尹瓘이 9城을 設置할 때 金의 阿骨打와 爭奪戰을 벌였던 地域으로서 農耕에 알맞은 狹意의 地域을 말한다. 따라서 본 項目에서는 廣意의 曷懶路만을 살펴보도록 하고, 曷懶甸은 뒤의 項目에서 敍述하겠다. 이러한 曷懶路와 曷懶甸의 位置問題는 金史 硏究에 있어서 金의 初期 세력이 成長 發達하는 過程을 追跡하는 데에도 매우 重要할 뿐만 아니라, 高麗史 硏究에 있어서도 尹瓘이 설치한 9城의 範圍를 確定하는 데에도 매우 重要한 意味를 가지고 있다.
曷懶는 Khala, 또는 Xala로서 '검다(黑)'는 뜻인데, 아마 黑水와 關聯이 있다고 생각된다. 그러나 이처럼 生女眞의 근거지를 遼代와 金代에도 曷懶라고 一般的으로 通稱하였는데, 이러한 名稱은 그들이 살던 地域이 黑龍江 流域이었기 때문에 붙인 것이 아니라, 初期에 있어서 30姓女眞(30部의 生女眞)을 黑水女眞이라고 불렀던 것에서 나온 것이라 생각된다.
이 記事에 나오는 遼代의 曷懶路는 『金史』「地理志」에 나오는 '合懶路'(『金史』「地理志」上 會寧府條)와 『元史』「地理志」의 '合蘭府'(『元史』「地理志」2 合蘭府水達達等路條)이다.
먼저 『金史』「地理志」를 보면 '合懶路 置總管府 貞元元年 改總管爲尹 仍兼本路 兵馬都總管 承安三年 設兵馬副總管'이라고 하고 그 註에 이르기를 '大定二十七年罷之 有移鹿古水 西北至上京一千八百里 東南至高麗界五百里'라 하였다. 이로 보아 金代의 合懶路의 位置를 보면, 첫째 豆滿江(移鹿古水)을 包含하는 地域이었으며, 둘째 서북쪽으로 金의 舊土인 安出虎水邊의 上京(會寧府)까지의 거리가 1천8백여 리이고, 동남쪽으로 高麗에 이르기까지가 5백 리였던 地域이었다.
또 『元史』「地理志」를 보면,
合蘭府水達達等路 土地曠闊 人民散居 元初設軍民萬戶府五 撫鎭北邊 一曰桃溫距上都四千里 一曰胡苦改 距上都四千二百里 大都三千八百里 一

曰斡朶憐 一曰脫斡憐 一曰孛苦江 各有司存 分領混同江南北之地 其居民 皆水達達·女眞之人 各仍舊俗 無市井城郭 逐水草爲居 以射獵爲業 故設 官牧民 隨俗而治 有合蘭府水達達等路 以相統攝焉

이라고 하여, 元代 滿洲의 東部地域 一帶의 넓은 땅에 5萬戶府를 두어 松花江(混同江) 南北에 있는 광활한 地域을 나누어 다스리게 하였던 것을 알 수 있다. 이 地域은 開元路의 東部地域으로써 牧丹江 以東의 넓은 地域을 말한다. 여기에 居住하던 사람들은 사냥하던 女眞人과 고기잡이 하던 野人들 즉, 水達達族 등이었으며, 市井과 城郭도 없이 水草를 따라 移動生活을 하면서 수렵과 어로생활을 위주로 하였다. 그러므로 元代에 비록 官府를 設置하였다고 하나 각기 그들의 生活方式대로 자유롭게 살도록 하였던 점으로 미루어 보아 실제로는 元의 統制가 거의 미치지 못하였던 것을 알 수 있다. 元代의 合蘭府는 그 範圍가 북쪽으로 松花江에 合流하는 黑龍江 河口에서 남쪽으로 咸興(合蘭) 地域까지, 또 서쪽으로 牧丹江 流域에서 동쪽의 沿海州까지 이르는 넓은 地域이었다.

≪參考文獻≫

『遼史』卷37·38「地理志」1·2.

『金史』卷24「地理志」上 會寧府條.

『元史』卷59「地理志」2 合蘭府水達達等路條.

三上次男,『金代女眞の研究』1937, ;『金史研究』1·2·3, 1970·1972·1973.

松井等,「滿洲に於ける金の疆域」『滿洲歷史地理』2卷, 1913.

註 009

白山 : 白頭山을 지칭하는 것이다. 白頭山은 宋代에 이르러서부터 中國人이 長白山이라고 부르게 되어 현재에 이르고 있다. 白山은 북쪽의 黑水(黑龍江)와 서로 對稱되는데, 滿洲의 傳說이나 Shamanism에 나오는 黑白의 善惡神 관념을 나타내는 것이 아닌가 생각된다.

<참조>

『新唐書』渤海傳 註 10)

粟末之東曰白山部

『隋書』靺鞨傳에는 '白山部 在粟末東南'으로 되어 있다.

≪參考文獻≫
『新唐書』卷219「北狄列傳」渤海條.
『山海經』17「大荒北經」肅愼氏之國條

註 010
女直雖舊屬高麗 : 女眞은 元來 그 세력이 分散되어 弱할 때에는 항상 이웃의 큰 세력에 의지하여 政治的으로 種族의 안전을 도모하고, 經濟的으로 進上과 下賜의 物物交換으로 利益을 取하였다. 高麗側에서는 女眞이 入潮하면 비록 虛職이기는 하지만 그 酋長에게 官職을 주고 그 地域을 高麗에 服屬시켰는데 이곳을 '化內'라고 불렀다. 化內에 高麗의 統治力이 곧바로 미쳤다고 볼 수는 없으나, 諸種 女眞族이 가장 많이 歸附해 온 高麗 文宗年間에는 이러한 羈縻 地域에 封疆을 定하여 11州를 설치하고 朱記(告身狀)를 下賜하였던 事實로 미루어보면 高麗의 統治力이 金의 興起 以前에는 東女眞 地域에 상당하게 미쳤던 事實을 確認할 수가 있다.

高麗時代에 女眞에게 鄕職의 官職을 주어 歸化를 시키고, 또 入朝하는 대소추장에게 高麗의 將軍品階를 주었다. 江原正昭에 依하면, 高麗에서 女眞에게 준 將軍品階는 平遠大將軍·寧遠大將軍·寧塞大將軍·奉國大將軍·柔遠大將軍·懷化大將軍·歸德大將軍 그리고 綏遠將軍·寧遠將軍·寧塞將軍·懷遠將軍·奉國將軍·柔遠將軍·懷化將軍·歸德將軍 등이라고 한다(「高麗の州縣軍に關する-考察」p.46).

『高麗史』文宗 27年 9月 甲辰條를 보면 '翰林院奏 東女眞大蘭等十一村 內附者請爲濱·利·福·恒·舒·濕·閩·戴·敬·付·宛十一州 各賜朱記 仍隸歸順州 從之'라고 하여, 이미 1073年(文宗27)에 동북면에 살고 있었던 東女眞이 大規模로 歸順하여 오자 동북면 地域의 바닷가를 따라 11州를 設置하고 그 酋長들에게 朱記를 주어 歸順州에 예속하도록 하였다. 당시 歸順州는 동북면 地域을 總括하던 官署였으며 그 아래에 11州가 設置되었는데, 이러한 11州는 後日에 尹瓘이 設置한 9城의 地域과 一致한다고 생각된다.

女眞의 대소추장들은 高麗를 '부모의 나라'라 하여 앞을 다투어 高麗에 入朝하였다. 이미 高麗 太祖때부터 內朝하기 始作한 諸種 女眞族들은

11세기에 가장 頻繁한 交涉關係를 가졌으나, 그 뒤에 金이 建國하게 되자 入朝가 뜸해졌다가 高麗 말엽에 다시 入朝하였다. 高麗와 交涉關係를 가졌던 諸種 女眞의 입조 횟수를 『高麗史』의 歷代 王朝別로 整理해 보면 다음과 같다.

高麗王朝	年 度	東女眞	西女眞	北女眞	其他
太 祖	918~943		2		1
定 宗	945~949	1			
穆 宗	997~1008	1			
顯 宗	1009~1031	49	19	15	18
德 宗	1031~1034	28	13		3
靖 宗	1034~1046	70	22	1	1
文 宗	1046~1083	113	18	3	3
宣 宗	1084~1094	15	1	1	
獻 宗	1094~1095	2			
肅 宗	1095~1105	30	8	1	1
睿 宗	1105~1122	11	9	9	13
仁 宗	1122~1146	1			5
毅 宗	1146~1170				2
明 宗	1170~1197				2
高 宗	1213~1259	13			3
元 宗	1259~1274	1			
恭愍王	1351~1374	1			8
恭讓王	1389~1392				3
計		346	92	30	63

위의 圖表에서 보면 高麗時代 文宗 때가 가장 女眞의 入朝와 歸附가 많았으며, 顯宗때부터 始作하여 睿宗 때까지 1세기 동안 女眞과 高麗의 關係가 그 어느 시대보다도 활발하였던 것을 알 수 있다. 이것은 11세기에 東女眞의 30姓女眞이 成長 發展하여 農耕社會를 指向한 結果 농경지에 알맞은 地域을 찾아 南下하였던 까닭이라고 推測된다. 東部 滿洲에서 가장 農耕에 알맞은 曷懶甸一帶를 둘러싸고 完顔部의 세력과 高麗가 衝突하였던 것도 이러한 女眞의 社會·經濟的 變化 때문이었다고 생각된다.

≪參考文獻≫
『高麗史』 卷9 「世家」 9 文宗 27年 9月 甲辰條.
江原正昭, 「高麗の州縣軍に關する一考察」『朝鮮學報』 28輯, 1963.

註 011

稱臣于金 : 高麗가 처음에 諸種 女眞을 交隣關係에 의하여 服屬·歸化 시켰는데, 生女眞의 完顔部出身 阿骨打가 1115年에 皇帝라 稱하고 金이라 國號를 定하여 契丹의 세력을 驅逐하고 中原을 侵入하는 한편, 金의 阿骨打는 遼를 대신하여 高麗로 하여금 稱臣하도록 要求하였다. 1117年 金主 阿骨打는 高麗에 대하여 다음과 같은 國書를 보내왔다.
金主阿骨打遣阿只等五人寄書曰 兄大女眞金國皇帝致書于弟高麗國王 自我祖考介在一方 謂契丹爲大國 高麗爲父母之邦 小心事之 契丹無道 陵轢我疆域 奴隸我人民 屢加無名之師 我不得已拒之 蒙天之祐 獲殄滅之 惟王許我和親 結爲兄弟 以成世世無窮之好 仍遣良馬一匹 (『高麗史』睿宗 12年 3月 癸丑條)

처음에는 高麗에서 稱臣을 하지 아니하였는데, 仁宗 3年 5月에 高麗에서 보낸 國書를 稱臣하지 아니하였다고 하여 金에서 받아들이지 않았다. 이리하여 仁宗 4年(1126) 4月 鄭應文과 李侯如를 金에 보내어서 비로소 稱臣하고 以小事大의 禮를 행하였다.

≪參考文獻≫
『高麗史』 卷14 「世家」 14 睿宗 12年 3月 癸丑條; 卷15 「世家」 15 仁宗 4年 4月 丁未條.

이 기록에서 금나라 당시에 우리 민족 국가는 고려였다. 이 고려의 위치를 압록강 이동과 갈라로 이남이라고 하였다. 이 기록에 대하여 주류 강단 사학계는 당연히 압록강은 현재의 압록강 그리고 갈라로는 위의 주류 강단 사학계의 주석에 있는 바와 같이 추측한 결과에 따라 비정하고 있다. 물론 이것은 주류 강단 사학계의 어느 한 학자의 비정일 수 있다.

하지만 우리 사학계의 입장을 표명하는 국사편찬위원회의 공식 사이트인 한국사 데이터베이스상에 실린 해석은 모두 주류 강단 사학계의 공식적인 견해를 표명한 것이다. 그러면서도 이 갈라로(曷懶路)에 대하여 갈라전(曷懶甸)과는 달리 더 넓은 의미가 있다고 하였다. 이는 타당한 견해이다. 하지만 갈라를 검은 것으로 하여 또다시 흑수와 관련 있는 것으로 추측하였다. 학문적인 합리적인 근거를 제시하지 않았다. 이러한 근거를 어디에서 확인한 것인지는 모르나 본 필자가 확인한 바로는 고려라는 소리인 가라이를 여진 및 고려식 이두로 하여 한자로 적은 것이 갈라인 것이다. 따라서 갈라는 고려라는 뜻이다. 이는

【사료230】『금사(金史)』卷1 本紀1 世紀

금의 시조 함보가 고려에서 오다

금(金) 시조의 휘는 함보(函普)이며 처음에 고려(高麗)에서 왔는데, 나이가 이미 60여 살이었다. 형인 아고내(阿古迺)가 불교를 좋아해서 고려에 머물면서 따라오려 하지 않았는데, 말하기를, "훗날에 자손들은 반드시 서로 모여 사는 아이들이 있을 것이지만 나는 갈 수 없다."라고 하였으며, 홀로 동생인 보활리(保活里)와 함께 갔다. 시조는 완안부(完顔部)의 복간수(僕幹水) 물가에 살았으며 보활리는 야라(耶懶)에 살았다. 그 뒤에 호십문(胡十門)이 갈소관(曷蘇館)을 거느리고 태조(太祖)에게 귀부하였는데, 자기의 할아버지 형제 세 명이 서로 헤어져서 갔다고 말하였는데, 이는 자기가 아고내의 후손이라고 말한 것이다. 석토문(石土門)과 적고내(迪古乃)는 보활리의 후예이다. 태조가 요(遼)의 군대를 국경에서 패배시켰을 때에 야율사십(耶律謝十)을 획득하였으며, 마침내 양복(梁福)·알답자(斡荅刺)를 시켜 발해인(渤海人)을 초유(招諭)하기를, "여진[女直]과 발해는 본래 같아서 한 집안이다."라고 하였으니, 대개 그들의 시초는 모두 물길(勿吉)의 7부(部)이다.

완안부 즉 생여진으로 들어갔다가 금나라의 시조가 된 함보가 동생인 보활리와 함께 갔다는 기록상의 복간수 물가 및 야라와 동일하

다. 즉 복간수는 보카리, 모구리 즉 고구려 물가의 땅이고, 야라는 갈라와 마찬가지로 가라이 즉 고료라는 소리를 이두로 적은 것이다. 즉 코라이 땅 고려의 땅이라는 뜻이다. 즉 갈라, 갈라로와 복간수, 야라는 모두 고구려 내지는 고려의 땅이라는 뜻이다. 검은 뜻으로 흑룡강이 아니다. 이는 주류 강단 사학계의 전통적인 행태에 의하여 이 여진 및 이 여진과 관련된 고려를 한반도 북부 및 한반도로 고착시키기 위한 것이다.

하지만 여기에는 세 가지 모순이 있다.

① 주류 강단 사학계의 비정대로라 하더라도 고려가 갈라로 남쪽에 있다는 이 갈라로가 흑룡강이라면 고려의 땅이 흑룡강 이남이라는 것인데 정작 고려는 한반도 압록강과 함흥만으로 비정하였다. 모순이다. 아니면 갈라로라는 해석이 틀린 것이다.

② 위 기록에 대하여 주류 강단 사학계는 고려가 갈라로 즉 흑룡강 아래에 있는데 정작 여진족인 함보와 동생이 간 복간수와 야라에 대하여는 조선시대 정약용의 비정과 일제 식민사학자들의 비정에 따라 함경북도 길주와 함흥 지방으로 비정하고 있다. 고려가 더 북쪽에 있게 된다. 물론 이에 대하여 주류 강단 사학계는 이렇게 변명할 것이다. 그래서 갈라로에 대해 넓은 의미가 있다고 미리 변명해 둔 것이다.

즉 위 기록 즉 고려의 위치가 갈라로 남쪽이라고 한 것은 반드시 흑룡강 남쪽이 아니라 포괄적으로 기록한 것이라고. 하지만 과연 포괄적으로 기록하였을까 하는 더 합리적인 의심이 든다. 이는 분명히 모순이다. 그래서 일제 식민 사학자들과 이를 그대로 추종하는 주류 강단 사학계는 고려의 영역을 이 길주 내지는 함흥 이남으로 설정하는 한편 윤관이 쌓은 동북 9성을 길주 지방으로 비정하였다. 한 가지 잘못으로 모든 것을 이 잘못된 것에 맞춘다. 이것이 주류 강단 사학계의 비정이다.

③ 이미 언급하였듯이 만약 고려 및 갈라로에 대한 위치 설정이 달라진다면 고려 및 여진의 위치를 달리 비정하여야 한다.

그러나 주류 강단 사학계는 그렇게 하지 않을 것이다. 여기에 주류 강단 사학계의 본질적인 모순이 있다. 본 필자가 이 글에서 누누이 강조하지만 학문의 원리상 한두 가지 사실만으로 어떠한 논리가 성립된다면 제대로 된 학문일 리가 없다. 하지만 대부분이거나 모든 것이 입증하는 사항이라면 정당한 논리가 된다.

이 글에서 계속 입증하여 설명하고 확인하였듯이 모든 증거로 확인이 되는 사항에 의하여 우리 고대 국가의 활동 지역이 한반도가 아니고 중국 본토 하북성 등지임이 확실한데도 주류 강단 사학계는 단지 선입견에 의한 왜곡된 해석으로 위치를 비정하고 있다.

이와 같은 사항이 여기에도 해당된다. 즉 고려의 위치를 확인할 수 있는 갈라로에 대한 해석을 근거 없는 것에 의하여 설정한 다음 모든 것을 여기에 맞추어 설정한 것이다. 학문의 기본적인 검증 단계가 없다. 이것에 해당하는 것이 갈라로에서 나온 갈라전이다. 사실 『고려사』에는 여진에 대한 것 중 동여진과 관련되고 고려의 동계 지방 즉 윤관의 동북 9성이 설치되는 지역에 갈라전에 대한 기록이 많이 나타난다. 따라서 갈라전은 분명히 한반도 동북부 지방 즉 윤관이 동북 9성을 설치한 지금의 두만강 북쪽 700리 지역이 분명하다. 하지만 위의 주석에서 제대로 해설하였듯이 이 갈라전은 좁은 의미이고 갈라로는 이보다 넓은 의미로 고구려 내지는 고려의 땅을 나타내는 것으로 반드시 어느 지역 즉 주류 강단 사학계가 비정하는 한반도 동북부 지방을 지칭하는 것이 아니라는 사실이다.

이것은 본 필자의 근거 없는 추론이 아니다. 당연한 것이고 이러한 한 가지 사실에 의한다면 추론에 그치는 것이지만 많은 사실이 이를 입증한다면 추론이 아니라 확증인 것이다. 다시 한 번 위 기록을 보자. 고려의 위치에 대한 기록인 高麗 땅은 鴨綠江 이동과 曷懶路(갈라로) 이남에 위치하여 갈라로가 만약 좁은 의미의 갈라전이라면 당연히 그 이남은 지금의 두만강 이남 한반도일 것이다. 하지만 이것은 갈라전이지 갈라로가 아니다. 어디든지 될 수 있는 땅이 갈라로이다.

한편 함보가 간 곳은 완안부 즉 반안군 복간수 물가이므로 당연히 당시 압록강인 지금의 호타하 인근이다. 그런데 같이 평주를 떠난 동생 보활리가 간 곳은 야라 즉 복간수와 같은 고려라는 소리를 한자로 쓴 말이지만 이는 다시 갈라전이라고 한다. 갈라전은 『고려사』 기록상 동여진의 활동 기사에 같이 등장한다.

따라서 함보는 완안부 즉 반안군 복간수 물가인 하북성 호타하 인근으로 가서 생여진 및 숙여진 즉 『고려사』 기록상 서여진의 지도자가 되었고, 동생인 보활리는 야라 즉 갈라전 즉 『고려사』 기록상 동여진의 지도자가 된 것으로 판단된다. 중국 측과 주류 강단 사학계는 함보 및 함보의 동생이 간 곳 모두 즉 생여진과 숙여진 그리고 동여진과 서여진을 같이 보고 이들을 모두 한반도 동북부에 위치하고 생여진은 함경도 길주에, 숙여진은 이보다 남쪽인 함경도 함흥에 조선시대 정약용 및 일제 식민 사학자들이 정한 그대로 비정하였다.

> 주류 강단 사학계는 소위 통일신라와 고려를 한반도 북부에 고정하여 비정하는 것과 같이 여진도 모두 한반도 북부에 비정하고 있다. 하지만 소위 통일신라와 고려는 물론 여진도 동·서 즉 하북성과 흑룡강성 양쪽에 있었다.

따라서 윤관이 두만강 북쪽 700리에 있다는 동여진을 정벌하고 설치한 동북 9성의 공험진 위치를 아직도 학설로 치부한 채 동북 9성에 대하여 함흥설, 길주설, 공험진설로 서술하고 있다. 아직도 조선시대의 소중화 사대주의와 일제 식민사학에서 벗어나지 못하고 있다.

> 명확한 고려의 윤관의 동북 9성 위치도 주류 강단 사학계는 고치지 않고 있다. 이것이 우리나라 역사를 좌지우지하는 주류 강단 사학계이다.

재야 민족 사학계와 비주류 강단 사학계에서는 주류 강단 사학계의 동북 9성 위치 비정을 단지 고려의 동북 개척과 관련된 왜곡으로 한정하여 비판하고 있지만 이는 금나라의 건국지와 위치 그리고 금나라의 근원인 여진 및 말갈 그리고 이와 관련된 고구려, 신라, 발해, 고려의 위치와 강역과 관련된 문제라 주류 강단 사학계의 학설로 치부하는 등의 양보 내지는 올바른 비정을 못하는 것임을 파악하지 못하고 있다. 주류 강단 사학계는 쉽게 용인하지 않는다. 만약 용인하면 그들이 추종하는 일제 식민사학 논리로 설정한 고려의 강역 논리가 깨지기 때문이다. 고려 강역 논리가 깨지면 도미노처럼 그들의 모든 조작된 논리가 깨지기 때문이다. 이것은 본 필자가 반복하여 강조하지만 사실 주류 강단 사학계를 비판하지만 주류 강단 사학계가 심어놓은 왜곡된 인식 바탕 위에 다른 것을 인식함으로써 발생하는 한계이다.

위의 사서 기록상 압록강 이동이라는 또 하나의 변수가 있다. 만약 이 압록강이 지금의 압록강이라면 압록강 이남이지 이동이라고 하지 않았을 것이다. 따라서 이 압록강은 지금의 압록강이 아니라 지금의 요하인 것이다. 요하여야 동서로 구분된다. 지금의 압록강은 동서가 아니라 남북으로 구분되기 때문이다. 그렇다면 당시 고려의 영역은 여진이 서여진, 동여진으로 구분되어 있듯이 동서 양쪽에 있었다. 중국사서상 백제가 그리하였듯이 그리고 본 필자가 입증하고 있듯이 신라가 그리하였다. 즉 백제와 신라 그리고 고구려 공히 중국 본토 하북성 등에도 영역이 있었고 만주와 한반도에도 그 영역이 있었다. 따라서 고려는 이러한 신라의 영역 즉 신라가 나당연합군에 의하여 고구려와 백제를 멸망시키고 난 후 이 땅의 일부를 당나라에 빼앗기고 나머지 땅을 차지하였다. 이후 발해에 일정 부분 넘겨주었지만 여전히 많은 부분을 차지한 이 땅을 그대로 물려받았기에 동서 양쪽에 영역을 가지고 있었다. 따라서 이 기록에서의 압록강 이동은 지금의 요하 동쪽 만주와 한반도를 지칭하는 것이고, 갈라로 이남은 하북성 호타하 이남 땅을 가리키는 것이다.

> 이러한 주류 강단 사학계를 비판하는 비주류 강단 사학계와 재야 민족 사학계도 제대로 역사를 정립시키지 못하고 있다. 고려의 영역은 한반도 북부와 요령성뿐만 아니라 하북성에도 있었다. 이는 말갈인 여진과 고려의 관계에 의해서도 입증된다.

이것을 입증하는 것이 이 글의 목적이고 과정이다. 따라서 이 글 전체가 이러한 사실을 입증한다. 그리고 이것만 한정하여 입증하더라도 그 증거는 차고 넘친다. 우선 위의 기록 다음 구절에 금나라의 원조인 여진 그리고 이 여진의 원조인 흑수말갈에 대하여 옛 숙신의 땅, 백산 즉 장백산에 위치한 것으로 되어 있다. 물론 주류 강단 사학계는 이 흑수말갈을 한반도 동북부 중국 흑룡강성 흑룡강 일대로 비정하는 한편 백산 즉 장백산을 지금의 백두산으로 비정하는 일제 식민사학을 추종하고 있다. 하지만 『후한서』 및 『삼국지』 「부여전」 기록상에 이 숙신의 후신인 읍루의 위치를 부여의 동쪽이자 옥저 즉 동옥저와 북옥저 북쪽으로 비정하고 있다.

물론 주류 강단 사학계는 이 부여와 옥저를 한반도 북부로 비정하여 읍루의 위치도 이곳으로 비정하고 있지만 이는 부여와 고구려의 위치를 이곳에 비정한다는 전제하에 성립시킨 조작이다. 즉 읍루의 후신인 물길과 말갈의 흑수말갈은 이미 앞에서 확인하였듯이 주류 강단 사학계의 비정과는 다르게 지금도 그 지명이 남아 있는 산서성 대동시 천진현 흑수하(Heishui River, 黑水河)이다. 그리고 가장 남쪽에 있었다는 속말말갈이 자리한 곳은 태백산으로 지금도 그 지명이 남아 있는 산서성 대동시 영구현 태백산(太白山, Taibai Mountain)이다. 즉 백산, 장백산이 지금의 백두산이 아니라 태백산이다.

따라서 위 기록의 고구려와 발해는 이곳 숙신이자 읍루이자, 물길이자 말갈이자 여진 남쪽에 있었던 것이다. 반대로 이들 숙신이자 읍루이자, 물길이자 말갈이자 여진은 제1의 고려인 고주몽의 고구려이자 제2의 고려인 대조영의 발해이자 재3의 고려인 왕건의 고려 북쪽에 있었던 것이다. 누누이 언급하지만 이것을 입증하는 자료는 무궁무진하다. 다음 기록을 보자.

【사료231】『고려사절요』 권8 예종2(睿宗二) 예종(睿宗) 10년 1월(1115년 1월 미상(음))

여진 완안아골타가 금을 건국하다

○생여진(生女眞) 완안아골타(完顏阿骨打)가 황제를 칭하고, 이름을 민(旻)으로 바꾸었으며, 국호를 금(金)이라 하였다.
그 풍속은 흉노(匈奴)와 같고 여러 부락에는 성곽이 없으며 산과 들에 나뉘어 살았다. 문자가 없어서, 언어와 노끈을 맺는 것[結繩]으로써 약속을 삼았다. 〈그〉 지역에는 돼지와 양, 소와 말이 풍부하였고, 말은 준마(駿馬)가 많았다. 그 사람들은 맹금(猛禽)과 같이 사납고 용맹하여[鷙勇], 아이는 능히 활을 당겨 새와 쥐를 쏘았고 장성해서는 활시위를 당기지 못

함이 없었다. 말을 달리며 전투를 익혀 굳센 병사가 되었다. 여러 부락이 서로 우두머리라고 하여[雄長] 통일을 할 수 없었다. 그 땅은 서쪽으로는 바로 거란(契丹)이고, 남쪽으로는 곧장 우리의 국경이어서 일찍이 거란과 우리 조정을 섬겼다. 매번 내조(來朝)할 때마다 사금[麩金]과 담비 가죽[貂皮], 좋은 말[良馬]로 폐백으로 바쳤다. 우리 조정에서도 역시 후하게 은폐(銀幣)를 보냈는데, 해마다 항상 이와 같이 하였다.

어떤 이가 이르기를, "옛날에 우리 평주(平州)의 승려 금준(今俊)이 여진에 도망쳐 들어가 아지고촌(阿之古村)에 살았는데 이를 일컬어 금의 선조라 한다."라고 하였다. 어떤 이는 이르기를, "평주의 승려 금행(今幸)의 아들 극수(克守)가 처음 여진에 들어가 아지고촌에 살았는데, 여진의 여자에게 장가를 들어 아들을 낳으니 고을 태사(古乙 太師)라 하였다. 고을이 활라 태사(活羅 太師)를 낳았다. 활라에게는 아들이 많았는데, 맏이를 핵리발(劾里鉢)이라 이르고, 막내를 영가(盈歌)라고 일컬었다. 영가가 가장 재지와 용력이 뛰어나[雄傑], 뭇 사람들의 마음을 얻었다. 영가가 죽으니 핵리발의 맏아들인 오아속(烏雅束)이 지위를 계승하였다. 오아속이 죽으니 동생인 아골타(阿骨打)가 섰다."라고 하였다.

위의 기록에서 금나라를 건국한 완안 아골타의 직계 선조로 고려에서 생여진의 완안부로 들어간 함보의 부친인 금행(今幸)에게는 세 아들이 있었다. 큰아들은 아고내(阿古迺), 그 동생이 바로 함보 그리고 동생이 보활리(保活里)이다. 세 아들의 행적은 확인하였듯이 큰아들이 그대로 남은 이곳은 이들의 출신에 따라 달라지는 것이다. 즉 큰아들은 완안부로 들어간 함보와 달리 평주에 남았다고 하였다. 평주에 대하여도 주류 강단 사학계를 비롯하여 이러한 『금사』 및 여진의 선조인 금행, 함보 등에 대한 연구를 심도 있게 한 연구자들조차 우리 고대 국가의 위치가 한반도 및 북부에 위치한 것을 기정사실로 한 채 이에 의하여 황해도 평산으로 비정하고 있다.

이 또한 본 필자가 위에서 지적한 세 가지 모순에 해당하는 커다란 오류이다. 모든 연구자들이 주류 강단 사학계의 논리가 잘못되었음을 비판하면서도 기존의 주류 강단 사학계의 논리에 의한 왜곡된 논리를 전제로 한 채 판단하고 연구하는 또 다른 모순과 왜곡을 저지름으로써 새로운 연구와 노력의 찬란한 빛을 잃게 된다는 것이다. 우리 모든 고대 국가가 한반도 및 그 북부에만 위치하였다는 주류 강단 사학계가 심어놓은 잘못된 고정 관념에서 벗어나지 못하고 있다. 당시 고려는 하북성으로부터 요령성, 길림성 그리고 한반도에 걸쳐 있었다. 모든 기록이 이를 입증하고 있다. 이 바탕 위에서 연구와 결과가 이루어져야 한다. 평주는 분명히 고대사 기록상 단 한가지이다.

즉 소위 연5군 및 한사군(한이군)이 소속된『진서』「지리지」상에 기록된 유주에 대치되는 지역으로 지금의 하북성 석가장시 서북부에서 북부에 이르는 지역이었다. 이곳은 앞에서 확인한 말갈과 여진족의 근거지인 흑수말갈과 속말말갈이 있었던 산서성 지방 남쪽이다. 함보 형제들은 발해 지역이 된 평주 지역에 있다가 함보의 형은 이곳에 남고 함보는 완안부 즉 당시 발해의 반안군으로 들어갔다. 반안군으로 들어가서 여진족의 수장이 되어 이 세력이 완안부가 되었다. 완안부 즉 반안군은,

【사료29】『요사』「지리지」

녹주 압록군
녹주(淥州) 압록군(鴨淥軍)은 절도를 두었다. 본래 고구려 고국(故國)이며 발해는 서경압록부(西京鴨淥府)라고 불렀다. 성의 높이는 3길이며 너비는 20리나 된다. 신주(神州)·환주(桓州)·풍주(豐州)·정주(正州) 등 4주의 일을 관할하였다. 옛 현은 신록(神鹿)·신화(神化)·검문(劍門) 등 셋인데 모두 폐지되었다. 대연림이 반란을 일으켰을 때 나머지 잔당들을 상경으로 옮겨 역속현(易俗縣)을 두어 거주시켰다. 호구수는 2,000이며, 동경유수사에 예속되었다. 4주와 2현을 관할하였다.
① 홍문현(弘聞縣)

② 신향현(神鄕縣)

③ 환주(桓州) 고구려 중도성(中都城)으로 옛 현은 환도(桓都)·신향(神鄕)·패수(浿水) 등 셋인데 모두 폐지되었다. 고구려 왕은 여기에 궁궐을 처음 세웠는데 나라 사람들이 신국(新國)이라고 불렀다. 5대손 쇠(釗; 고국원왕)는 진(晉)나라 강제(康帝) 건원(建元) 초년에 모용황(慕容皝)에게 패하고 궁실이 불타버렸다. 호구수는 700이며 녹주에 예속되었는데, 녹주에서 서남쪽으로 200리 떨어져 있다.

④ 풍주(豊州) 발해가 반안군(盤安郡)을 설치하였는데 옛 현은 안풍(安豊)·발각(渤恪)·습양(隰壤)·협석(硖石) 등 넷인데 모두 폐지되었다. 호구수는 300이며 녹주에 예속되었다. 동북쪽으로 210리 떨어져 있다.

⑤ 정주(正州) 본래 비류왕(沸流王)의 옛 지역으로 공손강(公孫康)에게 병합되었다. 발해가 비류군(沸流郡)을 설치하였다. 비류수(沸流水)가 있다. 호구수는 500이며 녹주에 예속되었다. 서북쪽으로 380리 떨어져 있다. 관할 현은 하나이다.

동나현(東那縣) 본래 후한의 동이(東暆) 부이현(不而縣) 땅으로 정주에서 서쪽으로 70리 떨어져 있다.

⑥ 모주(慕州) 본래 발해의 안원부(安遠府) 지역으로 옛 현은 모화(慕化)·숭평(崇平) 둘이 있는데 오래전에 폐지되었다. 호구수는 200이며 녹주에 예속되었다. 서북쪽으로 200리 떨어져 있다.

【사료225】『신당서(新唐書)』 北狄列傳 渤海

高[句]麗의 옛 땅으로 西京을 삼으니, [府名은] 鴨淥府이며, 神[州]·桓[州]·豊[州]·正[州]의 4州를 통치한다. ~ 鴨淥은 朝貢道이고, ~

이곳은 고구려의 고국원 지역으로 옛 비류국 송왕의 땅인 비류수가 있는 곳이다. 이곳이 지금의 하북성 호타하 북부이다. 이곳이『진서』「지리지」상의 평주이다. 이곳이 함보가 들어갔다는 복간수이다. 이곳에 숙여진과 생여진이 있다.

【사료230】『금사(金史)』 卷1 本紀1 世紀

~ 흑수말갈 중에 거란에 소속되어 남쪽에 산 부족을 숙여진(우러허 뉘즈) 거란에 소속되지 않고 북쪽에 산 부족을 생여진(어스훈 뉘즈)이라 불렀다. ~

현재 주류 강단 사학계는 한반도 북부 지방 길림성 지방에 완안부와 완안부가 있는 생여진이 있었다고 비정하고 있다. 즉 생여진과 완안부는 한반도 북부가 아니라 하북성 호타하 북부 및 인근에 있었다.

이것은 기록상에 특히 『고려사』의 수많은 여진과의 교류와 전쟁 기록상에 고려 동북쪽에 위치한 행정 구역상 동계 그리고 동여진과의 기록 중에는 완안부 내지는 완안부 출신으로 금나라를 세운 아골타와 직접적인 접촉 기록이 전혀 없는 것이 이를 입증한다. 단지 동여진 관련 기록이 아니고 전체 여진 및 금과의 기사 중에 완안 및 아골타 그리고 생여진 관련 기록은,

1114년 10월 (음) 생여진 아골타가 반란을 일으키자 요에서 방비를 당부하다.
1114년 10월 (음) 여진 완안아골타가 군사를 일으키다.

1115년 1월 (음) 생여진의 아골타가 금을 건국하다.
1115년 1월 (음) 여진 완안아골타가 금을 건국하다.

1116년 4월 7일 (음) 금의 아골타가 아지를 보내오다.
1116년 4월 (음) 금의 아골타가 사신을 파견하다.

1117년 3월 25일 (음) 금에서 화친을 요청하다.
1117년 3월 (음) 금의 아골타가 보낸 서신에 대해 논란을 벌이다.

> 1117년 3월 3일 (음) 요 내원성에서 양곡 대여를 요청해 오다.
>
> 신묘 요(遼)의 내원성(來遠城)에서 보낸 첩(牒)에 이르기를, "지난번 생여진(生女眞)과 동경(東京)의 발해인(渤海人)의 반란 때문에 곡물을 두루 수확할 수 없었습니다.
>
> 열전 권제7 서희가 거란의 소손녕과의 외교 담판으로 강동 6주 지역을 확보하다.
> 993년 10월 (음) 거란이 침입하니 서희가 화평교섭을 하다.
>
> 서희가 또 아뢰며 이르기를, "거란의 동경(東京)으로부터 우리 안북부(安北府)까지 수백 리 땅은 모두 생여진(生女眞)이 살던 곳인데, 광종(光宗)이 그것을 빼앗아 가주(嘉州)·송성(松城) 등의 성을 쌓았습니다.

이것이 전부이다. 그런데 어찌하여 주류 강단 사학계는 마치 고려는 한반도에 있고 이들은 고려 북쪽에 있어 고려와 싸움을 벌인 대상으로 삼았는지 이해가 안 된다. 윤관의 동북 9성 개척 관련 사건으로 보아도 여진과의 싸움이 심하였다. 그러나 생여진과의 다툼 기록은 전혀 없다. 있어도 모두 교류 관련 기록이다. 더군다나 교류 장소를 주류 강단 사학계는 조작하였지만 안북부, 내원성 등 소위 강동 6주(8성)와 고려 천리관성 설치 지역이다. 그리고 요나라와 직접적인 관련이 있다. 이곳은 한반도 북부가 아니라 하북성 호타하 지방이다. 한편 숙여진 관련 기록은,

> 1116년 12월 (음) 거란 등 각 족속 사람들이 오다.
>
> 이달에 거란인(契丹人) 33인, 한인(漢人) 52인, 해인(奚人) 155인, 숙여진인(熟女眞人) 15인, 발해인(渤海人) 44인이 왔다.
>
> 1117년 1월 3일 (음) 발해 등 각 족속들이 요에서 내투하다.

> 임진 발해인(渤海人) 52인, 해인(奚人) 89인, 한인(漢人)인 6인, 거란인(契丹人) 18인, 숙여진인(熟女眞人) 8인이 요(遼)에서 내투(來投)하였다.

【사료29】『요사』「지리지」

2. 동경도(東京道)

노주 현덕군
노주(盧州) 현덕군(玄德軍)이 설치되었으며 자사를 두었다. 본래 발해의 삼로군(杉盧郡)으로 옛 현은 산양(山陽)·삼로(杉盧)·한양(漢陽)·백암(白巖)·상암(霜巖) 등 다섯이 있었는데 다 폐지되었다. 호구수는 300이며, 동경에서 130리 떨어져 있다. 군사 관련 업무는 남녀진탕하사(南女直湯河司)에 속해 있다. 관할 현은 하나이다.

래원성
래원성(來遠城) 본래 숙여진(熟女直) 지역으로 통화 연간에 고려를 정벌할 때 연군이 용맹하다고 하여 두 지휘(指揮)를 설치하고 성을 쌓아 방어하였다. 군사 관련 업무는 동경통군사에 속해 있다.

마찬가지로 전쟁 기록은 없고 교류 기록뿐이다. 그리고 생여진과 마찬가지로 거란과 관련 있고 내원성과 관련이 있다. 생여진 인근에 있다. 이곳은 한반도가 아니다. 이곳은 하북성 호타하 지방이다.

『고려사』 기록상 수많은 한반도의 고려와 다툰 동여진이 아니다. 즉 생여진과 숙여진은 동여진과 별도의 장소에 있었다. 따라서 동여진은 한반도 북부에 있었던 반면 생여진과 숙여진은 『고려사』 기록상 서여진으로 한반도가 아니라 하북성 호타하 지방의 고려 즉 서희의 강동 6주(8성)와 천리관성이 시작되는 압록수 즉 호타하 인근에 있었다. 이를 입증하는 자료는 무궁무진하다. 이를 부정하는 반론을 얼마든지 제시하여 보라.

한편,

> 【사료232】『고려사』 列傳 권제7 제신(諸臣) 서희 서희가 거란의 소손녕과의 외교 담판으로 강동 6주 지역을 확보하다
>
> ~ 서희가 또 아뢰며 이르기를, "거란의 동경(東京)으로부터 우리 안북부(安北府)까지 수백 리 땅은 모두 생여진(生女眞)이 살던 곳인데, 광종(光宗)이 그것을 빼앗아 가주(嘉州)·송성(松城) 등의 성을 쌓았습니다. ~
> 소손녕이 서희에게 말하기를, "너희 나라는 신라(新羅) 땅에서 일어났고, 고구려 땅은 우리 소유인데, 너희들이 침범해 왔다. 그리고 우리와 국경을 접하고 있는데도 바다를 넘어 송(宋)을 섬기기 때문에, 오늘의 출병이 있게 된 것이다. 만약 땅을 분할해 바치고 조빙(朝聘)에 힘쓴다면, 무사할 수 있을 것이다."라고 하였다. 〈이에〉 서희가 말하기를, "그렇지 않다. 우리나라가 바로 고구려의 옛 땅이기 때문에, 국호를 고려(高麗)라 하고 평양(平壤)에 도읍하였다. 만일 국경 문제를 논한다면, 요(遼)의 동경(東京)도 모조리 우리 땅에 있는데, 어찌 〈우리가〉 침범해 왔다고 말하는가? 게다가 압록강(鴨綠江) 안팎 또한 우리 땅인데, 지금 여진(女眞)이 그 땅을 훔쳐 살면서 완악하고 교활하게 거짓말을 하면서 길을 막고 있으니, 〈요로 가는 것은〉 바다를 건너는 것보다 더 어렵다. 조빙이 통하지 않는 것은 여진 때문이니, 만약 여진을 쫓아내고 우리의 옛 영토를 돌려주어 성과 보루를 쌓고 도로를 통하게 해준다면, 어찌 감히 조빙을 잘하지 않겠는가? ~

『고려사』 기록상에 생여진의 위치가 분명히 나온다. 주류 강단 사학계에 의하여 통상적으로 알려진 고려의 종속 여부에 따라 생여진과 숙여진으로 나누어진 것이 아니라 『금사』의 기록대로 흑수말갈 중 거란에 속하여 남쪽에 산 것을 숙여진, 속하지 않고 북쪽에 산 것을 생여진이라고 한 것이다. 이 역시 한반도에 고려를 두려는 의도에서 왜곡된 비정이다. 이것이 아니고 사서 기록대로라면 우리 주류 강단 사학계의 논리는 또 한 번 잘못을 맞이하게 되는 것이다.

모든 것이 이렇게 잘못되어 있는 것은 주류 강단 사학계의 비정과 논리 때문이다. 즉 당시 거란은 고려 북쪽에 위치하면서 그 동쪽의 이 여진족 즉 숙여진과 생여진과 마주하여야 한다. 그러면 거란에 속한 숙여진은 서쪽에 있고, 생여진은 동쪽에 있어야 맞는다. 그런데 남북으로 있다. 이것은 맨 북쪽에 생여진이 있고 그 남쪽에 숙여진이 있고 그 남쪽에 숙여진이 속한 거란이 있어야 하는 것이다. 한반도 북부에서는 불가능하다. 이와 같이 모든 우리 고대 국가와 인근 세력들의 기록은 한반도에서는 불가능하다.

따라서 주류 강단 사학계의 모든 비정은 잘못이라는 것이다. 물론 이러한 위치 관계에 대하여 위의 【사료231】『고려사절요』권8 예종2 (睿宗二) 예종(睿宗) 10년 1월(1115년 1월 미상(음)) 기록은 그 서쪽에 거란이 있고 남쪽에 고려가 있다고 하여 주류 강단 사학계의 비정 즉 잘못된 비정과 같은 기록을 하고 있다. 이는 단지 생여진인 서여진이 있는 하북성의 기록이 아닌 한반도 북부의 동여진에 대한 기록이면서 생여진 즉 완안부의 기록인 것으로 하고 있지만 이는 전체적인 동여진과 서여진의 기록 즉 전체 여진에 대한 기록 중 한반도 북부 위치만을 언급한 것이다.

더군다나 『고려사』 기록상의 아골타 선조 기록인 승려 운운 기록은 그들의 정사 기록인 『금사』와도 맞지 않으며 전체적으로 신뢰하기는 어려운 기록이다. 이 숙여진과 생여진의 선조인 흑수말갈이 있던 곳은 산서성 대동시 동쪽 일대이다. 이곳 남쪽에 거란이 있고 그 남쪽에 당시의 마자수이자 압록수인 지금의 호타하가 있었고 이곳 인근에 숙여진과 생여진이 있었다.

> 주류 강단 사학계가 한반도 동북부에 있다고 비정한
> 생여진과 숙여진은 하북성 호타하 인근에 있었다.
> 이곳에 고려가 있었다. 고려 서희 강동 6주 즉 서희 8성이
> 설치되는 지금의 하북성 호타하 북쪽 지방에 생여진이 있었고,
> 이웃인 천리관성이 시작되는 의주 지방 인근인 내원성 즉
> 옛 안평현인 박작성이자 흥화진 지역에 숙여진이 있었다.

그리고 그 남쪽에 예전의 신라가 있었고 이 당시의 고려가 있는 것이다. 이 숙여진과 생여진이 바로『고려사』기록상의 서여진이다. 이곳에 서희의 강동 6주(8성)가 설치되는 한편 이후에 고려의 천리관성이 설치된다. 반면 동여진이 주류 강단 사학계가 비정하는 한반도 동북부 즉 고려의 동계로 윤관 9성이 쌓이는 곳이다. 이것을 입증하는 자료는 무궁무진하다.

이곳 생여진의 땅이 거란과의 다툼이 있어 서희가 강동 6주(8성)를 설치하는 안북부이다. 이곳이 호타하 북안이다. 이곳 위에 거란이 요나라를 세우고 있었고 그 남쪽에 숙여진 그 위에 생여진이 있었다. 완안부 아골타와의 직접 기록이 없는 것과 함께 완안부의 생여진과 숙여진은 한반도 북부에 없었고 이들은 하북성에 있었다. 더군다나 이들이 있다는 고려의 안북부는 당시 압록강인 호타하 북쪽으로,

【사료54】『고려사』지 권제12 지리3 「북계」 안북대도호부 영주

연혁

안북대도호부(安北大都護府) 영주(寧州)는 본래 고려의 팽원군(彭原郡)이다. 태조 14년(931)에 안북부(安北府)를 두었다. 성종 2년(983)에 영주(寧州) 안북대도호부(安北大都護府)라고 불렀다. 현종 9년(1018)에 안북대도호부(安北大都護府)라고 불렀다. 고종 43년(1256)에 몽고 병사를 피해 창린도(昌麟島)에 들어갔다가 뒤에 육지로 나왔다. 공민왕 18년(1369)에 안주만호부

(安州萬戶府)를 두었다. 뒤에 목(牧)으로 승격시켰다. 별호(別號)는 안릉(安陵)이고 【성종[成廟] 때 정하였다.】, 청천강(淸川江)이 있다 【옛날에 살수(薩水)라고 불렀는데, 곧 고구려 을지문덕(乙支文德)이 수(隋)나라 병사 1,000,000명을 격퇴한 곳이다.】. 관할하는 방어군(防禦郡)이 25개이고, 진(鎭)이 12개이고, 현(縣)이 6개이다.

인주

인주(麟州)는 본래 고려의 영제현(靈蹄縣)이다. 현종 9년(1018)에 인주방어사(麟州防禦使)라 불렀다. 〈현종〉 21년(1130)에 영평진(永平鎭)의 주민을 옮겨 이곳을 채웠다. 고종 8년(1211)에 반역(叛逆)이 일어나 사인(舍仁)으로 강등시켰다. 뒤에 지군사(知郡事)로 고쳤다. 옛날 장성(長城) 터가 있다 【덕종 때에 평장사(平章事) 유소(柳韶)가 쌓은 것으로, 인주의 압록강이 바다로 들어가는 곳에서부터 동계(東界)의 화주(和州) 바닷가까지 이른다.】.

의주

의주(義州)는 본래 고려의 용만현(龍灣縣)으로, 또 화의(和義)라고도 부른다. 처음에 거란(契丹)이 압록강의 동쪽 언덕에 성(城)을 쌓고 보주(保州)라고 불렀는데, 문종대에 거란이 또 궁구문(弓口門)을 두면서 포주(抱州)라고 불렀다 【파주(把州)라고도 한다.】. 예종 12년(1117)에 요(遼)나라 자사(刺史) 상효손(常孝孫)이 도통(都統) 야율녕(耶律寧) 등과 함께 금(金) 병사를 피해 바닷길로 들어오면서 우리의 영덕성(寧德城)에 문서를 보내어 내원성(來遠城)과 포주(抱州)를 우리에게 귀속시키니 우리 병사가 그 성(城)에 들어가서 병장기・재물과 곡물을 수습하였다. 왕이 기뻐하며 의주방어사(義州防禦使)로 고치고 남쪽 지방의 인호(人戶)를 데려다가 그곳을 채웠다. 이때에 다시 압록강(鴨綠江)을 경계로 관방(關防)을 설치하였다. 인종 4년(1126)에 금(金)도 역시 의주를 우리에게 귀속시켰다. 고종 8년(1221)에 반역(叛逆)이 일어났다 하여 함신(咸新)으로 강등시켰다가 얼마 후에 예전대로 복구하였다. 공민왕 15년(1366)에 목(牧)으로 승격시켰다. 〈공민왕〉 18년(1368)에 만호부(萬戶府)를 두었다. 별호(別號)는 용만(龍灣)이다. 압록강(鴨綠江)이 있다 【마자수(馬訾水) 혹은 청하(靑河)라고도 한다.】.

이 청하인 호타하 북쪽에 지류인 청천강이 있어 이곳에서 고구려의 을지문덕 장군이 수나라와 살수 대첩을 벌였다. 이곳에 고려 행정상 북계 안북대보호부가 설치되었다. 이곳이 거란을 대비하여 이 압록강 입구에서부터 저 멀리 한반도 북부 화주 즉 지금의 요령성 철령시로 원나라 시기에 쌍성총관부가 설치되는 곳까지 천리관성이 설치된다.

【사료233】『고려사절요』 권2 성종문의대왕(成宗文懿大王) 성종(成宗) 13년 2월 소손녕이 압록강에 성을 쌓을 것을 제의하다 994년 2월 미상(음)

소손녕이 압록강에 성을 쌓을 것을 제의하다

갑오 13년(994)송 순화 5년, 거란 통화 12년 봄 2월. 소손녕(蕭遜寧)이 글을 보내어 말하기를,
"근래에 황제의 명[宣命]을 받들기를, '다만 고려 신의와 호의로써 일찍부터 통교(通交)하였을 뿐 아니라 국토도 서로 맞닿아 있다. 비록 작은 나라로써 큰 나라를 섬기는 데에 반드시 규범과 의례가 있어야 하는 것이지만 시작을 잘 궁구하여 마지막을 잘 맺는[原始要終] 길은 모름지기〈우호관계를〉오래도록 유지하는 데에 있다. 만약 미리 대비책을 세워두지 않는다면 사신의 왕래가 도중에 막히게 될까 염려되니, 이에 저 나라와 더불어 상의하여 요충지가 되는 길목에 성(城)과 해자(垓子)를 조성하도록 하라.'라고 하였습니다. 황제의 명에 따라서 스스로 헤아려보니 압록강(鴨綠江) 서쪽 마을에 5개의 성을 축조하면 좋을 듯하여, 3월 초에 성을 쌓을 곳에 가서 축성을 시작하고자 합니다. 엎드려 바라건대, 대왕께서 먼저〈신하들을〉거느리고 안북부(安北府)에서부터 압록강 동쪽에 이르는 280리 사이에 적당한 곳을 답행(踏行)하여 거리의 멀고 가까움을 헤아리시고, 아울러 성을 쌓도록 명하여 역부(役夫)들을 징발해 보내어 동시에 시작하게 하시며, 쌓아야 할 성의 총 수를 빨리 회신하여 주십시오. 가장 중요한 일은 수레와 말이 오가게 하여 멀리 조공을 위한 길을 열고 영구히 조정을 받들어 편안하게 할 계책에 스스로 화합하는 것입니다."
라고 하였다.

한편 생여진 남쪽에 있다는 숙여진 및 이의 위치에 대한 기록은 생여진에 대한 기록을 비롯한 많은 후대의 기록에서 심각한 왜곡과 조작이 있지만 그래도 당시에 가장 가깝고 신뢰성 있는 기록에 의하여도 위치 비정에 대한 증거는 차고 넘친다. 즉 숙여진의 위치는,

【사료29】『요사』「지리지」

2. 동경도
개주 진국군(開州 鎭國軍)

① 개원현(開遠縣) 본래 책성(柵城) 지역으로 고구려 때에는 용원현(龍原縣)

개주 진국군은 절도사 주이다. 원래 예맥(濊貊)의 땅이었는데 고구려에서는 경주(慶州)로 삼았으며 발해에서는 동경용원부로 삼았었다. 궁전이 있으며, 경주(慶州)와 염주(鹽州)와 목주(穆州)와 하주(賀州) 등 4개 주의 일을 관리하였다.
보주 선의군(保州 宣義軍)

내원현(來遠縣) 처음 요서 지역의 백성을 옮겨 채웠고,

노주 현덕군
노주(盧州) 현덕군(玄德軍)이 설치되었으며 자사를 두었다. 본래 발해의 삼로군(杉盧郡)으로 옛 현은 산양(山陽)·삼로(杉盧)·한양(漢陽)·백암(白巖)·상암(霜巖) 등 다섯이 있었는데 다 폐지되었다. 호구 수는 300이며, 동경에서 130리 떨어져 있다. 군사 관련 업무는 남여진탕하사(南女直湯河司)에 속해 있다. 관할 현은 하나이다.
I) 웅악현(熊岳縣) 서쪽으로 바다까지 15리이며, 바닷가에 웅악산(熊岳山)이 있다.

래원성
래원성(來遠城) 본래 숙여진(熟女直) 지역으로 통화 연간에 고려를 정벌할 때 연군이 용맹하다고 하여 두 지휘(指揮)를 설치하고 성을 쌓아 방어하

였다. 군사 관련 업무는 동경통군사에 속해 있다.

철주 건무군
철주(鐵州) 건무군(建武軍)이 설치되었으며 자사를 두었다. 본래 한나라 안시현(安市縣)으로 고구려 때는 안시성(安市城)이었다. 당나라 태종이 공격하였으나 함락하지 못하였다. 설인귀가 흰 옷을 올려놓은 곳이 바로 이곳이다. 발해가 주를 설치하였는데, 옛 현은 위성(位城)·하단(河端)·창산(蒼山)·용진(龍珍) 등 넷이 있었는데 모두 폐지되었다. 호구 수는 1,000이며 동경에서 서남쪽으로 60리 떨어져 있다. 관할 현은 하나이다.

한나라 때 소요수와 대요수 그리고 압록수인 호타하가 합쳐지는 안시현이다. 지금도 그 이름이 남아 있는 호타하 동쪽 하류인 하북성 형수시 안평현인 것이다.

【사료22】『한서』「지리지」1. 유주

⑧ 요동군(遼東郡)

4) 망평현(望平縣), 대요수(大遼水)가 새(塞) 밖을 나와서 남쪽으로 안시현(安市縣)에 이르러 바다로 들어가는데 1250리를 흐른다. 왕망은 장설(長說)이라고 했다.[2]
12) 안시현(安市縣),

【사료21】『수경주』「대요수」,「소요수」

[수경]

(대요수는) 또한 동쪽으로 흘러 안시현 서남쪽을 지나고 바다로 들어간다.

[주]

십삼주지에서 말하기를 대요수는 새(塞) 밖으로부터 서남쪽으로 흘러 안시에 도달하여 바다로 들어간다고 하였다.

【사료25】『통전(通典)』「변방」'동이 하 고구려'

평양성(平壤城) 동북쪽에 로양산(魯陽山)이 있고 그 정상에 로성(魯城)이 있다. 서남쪽으로 20리에 위산(葦山)이 있는데 남쪽에 패수(浿水)가 가깝다. 대요수는 말갈국 서남산에서 나와 남으로 흘러 안시현에 이른다.

이곳은 고구려 때 안시성이 그 북쪽에 있었다. 이곳은 당나라 시기에는 박작성이고 고려시대에는 안북대도호부의 흥화진이었다. 이곳 옆에 『요사』상의 래원성이 숙여진의 땅인 것이다. 이곳은 소위 요동군 지역으로 요서와 가까이 있어 요서 지역의 백성을 안치시켰던 곳이다.

> 한나라 시기의 서안평현(안평현, 안시현)이 당나라 시기의 박작성이고 고려의 흥화진이다. 이곳은 지금의 하북성 형수시 안평현이다.

【사료234】『무경총요』「전집 권 22」요방 북번지리

개주(開州), 발해의 옛 성이다. 虜[요나라]의 왕이 동쪽으로 신라를 토벌하고 그 요해처에다 도시를 건설하고 주를 삼았으며 다시 개원군(開遠軍)을 설치하였다. 서쪽으로 내원성(來遠城)까지 120리이다. 서남쪽으로 길주(吉州)까지 70리이다. 동남쪽으로 석성(石城)까지 60리이다.

래원성(來遠城), 虜(요나라)가 경술년에 신라를 토벌하고 성을 쌓고 지켰는데 즉 중국 대중상부(大中祥符) 3년이다. 동쪽으로 신라 흥화진(興化鎭)까지 40리이고 남쪽으로 海(바다)까지 30리이며 서쪽으로 보주까지 40리다.

보주(保州), 발해 옛 성이다. 동쪽으로 압록강 신라국경을 두드려 교장(榷場)을 설치하고, 시장에서 서로 소통하였다. 동남쪽으로 선화군(宣化軍)까지 40리이고 남쪽으로 海(바다)까지 50리이며 북쪽으로 대릉하(大陵河)까지 20리이다.

> 길주(吉州), 삼한(三韓)의 옛 성이다. 거란이 병방(兵防)을 설치하여 신라의 여러 나라를 두드렸다. 동쪽으로 석성에 이르고 서남쪽으로 압록강에 이르며 동쪽으로 대감주(大監州)까지 100리이고 서쪽으로 바다에 이른다.

이곳에 대하여 송나라 시기의 『무경총요』는 왜곡하여 지금의 대능하 지방으로 왜곡 이동시켰지만 적어도 한반도 동북부 길림성 지방은 아니다. 『무경총요』는 사실을 왜곡하여 그 위치를 변경시켰다는 사실을 당해 기록에서 확인할 수 있다. 즉 원래 요나라(916~1125년)는 하북성 호타하 지방 북부에서 발해(698~926년)를 멸망시키고 그 남쪽의 신라(B.C.57~A.D.935년)와 경계를 마주하다가 신라를 계승한 고려(918~1392년)와 각각 남북으로 마주한 사실을 대능하로 옮김으로써 동서로 마주한 것으로 하여 신라를 계속 동쪽으로 기록한 것이다.

당시 요나라는 이전의 발해국이 신라와 경계를 하고 있던 것과 마찬가지로 소위 통일신라 그리고 이후의 고려와 하북성에서 요수와 호타하 즉 요 지방 즉 요동과 요서의 바다인 요해(遼海)를 경계로 남북으로 경계를 하고 있었다. 이곳은 소위 통일신라시대 안북하 지방이었다. 이렇게 왜곡하여 이동하기 전의 이곳은 【사료29】『요사』「지리지」 2.동경도상의 기록대로 책성 지역 인근으로 책성 지역은 바로 동부여가 위치해 있던 곳이다. 엄밀하게 기술하자면 예맥 지역은 소수 즉 소요수 지역이고, 책성 지역은 동부여 지역이다. 이를 중국사서는 혼란스럽게 기록하였다. 이곳의 북쪽인 호타하 인근이 숙여진이 있었던 곳이다. 이곳 남쪽의 동부여 땅 남쪽에는 산동성 남옥저 북쪽에 있으면서 당시 그곳에 있던 백제와 신라를 괴롭혔던 말갈과 우산성 있던 아(하)슬라주의 니하를 경계로 대치하고 있었다.

이후 나당연합군에 의하여 고구려와 백제가 멸망한 후 신라는 산동성에서 당시 압록강이었던 호타하 북쪽 하북성 옛 고구려 영역까지 진출하였다. 그러나 신라와 고구려 및 백제 건국지 인근인 산동성 덕주시와 빈주시 사이에서 건국한 후 고구려와 마찬가지로 북쪽으로 진출한 발해에 밀리어 압록강 이남에서 또다시 말갈과 마찬가지로 니하를 경계로 대치하였다.

> 【사료193】『삼국사기(三國史記)』卷第七 新羅本紀 第七 문무왕(文武王) 十五年秋九月
>
> 안북하를 따라 관과 성을 설치하다(675년 09월(음))
>
> 안북하(安北河)를 따라 관(關)과 성(城)을 설치하였고, 또한 철관성(鐵關城)을 쌓았다.

이곳 안북하 지방에 신라는 고구려가 망하자 이곳을 차지하여 고려 이전 즉 천리관성을 설치하기 전에 이미 관과 성을 설치하였다.

> 【사료194】『고려사』 권82 지 권제36 병2(兵 二) 성보 930년 미상(음)
>
> 안북부에 910칸 규모의 성을 쌓다
>
> 〈태조(太祖)〉 13년(930)에 안북부(安北府)에 성을 쌓았다. 910칸이고, 문(門)은 12개, 성두(城頭)는 20개, 수구(水口)는 7개, 차성(遮城)은 5개이다.

이후 고려가 이 신라의 영역을 그대로 물려받아 이 압록강 즉 하북성 호타하를 경계로 하여 발해를 멸하고 건국한 거란과 대치하면서 안북하에 성을 쌓기 시작하였다가 994년부터 서희에 의하여 소위 강동 6주(8성)를 쌓고 고려의 영토로 관리하였다.(용주, 통주, 선주) 그러나 이후 이 지역 인근인 보주와 정주를 요나라 성종 33년(개태 3) 1014년, 즉 고려 8대 왕인 현종 5년에 빼앗기자(『고려사』에는 1015년) 이 압록강이 바다로 들어가는 하북성 인주로부터 위원진, 흥화진 등을 거쳐 요령성 화주까지 고려 덕종(德宗) 2년, 1033년에 천리관성을 설치하였다.

【사료29】『요사』「지리지」

2. 동경도
1) 동경요양부(東京遼陽府)

보주 선의군(保州 宣義軍)
보주(保州) 선의군(宣義軍)이 설치되었으며 절도를 두었다. 고려가 설치한 주이며 옛 현은 내원(來遠) 하나이다. 성종(재위:982~1031)이 고려의 국왕 순(詢 ; 현종)(8대, 재위:1009~1031)이 멋대로 즉위한 것을 문죄하였으나 불복하였다. 개태(開泰) 3년(요 성종 1003)에 보주(保州)와 정주(定州)를 취하였다. 통화 말년(요 성종 983~1011)에 고려가 항복하였는데 그곳(보주 정주)에 각장(榷場 ; 고려시대에, 지금의 의주와 정평에 두고 거란·여진과 무역하던 장)을 두었다. 동경통군사에 예속되었으며, 주와 군 두 개와 현 하나를 관할하였다 내원현(來遠縣) 처음 요서 지역의 백성을 옮겨 채웠고, 다시 해(奚)와 한(漢)의 병사 700명을 옮겨 지키게 하였다. 호구 수는 1,000이다. 선주(宣州) 정원군(定遠軍)이 설치되어 있으며 자사를 두었다. 개태 3년(1014)에 한(漢)의 호구를 옮겨 설치하였다. 보주에 예속되었다. 회화군(懷化軍)은 하급이며, 자사를 두었다. 개태 3년 설치하였고 보주에 예속되었다.

【사료235】『고려사』 권제14 예종(睿宗)(1105~1122) 12년 3월 1117년 3월 3일(음) 신묘(辛卯), 1117년 4월 6일(양)

금이 내원성을 함락시킨 후 아군이 내원성·포주성을 접수하다

왕이 양부(兩府)와 대성(臺省)의 시신(侍臣), 지제고(知制誥), 3품 이상의 문·무관, 도병마판관(都兵馬判官) 이상의 관리들에게 명하여 중서성(中書省)에 모여 의논하게 하였으며, 판병마사(判兵馬事) 김연(金緣) 등을 시켜 통군(統軍)에게 타이르기를, "만약 우리의 두 성과 인물을 반환한다면 쌀을 빌릴 필요가 없을 것이다."라고 하였다. 두세 번 오가면서 설득하

> 였지만 통군이 수긍하여 따르지 않았다. 마침내 금(金)의 군대가 요(遼)의 개주(開州)를 공격하여 점령하였고, 드디어 내원성(來遠城) 및 대부(大夫)·걸타(乞打)·유백(柳白)의 3군영을 습격하여 전함을 모두 불태우고 배를 지키는 사람들을 사로잡았다. 통군(統軍)인 상서좌복야 개국백(尙書左僕射 開國伯) 야율영(耶律寧)이 내원성자사(來遠城刺史)인 검교상서우복야(檢校尙書右僕射) 상효손(常孝孫) 등과 함께 관리와 백성을 통솔하여 배 140척에 싣고 강가에 정박하였다. 영덕성(寧德城)에 첩문(牒文)을 보내 이르기를, "여진(女眞)이 반란을 일으키고 동경(東京)의 발해인(渤海人)까지 연이어 배반하는 바람에 도로가 막혔으며, 통군부(統軍部) 내의 곡식을 미처 수확하지 못하여 쌀값이 뛰어올라 백성들이 가난하게 되었습니다. 고려국(高麗國)과 가깝게 위치해 있어 진작 식량을 빌리는 일을 추진하였으나 성사되지 못하였습니다. 이 때문에 통군부 내 백성들이 후방의 주(州)와 성(城)으로 가서 식량을 찾고 있습니다. 이번에 우리가 다시 돌아와서 서로 좋게 해결할 일입니다. 이제 고을 백성과 관할 지역을 인도하고 가니 이것을 인수한 뒤에는 선명(宣明)에 따라 시행하기 바랍니다."라고 하였다. 내원성과 포주성(抱州城)의 2성을 우리에게 돌려주고 바다를 건너 도망가자, 우리 군대가 그 성에 들어가서 무기 및 화폐와 보물들을 매우 많이 거두어들였다. 김연이 상세하게 적어 급히 알리니 왕이 크게 기뻐하여 포주를 의주방어사(義州防禦使)로 고치고 압록강[鴨江]을 국경으로 삼아 관방(關防)을 설치하였다.

이후 고려 예종 12년 1117년에 금나라가 요나라의 개주를 공격하여 1014년(『고려사』에는 1015년)에 빼앗겼던 보주에 있는 내원성과 포주성을 함락시킨 후 이를 고려에 주어 100여 년 만에 회복하자 여기에 고려 예종 12년(1117) 보주에 있던 의주를 기점으로 다시 압록강을 경계 및 국경으로 삼아 관방을 설치하였다. 이 사건이 본 필자가 입증한 사실을 입증하는 결정적인 사건 기록이다. 안북부인 이곳 호타하 북부 지방의 래원성을 금나라가 탈취하여 고려에 주었다는 것이다.

요나라 개주군 래원성을 주류 강단 사학계는 요령성 요하 인근의 개주시로 비정하고 있다. 하지만 이것은 역사왜곡이다. 송나라 시기에 대능하로 왜곡시킨 것을 다시 요하로 왜곡 이동시킨 것이다. 설사 이들이 맞더라도 한반도 동북부 두만강 북부는 아니다. 즉 생여진의 남쪽에 있다는 숙여진이 주류 강단 사학계의 비정대로 한반도 동북부 두만강 북부에는 없다. 더군다나 이곳은 왜곡시킨 대능하나 요하나 두만강이 아니라 하북성 호타하인 압록강에 있었다. 이 압록강에 대하여는 앞으로도 계속 입증할 것이다. 이와 같이 생여진과 숙여진은 이곳 하북성 즉 사서 기록상의 갈라로 남쪽 즉 고려 즉 제2의 고려인 발해 남쪽에 있었던 제3의 고려인 고려 북쪽에 있었던 것이다. 이것이 바로 『고려사』 기록상의 서여진이다. 이 정도이면 주류 강단 사학계의 비정이 잘못되었다는 본 필자의 비판이 올바르다는 것이 입증되었으리라 확신한다.

한편 금나라를 건국한 시조로 완안부 즉 생여진 출신인 아골타의 출신에 대하여 신라 출신이다, 고려 출신이다 하여 논란이 많으나 제대로 연구도 많다. 따라서 자세한 것은 이들을 참조하고 본 필자는 주로 우리 고대 국가의 위치와 근원을 밝혀 잘못된 주류 강단 사학계의 역사 비정을 비판하는 것이므로 자세한 사항은 생략하고자 하나 그 위치 비정은 우리 고대사 활동 영역과 관련된 것이고 이것이 이 글의 주요 목적이므로 이와 관련하여 간단히 언급하고자 한다.

자세한 내용은 제대로 연구된 자료를 참고하시기 바란다. 하지만 제대로 연구된 것도 그 위치에 대하여는 여전히 주류 강단 사학계의 왜곡 조작된 내용을 그대로 받아들여 한반도 인근에 비정하는 커다란 잘못을 저질러 또 다른 왜곡을 하고 있다.

여기서는 금나라의 시조 출처와 위치에 대하여만 살펴보고자 한다. 먼저 금나라 시조 출처에 대하여 가장 널리 알려진 것은 소위 통일신라 말기 즉 왕건의 고려 초기에 신라 출신으로 원래 경주 김씨인 권행은 신라 고창(古昌·경북 안동시)의 수령이었다. 그는 후백제의 견훤이 신라 경애왕을 핍박해 자살하게 하자 이에 분개해 고려를 도와 고창에서 후백제군을 격퇴한 공로로 고려 태조 왕건에게서 권씨를 하사받아 안동 권씨의 시조가 되었다. 그런데 이가 만주로 넘어가 여진족의 완안부 족장이 되었는데 이의 자손이 금나라를 세웠다는 것이다. 이러한 시조설은 결국 금나라의 왕족은 바로 신라 출신이라는 것이다. 그래서 그들의 후예인 후금 청나라 역시 그들의 왕족을 스스로 '애신각라'라 하여 신라의 후예임을 자처한다는 것이다. 여기서 문제되는 것이 우선 금나라 즉 여진족 자체 출신과 금나라 건국 왕족 출신과의 혼돈이다. 원래 여진족은 사서상에 분명히 기록되어 있듯이 그들의 전신은 말갈, 물길, 읍루, 숙신으로 부여가 존속할 때부터 기록에 등장한다.

따라서 이들은 전부 고조선 구성 족속이었을지라도 우리 정통 계열인 부여, 고구려, 백제나 신라와는 다른 족속이다. 그러나 원래 족속 출처와 금나라라는 정통 왕조를 세우는 주도 세력인 왕족 출신과는 다를 수도 있고 같을 수도 있듯이 별개 문제이다. 금나라 왕족은 분명히 사서 기록상 여진족의 여러 족속 중 생여진 완안부 출신 아골타였다. 따라서 원래 여진족 출신과 주도 아골타 출신은 별개다. 이것을 혼동하고 있는 것이다. 그럼 여진족 출신은 분명한 사실이고 왕족인 아골타 출신만 확인하면 된다. 이러한 사항 즉 여진족 출신과 아골타 출신에 관련된 기록은 다음과 같다.

【사료236】『금사(金史)』 권1 본기1 세기(世紀)

금의 조상은 말갈에서 나오다

금(金)의 조상은 말갈(靺鞨)씨에서 나왔다. 말갈의 본래 호칭은 물길(勿吉)이다. 물길은 옛 숙신(肅愼) 땅이다. 〈북조(北朝)시대의〉 위(魏) 때 물길에는

7부(部)가 있었는데, 속말부(粟末部)와 백돌부(伯咄部), 안거골부(安車骨部), 불열부(拂涅部), 호실부(號室部), 흑수부(黑水部), 백산부(白山部)였다. 수(隋)에서는 말갈이라고 불렀는데, 7부가 모두 같았다. 당(唐) 초기에 흑수말갈(黑水靺鞨)과 속말말갈(粟末靺鞨)이 있었고, 그 외의 5부에 대해서는 들리는 바가 없었다. 속말말갈은 처음에는 고구려[高麗]에 붙었으며 성씨는 대씨(大氏)였다. … 5대(五代) 때에 거란이 발해(渤海) 땅을 다 차지하였다. ~

【사료237】『금사(金史)』 권1 본기1 세기(世紀)

금의 시조 함보가 고려에서 오다

금(金) 시조의 휘는 함보(函普)이며 처음에 고려(高麗)에서 왔는데, 나이가 이미 60여 살이었다. ~

【사료238】『대금국지』

혹(或) 또 말하기를 그 처음의 추장(酋長) (함보는) [본(本)]래 신라인(新羅人)으로, 완안씨(完顔氏)라 부른다. "완안(完顔)"은, 한음(漢言)으로 "왕(王)"과 같다. 여진(女眞) 여자를 처(妻)로 삼아, 두 아들을 낳았는데, 그 장남(長)이] 곧 호래(胡來)이다. 그로부터 3인을 전(傳)하여, 이로써 양할(楊割) 태사(太師)에 이르렀고, 이로써 아골타(阿骨打)에 이르렀다. 그 국(國)에 산금(產金/금이 생산됨)하고 더불어 금수원(金水源)이 있으니, 이런 연고(故)로 대금(大金)이라 칭(稱)하였다.

【사료239】『흠정만주원류고』 卷七 部族 完顔

금나라의 시조 합부(哈富) 또는 함보(函普)는 원래 고려에서 왔다. 통고(通考)와 대금국지(大金國志)를 살펴보건대 모두 이르기를 시조는 본래 신라로부터 왔고 성은 완안씨라고 한다. 고찰하건데 신라와 고려의 옛 땅이 서로 섞여 있어 요와 금의 역사를 보면 이 두 나라가 종종 분간하기가 어렵기 때문이다. 본래 금나라의 황족들은 신라에서 와서 그 성이 완안씨이고 신라 왕성인 김씨 또한 이미 수십 세에 전하여져 내려오는 것이기 때문에 그 김씨 성을 토대로 나라 이름을 정한 것은 의심의 여지가 없다.

【사료240】 고려사절요 권8 예종2(睿宗二) 예종(睿宗) 10년 1월(1115년 1월 미상(음))

~ 어떤 이가 이르기를, "옛날에 우리 평주(平州)의 승려 금준(今俊)이 여진에 도망쳐 들어가 아지고촌(阿之古村)에 살았는데 이를 일컬어 금의 선조라 한다."라고 하였다. 어떤 이는 이르기를, "평주의 승려 금행(今幸)의 아들 극수(克守)가 처음 여진에 들어가 아지고촌에 살았는데, 여진의 여자에게 장가를 들어 아들을 낳으니 고을 태사(古乙 太師)라 하였다. ~

【사료241】『송막기문(松漠記聞)』

여진의 추장은 신라인으로 완안씨라고 불렸다. 완안추장은 한나라 말로 왕이라는 말이다.

【사료242】『동명해사록(東溟海槎錄)』

김부(경순왕敬順王)가 비록 항복하여 고려왕이 합병하였으나 김부의 외손 완안아골타는 곧 권행의 후예로서 능히 중국을 갈라 다스려 백 년 동안 대를 이었으니…라는 설이 있다.

여진족 출신은 분명히 말갈로 확인되는 것이므로 그만두고 왕족인 아골타 출신을 확인하면 크게 세 가지 다른 기록이 있음을 알 수 있다. 즉 ①고려 출신, ②신라 출신, ③고려지만 사실은 신라 출신이 그것이다. 그러나 이를 분류할 때 주의할 사항이 있다. [1]①을 확인할 때는 고려해야 할 세 가지가 있다는 것이다. 그것은 고구려, 발해, 고려이다. 이들 모두 고려라는 명칭을 사용하였고 실제로 스스로 내지는 각 사서 기록에서 고려라고 하였다는 것이다.

[2]②와 ③을 확인할 때에는 물론 ①도 포함되는 것이지만 시기를 따져보아야 한다는 것이다.

[1]을 확인하자면 시기를 살펴보아야 어느 고려인지 확인될 것이

다. 그렇다면 시기가 관건이다. 사서 기록상 확실한 것은 금시조는 완안부 함보이다, 그의 부친은 금행 내지는 김행이다. 이에 대하여 우리 고대 국가 고려 내지는 신라 특히 신라와 연관을 시키는 주장에 있어서는 김행이라고 한다. 즉 신라 경주 김씨라는 것이다. 즉 권행은 본디 경주 김씨로 신라 고창(古昌·경북 안동시)의 수령이었다. 후백제의 견훤이 신라 경애왕을 핍박해 자살하게 하자 분개해 고려를 도와 고창에서 후백제군을 격퇴한 공로로 고려 태조 왕건에게서 권씨를 하사받아 안동 권씨의 시조가 됐다. 금나라 건국 시조인 함보는 경순왕의 사위인 권행의 세 아들 중 한 명이며 마의태자와 신라 부활운동을 펼치다 마의태자가 숨진 뒤 만주로 진입해 여진족의 일부인 완안 부족의 추장이 됐다는 것이다.

그러면 이 시기 즉 김행 즉 권행의 아들 함보가 만주로 진입한 시기는 신라가 멸망하는 935년 즈음 내지는 이후이다. 그런데 위의 금나라 정사 기록에서 함보가 고려에서 여진 즉 생여진의 완안부로 들어갈 때는 이미 나이가 60세라고 하였다. 그런데 금나라의 족보와 계보상 금나라를 건국하는 (완안)아골타는 함보의 7대손이다. 따라서 함보의 아버지인 금행 내지는 김행, 권행의 8대손이다. 그리고 아골타는 고려 16대 예종(1105~1122년)과 동시대의 인물이다. 고려 예종은 계보상 왕건의 5대손(태조-안종 욱-현종-문종-숙종-예종)이다. 따라서 왕건은 적어도 함보의 아버지인 금행 내지는 김행, 권행의 3대손과 동시대이다. 1세대를 20년으로 계산하여도 60년이고 함보가 들어간 시기가 60세이므로 이 중에서 40세를 제외하고 20세를 여기에 더하면 80년 차이가 난다. 이때는 857년경이다.

이 시기는 발해(698~926년)가 멸망하기 전이고 신라가 망하기 전이고, 고려가 건국되기 전이다. 따라서 신라 말기, 후삼국시대에 신라의 김행이 고려의 권행이 되어 여진으로 넘어갔다는 것은 사실이 아니다. 이가 넘어간 시기는 이보다 전인 857년경으로 발해 시기이다.

이러한 발상은 금나라 자신이 쓴 정사에 의하지 않고 후대의 정사 아닌 기록에 의거한 발상이거니와 정사 기록을 역사 인식 부족으로 잘못 해석한 것이다. 즉 금나라가 쓴 정사 기록에는 분명히 함보는 고려에서 왔다고 하였다. 그렇다면 그 시기는 발해이다. 그러므로 고려는 제2의 고려인 발해이다. 발해는 스스로 고려라 하였다. 고구려도 스스로 고려라 하였다. 발해는 제2의 고려이다. 사서상 기록이 그렇다는 것이다. 그런데도

① 이를 제3의 고려인 왕건의 고려로 오류 인식하고,

②『고려사』에도 분명히 함보의 아버지가 김행(金幸)이 아닌 금행(今幸)으로 기록한 것을 ①의 오류 인식을 바탕으로 고려시대로 여긴 채, 중국 남송(南宋) 때 요주(饒州) 파양(鄱陽) 출신의 홍호(洪皓)가 저작하여 1156년 간행한 금(金)나라에 대한 책인『송막기문』기록의 신라인이라는 오류 인식 기록에 의거 금(今)을 김(金)과 동일시한 채,

③ 조선 인조 14년(1636)에 문신 김세렴이 통신부사로 일본에 다녀와서 쓴 책의 신라 왕족 후손이라는 오류에 의하여 신라인인 김행이 고려로 귀속한 다음 만주의 여진으로 간 권행으로 착각한 것이다. 물론 남송 초 우문무소(宇文懋昭)가 쓴 금지(金誌)를 토대로 청나라 석세신(席世臣)이 1796년 간행한 정사 형식의 서적인『대금국지(大金國志)』에는 신라인으로 기록되어 있지만 원 정사인『금사』에는 고려 출신으로 되어 있고, 우리 정사인『고려사』에도 신라인 김행이나 권행이 분명히 아니라 금행이라고 기록하였다.

물론 고려를 자기들 나라 왕건의 고려로 오류 해석한 잘못은 있다. 결론적으로 금나라의 뿌리는 당연히 여진족이고 그 여진족은 말갈-발해-물길-읍루-숙신이고, 금나라 건국 시조의 출처는 신라나 왕건의 고려가 아니라 제2의 고려인 발해이다.

> 금나라 건국 완안(부) 아골타의 7대조 생여진 함보의 출신은 신라나 고려가 아니고 제2의 고려인 발해이다.

　　금나라 건국 시조인 금행과 그의 후손인 함보 출처와 활동 사항은 본 필자가 이 글에서 입증하여 설명하고 있는 발해의 구성원이었던 말갈족이 발해가 멸망한 후 거란의 요나라가 성립하였을 때 독립하는 과정을 나타낸다는 사실이다. 즉 말갈의 두 갈래 즉 남갈은 남쪽의 신라에 흡수되고, 북갈은 북쪽의 발해에 흡수된 후 이 발해에 흡수된 북갈 즉 말갈족이 발해시대에 독립적으로 여진족이 되어 활동하다가 독립하여 거란을 멸망시키고 금나라를 건국하는 과정을 설명하는 것이다. 따라서 본 필자가 굳이 이 사항을 밝히는 것은 두 가지 이유가 있어서이다.

[1] 이 여진족 즉 발해에 속하였던 여진족의 한 부류가 독립하는 과정은 본 필자의 말갈의 비정과 이에 따른 발해와 신라에서의 활동을 입증한다는 점과

[2] 그 위치가 [1]과 연관되어 본 필자가 입증하는 우리 고대 국가 활동 지역이 하북성과 산동성임을 입증하는 또 다른 유력한 사항이라는 점이다.

[『고구려 - 발해인 칭기스 칸 1·2』 비판]

이미 설명하였듯이 여진의 금나라 건국 시조 함보의 부친 금행의 출처에 대한 사항은 본 필자의 연구보다 『고구려-발해인 칭기스 칸 1·2』(2015. 비봉출판사)를 집필한 중앙아시아 및 북방 민족 사학가 전원철 박사의 연구에 의한 계보 연구 등이 더 상세하고 전문적이다.

이에 대하여 본 필자가 밝히는 이유는 이 연구에 반론을 제기하기 위해서이다. 이 연구에 의한 여러 가지 계보 및 연혁에 의한 우리 민족과의 관련성 등의 연구는 상세하고도 탁월한 전문적인 연구임이 확실하다. 하지만 발해와 신라의 위치 그리고 이에 따른 여진 및 여진의 나라인 금나라 시조 금행 및 함보 그리고 이들의 활동 지역에 대한 연구는 왜곡 조작된 조선시대 연구와 이를 이용한 식민사학과 주류 강단 사학계의 비정을 그대로 따른 것이어서 잘못임을 비판하고 바로잡고자 사실을 입증하고자 한다.

그래서 이 글에서 비판하는 목적과 같은 맥락으로 올바른 우리 고대사를 밝혀 정립하고자 한다. 이 위치와 관련하여서는 주류 강단 사학계의 어느 사학자를 막론하는 것은 물론이고 전원철 박사와의 토론이나 검증 과정을 가지고자 한다.

얼마든지 진위 과정을 밝혀도 자신 있고 그러한 절차를 가질 것을 요구한다. 왜냐하면 이 글에서 비판하는 소위 '젊은 역사학자 모임'의 일원들은 본 필자를 포함한 재야 민족 사학자들의 학문적인 비판에 대하여 공개적으로 학문적인 비판이 아닌 비학문적인 비난을 한 반면에 본 필자는 학문적으로 이 글에서 비판하는 바와 같다.

이와 같은 맥락으로 전원철 박사도 금나라 건국 시조인 금행과 그의 후손인 함보 출처에 대하여 이를 잘못 주장한다고 여기는 사학자들 즉 재야 사학자인 윤명수 선생, 강단 사학자인 김운회 및 김위현 교수의 잘못을 비판하면서도 정작 본인은 그 위치 등과 사실 관계를 잘못 연구하고 주장함에 본 필자도 이를 비판하고자 하는 것이다.

그 이유는 전원철 박사의 잘못을 비판하려는 것이 아니라 그 잘못을 비판함으로써 올바른 위치 및 사실 관계를 정립시키고 이에 대한 본 필자의 논리와 비정을 증명하여 본 필자의 주장이 올바름을 확인함으로써 본 필자의 주장대로 역사가 제대로 정립되게 함이다.

앞에서 언급하였듯이 전원철 교수가 자신의 저서에서 밝힌 금나라 건국 시조 금행과 그의 후손 함보의 출처 및 여러 계보 등에 대한 연구는 본 필자가 따를 수 없는 탁월한 연구임이 확실하다고 판단되므로 본 필자가 이에 대하여 거론할 입장은 아니라고 생각한다. 단지 이 글에서 거론하고자 하는 것은 금나라 건국 시조 금행과 그의 후손 함보가 진입하였다는 장소와 그 경위 관련 사실관계에 대한 것이다.

전원철 교수는 그 장소로 평주에 위치 비정을 함에 있어서 먼저 선행적으로 확인해야 할 발해와 거란 그리고 여진 즉 말갈의 위치를 제대로 설정하지 않고 단지 조선시대 이후에 쓰인 왜곡된 비정과 이를 이용한 일제 식민사학과 이를 추종하는 주류 강단 사학계의 비정을 어떠한 검증이나 연구 없이 그대로 따르는 한계 내지는 또 다른 왜곡을 범하였다는 것이다. 즉 현재 주류 강단 사학계의 잘못된 역사 비정을 그대로 따르면서 여기에 자신이 연구한 결과를 엮어 넣었다는 것이다. 더군다나 경위 과정에서 사실 관계 즉 역사 사건에 대한 해석은 연구를 하고 이를 저서로 내놓기에는 부족감이 여실히 드러난다는 것이다. 그러면 잘못되었다는 위치 비정과 역사 사실 관계에 대하여 살펴보기로 한다.

[평주에 대하여]

먼저 평주에 대한 비정을 살펴보자. 평주는 『고려사』 기록상 함보의 부친 '금행' 및 그 세력이 있었다는 지역이다. 그런데 이것을 확인하기 전에 벌써 의문이 든다. 이 의문은 기록에 의하여 확실히 입증되지 않는다는 것을 의미한다. 분명히 『고려사』 기록에는 금행이 평주 출신인데 이후 금행의 아들들인 함보 등 3형제가 여진에 도망가서 아지고촌에 살았다고 하였다.

그런데 박사는 반대로 다른 곳에 있다가 평주에 진입하였다고 한다. 그것도 발해가 신라에 빼앗겼던 지역이고 빼앗긴 시기와 이유가 발해 무왕 시기에 당나라 등주와 마도산을 공격한 사건이라는 것이다.

먼저 평주에 대하여 살펴보고 다음에 발해 무왕(719~737년)의 당나라 공격에 대하여 살펴보기로 한다.

금행이 『고려사』 등에 기록된 대로 평주에 있었든 다른 곳에서 평주로 왔든 별문제가 안 된다. 아니 본 필자가 거론할 문제가 아니라고 판단된다. 단지 본 필자가 확인하고자 하는 것은 이 평주가 전 박사가 비정한 위치가 맞는지 여부이다.

위치는 물론 그 지방으로 오게 되는 역사적 사건과 관련이 있다. 전 박사는 평주를 황해도 평산으로 비정하고 있다. 금행이 이곳으로 왔다는 것이다. 그 이유는 발해 선왕인 대인수(818~830년)가 신라를 공격하여 위의 발해 무왕 시기에 빼앗겼던 땅을 수복하는 전쟁의 선도적 역할을 금행이 하였다는 것이다.

이 모든 비정이 잘못되었음을 증명하여 확인함으로써 비판하고자 하는 것이다. 전 박사가 평주를 황해도 평산으로 비정하는 근거를 여러 가지 들었지만 결국은 이 사건 발생 시기 경과 한참 후에 이루어진 조선시대 및 일제 식민 사학자들에 의하여 비정된 것을 따르고 있다. 물론 고구려와 백제 그리고 원래 신라의 지역을 모두 한반도에 비정한 『삼국사기』에도 단서가 있다.

> **【사료243】**『삼국사기(三國史記)』 권 제37 잡지 제6 지리(地理)四 고구려(高句麗)
>
> 한산주의 주·군·현·성
>
> 대곡군(大谷郡)(註 121)(다지홀(多知忽)이라고도 한다.)
>
> 註 121
> 지금의 황해도 평산군(平山郡) 평산면(平山面) 일대이다(정구복 외, 《역주 삼국사기》 4 주석편(하), 한국정신문화연구원, 1997, 263쪽).

> **【사료244】**『삼국사기(三國史記)』 권 제9 신라본기 제9 선덕왕(宣德王) 四年 春一月
>
> 김체신을 대곡진 군주로 삼다(783년 01월(음))
>
> 4년(783) 봄 정월에 아찬체신(體信)을 대곡진(大谷鎭)(註 388) 군주(軍主)로 삼았다.
>
> 註 388
> 지금의 평산(平山)(이병도, 《역주 삼국사기》 상, 을유문화사, 1996, p.243). **현재의 황해도 平山에 있던 軍鎭으로 곧 패강진을 가리킨다.**(정구복 외, 《역주 삼국사기》 3 주석편(상), 한국정신문화연구원, 300쪽).

고구려 한산주의 대곡군을 황해도 평산군으로 비정한 사실을 주류 강단 사학계는 국사편찬위원회의 한국사 데이터베이스상의 『삼국사기』 주석으로 설정함으로써 주류 강단 사학계의 공식 비정으로 하였고 실제로 이를 따르고 있다. 그러나 이 비정은 일제 식민 사학자 이병도가 비정한 것을 따르는 것이다. 이유는 다양하다. 물론 다른 왜곡된 여러 사실에 맞추기 위함이다. 이에 대하여 얼마든지 입증할 수 있지만 그러자면 너무 분량이 많아 생략하고 이곳에 한해서만 거론하고자 한다.

> 【사료186】『삼국사기(三國史記)』卷第三十四 雜志 第三지리(地理)一 신라(新羅)
>
> 이전 고구려 지역의 3주
>
> 이전의 고구려 남쪽 영토 내에도 3주를 설치하였다. 서쪽 제일 첫 번째가 한주(漢州), 그 다음 동쪽을 삭주(朔州), 그 다음 동쪽을 명주(溟州)라고 하였다.

> 【사료188】『삼국사기(三國史記)』卷第九 新羅本紀 第九 경덕왕(景德王) 十六年冬十二月
>
> 9주의 이름을 고치고 군현을 소속시키다(757년 12월(음))
>
> ~ 한산주(漢山州)를 한주(漢州)로 고치고 1주 1소경 27군 46현을 거느리게 했다. 수약주(水若州)를 삭주(朔州)로 고치고 1주 1소경 11군 27현을 거느리게 했다. ~ 하서주(河西州)를 명주(溟州)로 고치고 1주 9군 25현을 거느리게 했다. ~

고구려의 옛 땅이었던 곳의 고구려 남쪽 영토 지역에 한주, 삭주, 명주를 신라가 설치하였다고 하였다. 그런데 한주는 원래 고구려 땅이었던 한산주의 명칭을 바꿔 설치한 것이고, 삭주는 신라 땅이었던 수약주의 명칭을 바꿔 설치한 것이고 명주는 고구려 땅이었던 하서주의 명칭을 바꿔 설치하였다는 것이다. 그러나

【사료243】『삼국사기(三國史記)』 권 제37 잡지 제6 지리(地理)四 고구려(高句麗)

한산주(漢山州),
우수주(牛首州)(수(首)를 두(頭)로 쓰기도 한다. 수차약(首次若)이라고도 하고 오근내(烏根乃)라고도 한다.),
하슬라주(何瑟羅州)(하서량(河西良)이라고도 하고 하서(河西)라고도 한다.)

원래 고구려 땅은 한산주와 우수주 그리고 하슬라주라고도 하였다. 그러나 실제로는 한산주, 삭주만이 소위 통일되기 직전 고구려 땅이었다. 나머지 수약주와 우수주는 같은 것으로 원래 신라 땅이었고, 하슬라주도 별도로 원래 신라 땅으로 신라 초기에 신라가 개척한 말갈과 발해와의 국경인 니하가 있는 곳이다. 그리고 삭주와 한산주의 경우 『삼국사기』의 다른 기록에서 이들이 모두 명칭을 바꾸어 9주가 확정된 이후(757년)에도 별도로 존재하고 있었다.

【사료191】『삼국사기(三國史記)』 권 제12 신라본기 제12 경명왕(景明王) 五年春二月

견권이 말갈족을 물리치다(921년 02월(음))

2월에 말갈(靺鞨)의 별부(別部)인 달고(達姑) 사람들이 북쪽 변경에 와서 도적질을 하였다. 이때 태조의 장수인 견권(堅權)이 삭주(朔州)를 지키다가 기병을 이끌고 공격하여 크게 격파하여, 말 한 필도 돌아가지 못하였다. 왕이 기뻐하여 사신과 편지를 보내 태조에게 사례하였다.

【사료192】『고려사』 권1 세가 권제1 태조(太祖) 4년 2월 921년 2월 15일(음) 임신(壬申),

장군 견권이 신라를 공격하러 가는 달고적과 싸워 이기다

> 임신 달고적(達姑狄) 171명이 신라(新羅)를 공격하러 가는데, 길이 등주(登州)를 통과하니 장군 견권(堅權)이 맞아 싸워 크게 패배시켜 말 한 필도 돌아가지 못하였다. 왕이 명하여 공이 있는 사람에게 1인당 곡식 50섬씩을 하사하니, 신라왕이 이 소식을 듣고 기뻐하며 사신을 보내 사례하였다.
>
> 789년 01월 (음) 한산주의 기근을 진휼하다.
> 790년 05월 (음) 한산주와 웅천주의 기근을 진휼하다.
> 794년 07월 (음) 한산주에서 흰 까마귀를 바치다.
> 799년 08월 (음) 한산주에서 흰 까마귀를 바치다.
> 816년 (음) 한산주 당은현에서 돌이 100여 보를 움직이다.

 결론적으로『삼국사기』는 고구려 땅이었던 한산주를 한주로, 삭주를 삭주로 그리고 신라의 땅이었던 하슬라주를 명주(고려시대 춘주)로 하여 한반도에 옮겨놓으려 하였지만 이는 스스로 오류를 범한 것으로 한반도의 9주(한주, 삭주, 명주, 상주, 양주, 강주, 웅주, 전주, 무주) 외에 하북성과 산동성에 한산주와 삭주 그리고 하슬라주가 별도로 존재하고 있었던 것이다.

 이는 한반도뿐만 아니라 하북성과 산동성에도 소위 통일신라의 영토가 있었다는 것을 입증하는 것이고, 이는 다시『삼국사기』왜곡의 의도가 입증되는 것이다. 이는 또다시 이후『고려사』역시 이러한『삼국사기』와 마찬가지로 사실 그대로의 기록과 고의 왜곡 기록이 병존함으로써 진실 된 사실을 파악할 수 있기도 하고 왜곡의 의도도 알 수 있다. 이에 대하여는 이 글 전반에 걸쳐 입증하여 설명하고 있다.

 특히 하슬라주와 삭주에 대하여는 입증하여 설명하였다. 여기서는 관련된 한산주만 추가적으로 설명하기로 한다. 이미 확인한 대로 한산주를 그리고 한산주의 대곡(군)을 황해도 지방 및 황해도 평산으로 비정하였다. 물론 신라 9주 5소경에서는 한산주에서 명칭 변경한(757년) 한주를 황해도 인근 지방으로 비정하였다. 그리고 그 위가 일제 식민 사학자들이 조작한 소위 통일신라의 국경이자 발해의 영역이다. 이러한 비정에 따라 전 박사가 금행이 발해(고려)에서 이곳 평주로 온 것이라고 한 것이다. 하지만 먼저 한산주의 한산은,

> 【사료245】『삼국사기(三國史記)』 권 제23 백제본기 제1 시조 온조왕(溫祚王) 13년 7월
>
> 하남위례성으로 백성을 이주시키다(기원전 6년 07월)
>
> 〔13년(B.C.6)〕 가을 7월에 한산(漢山) 아래로 나아가 목책을 세우고, 위례성(慰禮城)의 민호(民戶)들을 옮겼다.

한수, 한강, 한성과 더불어 백제의 초기 도읍지이다. 이곳은 475년 고구려에 빼앗긴 곳으로 주류 강단 사학계가 한반도 한강 유역으로 비정하였다. 이곳은 나중에 빼앗긴 백제가 신라와 연합하여 다시 차지하지만(551년) 이내 신라에 빼앗겨 신라가 신주를 설치하였다가(553년) 폐하고 대신 북한산주를 설치하는(557년) 곳이다.

따라서 이 한산주 내지는 소속현을 황해도 내지는 황해도 평주로 비정하는 것은 잘못이다. 더불어 한산주에 있는 대곡을 평안도에 비정함으로써 한산주 자체를 평안도에 비정하는 것은 잘못이다. 물론 주류 강단 사학계가 『삼국사기』의 의도된 왜곡 비정을 근거로 소위 통일신라 9주 중에 이 한주를 지금의 황해도, 서울, 경기도를 모두 포함된 지역으로 비정하였지만 원래의 한주 즉 한산주는 주류 강단 사학계의 비정대로라고 하더라도 한강 유역이다.

이를 즉 한산주의 소속군인 대곡군을 황해도 평산으로 비정하는 것은 의도가 있는 조작 비정이다. 물론 전 박사가 근거로 설정한 이

이후의 고려 및 조선시대 이후의 기록을 근거로 하고 있지만 이들의 합리적인 근거는 전혀 없는 명백한 조작이다.

> **【사료246】**『고려사』지 권제12 지리3(地理 三) 서해도 평주
>
> **연혁**
> 평주(平州)는 본래 고구려 대곡군(大谷郡)【다지홀(多知忽)이라고도 한다.】으로, 신라 경덕왕(景德王) 때에 영풍군(永豊郡)으로 고쳤다.(748) 고려 초에 지금 이름으로 바꾸었다. 성종 14년(995)에 방어사(防禦使)를 두었다. 현종 9년(1018)에 지주사(知州事)로 정하였다. 원종 10년(1273)에 복흥군(復興郡)에 병합하였다. 충렬왕 때에 다시 예전으로 돌아갔다. 별호(別號)는 연덕(延德)이다. 또 동양(東陽)이라 부른다. 저천(猪淺)이【패강(浿江)이라고도 한다.】있고 온천(溫泉)이 있다. 속현(屬縣)이 1개이다.

주류 강단 사학계가 추정하는 일제 식민 사학자인 이병도가 황해도 평산으로 비정한 한산주의 대곡군은『고려사』기록에서 확인되고 여기에도 주류 강단 사학계가 지금의 황해도 비정하는 고려의 5도 양계 중의 서해도로 비정하고 있으며 이곳에 전 박사가 근거로 제시하는 저천(저탄)과 패강도 있는 것으로 기록되어 있다. 하지만 이 기록도 조작이다.『삼국사기』의 기록과 마찬가지로 한반도로 모든 것을 비정하려는 의도에서이다. 사실 이 한산주의 대곡(군)은,

> **【사료247】**『삼국사기(三國史記)』권 제2 신라본기 제2 유례(儒禮) 이사금(尼師今) 9년 6월
>
> 왜가 사도성을 빼앗자 다시 되찾다(292년 06월(음))
>
> 九年, 夏六月, 倭兵攻陷沙道城, 命一吉湌大谷, 領兵救完之.

9년(292) 여름 6월에 왜병(倭兵)(註 001)이 사도성(沙道城)(註 002)을 공격해 함락되니, 왕이 일길찬(一吉湌) 대곡(大谷)(註 004)에게 병사들을 거느리고 가서 도와주어 되찾도록 명령하였다.

註 001
왜병(倭兵): 본서 권1 신라본기1 혁거세거서간 8년(B.C.50)조의 주석 참조.

〈본서 권1 신라본기1 혁거세거서간 8년(B.C.50)조의 주석〉
註 001
왜인(倭人)이 … 했는데: 신라와 왜 사이의 적대 관계가 오랜 연원을 가졌음을 보여주는 기사이다. 본서에서 왜는 신라의 변경을 침범한 최초의 외부 세력으로 나온다. 신라본기에는 이 기사를 비롯하여 총 51건의 '왜' 관련 기사가 나오는데, 그 기사의 대부분은 5세기 말 이전에 몰려 있으며, 그 가운데서도 왜의 '침략'을 전하는 기사는 도합 29건에 이른다. 한편 신라를 침탈한 왜의 실체를 둘러싸고는 한반도 남부의 가야 지역에 들어와 있던 왜인으로 보는 견해도 있고(井上秀雄, 1970), 일본열도에서 바다를 건너온 해적 집단으로 보는 견해도 있다(旗田巍, 1975).
〈참고문헌〉
井上秀雄, 1970, 「日本書紀の新羅傳說記事」, 『日本書紀研究』 4
旗田巍, 1975, 「三國史記新羅本紀にあらわれた倭」, 『日本文化と朝鮮』 2
강종훈, 2011, 「『삼국사기』에 보이는 '왜(倭)'의 성격」, 『삼국사기 사료비판론』, 여유당

註 002
사도성(沙道城): 위치 미상의 성이다. 본서 권2 신라본기2 아달라이사금 9년(162)조의 사도성에 대한 주석 참조.
〈본서 권2 신라본기2 아달라이사금 9년(162)조의 사도성에 대한 주석〉

註 001
사도성(沙道城): 본서 권2 신라본기2 유례이사금 9년(292) 6월조, 동왕 10년(293) 2월조 및 권37 잡지 6 지리4 삼국유명미상지분(三國有名未詳地分)조에도 나온다. 「남산신성비(南山新城碑)」 제2비에 나오는 '사도성(沙刀

城'도 같은 곳일 가능성이 있다. 그 위치를 알 수는 없지만 주로 왜의 침입과 연관된 곳이어서 동해안 쪽으로 추정된다. 경상북도 포항시 장기면 일대(中田勳, 139쪽)나 경상북도 영덕군 영덕읍 일대로 보는 견해가 있지만, 명확한 근거가 있다고 하기는 힘들다. 한편 본서 권23 백제본기1 초고왕 45년(210) 2월·10월조 및 권24 백제본기2 구수왕 3년(216) 8월조, 동왕 4년(217) 2월조에도 사도성이 나오지만 다른 곳일 가능성이 높다.

〈참고문헌〉
中田勳, 1956, 「古代日韓航路考」, 『古代日韓交涉史斷片考』
李丙燾, 1977, 『國譯 三國史記』, 乙酉文化社
일길찬(一吉湌) : 신라 경위(京位) 17관등(官等) 중 제7등이다. 본서 권1 신라본기1 유리이사금 9년(32)조의 일길찬에 대한 주석 참조.

註 004
대곡(大谷) : 이 기사에만 등장하는 인물로 이후의 행적은 알 수 없다.

신라 초기 왜가 침입하는 곳이다. 이 기록에 대한 주류 강단 사학계의 해석과 비정이 비정상적이다. 조작의 흔적이 발견된다.

물론 이러한 본 필자의 견해는 지나친 잘못된 것일 수도 있다. 하지만 이 사실 하나만이라면 본 필자의 잘못이라고 할 수 있지만 이와 같은 사례가 많은 경우 본 필자의 견해가 신빙성이 있는 것이다.

이 대곡에 대한 해설도 제대로 하지 못하면서 이 대곡을 지명으로 해석하지 않고 인물로 해석한 것이다. 이는 분명히 대곡에 대한 일제 식민 사학자 이병도의 황해도 평주 비정 때문인 것이 확실하다. 이를 피하려고 이러한 비정을 한 것이다. 이것은 학문이 아니다. 식민사학은 이렇게 우리 역사를 정하였다. 그리한 것을 주류 강단 사학계는 여기서 주를 달아 따른 것과 마찬가지로 이들이 정해 놓은 우리 역사 비정을 따르고 있다. 분명히 이 대곡은 위치 지명이다. 이들이 대곡을 제대로 설명하지 않거니와 엄연히 위치 지명인 것을 인물로 비정한 것은 놀랍게도 일제 식민 사학자들이 자기들의 비정이 잘못임이 드러나는 것을 회피하고 연구하지 않은 것을 그대로 현재까지 따른 것을 의미한다. 물론 연구를 했지만 여기에 주석으로 달지 않았을 수도 있다. 하지만 그렇다 하더라도 이곳에 달지 않은 것은 문제이다. 이러한 학문도 아닌 조작성은 이 기록의 다른 사항에서도 그대로 드러난다. 대곡에서 확인되는 바와 같이 이곳은 신라 초기 왜가 침입한 곳으로 주류 강단 사학계의 비정대로라 하더라도 남해안이나 동해안이다. 이곳 황해도는 아니다. 대곡이 지명이 확실한데도 인명으로 치부한 채 주석과 같이 다른 기록에는 없다는 주석은 허위이다. 이는 연구 부족으로 지명을 인명으로 한 채 이 인명으로는 다른 기록에 없다고 한 것으로 이해할 수도 있다.

하지만 본 필자가 오해의 소지가 있어 한자 원문도 인용하여 나타내었지만 앞에 명령하는 명(命)이 있으므로 뒤의 령(領)은 필요 없는 것으로써 이 령(領)은 앞의 대곡에 딸린 것으로 대곡령을 일컫는 것이다. 즉 왕이 일길찬에게 명(命)하여 병사를 거느리고 대곡령을 구원하라고 한 것으로 해석하여야 마땅하다. 따라서 대곡은 대곡령으로 지명이다. 더군다나 지시하는 명령은 이 명과 떨어진 것을 합한 명령(命領)이 아니라 명령(命令)인 것이다. 이 령(領)은 고개를 나타내는 것이다. 본 필자의 연구에 의하면 대곡이라는 지명은 이들 사건과 지역 관련 기록에 분명히 기록되어 있다. 즉,

【사료248】『삼국사기(三國史記)』 권 제6 신라본기 제6 문무왕(文武王) 8년 6월 22일

고구려의 군과 성이 귀순하고 김인문 등이 당 군영으로 나아가다(668년 06월22일(음))

> 〔8년(668) 6월〕 22일에 〔웅진도독부〕 부성(府城)의 유인원(劉仁願)이 귀간(貴干) 미힐(未肸)을 보내, 고구려의 대곡▨(大谷▨)과 한성(漢城) 등 2군(郡) 12성(城)이 귀순하여 항복하였다고 고하였다. 왕은 일길찬(一吉湌) 진공(眞功)을 보내 칭하(稱賀)하였다. 인문(仁問)·천존(天存)·도유(都儒) 등은 일선주(一善州) 등 일곱 군(郡) 및 한성주(漢城州)의 군사와 말을 거느리고 당나라 군영(軍營)으로 나아갔다.

　소위 통일신라가 통일 시점에 그 이전에 백제 개로왕이 고구려의 장수왕에게 빼앗겼다가(475년) 신라와 연합하여 백제가 되찾은(551년) 땅을 신라가 가로챘으나(553년) 다시 백제와 고구려가 연합하여 탈환한 후(655년) 고구려가 차지하고 있었던 땅인 백제의 북부 지역 즉 한산주(북한산주)에 한성과 같이 있었던 대곡 땅이 신라에 항복한 것을 기록한 것이다.

　위에 같이 기록한 것으로 보아 대곡은 한성과 인근에 있는 것이 확실하다. 따라서 대곡은 한성과 같은 지역이다. 이는 주류 강단 사학계의 비정대로라고 하더라도 지금의 서울 지방이고, 본 필자의 비정대로라면 산동성 백제 한성, 한산주 지역이다. 이곳은 어떠한 것에 의해서도 한반도 황해도 지방은 절대 아니다. 이를 한반도 황해도로 비정한 것은 후대 기록의 한반도 고착화에 따른 왜곡 비정이다.

　따라서 이 대곡의 위치와 이미 앞에서 살펴본 사도성과 함께 있어 왜의 침입을 받은 곳은 계속하여 살펴볼 사도성과 적현성이 백제가 초기에 쌓은 성으로 말갈이 침입하는 백제의 북쪽이자 신라의 북쪽의 서쪽인 것으로 확인되는바 같은 지역임이 입증되는 것이다. 이와 같은 사항을 연구가 부족해서 명백히 지명으로 표기되는 곳을 인명으로 하여 놓은 채 다른 지명으로 나온 것을 연결시키지 못한 것으로 이해될 수도 있다. 하지만 명백히 지명으로 표기되는 곳을 인명으로 하여 놓은 것으로 보나, 이것이 그들의 논리 전개상 곤란한 곳으로 비정되는 것을 연결시키지 않으려고 고의로 치부하여 놓았다는 혐의가 더 짙다. 그들의 논리와는 다르게 왜가 침입한 한반도 남쪽이 고구려 영역으로 나오는 곳과 현재 서울 지역으로 비정되는 한성 지역과 같이 나오므로 회피한 것이다. 더군다나 이 대곡을 그들은 오로지 황해도 대곡으로 비정한다. 왜의 침범 지역도, 고구려의 영역과 한성과 같은 지역으로 나와 유인원에게 침범당하는 곳도 그들에게는 배척 대상이다. 그들에게는 연구대상이 아니다. 단지 회피할 뿐이고 배척할 뿐이다. 왜냐하면 그들의 논리에 위배되므로. 많은 사항 아니 모든 사항을 이렇게 연구하고 배척하고 회피하였다. 그래서 성립시킨 것이 지금까지의 모든 우리나라 역사이다. 이것이 그들의 학문이고 그들의 모든 역사 비정이다. 이러한 비정이 그들이 모든 것을 비정하는 한반도에는 적용이 안 되므로 이렇게 하는 것이다.

하지만 산동성에서는 가능하다. 백제 옆에 신라가 있다. 백제의 한성 옆에 신라가 있다. 백제와 신라의 북쪽에 말갈이 있고 신라의 남쪽에 왜가 있어 수시로 침범한다. 이 왜는 이 같은 신라 옆에 있는 백제도 침범하는 것이다. 이러한 맞는 비정을 하지 않고 맞지 않은 한반도에 모든 것을 비정하니 맞지 않자 회피하는 것이다. 그런데 이러한 한 번의 회피는 그걸로 모면되지 않는다. 관련한 다른 사항에서 또 문제가 된다. 이 대곡과 같이 기록되어 왜병이 공격하여 함락한 것으로 기록된 사도성은 사서 기록상 그들이 이 기사에는 주석을 달지 않은 채 다른 곳에 주석이 있다고 소개한 바와 같이

- 백제 초기 초고왕 210년 02월 적현성과 이 사도성의 두 성을 쌓았고,
- 10월에는 말갈이 이 사도성을 침입한 곳으로 기록되고 있다.
- 또한 백제 구수왕 216년 8월에는 위의 적현성을 공격한 말갈을 이 사도성에서 싸운 것으로 기록되어 있으며,
- 같은 구수왕 217년에는 이 사도성 옆에 목책을 설치했는데 적현성의

> 군졸로 하여금 지키게 했다는 것이다.
> - 또한 적현성은 백제 진사왕 391년 말갈이 침입한 곳으로 기록되고 있다.

이러한 기사로 보아 사도성과 적현성은 이웃에 있는 상으로 말갈과 관계가 있으므로 사서 기록상 백제와 신라의 북쪽에 있어 괴롭힌 대상이므로 이들은 백제 초기 백제의 북쪽에 있었던 성이 확실하다.

그러므로 주류 강단 사학계는 백제 북쪽에 있는 이 사도성을 왜병이 침입한 기사에 나오니 이를 부정하려고 이 백제의 말갈과의 관련 기사상의 사도성을 다른 성으로 치부해 버린 것이다. 이러한 조치야말로 그들의 전형적인 방법이다. 연구하여 제대로 밝혀 자기들의 논리를 바꾸든지 아니면 이에 대한 제대로 된 해명과 반론이 있어야 한다. 하지만 그러하지 않는다. 이와 같이 그들이 비정하는 한반도에서는 불가능하다. 백제의 북쪽에 있는 백제의 성을 말갈과 함께 왜가 침입하니 신라가 물리칠 수 있는 이곳은 한반도가 아닌 것이다.

하지만 원래 위치인 산동성에는 백제와 신라의 북쪽에는 말갈이 신라의 남쪽에는 육지로 왜가 접하고 있어 말갈과 왜는 언제든지 신라와 백제를 침입할 수 있다. 따라서 이들과 같이 있는 대곡은 이곳이지 한반도 황해도가 아니다. 따라서 대곡, 사도, 적현은 모두 백제의 북쪽 변경에 있는 것으로 확인된다. 이곳은 백제의 도읍인 한산㈜인 한산의 북쪽이다. 이곳에 대하여 주류 강단 사학계는 지금의 한강 이북 지방이자 식민 사학자 이병도의 비정과 『삼국사기』의 한주 그리고 『고려사』의 서해도 평주 기록에 의한 비정으로 황해도로 비정하고 있다. 하지만

【사료94】『삼국유사』 卷第一 제1 기이(紀異第一) 말갈(靺鞨)과 발해(渤海)

또 『삼국사(三國史)』에 이르기를 "백제(百濟) 말년에 발해와 말갈과 신라가 백제의 땅을 갈랐다."라고 하였다. 이에 의하면 말갈발해(鞨海)가 또 갈라져 두 나라로 된 것이다. [신]라(羅) 사람들이 이르기를 "북쪽에는 말갈이 있고 남쪽에는 왜인이 있고 서쪽에는 백제가 있으니 이것들이 나라에 해악이다."라고 하였고 또 "말갈의 땅은 아슬라주(阿瑟羅州)에 접하였다."라고 하였다.

【사료102】『삼국사기(三國史記)』 卷第二十三 百濟本紀 第一 시조 온조왕(溫祚王) 13년 5월

하남위례성으로 천도할 계획을 세우다(기원전 6년 05월)

〔13년(B.C.6)〕 여름 5월에 왕이 신하들에게 다음과 같이 말하였다. "우리나라의 동쪽에는 낙랑(樂浪)이 있고, 북쪽에는 말갈(靺鞨)이 있어 번갈아 우리 강역을 침공하므로 편안한 날이 적다. 하물며 요사이 요망한 징조가 자주 나타나고, 국모(國母)께서 돌아가셨다. 형세가 스스로 편안치가 않으니, 장차 반드시 도읍을 옮겨야겠다. 내가 어제 순행을 나가 한수의 남쪽을 보니, 땅이 기름지므로 마땅히 그곳에 도읍을 정하여 오래도록 편안한 계책을 도모해야 하겠다."

당시 백제와 신라 북쪽으로 말갈이 있고 신라 남쪽에 왜가 있는 곳 그리고 백제 동쪽에 낙랑과 신라가 있는 이곳은 주류 강단 사학계가 비정하는 한반도가 아니다. 이곳은 한반도가 아니라 하북성 석가장시 남쪽의 대방고지와 남옥저 자리인 산동성 빈주시 인근을 기준으로 그 서남쪽에 백제와 그 동쪽에 낙랑이 있고 다시 그 동쪽에 신라가 있고 그 남쪽에 왜가 있는 것이다. 그리고 이들 백제와 신라 북쪽에 말갈이 있고 다시 그 북쪽에 고구려가 있음이 여러 사료의 기록과

당시 정황 그리고 역사적 활동 사항이 맞아떨어지는 것이다. 이곳에 한수와 한산이 있는 것이다. 이곳이 한산주 대곡군의 황해도 평산일 수가 없는 것이다. 그리고 이곳 황해도의 평산이 『고려사』 기록상 금행이 있었다는 평주일 수가 없는 것이다.

왜곡 이동시켜 황해도 평주로 비정한 한산주 대곡은
한반도가 아니라 왜와 말갈과 관련이 있는 산동성에 있었다.
한반도 황해도 평주로 왜곡 이동 비정시킨 평주는
원래 하북성 평주로써 여기에 금나라 시조 아골타의 선조인
함보의 완안부 생여진과 숙여진이 있었다.
전 박사는 왜곡시킨 서로 다른 대곡과 평주를
한반도의 황해도로 잘못 적용하였다.

[패서도, 패강에 대하여]

이곳 평주에 있다고 『고려사』상에 기록된 패강이라고도 하는 저천이 전 박사가 인용한 대로 조선시대 성해응(1760~1839년)이 18, 19세기에 걸쳐 규장각의 편찬 사업에 참여하면서 말년에 지은 188권 102책으로 구성된 백과사전적 성격을 갖는 『연경재전집』의 기록상 신라의 경계가 되는 패강 즉 저탄이라고 한 이 패강 그리고 이곳의 패강장성은 패서의 적 즉 패서도 지방의 발해군을 막기 위한 것이라는 전 박사가 인용하여 사용한 정약용의 『여유당 전서』상의 패서도 및 패강은

【사료54】 『고려사』 지 권제12 지리3 「북계」

연혁

북계(北界)는 본래 조선(朝鮮)의 옛 땅이다. 삼국시대에 고구려가 소유하였다. 보장왕 27년(668)에 신라 문무왕이 당(唐)나라 장수인 이적(李勣)과 함께 협공하여 멸망시키고 그 땅을 병합하였다. 효공왕 9년(905)에 궁예(弓裔)가 철원(鐵圓)을 근거로 삼아 후고려왕(後高麗王)이라 자칭하며 나누어서 패서(浿西) 13진(鎭)을 정하였다. 성종 14년(995)에 전국을 나누어 10도(道)를 만들 때에 서경(西京)의 소관(所管)으로 하여 패서도(浿西道)라 하였다. 뒤에 북계(北界)라 불렀다. 숙종 7년(1102)에 또 서북면(西北面)이라 불렀고, 뒤에 황주(黃州) · 안악(安岳) · 철화(鐵和) · 장명진(長命鎭)을 내속(來屬)시켰다. 우왕 14년(1388)에 다시 서해도(西海道)에 소속시켰다. 관할하는 경(京)이 1개, 대도호부(大都護府)가 1개, 방어군(防禦郡)이 25개, 진(鎭)이 12개, 현(縣)이 10개이다. 〈고려〉 중엽 이후로 설치한 부(府)가 2개, 군(郡)이 1개이다.

대동강(大同江)이 있다 【곧 패강(浿江)으로, 또 왕성강(王城江)이라 부른다.】

사실은 동계의 서해도 평주의 것이 아니고 다른 것으로 이곳 북계에 있었던 것이다. 결과적으로 북계에 있었던 패서도와 패강이 나중에 한반도로 고착화시키면서 서해도 즉 황해도 지방으로 왜곡되어 옮긴 것이다.

이 패서도는 패강의 서쪽에 있었던 지역이다. 패강은 백제의 북쪽을 흐르면서 동쪽으로 흘러서 고구려 남쪽을 거쳐 신라 북쪽을 흐르는 하천이다. 이는 사서 기록상 신라의 패강이자, 백제의 북쪽 패하이고, 고구려 광개토대왕 기록에서는 패수이다. 당시 사서 기록상의 당나라 시기는 물론 그 이전과 그 이후에도 호타하 남부의 고구려 도읍지인 졸본성의 산동성 덕주시 평원현 남부의 도해하(Tuhai River, 徒駭河)이다. 이 강은 현재도 추모왕이 고구려를 건국하고자 건넜던 엄리대수로 위 도해하 북쪽에서 흐르는 마협하(Majia River, 马颊河)의 남쪽이자 한수인 황하의 북쪽에 있다. 이 강이 『당서』「고구려전」상의 고구려 평양성 남쪽에 흐른 패수로 예전의 고구려 평양성인 졸본성의 남쪽에 흐르는 강으로 서쪽으로는 당시 백제가 있어

【사료119】『삼국사기(三國史記)』卷第二十三 百濟本紀 第一 시조 온조왕(溫祚王) 13년 8월

마한에 도읍을 옮긴다고 알리고 강역을 정하다(기원전 6년 08월)

〔13년(B.C.6)〕 8월에 마한(馬韓)에 사신을 보내 도읍을 옮긴다는 것[遷都]을 알리고, 마침내 강역을 구획하여 정하였다. 북쪽으로는 패하(浿河)에 이르고, 남쪽은 웅천(熊川)을 경계로 삼으며, 서쪽으로는 큰 바다에 닿고, 동쪽으로는 주양(走壤)에 이르렀다.

상에 기록된 당시 백제의 북쪽 경계가 되는 패하이며,

【사료249】『삼국사기(三國史記)』 권 제23 백제본기 제1 시조 온조왕(溫祚王) 37년 4월

흉년이 들어 고구려로 도망간 사람이 많이 나타나다(19년 04월(음))

[37년(19)] 여름 4월에 가물었는데 6월에 이르러서야 비가 왔다. 한수(漢水)의 동북쪽 부락에 흉년이 들어, 고구려로 도망해 간 자들이 1천여 호나 되니, 패수(浿水)와 대수(帶水) 사이가 텅 비어 사는 사람이 없었다.

기록상의 패하인 이 강은 도해하와 대수인 엄리대수와 마협하 사이가 황폐해졌다는 기록상의 패수이다. 패하와 패수는 같이 쓰였다. 또한 이 강은 동쪽으로 흘러 신라가 건국된 죽령이 있는 남옥저 땅인 산동성 빈주시 북부를 흘러 패강이 된다. 이 패강이 바로『삼국사기』「잡지 지리」'고구려' '평양성과 장안성' 사료상에서 인용한『신당서』「가탐도리기」상과 수양제 동방정벌 기사상의 패강이고,『당서』「고구려전」상의 고구려 평양성 남단의 패수이자,

【사료250】『삼국사기(三國史記)』卷第八 新羅本紀 第八 성덕왕(聖德王) 三十四年

당 현종이 패강 이남의 땅을 주다(735년 (음))

김의충(金義忠)이 돌아가는 편에 패강(浿江) 이남의 땅을 주었다.

당나라가 허락해 주어 결국 이 강 이남 즉 대동강 이남의 땅이 신라의 강역이 되었다고 일제 사학자들이 조작하여 신라의 영역을 한반도 평양 이남으로 정한 것을 주류 강단 사학계가 그대로 수용한 패강이다. 고구려 남단, 백제 북쪽 그리고 신라 북쪽으로 연결된 이 패하, 패수, 패강이라는 한줄기 강이 흐르는 곳은 절대 한반도가 아니

다. 이곳은 산동성 덕주시와 그 서쪽과 동쪽이다.

이 패강이 고구려의 첫 번째 수도 졸본성 남부에 접하여 있었던 것인데도 이를 고구려의 평양성으로 인식하였던 『삼국사기』 편찬자들은 이 『신당서 지리지』 「가탐도리기」 상의 고구려 평양성과 패강을 당시 역사인식이었던 요령성 요양에 적용하여 이곳 서경에 있었던 대동강에 비정한 것이다. 이러한 『삼국사기』의 기록을 보고 주류 강단 사학계는 대동강이 현재의 평양에 있음에 이 서경 즉 요양에 있었던 대동강을 지금의 평양에 있는 대동강으로 비정하여 『삼국사기』가 원래는 졸본성이었던 고구려 평양성을 요양에 있던 평양으로 인식하여 패강을 이곳 요양의 평양성에 비정하였듯이 한반도 평양의 대동강에 패강을 비정한 것이다.

이것은 사실 『고려사』 편찬자들의 인식을 그대로 따른 것이다. 그리고 비주류 강단 사학계와 재야 민족 사학계에서는 대동강이 한반도 평양이 아니라 요령성 서경의 평양성에 있다는 것을 모르고 『삼국사기』가 『당서』의 왜곡된 인식을 그대로 수용하여 한반도 평양을 고구려 평양성 그리고 한나라 낙랑군으로 왜곡 기록하였다고 『당서』는 물론이고 『삼국사기』를 비판하여 왔던 것이다. 하지만 『삼국사기』는 『당서』에 기록되어 있는 원래의 위치인 하북성을 인용하면서도 당시 고려시대의 역사인식에 따라 낙랑군 평양성과 고구려 평양성을 요령성 요양 즉 당시의 고려 서경으로 인식하였던 것이다. 문제는 대동강이다. 그리고 패강이다. 대동강은 과연 한반도 평양에 있었는가 아니면 요령성 요양의 평양에 있었는가.

명백히 요령성 요양에 있었다. 이에 대하여는 이 글에서 상세히 설명하고 있다. 이 패강이 요령성 요양에 있었든 아니면 원래의 위치인 산동성에 있었든 이 패강과 패서진은 한반도 황해도가 아니다. 한반도에 비정하는 것은 전형적인 역사왜곡에 의한 역사 조작이다.

> 패강은 산동성 백제의 북쪽을 흐르는 패수이자 패하이고
> 이는 동으로 흘러 고구려 평양성인 졸본성 남쪽을 흘러
> 다시 동으로 흘러서 신라의 북쪽을 흐르는 패강인 것으로써
> 지금의 산동성을 흐르는 마협하이다.
> 이 패강이 고구려 평양성을 요령성 요양으로 왜곡 이동하여
> 이곳에 있었던 대동강으로 왜곡 비정한 것을 다시 한반도
> 평양의 대동강으로 왜곡한 것이다.
> 신라와 발해 간의 경계인 것은 니하로써 패강이 아니고 패강은
> 신라 북쪽에 있었고 니하는 이보다 더 북쪽에 있었다.
> 이곳은 산동성이다. 이러한 패강을 한반도 황해도의 저탄으로
> 비정한 것은 소위 통일신라의 영역을 대동강~원산만으로
> 이동시킨 인식에 의한 것이다.
> 이를 여진과 연결시킨 것은 인식 부족이다.

다음은 원래 평주에 대한 것이다. 『고려사』 기록에 금행이 있었다는 평주가 같은 『고려사』 「지리지」 상의 기록인 위의 【사료246】 『고려사』지 권제12 지리3(地理 三) 서해도 평주상의 기록대로 황해도일 수도 있을 거라고 하지만 이 기록상의 대곡(군) 그리고 이와 같이 초기 백제 기록상에 나타나는 사도, 적현의 말갈 침입과 관련된 백제 북쪽 영역 그리고 패강과 패서도에 대한 『고려사』의 이중적인 기록 및 이의 원래 위치를 보아 황해도로 비정되는 고려 동계 서해도는 아니다. 당시 백제와 신라의 낙랑국과 왜 그리고 말갈과의 관계에 의하면 주류 강단 사학계가 비정하는 한반도는 절대 아니다. 평주는 고대 역사에 있어서 전통적으로

【사료65】『통전(通典)』「주군」 '평주'

평주는 지금 주청사 소재지는 노룡현에 있다. 은나라 때는 고죽국이었고 춘추시대에는 산융, 비자 두 나라 땅이었다. (오늘날의 노룡현에는 옛 고죽성이 있는데 백이 숙제의 나라였다.) 전국시대에는 연나라에 속하였고 진나라 때는 우북평군과 요서군 지역이었다. 전한, 후한시대에는 진나라의 행정구역을 그대로 따랐다. 진나라 때는 요서군에 소속되었고 후위시대에도 역시 요서군이라 하였다. 수나라 초기에 평주를 설치하였고, 양제 초기에는 평주를 폐지하고 다시 북평군을 설치하였다. 당나라 때는 수나라의 행정구역을 그대로 따랐다. 관할한 현은 3개 현인데 노룡현 석성현 마성현이다.
노룡현 (한나라 때의 비여현이며 갈석산이 있다. 우뚝 솟아 바닷가에 서 있으므로 그런 이름을 얻었다. 진나라의 태강지지에서는 '진 장성이 갈석산으로부터 시작한다. 지금 고려의 옛 경계에 있는 것은 이 갈석이 아니다.' 한의 요서군 옛 성은 지금 군의 동쪽에 있으며 한의 영지현성도 있다. 임유관은 지금은 임유관이라 하고 현의 성 동쪽 1백8십 리에 있다. 노룡새는 성의 서북 2백 리에 있다.)

지금의 하북성 석가장시 북부 호타하 북부부터 동북쪽의 보정시 일원이다. 평주는 조조의 진(晉)나라 『진서』「지리지」상에서 유주를 나누어 설치된 것이다. 곧 유주 옆에 설치한 것이다.

【사료16】『진서』「지리지」 '평주', '유주'

1. 평주(平州)

평주(平州). 안(按) : 우공(禹貢)에서 말하기를 기주(冀州)의 영역인데, 주(周)에서 유주(幽州)의 경계로 했으며 한(漢)에서는 우북평군(右北平郡)에 속했고 후한(後漢) 말엽에, 공손도(公孫度)가 스스로 평주목(平州牧)이라고 불렀다. 이에 그의 아들 공손강(公孫康)과 공손강의 아들 공손연(文懿)이 요동을 아우르고 그곳에 의거하니 동이 9종이 모두 복속하였다. 위(魏)에서는 동이교위(東夷校尉)를 설치하여 양평(襄平)에 거하였고 그리고 (이를) 나누어 요동(遼東) 창려(昌黎) 현토(玄菟) 대방(帶方) 낙랑(樂浪) 5개의 군을 평주(平州)로 하였고 후에 유주(幽州)와 합하였다. 이에 공손연(文懿)이 망한 후에 호동이교위(護東夷校尉)로 하여 양평(襄平)에 거하였다. 함녕(咸寧) 2년 (275) 10월에 나누어 창려(昌黎) 요동(遼東) 현토(玄菟) 대방(帶方) 낙랑(樂浪) 등의 군국(郡國) 5으로 평주(平州)를 설치하였다. 현은 26이고 가구 수는 1,8100이다.

【사료251】『진서(晉書)』卷十四 志 第四 地理上 惠帝卽位, 改扶風國爲秦國

惠帝卽位, 改扶風國爲秦國 ~ 滅燕之後, 分幽州置平州, 鎭龍城, ~

연나라를 멸망시키고 난 후 유주를 나누어 평주를 설치하고 용성을 지켰다.

원래 유주는

【사료29】『요사』「지리지」

〈서문〉
제(帝) 요(堯)는 천하를 가지런히 하여 9개의 주(州)로 하였다. 순(舜)은 기주(冀)와 청주(青)의 땅이 커서 유주(幽) 병주(幷) 영주(營)로 나누어 12주(州)로 하였다. 유주(幽州)는 발해(渤)와 갈석(碣)의 사이에 있고, 병주(幷州)는 북쪽으로 대군(代)과 삭방(朔)이 있으며, 영주(營州)는 동쪽으로 요해(遼海)에 미친다.

상에 기록되어 있듯이 지금의 태행산맥을 기준으로 서쪽은 기주, 동쪽은 청주였다가 이를 분할하여 기주는 유주와 병주를 추가로 두어 순차적으로 분할하고, 청주는 영주를 추가로 두어 추가적으로 분할하였다. 따라서『진서』「지리지」상에는 평주와 유주, 위서 지형지상에는 유주, 영주, 평주 등이 하북성 일대를 분할한 지역으로 기록되고 있는 것이다. 따라서 평주는 유주를 나누어 설치하였으므로 유주가 있는 하북성 석가장시 서북부와 경계로 한 채 지금의 하북성 석가장시 정정현 즉 이전의 요서군 지역을 포함한 채 석가장시 동북부에 있었다. 시대에 따라 그 영역이 달라지지만 좁을 때는 지금의 석가장시 북부 일대만을, 넓을 때는 석가장시 북부에서 하북성 보정시 일대 즉 낙랑군 지역까지가 영역이었다. 이곳은 당시 발해의 뒤를 이은 고려와 동시대인 거란의 요나라 기록에서도,

【사료29】『요사』「지리지」

남경도
평주 요흥군(平州 遼興軍)

평주(平州), 요흥군(遼興軍), 上, 節度. 상국(商)에서는 고죽국(孤竹國)이었고 춘추(春秋) 시대에는 산융국(山戎國)이었으며 진국(秦)에서는 요서군과 우북평군의 땅이었는데 한국(漢)에서는 이를 따랐다. 한국(漢) 말기에 공손도(公孫度)가 점거하였는데 아들 공손강과 손자 공손연에 이르러 위(魏)로 편입되었다. 수(隋) 개황(開皇) 년간에 평주(平州)로 고치었고, 대업(大業) 초기에 다시 군으로 삼았다. 당(唐) 무덕(武德) 초기에 주로 고치었고, 천보(天寶) 원년에 또한 북평군(北平郡)으로 하였다가, 후당(後唐)에서는 다시 평주(平州)로 삼았다. 태조(太祖) 천찬(天贊) 2년에 이곳을 취하여 정주(定州)의 포로들로 이 땅에 섞이어 살게 하였다. 주는 2개이고 현은 3개이다.

1) 노룡현(盧龍縣). 원래 비여국(肥如國)이다. 춘추(春秋)시대 진(晉)이 비(肥)를 멸하자 비자(肥子)는 연(燕)으로 달아났는데 이곳에 봉지를 받았다. 한(漢)과 진(晉)에서는 요서군(遼西郡)에 속하였다. 북위(元魏)는 군의 치소로 삼는 동시에 평주(平州)를 세웠다. 북제(北齊)는 북평군(北平郡)에 소속시켰다. 수(隋) 개황(開皇) 연간에 비여현을 없애고 신창현(新昌)에 소속시켰다. 18년에는 신창현을 고쳐 노룡현이라고 하였다. 당(唐)에서는 평주(平州)로 삼았고 뒤에도 이를 따랐다. 가구 수는 7000이다.

4) 난주(灤州), 영안군(永安軍), 中, 刺史. 원래 옛날 황락성(黃洛城)인데, 난하(灤河)가 고리처럼 두르고 있으며 노룡산(盧龍山) 남쪽에 있다. 제(齊) 환공(桓公)이 산융(山戎)을 정벌하고 산신(山神) 유아(俞兒, 혹은 俞鬼)를 보았는데 곧 이곳이다. 진(秦)에서는 우북평군(右北平郡)이 되었다. 한(漢)에서는 석성현(石城縣)으로 삼았는데 후에 이름을 해양현(海陽縣)이라고 하였다.
- 마성현(馬城縣). 원래 노룡현(盧龍縣) 땅이다. 당(唐) 개원(開元) 28년에 쪼개어 현을 설치하여 물길로 운반이 가능하도록 했다. 동북쪽에는 천금야(千金冶)가 있고, 동쪽에는 무향진(茂鄕鎭)이 있다. 요(遼)에서 나누어 난주(灤州)에 예속시켰다. 난주의 서남쪽 40리에 있다. 가구 수는 3000이다.
- 석성현(石城縣). 한(漢)이 설치하여 우북평군(右北平郡)에 소속시켰는데 오래전에 폐하였다. 당(唐) 정관(貞觀) 연간에 이곳에 임유현(臨渝縣)을 설치하였고, 만세통천(萬歲通天) 원년에 석성현(石城縣)으로 바꾸었다. 난주(灤州) 남쪽 30리에 있다. 당(唐) 의봉(儀鳳) 연간에 새긴 비석이 있다. 지금의 현은 또한 그 남쪽 50리에 있는데 요(遼)에서 옮겨 설치하여 취염관(就鹽官)으로 하였다. 가구 수는 3000이다.

5) 영주(營州), 닌해군(隣海軍), 下, 刺史. 원래 상(商) 고죽국(孤竹國)이다. 진(秦)에서는 요서군(遼西郡)에 속했다. 한(漢)은 창려군(昌黎郡)으로 삼았었다. 전연(前燕) 모용황(慕容皝)은 이곳에 도읍을 옮겼었다. 북위(元魏)는 영주(營州)를 세우고 창려(昌黎) 건덕(建德) 요동(遼東) 낙랑(樂浪) 익양(翼陽) 영구(營丘) 등 6개의 군을 다스렸다. 후주(後周) 때에는 고보녕(高寶寧)이 점고한 곳이었다. 수(隋) 개황(開皇) 연간에 주를 설치하였고 대업(大業) 연간에 요서군(遼西郡)으로 고쳤다. 당(唐) 무덕(武德) 원년에 영주(營州)로 고쳤고 만세통천(萬歲通天) 원년에 처음으로 거란의 땅이 되었다. 성력(聖曆) 2년에는 어양군에 붙여서 다스렸다. 개원(開元) 5년에 돌아와 유성(柳城)에서 다스렸다. 천보(天寶) 원년에 유성군(柳城郡)으로 고쳤다. 후당(後唐)에서는 다시 영주(營州)로 삼았다. 태조(太祖)가 정주(定州)의 포로들이 살도록 하였다. 현은 한 개다.
- 광녕현(廣寧縣). 한(漢)의 유성현(柳城縣)인데 요서군(遼西郡)에 속했다. 동북쪽으로는 해(奚)와 거란(契丹)과 맞붙어 있다. 만세통천(萬歲通天) 원년

> 에 거란 이만영(李萬營)의 손으로 들어갔다. 신룡(神龍) 원년에 유주(幽州)의 경계로 이주하였다. 개원(開元) 4년에 다시 옛 땅으로 돌아왔다. 요(遼)에서 지금 이름으로 고쳤다. 가구 수는 3000이다.

같은 지역으로 기록되고 있다. 이곳은 석가장시 북부 호타하 북부 지방으로 갈석산과 진장성과 관련 있는 하북성 노룡현 지방으로 예전에는 고죽국이 있었고 한나라 시기에는 요서군이 있었고 이후 백제의 요서 진출 지역인 요서 진평 지역이다. 이곳에서 더 확대된 평주 즉 하북성 보정시에는 고구려 광개토대왕 내지는 장수왕 시기에 원래의 고조선이자 위만조선의 평양성으로 도읍을 천도한 곳이다. 위 사서상의 소속 현인 마성현과 석성현은 지금도 그 이름이 남아 마성현은 마성촌으로 산서성 정상현에 있고, 석성현은 석성촌으로 마성촌의 동쪽인 하북성 보정시 곡양현에 있다. 이곳이 바로 중국 사서상의 전통적인 평주 지방이다. 그런데 이 평주 지방이 『고려사』 기록상의 금행이 있었다는 평주라는 사실은 이미 앞에서 입증하여 설명한 금행의 세 아들 중 큰 아들은 그대로 평주에 남아 있고, 둘째 아들인 금나라 시조 함보가 들어간 곳인 완안군 즉 발해의 반안군 지역이라는 사실이다.

> 함보가 들어간 완안군은 발해의 반안군 지역으로써 하북성 마자수이자 압록수인 지금의 호타하 인근이다. 이곳이 바로 평주 지역이다.

이곳 반안군은 위에서 확인하였듯이 발해의 서경 압록부이자 요나라의 동경도 녹주 압록군으로 『신당서』「북적열전 발해전」 기록상의 (당나라) 조공 길이다. 그러나 전 박사에 의하면 이곳이 역으로 함보의 부친인 금행이 여기에서 평주로 들어갔다는 압록강네 군이다. 그러면 함보는 부친인 금행과 반대로 이곳으로 다시 오는 것이다. 그런데 전 박사는 주류 강단 사학계의 비정대로 지금의 압록강 중류 지방인 길림성 통화시 인근으로 비정한 것이다. 하지만 이곳은 소위 통일신라시대부터 고려시대에 걸쳐 안북부 지역 즉 압록수 북안 지역으로 당시 압록수이자 마자수였던 하북성 호타하 지역이다. 안북부 지역은 신라시대에는 문무왕 시기에 나당연합군에 고구려가 멸망한 후 고구려 땅이었던 곳을 남쪽인 산동성에서 진출하여 차지한 후 철관성을 쌓은 곳이다.

【사료193】『삼국사기(三國史記)』卷第七 新羅本紀 第七 문무왕(文武王) 十五年秋九月

안북하를 따라 관과 성을 설치하다(675년 09월(음))

안북하(安北河)를 따라 관(關)과 성(城)을 설치하였고, 또한 철관성(鐵關城)을 쌓았다.

고려시대에는 북계 안북대도호부 지역으로

【사료194】『고려사』권82 지 권제36 병2(兵二) 성보 930년 미상(음)

안북부에 910칸 규모의 성을 쌓다

〈태조(太祖)〉 13년(930)에 안북부(安北府)에 성을 쌓았다. 910칸이고, 문(門)은 12개, 성두(城頭)는 20개, 수구(水口)는 7개, 차성(遮城)은 5개이다.

【사료252】『고려사』권별 보기 志 지 권제36 병2(兵二) 성보 973년 미상

가주에 1,519칸 규모의 성을 쌓다

가주(嘉州)에 성을 쌓았다. 1,519칸이다.

가주 즉 호타하 인근의 말갈 즉 여진이 살던 곳까지 빼앗아 축성을 하였던 것이다.

> 【사료232】『고려사』 列傳 권제7 제신(諸臣) 서희 서희가 거란의 소손녕과의 외교 담판으로 강동 6주 지역을 확보하다
>
> ~ 서희가 또 아뢰며 이르기를, "거란의 동경(東京)으로부터 우리 안북부(安北府)까지 수백 리 땅은 모두 생여진(生女眞)이 살던 곳인데, 광종(光宗)이 그것을 빼앗아 가주(嘉州)·송성(松城) 등의 성을 쌓았습니다. ~

그리고 이후 소위 서희의 강동 6주(8성)가 설치되고 천리관성이 설치되는 곳이다.

> 【사료29】『요사』「지리지」
>
> 2. 동경도
> 개주 진국군(開州 鎭國軍)
>
> 래원성(來遠城) 본래 숙여진(熟女直) 지역

이곳은 당시 압록수이자 마자수였던 지금의 호타하 지방 인근이다. 따라서 금나라 시조 함보가 동생인 보활리와 함께 간 완안부 복간수 물가는 지금의 호타하인 당시의 압록수이다. 따라서 본 필자가 사서의 모든 기록을 왜곡 이전의 사실대로 비정하는 바와 같이 말갈족이었던 여진족은 원래 근거지인 산서성 대동시 동쪽 지방에서 일부는 그대로 활동한 채 북갈이 되어 흑수말갈이 되어 남았다.

여기의 일부 세력은 옥저와 함께 남쪽 산동성 지방으로 이동하여 이 남옥저 지방에서 남갈이 되어 이곳에서 건국한 백제와 신라를 괴

롭히게 된다. 이후 나당연합군에 고구려와 백제가 멸망한 후 신라는 처음에는 백제의 영역인 한산주 땅 즉 패강(패수, 패하) 이남의 땅과 남갈을 흡수하는가 하면 고구려의 땅 전체를 당나라와 나누어 차지하였다. 그러다가 발해가 남갈 및 북갈 등 말갈족 전체를 흡수하여 발해를 건국하자 고구려 땅으로 차지하였던 하북성 호타하 지방 북쪽 인근까지 후퇴하였다. 이후 발해 전성기인 발해 선왕 대인수(818~830년) 시절에는 중국사서 기록에도 나와 있듯이,

---

【사료146】『흠정만주원류고』 권4 부족4 신라

『요사』 지리지 당 원화 연간에 발해왕 대인수가 남쪽으로 신라를 정벌하여 군현을 개설하였는데 해주 암연현 동쪽 경계는 신라이다.

개원, 원화 무렵에 발해가 점차 강성해져서 압록강 이북이 모두 발해의 소유가 되었는데 요지에 말하기를 발해왕 대인수가 남쪽으로 신라를 정벌하고 군읍을 설치하였다고 한 것이 바로 이것이다.

압록수인 지금의 호타하 이북 지방을 발해가 완전히 차지하였던 것이다. 신라는 이때 호타하 이북 지방을 상실하고 압록수인 호타하 이남으로 물러난 것이다. 이후 발해 말기에 가까워지자 발해(698~926년)에 흡수되었던 거란족과 더불어 말갈족이 사서 기록상에 여진족이 되어 각각 독립한 채 거란족은 요나라(916~1125년)를 세워 발해를 멸망시키고, 여진족은 금행 및 함보가 활동하기 시작하는 시기(857년경 : 함보가 평주에서 완안부(발해 반안군)로 들어감)부터 원래의 말갈의 근거지인 산서성 대동시 이남인 하북성 보정시 남쪽의 평주 땅에서 점차 독립하여 호타하 북쪽인 안북하 지방 즉 생여진 근거지 및 래원성 즉 숙여진 지방으로 들어가 세력을 키웠다.

그리하여 마침내 그의 후손대인 1117년에는 이곳 래원성 지방을 요

나라가 멸망하기 전에 이미 요나라로부터 빼앗아 고려에 주기까지 하였다. 이것은 여기에 여진족 즉 금나라 세력이 존재하기 때문에 가능하였다.

【사료235】『고려사』 권제14 예종(睿宗)(1105 ~ 1122) 12년 3월 1117년 3월 3일(음) 신묘(辛卯),

금이 내원성을 함락시킨 후 아군이 내원성·포주성을 접수하다

왕이 양부(兩府)와 대성(臺省)의 시신(侍臣), 지제고(知制誥), 3품 이상의 문·무관, 도병마판관(都兵馬判官) 이상의 관리들에게 명하여 중서성(中書省)에 모여 의논하게 하였으며, 판병마사(判兵馬事) 김연(金緣) 등을 시켜 통군(統軍)에게 타이르기를, "만약 우리의 두 성과 인물을 반환한다면 쌀을 빌릴 필요가 없을 것이다."라고 하였다. 두세 번 오가면서 설득하였지만 통군이 수긍하여 따르지 않았다. 마침내 금(金)의 군대가 요(遼)의 개주(開州)를 공격하여 점령하였고, 드디어 내원성(來遠城) 및 대부(大夫)·걸타(乞打)·유백(柳白)의 3군영을 습격하여 전함을 모두 불태우고 배를 지키는 사람들을 사로잡았다. 통군(統軍)인 상서좌복야 개국백(尙書左僕射 開國伯) 야율영(耶律寧)이 내원성자사(來遠城刺史)인 검교상서우복야(檢校尙書右僕射) 상효손(常孝孫) 등과 함께 관리와 백성을 통솔하여 배 140척에 싣고 강가에 정박하였다. 영덕성(寧德城)에 첩문(牒文)을 보내 이르기를, "여진(女眞)이 반란을 일으키고 동경(東京)의 발해인(渤海人)까지 연이어 배반하는 바람에 도로가 막혔으며, 통군부(統軍部) 내의 곡식을 미처 수확하지 못하여 쌀값이 뛰어올라 백성들이 가난하게 되었습니다. 고려국(高麗國)과 가깝게 위치해 있어 진작 식량을 빌리는 일을 추진하였으나 성사되지 못하였습니다. 이 때문에 통군부 내 백성들이 후방의 주(州)와 성(城)으로 가서 식량을 찾고 있습니다. 이번에 우리가 다시 돌아와서 서로 좋게 해결할 일입니다. 이제 고을 백성과 관할 지역을 인도하고 가니 이것을 인수한 뒤에는 선명(宣明)에 따라 시행하기 바랍니다."라고 하였다. 내원성과 포주성(抱州城)의 2성을 우리에게 돌려주고 바다를 건너

> 도망가자, 우리 군대가 그 성에 들어가서 무기 및 화폐와 보물들을 매우 많이 거두어들였다. 김연이 상세하게 적어 급히 알리니 왕이 크게 기뻐하여 포주를 의주방어사(義州防禦使)로 고치고 압록강[鴨江]을 국경으로 삼아 관방(關防)을 설치하였다.

래원성 탈환 사건은 고려 예종 12년 1117년에 금나라가 요나라의 개주를 공격하여 1014년((『고려사』에는 1015년)에 빼앗겼던 보주에 있는 내원성과 포주성을 함락시킨 후 이를 고려에 주어 다시 100여 년 만에 회복하자 여기에 고려 예종 12년(1117) 보주에 있던 의주를 기점으로 다시 압록강을 경계 및 국경으로 삼아 관방을 설치하였다. 이 사건이 바로 본 필자가 입증한 사실을 입증하는 결정적인 사건 기록이다. 안북부인 이곳 호타하 북부 지방의 래원성을 금나라가 탈취하여 고려에 주었다는 것이다.

요나라 개주군 래원성을 주류 강단 사학계는 요령성 요하 인근의 개주시로 비정하고 있다. 하지만 이는 역사왜곡이다. 송나라 시기에 대능하로 왜곡시킨 것을 다시 요하로 왜곡 이동시킨 것이다. 설사 이들이 맞더라도 한반도 동북부 두만강 북부는 아니다. 즉 생여진의 남쪽에 있다는 숙여진이 주류 강단 사학계의 비정대로 한반도 동북부 두만강 북부에 없는 것이다. 더군다나 이곳은 왜곡시킨 대능하나 요하나 두만강이 아니라 하북성 호타하인 압록강에 있었다.

따라서 전 박사가 인용하여 비정한 함보와 동생이 간 복간수와 야라에 대한 조선시대 정약용의 비정과 일제 식민 사학자들의 비정에 따라 함경북도 길주와 함흥 지방으로 비정한 것은 절대적인 오류이다. 이는 주류 강단 사학계가 추종하는 일제 식민사학과 조선시대 유학자들의 소중화 사상에 의한 한반도 고착화의 역사 조작이다.

더불어 전 박사가 조선시대 성해응의 『연경재전집』에 의하여 『조선왕조실록 세종지리지 황해도』평산부 위치로 비정된 저탄이 있는 황해도 평산 즉 【사료246】『고려사』지 권제12 지리3(地理 三) 서해도 평주상의 저천, 패강이 신라의 경계가 되는 것이고 이를 여기에 있는 패서도 패강장성이 정약용의 『여유당전서』에 의하여 패서의 적 즉 패서도 지방의 발해군을 막기 위한 것이라는 전 박사의 주장은 커다란 오류이다. 원래의 패강과 패서도 즉 신라의 나중의 경계가 된 이곳은 주류 강단 사학계가 비정하는 한반도 평양의 대동강도 아니고 전 박사가 비정하는 황해도 평산의 저천, 저탄도 아니고 산동성 백제의 영역 북쪽임과 동시에 신라의 영역 북쪽으로 신라가 차지한 것을 당나라가 외교 관례 차원에서 인정해 준 것이다. 즉 패서도는 패강의 서쪽으로 백제의 영역 북쪽이다.

또한 패강 및 패서도는 전 박사가 비정하는 바와 같이 금나라 시조인 함보는 물론 부친 금행 그리고 이후 여진족의 금나라와는 관련이 없다. 이들이 활동한 평주와 안북하, 래원성은 패강의 북쪽인 당시의 압록수인 지금의 호타하 인근이다. 전 박사가 패강과 패서도의 기록인 황해도 평산 기록인 조선 초기 기록 『조선왕조실록 세종지리지 황해도』평산부 기록과 『신증동국여지승람』상의 패강진 기록과 조선 후기 학자들의 신라의 경계이자 발해와의 경계라고 왜곡 비정한 것에 의하여,

【사료250】『삼국사기(三國史記)』卷第八 新羅本紀 第八 성덕왕(聖德王) 三十四年

당 현종이 패강 이남의 땅을 주다(735년 (음))
김의충(金義忠)이 돌아가는 편에 패강(浿江)(註 217) 이남의 땅을 주었다.

註 217
여기서의 浿江은 大同江을 말한다. 張九齡이 지은《全唐文》권284 張

> 九齡篇《勅新羅王金興光書》에 의하면, 성덕왕 34년의 사은사 金思蘭을 통하여 패강 지역 賜與를 요청하였는데 그 결과 당이 浿江 이남 땅의 신라 영유권을 정식으로 인정하였다. 이러한 조치는 당이 신라를 통하여 발해를 견제하기 위함이었다. 그 후 신라는 宣德王 3년에 이곳에 패강진을 설치하여 신라 北邊守備의 중심지로 삼았다.(정구복 외,《역주 삼국사기》 3 주석편(상), 한국정신문화연구원, 277쪽)

이곳이 당나라가 허락한 신라의 추가 영역으로 발해와의 경계이고, 여기에 『삼국사기』상의 한산주 대곡군이 황해도 평산이라는 식민사학자 이병도와 이를 추종한 주류 강단 사학계의 비정에 의하여 패강과 패강진이 있는 신라와 발해와의 경계로 황해도가 한산주 즉 한주인 나중의 고려시대 패서도·서해도와 연결시킨 채, 이 기록을

> ■三國史記 권 제10 신라본기 제10 헌덕왕(憲德王) 十八年秋七月
>
> 백영에게 패강장성을 축성케 하다(826년 07월(음))
>
> 18년(826) 가을 7월에 우잠(牛岑) 태수 백영(白永)에게 명하여, 한산(漢山) 북쪽 여러 주군(州郡)의 인민 1만 명을 징발하여 패강장성(浿江長城)(註 240) 3백 리를 축성케 하였다.
>
> 註 240
> 자비령(慈悲嶺) 장책(長柵) 또는 패강진 서북의 정방산성(正方山城)에서 재녕강반(載寧江畔)의 배포(排浦)에 이르는 장성(長城)으로 추측하는 견해가 있다(藤田亮策(후지타 료사쿠) : 군국주의 경향이 강함, 「新羅九州五京攷」, 《朝鮮學論考》, 1963, 364쪽)(정구복 외, 《역주 삼국사기》 3 주석편(상), 한국정신문화연구원, p325)

연관 지어 같은 지역인 패강과 한산에 장성을 쌓아 말갈을 대비한 것으로 연결시킨 것이다. 하지만 앞에서 확인하였듯이 한산주 즉 한주는 전통적으로 백제의 지역으로 패서도와 연결된다. 그리고 그 동쪽에

신라의 패강이 있다. 따라서 한산주 지역 주민을 징발하여 패강장성을 쌓은 것은 같은 지역이 아니라 서쪽의 한산주 지역인 예전 백제 지역의 주민을 징발하여 동쪽인 신라의 북쪽 패강장성을 쌓은 것이다.

전 박사의 이와 같은 비정 전에는 주류 강단 사학계 논리대로라면 패강은 대동강이고 물론 이 기록 때문에 이에 맞추려고 예성강으로 비정하기도 하였지만 전통적으로 주류 강단 사학계의 패강은 지금의 평양 대동강이다. 그리고 한산주는 주류 강단 사학계의 전통적인 비정은 백제 즉 서울 한강 지방이다. 따라서 이 기록에 의하여 서울 한강 지방의 백성을 징발하여 황해도 예성강 내지는 평안도 대동강의 장성을 쌓는다는 것은 불가능한 설정이므로 주류 강단 사학계의 패강 및 한산주의 설정이 잘못되었다는 증거로 본 필자는 삼았었다.

하지만 전 박사의 비정에 의한 패강과 한산주가 같은 황해도 평산이라는 주장은 더욱더 잘못된 비정이다. 이는 역사를 몇 가지 사실만으로 판단한 기초적인 오류이다. 이미 입증하여 설명하였듯이 서쪽의 백제 지역인 한산주의 백성을 동쪽의 신라 지역의 패강 지역 장성을 쌓도록 징발한 것이다. 이곳은 같이 동서로 패강으로 연결되는 지역으로 당연히 징발하여 축성이 가능한 지역이고 상황이다. 이 같은 전 박사의 위치 비정은 기본적인 오류가 있는데다가 위치를 설정함에 있어 역사적 사건을 연관시켜 그 역사적 사건에 의하여 위치가 정해지는 논리는 더욱 문제가 있다. 앞에서 지적하였듯이 함보와 함보의 부친 금행의 활동 지역과 활동 사항을 파악하기 위해서는 먼저 선행되어야 할 발해, 말갈, 여진 그리고 거란, 고려의 위치에 대한 파악 및 설정이 우선되어야 한다.

물론 이것이 가능하려면 그 이전의 고구려, 백제, 신라 그리고 그 이전의 고조선, 소위 한사군(한이군)의 위치가 선행되어야 한다. 그런데도 이것이 이루어지지 않고 단지 주류 강단 사학계의 비정의 근거

위에 설정대로 비정을 하니 심각한 오류가 발생하는 것이다.

지금까지 위치 설정 문제를 다루었으므로 이제는 이 위치와 관련된 것으로 연결시킨 함보와 함보의 부친 금행의 활동 지역과 활동 사항과 관련된 역사적 사건에 대하여 살펴보기로 한다. 전 박사는 앞에서 언급하였듯이 함보의 부친인 금행이 평주에서 여진의 아지고촌으로 들어간 사서의 기록과 달리 다른 지역 즉 압록강네 군내 지역에서 평주로 들어왔다고 한다. 그리고 이 시기를 발해 10대 선왕 대인수 시절(818~830년)로 하였다.

전 박사가 이렇게 설정한 사유는 황해도 평산 지역에 있는 패강 등이 신라와 발해와의 경계라고 하는 조선시대 이후의 잘못된 비정에 따라 이를 『삼국사기』상의 당나라의 신라에 대한 패강 이남 허락 기록과 헌덕왕의 한산주 지방 백성의 패강장성 축성 동원 기록을 연결시켜 이곳이 신라와 발해와의 경계 지방이자 영역 다툼 장소로 인식하여 이를 다시 발해 2대 무왕 시기(719~737년)에 발해의 당나라 등주 및 마도산 공격 사건과 연결시킨 것이다.

즉 발해 무왕 시기에 발해가 당나라를 공격하자 당나라의 요구에 따라 신라와 연합하여 발해를 패배시켜 영토를 상실하게 한 후 당나라가 이에 대한 대가로 획득한 패강 이남의 땅을 신라에 허락해 준 덕분에 신라가 원래 발해의 땅이었던 이곳 황해도 땅을 차지하였다는 것이다. 이후 이 신라의 땅을 발해 10대 선왕 대인수 시절에 실시한 발해 영토 수복 전쟁에 함보의 부친인 금행이 선도적 역할을 함으로써 이곳 발해 땅이 된 평주에 들어와 사는 여진인이 되었다는 것이다. 이후 금행의 아들인 함보와 동생은 정약용이 비정하고 이후 식민사학자들과 주류 강단 사학계가 비정한 한반도 동북부 흑룡강성의 흑수말갈 위치 이남인 길주 이북 및 함흥 지방으로 갔다는 것이다.

하지만 이 설정에는 모든 것이 중국 측의 전통적인 '춘추필법'과 주류 강단 사학계의 식민사학에 의한 모든 우리 고대 국가 활동 지역을 동쪽으로 조작하여 이동시킨 왜곡에 의한 설정을 바탕으로 하였다. 먼저 사건 발단이 된 발해의 등주와 마도산 공격 그리고 결과에 대하여 살펴보기로 한다.

이에 대하여는 나중에 자세히 설명하겠지만 전 박사는 여기서의 등주와 마도산을 역시 중국 측과 주류 강단 사학계의 비정과 나름의 잘못된 인식과 비정으로 해석하여 이를 금행의 활동과 연결시켰다.

먼저 발해 무왕이 공격한 등주와 마도산은 주류 강단 사학계에 의하여 널리 알려진 대로 산동반도 등주와 하북성 진황도시 노룡현 지역이 아니다. 먼저 등주는 내주이다. 즉 등주 동래군은 내주 동래군으로 여기서의 동래는 영주이다. 이 영주를 주류 강단 사학계는 지금의 요령성 조양으로 비정하여 왜곡하고 있지만 이는 석가장시 북부를 가리킨다. 앞의 공격인 등주를 산동성 산동반도로 비정하는 것 그리고 등주 공격에 대한 결과를 기록하고 있지 않은 것과 마찬가지로 마도산에 대한 공격 역시 기록을 안 하거나 하더라도 절대적인 패배로는 기록을 안 하거나 그 위치를 후대의 기록이 왜곡하여 원래의 장소에서 동쪽으로 이동시켜 기록하고 있는 것이다.

실제 마도산 공격에 대한 당나라의 방어 상황은 단편적이고 불확실하게 기록되고 있는데 처음에는 발해에 밀리다가 겨우 방어하는 것으로 흐지부지 끝나고 있다. 확실하게 승리하였으면 이같이 기록되지 아니했을 것이다. 물론 발해 측의 기록이 없으니 확실한 사실은 알 수 없다. 단지 확실한 것은 당나라의 성공적인 승리로 끝나지 않았다는 것이다. 『당서』나 『자치통감』보다 후대의 기록인 『독사방여기요』에서는 마도산의 위치를 '北直八 永平府(북직팔 영평부)'에 기록하면서 지금의 하북성 진황도시 노룡현으로 비정하고 있다. 물론 이러한 비정의 바탕에는 발해가 요령성 요하 동쪽에 있다는 비정에 의한 것이다.

하지만 고대로부터 이 당시인 730년대 영평부 노룡현은 평주 안동부로 바로 영주인 것이다. 이 노룡현을 왜곡하여 그 지명과 함께 관련된 갈석산의 명칭도 아예 진황도시로 옮겨놓았다. 하지만 노룡현은 중국사서 기록상 변함없이 현재의 석가장시 정정현이다. 이의 왜곡에 대하여는 이 글에서 본 필자가 상세히 입증하여 설명하고 있다. 또한 『신당서』에는 자세한 기록이 없으나, 『자치통감』의 기록을 살펴보면 그 내용이 비교적 잘 나타나 있다. 즉 발해가 등주 즉 영주를 공격하자 당나라는 이웃의 유주를 통하여 방어하는 한편 신라로 하여금 이웃의 발해 남부를 치게 하였다. 그러자 발해 역시 다시 마도산이 있는 영주를 당시 거란족, 돌궐족, 해족으로 하여금 공격하게 하는 한편 이곳을 같이 공격하였다.

여기서 중요한 사실이 있다. 등주도 바다를 통해서 공격한 것(해적을 거느리고)으로 되어 있듯이 『당서』 「발해전」에는 기록하지 아니하였으나 열전인 「오승자 열전」과 이 열전에 의한 다른 기록인 오승자 묘비명 기록 및 위에서 인용한 『독서방여기요』 기록 등에 의하면 마도산 공격도 바닷길로 이루어졌다는 것이다.

그렇다면 주류 강단 사학계는 침묵하고 있으나 중국 측에서 현재 비정하고 있고 일부 재야 민족 사학계가 비정하는 현재의 진황도시 노룡현의 마도산은 전혀 이치에 맞지 않는다. 해안과 너무 떨어져 있어 해상을 이용할 필요가 없으며 당나라와의 경계와도 전혀 관련이 없다. 따라서 이곳은 등주와 마찬가지로 하북성 호타하를 바다로 표기한 것이다.

이미 여러 차례 지적하였지만 중국 고대사 기록에서 수당 전쟁 기록과 함께 많은 하북성의 기록에서 호타하 즉 당시 압록수를 바다로 기록하였다. 이를 파악하지 못한 많은 역사가들이 등주를 중국의 동쪽 바다로 착각하고 있는 것이다. 마도산도 마찬가지이다. 발해는 압록수인 호타하가 바다로 들어가는 천진만 인근으로 하여 호타하를 타고 거슬러 올라가 서쪽 상류의 석가장시 인근에 있던 당나라 군사를 공격한 것이다. 결론적으로 발해는 당시에 주류 강단 사학계가 비정하는 대로 고구려와 마찬가지로 지금의 요하 동쪽으로부터 길림성 및 흑룡강성에 위치해 있었던 것이 아니라 원래의 고구려 위치인 하북성과 산동성 그리고 동쪽으로 요령성에 걸쳐 있었던 영역에서 하북성 호타하 북안 즉 안북하 지방과 그 이남의 산동성 지방은 신라 영역으로 한 채 동쪽으로 요령성 및 길림성, 흑룡강성에 걸쳐 있었던 나라이다. 따라서 발해는 자기의 남쪽 국경인 당나라와 신라와의 경계 중 당나라의 경계인 등주와 마도산이 있는 하북성 석가장시 북쪽 지방을 당시의 압록수인 호타하 해로를 통하여 공격한 것이다. 이를 당나라에서는 바다 그리고 해적 등으로 기록하였다. 그리고 그 결과는 뚜렷한 결과 없이 발해에 유리한 발해의 당나라에 대한 응징 내지는 보복으로 끝났던 것이다.

> 발해의 당나라 등주 및 마도산 공격은 발해가
> 산동반도 등주나 진황도시의 마도산을 요동반도 인근에서
> 공격한 것이 아니라 하북성에 있었던 발해가 하북성 영주
> 지방인 지금의 호타하 북부 지방을 공격한 것이다.

그리고 전 박사는 그 결과로 신라에 패강 이남의 땅을 허락해 줌으로써 패강이 있는 황해도 땅을 신라가 차지했다는 것이다. 이는 일제 식민 사학자들이 조작한 것이 밝혀진 대로 이들이 비정한 바를 현재 주류 강단 사학계가 그대로 추종하여 비정한 대로 신라가 당나라와 연합하여 고구려와 백제를 무너뜨리고 차지한 땅이 처음에는 임진강 이남이었다가 당나라가

> 【사료250】『삼국사기(三國史記)』卷第八 新羅本紀 第八 성덕왕(聖德王) 三十四年
>
> 당 현종이 패강 이남의 땅을 주다(735년 (음))
>
> 김의충(金義忠)이 돌아가는 편에 패강(浿江)(註 217) 이남의 땅을 주었다.
>
> 註 217
> 여기서의 浿江은 大同江을 말한다. 張九齡이 지은《全唐文》권284 張九齡篇《勅新羅王金興光書》에 의하면, 성덕왕 34년의 사은사 金思蘭을 통하여 패강 지역 賜與를 요청하였는데 그 결과 당이 浿江 이남 땅의 신라 영유권을 정식으로 인정하였다. 이러한 조치는 당이 신라를 통하여 발해를 견제하기 위함이었다. 그 후 신라는 宣德王 3년에 이곳에 패강진을 설치하여 신라 北邊守備의 중심지로 삼았다.(정구복 외,《역주 삼국사기》 3 주석편(상), 한국정신문화연구원, 277쪽)

지금의 평안도 평양의 대동강인 패강 이남을 주는 바람에 소위 통일신라의 땅이 대동강까지 확대되었다는 논리와 비슷하다. 단지 패강이 지금의 황해도 지방의 저탄이라는 것이 다를 뿐 황해도 지역이 해당되는 것은 마찬가지이다. 하지만 다른 것은 주류 강단 사학계의 비정에 의하면 당시 발해와의 경계가 신라와 맞닿아 있던 시점에 발해와 신라의 경계에 있는 땅을 당나라가 마음대로 신라에 허락해 줄 수는 없는 것이라는 불합리성에 대하여 본 필자가 비판하는 것이었다.

하지만 전 박사는 이를 피하기 위해서인지 그의 책인『고구려-발해인 칭기스 칸 1』171쪽 그림에서 신라와 발해 그리고 당나라의 위치를 주류 강단 사학계와 달리 평안도 대동강을 기준으로 동쪽은 발해와 신라가 그리고 서쪽은 당나라와 신라가 경계하고 있는 지도를 내보이고 있다. 이것은 상식 밖의 일이다.

적어도 발해는 서쪽으로 요하를 경계로 당나라와 그리고 남쪽으로는 대동강을 경계로 신라와 경계를 하고 있는 것이 주류 강단 사학계의 비정이다. 물론 이도 역사왜곡이다. 기본적으로 주류 강단 사학계의 비정을 바탕으로 하면서 자신의 논리를 위하여 상식 밖으로 달리 설정한 것이다. 그래야만 황해도 지방을 발해로부터 위의 등주 및 마도산의 전쟁 결과로 빼앗아 신라에 주었다는 논리가 성립될 수 있기 때문이다.

물론 주류 강단 사학계의 발해 위치 비정은 전성기의 발해 상황이고, 자신의 지도는 발해 초기인 등주 및 마도산 전쟁 시 내지는 바로 이전의 상황이라고 할지도 모른다. 하지만 초기이든 전성기이든 주류 강단 사학계의 비정이나 전 박사의 비정은 역사 조작으로 사서 기록에 대한 왜곡된 해석에 의한 것이 아닌 원래의 해석에 의하면 명백한 역사왜곡이다.

이를 입증하여 살펴보기 전에 먼저 전 박사가 설정한 등주 및 마도산 공격 시 신라의 협공 공격에 의하여 발해를 패하게 만들고 더군다나 발해의 서쪽 공격을 담당한 당나라보다도 발해의 남쪽을 공격한 신라와의 경계 지방 즉 황해도 지방을 신라에 빼앗겨 이곳을 당나라가 그 보답으로 신라에 주었다는 사실에 대하여 확인해 보자. 위에서 언급한 대로 당나라는 발해의 공격에 승리하지 못했다. 그리고 당나라의 요청에 의한 신라의 발해 공격은 분명히 아무런 성과가 없었다. 따라서 이에 대한 보답으로 신라가 발해로부터 새로 차지한 땅은 없었다. 따라서 당나라가 줄 땅도 없었다. 더군다나 전쟁이 일어난 곳은 한반도 황해도 땅도 아니고 당나라가 신라에 주었다는 것도 사실이 아니다. 먼저 신라는 당나라의 요청에 따라 군대를 파견하였다.

【사료253】『삼국사기(三國史記)』권 제8 신라본기 제8 성덕왕(聖德王) 三十二年秋七月

당 현종이 군대를 요청하다(733년 07월(음))

32년(733) 가을 7월에 당(唐) 현종(玄宗)은 발해(渤海)·말갈(靺鞨)이 바다를 건너 등주(登州)(註 196)로 쳐들어오자, 태복원외경(太僕員外卿) 김사란(金思蘭)을 [신라로] 귀국하게 하여, 왕에게 개부의동삼사 영해군사(開府儀同三司 寧海軍使)를 더 제수하고 군사를 일으켜 말갈의 남쪽 도읍을 치도록 하게 하였다. [군사를 출병시켰는데] 마침 큰 눈이 한 자 넘게 쌓이고 산길이 험하여 절반이 넘는 병사들이 죽고 아무 공 없이 돌아왔다. 김사란(金思蘭)은 본래 왕족(王族)으로 이에 앞서 (당에) 들어가 조회하였는데, 공손하고 예의가 있어 머물러 숙위하게 되었다가 이때에 다른 나라에 가는 사신의 임무를 맡게 되었던 것이다.

註 196
중국 산동성 봉래현을 말한다(북한과학원 고전연구실, 《삼국사기》 상, 아름출판공사, 1958, 234쪽)

【사료224】『구당서(舊唐書)』 北狄列傳 渤海靺鞨

○ [開元] 20년(A.D.732; 渤海 武王 14)에 武藝가 그의 장수 張文休를 보내어 海賊을 거느리고 登州刺史 韋俊을 공격하였다. [玄宗은] 門藝를 파견하여 幽州에 가서 군사를 징발하여 이를 토벌케 하는 동시에 太僕員外卿 金思蘭을 시켜 新羅에 가서 兵을 징발하여 渤海의 南境을 치게 하였다. 마침 산이 험하고 날씨가 추운 데다 눈이 한길이나 내려서 병사들이 태반이나 얼어 죽으니, 전공을 거두지 못한 채 돌아왔다.

하지만 우리 사서는 물론 중국사서 어디에도 신라가 제대로 역할을 하였다는 기록 없이 아무런 역할을 하지 못한 것으로 분명히 기록되어 있다. 따라서 공이 없으므로 그 공으로 땅을 허락해 줄 수 없는 것이다.

　더군다나 당나라 역시 발해에 승리하지 못한 전쟁이기에 차지한 땅도 없다. 그리고 분명히 신라가 협공하였다는 즉 당나라의 산동반도 및 하북성 진황도시와는 별도로 한반도에서 전쟁을 치렀다는 기록이 없다. 신라는 한반도에서 전쟁을 치르지 않은 것이다. 그런데도 신라가 전쟁에 참여했다. 이것은 발해와 신라가 한반도에서 전쟁을 하지 않았다는 것이다. 그러면 발해와 신라는 한반도에 있지 않았다는 것이다. 이 증거는 산동성 등주를 공격하는데 하북성에 있는 유주 군사를 징발하는가 하면 발해의 남쪽 도읍 내지는 경계를 신라에 공격하게 한다는 것은 유주와 등주 그리고 발해의 남쪽 도읍 내지는 경계가 그리 멀지 않다는 것이다. 그러면 신라 역시 멀지 않은 곳에 있다는 것을 의미한다.

　따라서 신라는 본 필자의 비정대로 하북성 등주 이남인 하북성 이북 지방이자 산동성 북부에 있었다는 것을 의미한다. 전쟁의 기본 원리상 그리 멀지 않은 곳을 협공하여야 상대방이 두 군데에 군대가 갈려 전력이 약화되어 효과가 있는 것이다. 그런데도 한쪽은 산동성 산동반도이고 다른 한쪽은 한반도 황해도 이남인 임진강이라면 설사 협공을 한다고 해도 군대를 돌리거나 분산해 방어를 할 수 없으므로 효과가 없는 것이다. 따라서 이 사건 하나로도 주류 강단 사학계의 모든 비정과 전 박사의 논리는 허망한 것이 된다. 물론 주류 강단 사학계의 비정은 역사 조작이다. 하지만 전 박사의 경우는 조작이라고 표현하지 않는다.

　단지 역사적 지식이나 식견 없이 자신의 논리에 맞추다 보니 허망한 작업이 되었다는 표현을 쓰고자 한다. 등주와 마도산에 대하여는 간단히 입증하였지만 차후에 자세히 입증하여 설명하겠고 여기서는 신라가 공격한 발해의 남쪽 도읍 내지는 경계에 대하여 확인해 보고자 한다. 여기서의 발해의 이곳은 분명히 발해의 5경 가운데 남경 남해부가 분명하다. 이곳에 대하여 주류 강단 사학계는 정약용의 『아방강역고』 및 일제 식민 사학자들의 비정에 따라 함경도 함흥으로 비정하고 있다. 그러나

【사료225】『신당서(新唐書)』 北狄列傳 渤海

沃沮의 옛 땅으로 南京을 삼으니, [府名은] 南海府이며 沃[州]·晴[州]·椒[州]의 3州를 통치한다. ~ 남해는 新羅道이다.~

【사료29】『요사』「지리지」

2. 동경도
1) 동경요양부(東京遼陽府)

○해주 남해군
본래 옥저국(沃沮國) 지역이며 고구려 때 비사성(沙卑城)으로 당나라 이세적이 공격하였던 곳이다. 발해는 남경남해부(南京南海府)로 불렀다.
암연현(巖淵縣) 동쪽으로 신라와 경계하고 있다. 옛날 평양성이 현 서남쪽에 있다. 동북쪽 120리에 해주가 있다.

【사료30】『신당서(新唐書)』「가탐도리기」

등주에서 바닷길로 고구려와 발해로 가는 길

등주(登州)에서 동북쪽으로 바닷길로 (발해왕성으로 가는 길이다), 대사도(大謝島)와 구흠도(龜歆島)와 어도(淤島)와 오호도(烏湖島)를 거치는 300리 바닷길을 가고, 북쪽으로 오호해(烏湖海)를 건너서 마석산(馬石山)의 동쪽에 있는 도리진(都里鎭)에 이르는 데까지 200리이다. 동쪽 해연(海堧, 즉 도리진의 해변이라는 말이다)에 정박[傍]한다. 過 청니포(青泥浦)와 도화포(桃花浦)와 행화

> 포(杏花浦)와 석인왕(石人汪)과 탁타만(橐駝灣)과 오골강(烏骨江) 등을 지나는 800리의 바닷길을 가고 남쪽의 해연(海壖)에 정박한다.
> 오목도(烏牧島)와 패강구(貝江口)와 초도(椒島)를 지나면 신라(新羅)의 서북쪽에 있는 장구진(長口鎭)에 도달한다. 또한 진왕석교(秦王石橋)와 마전도(麻田島)와 고사도(古寺島)와 득물도(得物島)를 지나는 1000리를 항해하면 압록강(鴨淥江)의 당은포구(唐恩浦口)에 이른다.
> 이내 동남쪽으로 육로를 이용하여 700리를 가면 신라(新羅)의 왕성(王城)에 도달한다. 압록강(鴨淥江)의 어귀로부터 배를 타고 100여 리를 가고, 이내 작은 배로 물길을 거슬러 동북쪽으로 30리를 가면 박작구(泊汋口)에 도달하는데 발해(渤海)의 경내이다. 또한 물길을 거슬러 500리를 가면 환도현(丸都縣)의 성(城)에 도달하는데 옛 고구려의 왕도(王都)이다. 또한 동북쪽으로 물길을 거슬러 200리를 가면 신주(神州)에 도달한다. 또한 육로를 이용하여 400리를 가면 현주(顯州)에 도달하는데 천보(天寶) 연간에(당 현종 742~756) 왕이 도읍한 곳이다. 또한 정북 쪽에서 약간 동쪽으로 600리를 가면 발해(渤海)의 왕성(王城)에 도달한다.

이곳은 옥저의 옛 땅 즉 남옥저 땅으로 신라가 건국되어 초기에 개척한 죽령이 있는 지방과 경계로 하고 있는 곳이다. 이는 위 사서들이 입증하고 있다. 더군다나 신라로 가는 길이다. 만약 한반도라면 신라로 가는 길은 함흥이겠는가 아니면 평양 북쪽 어느 곳이겠는가. 물론 소위 통일신라 이전에 경상도 경주 지방에 있었던 신라의 경우에는 고구려도 있고 백제도 있기에 동해안을 따라 갈 수 있는 함흥일 수도 있다. 하지만 발해 당시는 신라와 소위 임진강이나 대동강 등으로 평야지대에 경계를 하고 있었는데 함흥 땅은 절대 될 수가 없다.

이 발해의 남쪽 신라의 경계 내지는 발해의 남경 남해부는 신라와 가까운 산동성 북쪽에 있었다. 그래서 신라가 이곳을 당의 요청에 따라 공격한 것이다. 당나라가 징발한 그곳 유주 병사와 함께 그곳의 서북쪽에 있는 등주와 마도산에서 발해와 싸우고 있을 때 그 남쪽에 있었던 신라가 발해의 남쪽이자 신라와의 경계인 이 남경 남해부를 공격한 것이다. 따라서 이는 소위 통일신라가 한반도가 아니라 산동성에 있었음을 입증해 주는 강력한 증거인 셈이다. 이러함에도 불구하고 전 박사가 당나라가 요청한 신라의 협공 덕분에 발해에 승리함은 물론 발해의 땅 즉 황해도 땅을 빼앗았기에 그 보답으로 이를 신라에 주었다는 사실의 근거를 조철한(趙鐵寒) 대만 교수가 편집한 발해국지(渤海國志)상의 "당은 발해를 친 공으로 패강 이남 땅을 내려주었다."를 근거로 하여

【사료250】『삼국사기(三國史記)』 卷第八 新羅本紀 第八 성덕왕(聖德王) 三十四年

당 현종이 패강 이남의 땅을 주다(735년 (음))

김의충(金義忠)이 돌아가는 편에 패강(浿江) 이남의 땅을 주었다.

이 기록을 연결시킨 것이다. 이는 전적으로 중국인들의 '춘추필법'에 의한 왜곡 해석이다. 왜냐하면 아무런 역사 기록이나 근거가 없기 때문이다. 오히려 사서 기록과는 반대이다. 이것은 우리에 대한 중국인의 우월적 상황을 억지로 만든 것이다. 이러한 것을 전 박사가 사실로 받아들인 것이다. 물론 전 박사는 이러한 근거를 다른 것에 의해서도 연결시켰다. 그것은 원사가 지어진 때보다 약 한 세대 후에 오늘날의 이란 땅에서 오늘날의 우즈베키스탄에서 칸을 지내며 1394~1449년간을 살아간 미르조 울룩벡이 쓴 『사국사』상의 '타타르-모골의 대전쟁'을 이 '발해와 당나라 간의 대 전쟁'과 같은 것으로 연결시킨 것이다. 하지만 불분명한 기록을 같은 것으로 연결시켜 비정한 것은 명백한 사서 기록에 반한 오류인 것이 분명하다. 전 박사의 잘

못은 자신의 논리에 맞추기 위하여 733년에 이루어진 발해와 당나라 간의 등주 및 마도산 전쟁을 735년의 패강 이남 허락 기사와 연결시킨 것이다. 2년의 간격을 메우기 위하여 위의 전쟁이 2년간 지속된 것으로 설정한 것이다. 하지만 위의 전쟁이 2년간 지속된 기록이 없다. 분명히 당해 년에 끝난 전쟁이다. 이제부터는 가장 중요한 사실에 대하여 거론하고자 한다. 먼저 역으로 우선 당나라의 패강 이남 땅의 신라에 대한 허락 기사를 살펴본다. 이 기사는 전적으로 황당하다. 앞서 거론하였듯이 주류 강단 사학계의 비정대로라 하더라도 발해와 신라가 맞닿은 땅을 당나라가 마음대로 발해의 땅을 신라에 하사한다는 것은 도저히 있을 수 없는 일이다. 그러므로 주류 강단 사학계의 비정이 오류임이 확인되는 사항이기도 하다.

  이 패강은 백제의 옛 땅인 한산주이자 한주인 땅의 북쪽을 동쪽으로 흘러 고구려 옛 땅인 졸본성 남쪽을 경과하여 다시 동쪽으로 흘러 신라의 남옥저 지방의 북쪽을 경과하여 바다로 들어가는 강이다. 이런 강이어야 모든 사서상의 패수, 패하, 패강에 대한 기록이 맞는다. 그 경과를 설명하면 당나라와 신라는 연합하여 백제와 고구려를 멸망시키고 신라는 백제의 땅이었던 한산주, 즉 한주 지역을 차지하는 한편 고구려의 땅이었던 하북성 지역을 차지하였다. 물론 정확한 분할 사항은 사서 기록에 없어 확정할 수 없지만 당시의 모든 기록에 부합되는 상황은 당나라는 백제의 일부 지방을 신라와 나누어 차지하여 그 서쪽을 차지하는 한편 고구려의 일부 지역도 신라와 나누어 차지하여 그 서쪽을 차지한 것이다. 이 같은 사실은,

【사료154】『흠정만주원류고』 권3 부족3 백제

[구당서]에는 "6방은 각각 10군을 관할한다."고 기록되었다. 이는 곧 군

> 이 50~60개 있다는 것이며, 정방이 정벌하여 얻은 것은 겨우 37군이다. 얻지 못한 것이 여전히 5분의 2나 된다. 이것은 필시 남은 무리들이 차지한 것이다. 발해와 거란에 의해 길이 막히게 되면서 서로 소식을 듣지 못하게 되었기 때문이다.

에서도 확인된다. 만약 주류 강단 사학계가 비정하는 대로 한반도라면 당나라가 백제의 옛 땅이었던 백제 영역인 충청도와 전라도 땅을 단 한 치도 차지하지 못하였다. 더군다나 이곳은 50~60개 군이 있을 수 없다.

이후 발해가 건국되어 신라가 차지한 고구려 동쪽 지역의 북쪽 지역은 발해가 차지하고 당나라가 차지하였던 고구려 서쪽 지역의 북쪽 지역도 발해가 차지한 것이다. 이후 발해가 당나라가 차지한 고구려 서쪽 지역의 발해와의 경계 지방인 등주와 마도산을 공격하자 당나라는 신라에 협공을 요청하여 신라와 발해의 경계 지방인 남경 남해부 지방을 공격하였으나 실패하였다. 물론 사서에는 추위와 눈 때문에 신라가 발해 협공을 실패한 것으로 기록하고 있으나, 분명히 신라가 당나라에 대한 견제로 같은 민족 국가인 발해에 소극적으로 임한 결과이다. 이후 신라와 발해와의 친연성이 이를 입증한다. 그 결과 당나라는 발해와의 경계 지방인 예전 고구려 서쪽의 남쪽 지방에 대한 통제권을 잃게 된다. 그러자 결국 신라에 발해의 견제를 조건으로 신라의 영역을 인정한 것이다.

이곳이 남해 남경부 경계에 있는 패강이다. 이 패강이 중국사서 즉 『구당서』「동이열전」 '고구려'전에서 고구려 평양성을 요령성 요양으로 왜곡 이동시켜 이곳에 있었던 대동강으로 왜곡 비정시킨 것을 다시 한반도 평양의 대동강으로 왜곡시킨 것이다. 이러한 것을 다시 왜곡된 조선시대의 기록에 의하여 신라의 발해와의 경계로써의 황해도 평산의 평주 저탄(저천)으로 비정시킨 것은 도저히 역사학적으로 있을 수 없는 비정이다. 또한 이 패강은 전 박사도 언급하였듯이 나중에 궁예와 왕건이 활동하게 되는 지역이다.

물론 전 박사는 이를 한반도 황해로 비정하여 연결시켰지만 궁예와 왕건 역시 신라가 있었던 그리고 신라의 땅을 그대로 이어받은 고려의 땅이 여기 있었기에 여기서 활동한 것이다. 그러나 궁예와 왕건이 활동한 원래 패강 지역은 원래 패강이 있었던 산동성 지역이다. 이러한 본 필자의 비정은 상상에 의하거나 근거 없는 것이 아니라 모든 사서의 기록을 근거로 한다.

물론 중국 측의 '춘추필법'에 의한 왜곡 이동과 이를 그대로 받아들인 주류 강단 사학계의 왜곡된 비정 이전의 원 기록에 대한 그대로의 해석에 의한 것이다. 이에 대하여 입증하는 것이 이 글 전체이다. 전 박사가 설정한 금행의 활동 내역과 이와 관련된 역사 사실 중 신라가 차지한 황해도 평주인 평산 땅 관련 사항에 대하여는 살펴보았고, 다음은 금행이 직접 참여하여 신라가 차지한 원래의 발해 땅을 수복하는 사항에 대하여 살펴보고자 한다. 먼저 전 박사가 발해 10대 선왕인 대인수 시절(818~830년) 위에서 거론한 바와 같이 발해의 등주 및 마도산 공격 시 발해가 신라에 빼앗긴 땅을 수복하는데 금행과 그의 세 아들들이 선도적 역할을 하여 다시 차지할 때 이 평주 땅 즉 황해도 땅으로 들어왔다는 것이다. 그 해를 826년으로 하였다. 이 사건과 이 사건의 시기를 확정하는데 근거로 삼은 것이

【사료254】『삼국사기(三國史記)』 권 제10 신라본기 제10 헌덕왕(憲德王) 十八年秋七月

백영에게 패강장성을 축성케 하다(826년 07월(음))

18년(826) 가을 7월에 우잠(牛岑) 태수 백영(白永)에게 명하여, 한산(漢山) 북쪽 여러 주군(州郡)의 인민 1만 명을 징발하여 패강장성(浿江長城)(註 240) 3백 리를 축성케 하였다.

註 240
자비령(慈悲嶺) 장책(長栅) 또는 패강진 서북의 정방산성(正方山城)에서 재녕강반(載寧江畔)의 배포(排浦)에 이르는 장성(長城)으로 추측하는 견해가 있다(藤田亮策(후지타 료사쿠) : 군국주의 경향이 강함, 「新羅九州五京攷」, 《朝鮮學論考》, 1963, 364쪽)(정구복 외, 《역주 삼국사기》 3 주석편(상), 한국정신문화연구원, p325)

이 기록이다. 즉 발해가 이곳을 다시 차지하자 신라는 더 이상의 영토 상실을 막는 방어를 하기 위해 3백 리에 달하는 장성을 쌓았다는 것이다. 이의 위치는 앞에서 살펴보았듯이 한산과 패강은 황해도 평주 평산에 있지 않았다.

이곳은 한반도가 아닌 산동성의 옛 백제와 옛 신라의 지역인 것이다. 이곳을 소위 삼국시대의 이곳 동쪽인 패강에 있었던 신라가 백제를 나당연합군에 의하여 멸망시키고 소위 통일신라가 그 서쪽의 백제 땅인 한산 지역을 차지한 후 이 한산 지역의 주민을 데려다가 그 동쪽의 옛 신라 땅의 패강 인근에 장성을 쌓은 것이다. 이와는 달리 사서 기록상 발해 선왕 대인수가 차지한 땅은

【사료146】『흠정만주원류고』 권4 부족4 신라

『요사』 지리지 당 원화 연간에 발해왕 대인수가 남쪽으로 신라를 정벌하여 군현을 개설하였는데 해주 암연현 동쪽 경계는 신라이다.

개원(당 현종 713~741) 원화(당 헌종 806~820) 무렵에 발해가 점차 강성해져서 압록강 이북이 모두 발해의 소유가 되었는데 『요지』에 말하길 "발해왕 대인수가 남쪽으로 신라를 정벌하고 군읍을 설치하였다"라고 한 것이 바로 이것이다.

이 산동성 패강인 지금의 도해하 위에 있었던 하북성 호타하 북쪽의 현재 호타하인 마자수이자 압록수, 압록강의 북쪽인 것이다. 물론 이 사서 하나만으로는 신빙성이 없다고 할지 모르나 다른 여러 실제 상황과 맞으므로 신뢰성이 있는 것이다. 즉 산동성의 신라가 나당연합군에 의하여 고구려와 백제를 멸망시키고 난 후 고구려의 옛 땅인 당시 압록수인 호타하 이북 지방을 차지하였다가 발해가 고구려를 이어받은 후에도 어느 정도 압록수 이북 지방을 유지하다가 이때 즉 발해 대인수 시절에 이르러서야 압록강 이북 지방을 상실하고 그 이남으로 후퇴한 것이다. 이전 즉 소위 통일신라 후 신라가 이곳을 차지한 것을 입증하여 설명하였듯이,

---

【사료248】『삼국사기(三國史記)』 권 제6 신라본기 제6 문무왕(文武王) 8년 6월 22일

고구려의 군과 성이 귀순하고 김인문 등이 당 군영으로 나아가다(668년 06월22일(음))

〔8년(668) 6월〕 22일에 〔웅진도독부〕 부성(府城)의 유인원(劉仁願)이 귀간(貴干) 미힐(未肹)을 보내, 고구려의 대곡▨(大谷▨)과 한성(漢城) 등 2군(郡) 12성(城)이 귀순하여 항복하였다고 고하였다. 왕은 일길찬(一吉湌) 진공(眞功)을 보내 칭하(稱賀)하였다. 인문(仁問)·천존(天存)·도유(都儒) 등은 일선주(一善州) 등 일곱 군(郡) 및 한성주(漢城州)의 군사와 말을 거느리고 당나라 군영(軍營)으로 나아갔다.

소위 통일신라가 통일 시점에 그 이전에 백제 땅을 신라가 차지하였다가 다시 고구려가 탈환하여 당시 고구려 땅이었던 백제 북부 지역 즉 한산주(북한산주)의 대곡과 한성이 신라에 항복한 것이다.

> **【사료243】**『삼국사기(三國史記)』 권 제37 잡지 제6 지리(地理)四 고구려(高句麗)
>
> 한산주의 주·군·현·성
>
> 대곡군(大谷郡)(註 121)(다지홀(多知忽)이라고도 한다.)
>
> 註 121
> 지금의 황해도 평산군(平山郡) 평산면(平山面) 일대이다(정구복 외,《역주 삼국사기》4 주석편(하), 한국정신문화연구원, 1997, 263쪽).

일제 식민사학과 주류 강단 사학계가 황해도 평산에 비정하는 대곡은 앞에서 입증하여 살펴본 대로 원래 산동성 백제의 북쪽 땅으로 왜가 침입하고 말갈이 침입하는 곳으로 나중에 고구려 땅이었다가 인근에 있는 한성 지역과 같이 나당연합군에 의하여 멸망 당시 당나라 유인원에게 함락되는 곳이다. 따라서 절대 황해도 지역은 아니다. 이곳은 서쪽의 산동성 백제 지역으로 그 동쪽 옆의 신라와 가까이 있었다. 이후 신라가 영역으로 차지한 채 이곳 북쪽의 호타하 북쪽인 안북하에

> **【사료193】**『삼국사기(三國史記)』卷第七 新羅本紀 第七 문무왕(文武王) 十五年秋九月
>
> 안북하를 따라 관과 성을 설치하다(675년 09월(음))
>
> 안북하(安北河)를 따라 관(關)과 성(城)을 설치하였고, 또한 철관성(鐵關城)을 쌓았다.

관과 성을 설치하였다. 이곳은 안북하이다. 당시 압록수였던 지금의 호타하 북안 지방이다.

【사료244】『삼국사기(三國史記)』권 제9 신라본기 제9 선덕왕(宣德王) 四年 春一月

김체신을 대곡진 군주로 삼다(783년 01월(음))

4년(783) 봄 정월에 아찬체신(體信)을 대곡진(大谷鎭)(註 388) 군주(軍主)로 삼았다.

註 388
지금의 평산(平山)(이병도,《역주 삼국사기》상, 을유문화사, 1996, p.243). 현재의 황해도 平山에 있던 軍鎭으로 곧 패강진을 가리킨다.(정구복 외,《역주 삼국사기》3 주석편(상), 한국정신문화연구원, 300쪽).

이후에도 신라는 이곳을 행정구역으로 삼아 관리를 임명 파견하였다. 이 시기는 소위 통일신라가 9주 5소경을 확정한 채 한산주를 한주로 바꾸고 지금의 황해도 지방에 비정한 757년 경덕왕 16년 이후이다. 이곳 대곡은 한반도 지방에 비정한 후에도 그대로 산동성 옛 백제 북쪽 지방에 있었다. 이곳은 나중에 고려가 그대로 물려받아 북계 안북대도호부를 설치하여 역시 마찬가지로

【사료194】『고려사』권82 지 권제36 병2(兵二) 성보 930년 미상(음)

안북부에 910칸 규모의 성을 쌓다

〈태조(太祖)〉 13년(930)에 안북부(安北府)에 성을 쌓았다. 910칸이고, 문(門)은 12개, 성두(城頭)는 20개, 수구(水口)는 7개, 차성(遮城)은 5개이다.

성을 쌓고 이곳에 소위 강동 6주(8성)를 설치하고 천리관성을 설치한다. 이곳 즉 발해 선왕 대인수가 신라로부터 차지하고 신라가 내어

준 채 물러난 곳은 분명 압록수 이북, 이남 지방이지 황해도 지방이 아니다. 이 압록수는 바로 지금의 호타하이다. 따라서 전 박사가 설정한 금행 및 세 아들이 발해 대인수 시절에 신라 땅을 탈환하고자 압록강네 군에서 출발하여 평주 즉 황해도로 와서 이곳을 탈환하고 여기에 머문 것이 아니라 평주 즉 하북성 평주 지방에서 발해 시기에 발해에 흡수된 채 발해의 구성원으로 있다가 발해 말기 시기 즉 전 박사가 언급한 금행의 활동 시기인 826년과 함보의 활동 시기 857년 경에는 독자적으로 하북성 평주 호타하 안북부 지방에서 활동하기 시작하였다.

그리하여 인근 남쪽의 압록수 지역을 소위 통일신라로부터 그대로 물려받은 고려가 여기에 초기부터 성을 쌓아 관리하다가 994년부터 소위 서희의 강동 6주(8성)를 설치하였으나 1014년 내지는 1015년에 요나라에 빼앗긴 보주, 정주를 1117년에 되찾아 고려에 주기까지 하였다.

【사료29】『요사』「지리지」

2. 동경도

보주 선의군(保州 宣義軍)
보주(保州) 선의군(宣義軍)이 설치되었으며 절도를 두었다. 고려가 설치한 주이며 옛 현은 래원(來遠) 하나이다. 성종(재위:982~1031)이 고려의 국왕 순(詢 ; 현종)(8대, 재위:1009~1031)이 멋대로 즉위한 것을 문죄하였으나 불복하였다. 개태(開泰) 3년(요 성종 1003)에 보주(保州)와 정주(定州)를 취하였다. 통화 말년(요 성종 983~1011)에 고려가 항복하였는데 그곳(보주 정주)에 각장(榷場 : 고려 시대에, 지금의 의주와 정평에 두고 거란·여진과 무역하던 장)을 두었다. 동경통군사에 예속되었으며, 주와 군 두 개와 현 하나를 관할하였다 내원현(來遠縣) 처음 요서 지역의 백성을 옮겨 채웠고, 다시 해(奚)와 한(漢)의 병사 700명을 옮겨 지키게 하였다. 호구수는 1,000이다. 선주(宣州) 정원군(定遠軍)이 설치되어 있으며 자사를 두었다. 개태 3

년(1014)에 한(漢)의 호구를 옮겨 설치하였다. 보주에 예속되었다. 회화군(懷化軍)은 하급이며, 자사를 두었다. 개태 3년 설치하였고 보주에 예속되었다.

래원성
래원성(來遠城) 본래 숙여진(熟女直) 지역으로 통화 연간에 고려를 정벌할 때 연군이 용맹하다고 하여 두 지휘(指揮)를 설치하고 성을 쌓아 방어하였다. 군사 관련 업무는 동경통군사에 속해 있다.

【사료54】『고려사』지 권제12 지리3「북계」
안북대도호부
의주

의주(義州)는 본래 고려의 용만현(龍灣縣)으로, 또 화의(和義)라고도 부른다. 처음에 거란(契丹)이 압록강의 동쪽 언덕에 성(城)을 쌓고 보주(保州)라고 불렀는데, 문종대에 거란이 또 궁구문(弓口門)을 두면서 포주(抱州)라고 불렀다【파주(把州)라고도 한다.】. 예종 12년(1117)에 요(遼)나라 자사(刺史) 상효손(常孝孫)이 도통(都統) 야율녕(耶律寧) 등과 함께 금(金) 병사를 피해 바닷길로 들어오면서 우리의 영덕성(寧德城)에 문서를 보내어 내원성(來遠城)과 포주(抱州)를 우리에게 귀속시키니 우리 병사가 그 성(城)에 들어가서 병장기·재물과 곡물을 수습하였다. 왕이 기뻐하며 의주방어사(義州防禦使)로 고치고 남쪽 지방의 인호(人戶)를 데려다가 그곳을 채웠다. 이때에 다시 압록강(鴨綠江)을 경계로 관방(關防)을 설치하였다. 인종 4년(1126)에 금(金)도 역시 의주를 우리에게 귀속시켰다. 고종 8년(1221)에 반역(叛逆)이 일어났다 하여 함신(咸新)으로 강등시켰다가 얼마 후에 예전대로 복구하였다. 공민왕 15년(1366)에 목(牧)으로 승격시켰다. 〈공민왕〉 18년(1368)에 만호부(萬戶府)를 두었다. 별호(別號)는 용만(龍灣)이다. 압록강(鴨綠江)이 있다【마자수(馬訾水) 혹은 청하(青河)라고도 한다.】.

【사료232】『고려사』列傳 권제7 제신(諸臣) 서희(서희가 거란의 소손녕과의 외교 담판으로 강동 6주 지역을 확보하다)

> ~ 서희가 또 아뢰며 이르기를, "거란의 동경(東京)으로부터 우리 안북부(安北府)까지 수백 리 땅은 모두 생여진(生女眞)이 살던 곳인데, 광종(光宗)이 그것을 빼앗아 가주(嘉州)·송성(松城) 등의 성을 쌓았습니다. ~

주류 강단 사학계의 비정대로라면 이곳은 지금의 압록강 이남 지방이다. 그리고 주류 강단 사학계의 비정대로라면 이 보주와 정주를 되찾아준 세력인 숙여진과 생여진 세력의 위치는 동여진으로 당연히 그 당시 고려의 동북쪽에 있었다. 도저히 맞지를 않는다. 이 생여진과 숙여진은 이미 확인한 사서 기록에 의하더라도 앞에서 지적하였듯이 이 보주와 정주가 있는 내원성이 있는 요나라 동경도 노주 현덕군(숙여진)과 거란의 동경도로부터 고려 안북부(생여진) 사이에 있다.

이곳을 주류 강단 사학계의 비정대로라고 하더라도 지금의 한반도 동북부인 길림성 지방이다. 그들의 소위 강동 6주와도 서로 맞지 않는다. 그리고 그들이 호칭하는 천리장성 즉 서쪽 압록강 어귀부터 동쪽의 함흥 도련포 사이와도 맞지 않는다. 이 천리장성은 사실 일제가 조작한 것이 이미 입증된 것으로 사실은 장성이 아닌 관성으로 주류 강단 사학계의 비정대로라 하더라도 요나라 동경부터 시작하는 것이다. 그렇다면 압록강 어귀도, 길림성도 요나라 동경도에 속하였다는 것이 된다.

> 생여진과 숙여진의 위치에 대한 주류 강단 사학계의 비정은 모든 사항과 맞지 않는다. 이것을 포함하여 주류 강단 사학계의 고대사 비정은 모두 맞지 않는다.

모든 것이 엉망인 것을 어떻게 해방 후 75년 동안 그대로 지탱했는지 놀랍다. 이것은 세계 역사학상 아이러니이다. 이에 대하여 얼마든지 누구든지 토론과 반론에 대한 재반론이 확실하다. 이곳이 고려의 천리관성이 시작되는 고려의 북계 안북 대호부 의주이다. 지금의 압록강 하구의 의주가 아니다. 주류 강단 사학계의 이곳에 대한 비정은 유치원 수준이다. 소위 고려 전문가라는 교수는 KBS의 역사 프로그램 '그날'에 나와 우리 민족의 수치인 원나라시대에 대하여 논하고 있다. 고려시대에 대하여 논하고 연구하여야 할 사항이 산처럼 쌓여 있는데 그 많고 많은 고려 역사에 있어서 짧은 기간이면서 어떻게 보면 수치스러운 원나라 간섭기에 대해 몇 차례에 걸쳐 방송하고 논하는지 이것이 현재 우리 사학계의 현실이고, 방송계와 언론계의 현실이다. 이곳 선주(용주, 통주)에 994~996년 사이에 서희가 소위 강동 6주(8성)를 쌓았으나 이후 1014년(고려사에는 1015년)에 요나라는 압록강에 부교를 설치하고 성을 쌓은 채 고려로부터 이곳을 탈취하였다. 이후 소위 강동 6주(8성) 나머지 지역도 차지하려고 고려 현종 9년(1018) 통주에 있는 흥화진의 영주(靈州)에서의 강감찬의 수공작전에 의한 격파와 귀주 대첩에 의한 승리에 의하여 참패를 당하고 물러났다.

이후 고려 덕종 2년(1033)에 이곳 압록강이 시작되는 인주로부터 흥화진 등을 거쳐 동계의 화주 즉 만주의 철령시 지역까지 천리관성을 쌓아 방비를 튼튼히 한 후인 고려 예종 12년 1117년에 이전의 1015년에 요나라에 탈취 당하였던 보주 및 정주 지역을 금나라에 의하여 회복한 후 여기에 예종 12년 압록강을 경계로 의주 즉 보주와 정주 지역으로부터 다시 관방을 설치한 곳이다.

여기에 금행의 두 아들 중 둘째인 금나라 시조 함보가 들어간 생여진과 숙여진 땅이다. 이곳이 완안부 즉 발해의 반안군이다. 이곳이 『고려사』 기록상 서여진 즉 하북성 고려의 영역 북쪽인 평주 하북성에서 그 남쪽인 호타하 지방 북쪽으로 간 것이다. 멀리 간 것이 아니다.

이곳은 소위 삼국시대에는 여진의 선조인 말갈이 하북성 북부 산서성의 북갈과 산동성 북부의 남갈로 갈려진 채 활동하다가, 신라의 소위 삼국 통일 후 북갈은 발해로, 남갈은 소위 통일신라로 흡수되었다가, 발해 말기 시대 즉 금행과 함보의 활동 시기 즈음에 북갈과 남갈 세력이 합하여 중간 지점인 이곳 당시 압록수인 호타하 북안 지방에서 남쪽의 숙여진 북쪽의 생여진으로 활동하였다. 이곳은 위의 기록대로 요서 지방의 백성을 옮기는가 하면 마자수이자 청하인 압록강이 있었던 곳인 이 압록강은 당연히,

【사료25】『통전(通典)』「변방」'동이 하 고구려'

평양성(平壤城) 동북쪽에 노양산(魯陽山)이 있고 그 정상에 노성(魯城)이 있다. 서남쪽으로 20리에 위산(葦山)이 있는데 남쪽에 패수(浿水)가 가깝다. 대요수는 말갈국 서남산에서 나와 남으로 흘러 안시현에 이른다. 소요수는 요산에서 나와 서남으로 흘러 대양수와 만난다. 대양수는 나라의 서쪽에 있다. 새 밖에서 나와 서남으로 흘러 소요수로 흘러간다. 마자수는 일명 압록수이다. 물이 동북 말갈의 백산에서 나온다. 물의 색이 기러기 머리색을 닮았기 때문에 속되게 부른 이름이다. 요동에서 5백리 떨어져 있다. 국내성 남쪽을 지나 서쪽으로 흘러 염난수와 만나 두 물이 합하여 서남으로 흘러 안평성에 이르러 바다에 들어간다. 고구려에서 이 강이 제일 크다. 물결이 이는데 푸르고 맑으며, 나루터마다 큰 배가 서 있다. 그 나라에서 이를 천참(천연요새)으로 여긴다. 강의 너비가 3백 보이고, 평양성 서북 450리에 있다. 요수 동남 480리에 있다. (한나라 낙랑군, 현도군 땅이다. 후한 때부터 위나라 때까지 공손씨가 점거하고 있다가 공손연 때 멸망했다. 서진 영가(307~312) 이후 다시 고구려에 함락되었다.~(생략))(생략)

하북성 평주에 있었던 지금의 호타하이다. 이 호타하의 발원지는 말갈의 백산 즉 백산말갈족의 근거지인 지금도 그 지명이 남아 있는 산

서성 대동시 영구현 태백산(Taibai Mountain, 太白山)이다. 이곳에서 발원하여 결국 지금도 그 이름이 남아 있는 호타하 동쪽 하북성 형수시 안평현에 이르러 바다로 들어가는 것이다. 중국 측과 주류 강단 사학계는 이 모든 것을 동쪽으로 옮겨 비정하지만 이는 역사 조작으로 모든 기록과 맞지 않는다. 이 태백산 옆에 말갈의 다른 족속으로 나중에 금나라를 세우는데 주축인 흑수말갈의 근거지인 흑수하가 지금도 그 지명이 남아 있는 산서성 대동시 천진현 흑수하(Heishui River, 黑水河)이다.

이것을 중국 측과 주류 강단 사학계는 한반도 동북부 구석진 흑룡강성 흑룡강으로 조작하여 옮겨놓았던 것이다. 금나라는 시베리아 벌판에서 건국된 것이 아니다. 이곳 발해가 있었고 요나라가 있었고 신라가 있었고 고려가 있었던 하북성 압록강 즉 호타하 인근에서 건국된 것이다.

【사료94】『삼국유사』卷第一 제1 기이(紀異第一) 말갈(靺鞨)과 발해(渤海)

~『지장도』에서는 "흑수는 만리장성 북쪽에 있고, 옥저는 만리장성 남쪽에 있다."고 하였다.

당시 흑수말갈은 이 기록과 『당서』「북적열전 흑수말갈」 등 다른 여러 기록과 같이 만리장성 북쪽의 흑수말갈과 만리장성 남쪽의 북옥저와 동옥저이다. 당시 만리장성은 현재 하북성 북경시에도 못 미치는 보정시 서쪽인 당시의 좌갈석 지금의 하북성 보정시 래원현의 백석산까지만 있었다. 이러한 흑수말갈과 옥저를 요령성도 아닌 한반도 북부 그것도 동쪽 구석 길림성에 비정하는 것은 도저히 학문이 아니다. 이것은 오로지 우리 고대 활동 영역을 동쪽으로 옮기고자 하는 중국 측의 조작이자 한반도로 고착시키려는 일제 식민 사학 논리에 의한 역사 조작이다.

> 흑수말갈은 흑룡강성이 아니라 하북성 보정시 북부에 있었고, 옥저도 하북성 보정시 서부에 있었다.

한편 함보의 동생인 셋째 보활리는 야라 즉 갈라전인 이곳이 『고려사』 기록상 동여진 즉 고려의 한반도 영역 북쪽 두만강 700리의 공험진 인근으로 간 것이다. 전 박사는 발해 대인수가 신라에 잃었던 땅을 금행 일가의 활약 속에 되찾자 신라는 더 이상의 영역 상실을 방지하고자 헌덕왕이 826년에 쌓았다는 패강장성의 축조 원인은 이것 때문이 아니라 4년 전 웅천주 도독 김헌창이 반란을 일으키고 진압한 것과 관련이 있다고 하였다. 당시 신라에는 기록상 819년에 이사도가 반란을 일으켜 원병을 당나라에 파견하였다는 사실 이외에는 아무런 일도 없었다. 더군다나 발해가 침공하여 영역을 상실하였다는 기록도 없고 축성을 새롭게 할 상황도 전혀 없었다. 단지 유일한 사건인 김헌창이 반란을 일으킨 곳이 헌덕왕이 패강장성을 축성하고자 백성을 징발한 한산주 백성이 있는 옛 백제의 땅 웅천주 도독이다. 반란을 일으키자 이웃의 패강진은 미리 알고 수비를 하였다는 기록에 의하여 웅천, 한산주, 패강진은 서로 이웃에 있었다. 이것이 바로 패강인 산동성 도해하이다. 이 패강 즉 도해하가 옛 백제 땅 북부를 흘러 동으로 해서 옛 고구려 졸본성 남쪽을 흘러 동으로 해서 당시 신라의 영역 북쪽을 흐르는 것이다. 이곳 패강진이 이웃의 청주 도독 김헌창 반란으로 성이 허물어지자 다시 쌓은 것이다. 이웃의 한산주 백성을 데려다 쌓은 것일 뿐이다. 이곳은 한반도일 수 없다. 더군다나 황해도일 수가 없다. 그리고 발해 대인수의 압록강 이북 점령도 사실일 수 없다. 압록강은 이보다 북쪽에 위치해 있었다.

그럼 이제부터는 이러한 위치 비정에 근본적이고도 전제적인 사항에 대하여 확인해 보도록 하겠다. 이는 앞에서 언급하였듯이 전 박사가 오류를 범한 것 중의 가장 큰 문제가 원초적이고 기본적인 설정을 확인하고 이루어졌어야 한다는 것이다. 그것은 말갈, 발해, 거란, 요나라, 여진, 금나라, 고려의 위치 설정이 선행되었어야 한다는 것이다. 그러면 이것에 대하여 살펴보고자 한다. 이 설정이 위의 본 필자의 모든 설정과 전 박사에 대한 비판은 물론 중국 측과 주류 강단 사학계의 모든 우리 민족 고대 국가에 대한 조작 설정에 대한 반박과 재설정이 되는 것이다. 먼저 말갈과 발해에 대해서는 이 단락에서 이미 하였고 그리고 앞으로 상세히 설명할 것이다.

[거란의 위치에 대하여]

■ [그림28] 중국/주류 강단 사학계의 거란 및 선비 위치 비정도

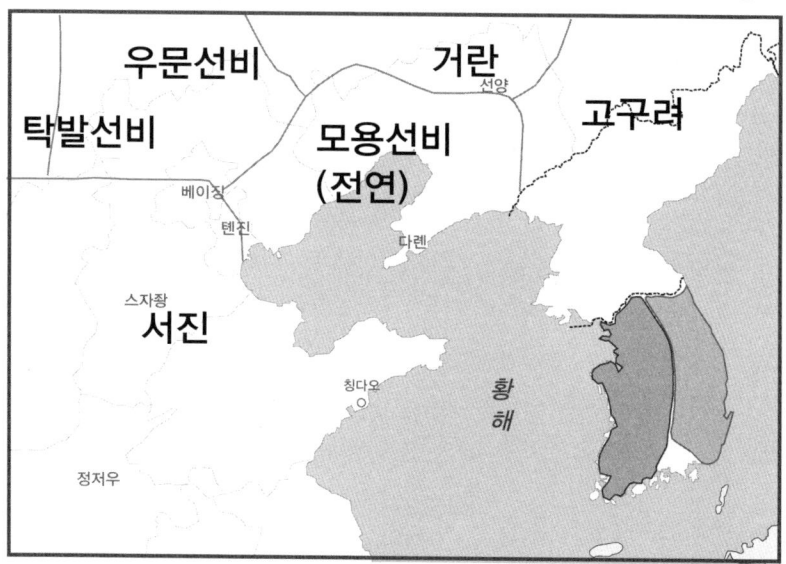

■ [그림29] 거란, 선비 위치 비정도

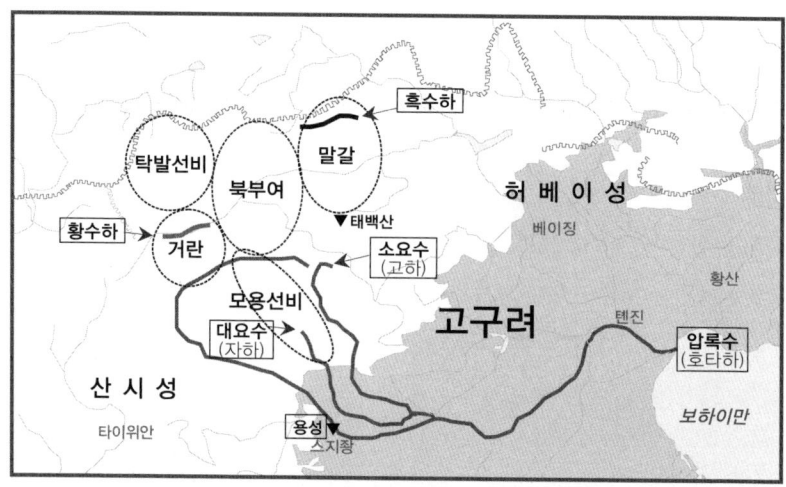

그리고 요나라 및 요나라를 세운 거란족에 대하여는 이미 설명하였고 앞으로도 '거란에 대하여'에서 상세히 설명하겠지만 그 위치를 살펴보면, 그들의 정사인

【사료29】『요사』「지리지」

〈서문〉

요국(遼國) 그 선조는 거란(契丹)이라고 한다. 원래 선비(鮮卑)의 땅으로 요택(遼澤) 가운데에 살았었다. 유관(榆關)까지 1130리가 떨어져 있고 또한 유주(幽州)까지 714리 떨어져 있다. 남쪽으로는 황룡(黃龍)을 견제하고 북쪽으로 황수(潢水)를 띠처럼 두르고 있고 랭형(冷陘)이 오른쪽을 병풍처럼 가리고 있으며 요하(遼河)가 왼쪽으로 참호처럼 되어 있다.

『요사』「지리지」상에 다른 것은 몰라도 원래 선비의 땅에 북쪽으로 황수가 있다고 하였다. 물론 요택, 유관, 유주, 황룡에 대하여도 확인할 수가 있다. 하지만 유주에 대하여는 이미 여러 차례 설명을 하였듯이 유주는 지금의 석가장시 서북부이다. 요택은 당연히 선비의 땅이라고 하였다. 사서 기록상 선비는 부여의 서쪽이자 남쪽에 있다고 하였다. 그리고 부여 동쪽에는 말갈 즉 여진의 선조인 읍루가 있다고 하였다.

■삼국지(三國志) 위서(魏書) 30 동이전(東夷傳) 부여(夫餘)

夫餘는 長城의 북쪽에 있는데, 玄菟에서 천 리 떨어져 있다. 남쪽은 高句驪와, 동쪽은 挹婁와, 서쪽은 鮮卑와 접해 있고, 북쪽에는 弱水가 있다.

부여는 산서성 대동시 영구현 일대, 이 동쪽에는 읍루의 후신인 말갈의 흑수말갈이 산서성 대동시 천진현 흑수하(Heishui River, 黑水河)인

근에 있고, 속말말갈이 산서성 대동시 영구현 태백산(Taibai Mountain, 太白山) 인근에 있다. 거란족은 이러한 부여의 서쪽이자 남쪽인 지금의 산서성 삭주시와 흔주시 동북쪽에 있었다. 이를 입증하는 것이 선비의 선조 나라 오환(선비)(족)이 산서성 흔주시 일원 즉 현재의 대군(山西省 忻州市 忻府區 代郡村)에 있었다는 사실이다.

중국 측도 다른 사항은 대부분 동쪽으로 이동시키는 등의 왜곡을 하였지만 이는 왜곡을 못 하고 부정도 하지 못하고 있다. 그 까닭은 역사 기록상 조조의 위나라가 정벌한 사실이 있기 때문이다. 수많은 사실을 왜곡한 중국 측도 조조의 위나라 관련 사실은 왜곡을 못 하는데 우리 강단 사학계는 조조의 위나라(사마의)와 연합하여 요동 지방 양평을 중심으로 활동하였던 공손씨 세력을 제거한 그 요동과 양평 그리고 이후에 벌어진 서안평 공격 위치를 왜곡 조작하여 지금의 요령성 요하 동쪽은 물론 한반도 북쪽 압록강에 비정하고 있다. 당시 조조의 위나라 최대 활동 지역은 당시의 요동 지방이었던 지금의 하북성 석가장시 인근과 위의 오환 선비족이 있었던 산서성 흔주시 일대로 지금의 하북성 북경시에도 못 미치고 이 북경시의 서남쪽에 있는 하북성 보정시에도 미치지 못하였다.

이러한 사실을 한반도 북부까지 끌어들임은 물론 공손씨가 낙랑군 남쪽에 세웠다는 대방군을 한반도 황해도에 일제 식민 사학자들의 논리를 그대로 추종하여 비정하고 있다. 그럼으로써 현재 중국에서는 조조의 위나라 영역을 한반도 중북부까지 설정하는 지도를 세계 각국에 배포하고 있음은 물론 우리 주류 강단 사학계가 장악하고 있는 국립중앙박물관에서도 이 사항을 방영하여 국회 국정감사의 지적을 받기까지에 이르렀다. 국가세금으로 운영하는 우리나라 모든 역사 관련 기관의 행태가 이러한 상태에 놓여 있다. 그럼에도 이를 비판하면 사이비, 유사 사학자가 되는 것이다. 이러한 행동대 역할을 하는 것이

이 글에서 비판하는 '젊은 역사학자 모임'의 일원들이다. 따라서 사이비나 유사 사학자 소리를 듣지 않기 위하여 철저히 사료에 의하여 이러한 주류 강단 사학계의 왜곡 조작된 역사를 비판하고 바로잡으려는 것이 이 글의 주목적이다.

> 우리 주류 강단 사학계는 우리 역사를 왜곡 조작하고 있다.
> 이에 고무된 중국 측은 현재 우리 영토인 한반도조차
> 그들의 식민지로 책정한 채 세계에 알리고 있으며
> 우리 주류 강단 사학계는 이를 다시 우리 국민에게 알리고 있다.

한마디로 선비족은 이곳 인근에 있었고 같은 선비족 계열로 같은 지방에 있었던 거란도 이곳 인근에 있었다. 이것을 거듭 입증하는 사항이 바로 사서 기록상의 요하와 황수이다. 거란 북쪽에 황수가 있고, 서쪽에 요하가 있다고 하였다. 황수는 하북성 석가장시 북부 산서성 삭주시 산음현에 지금도 있는 그 황수하(Huangshui River, 黃水河)가 남아 있다.

중국 측과 이를 그대로 따르는 주류 강단 사학계에 의하면 거란의 본거지는 우리 고대 국가와 마찬가지로 이곳에서 동쪽으로 옮겨 요령성 조양시 서북쪽의 시라무렌강 유역이었다. 이는 분명한 역사왜곡이다. 이것은 서쪽에 있다는 요하가 입증해 준다. 요하는 전통적으로 고대 사료상에는 하북성 석가장시 북부의 압록수인 호타하 북쪽에 위치하고 있다. 이곳이 바로 고구려의 수당 전쟁 시의 요하이다. 이 요하는 지금의 자하이다. 이 요하를 중국 측과 주류 강단 사학계는 지금의 요령성 요하로 인식하고 있다. 하지만 이는 역사 기록과 맞지 않는다. 더군다나 중국 측과 주류 강단 사학계가 요나라의 중심부로 설정하고 있는 요령성 조양시 서북쪽의 시라무렌강 유역은 동

쪽 즉 오른쪽에 요하가 있지 왼쪽에 없다.

따라서 이 요하는 고대 시기부터 요수이자 요하인 지금의 자하이다. 이곳을 서쪽으로 하고 있다는 것은 거란의 본거지가 아니라 거란족이 세운 요나라의 중심부가 이곳으로 하북성 석가장시 서북부라는 것을 의미한다. 하북성 석가장시 서북부이자 산서성 대동시 서남부이자 산서성 흔주시의 동북쪽이자 산서성 삭주시 동부이다.

> 거란의 위치는 하북성 석가장시 서북부이자 산서성 대동시 서남부이자 산서성 흔주시의 동북쪽이자 산서성 삭주시 동부이다.

중국학계와 우리 주류 강단 사학계는 요나라의 중심부인 5개 부(여기서 ( )로 표기한 사항은 현재 주류 강단 사학계의 위치 비정임)를 남경 석진부(현재 베이징시), 중경 대정부(현재 내몽골 자치구 닝청현 근처), 동경 요양부(현재 랴오양시), 서경 대동부(현재 산서성 다퉁시)를 두었으나 상시 수도는 상경 임황부로 지금의 내몽골 자치구 츠펑시의 바린좌기[巴林左旗] 근처로 비정하고 있다.

이곳은 현재 요령성 조양시 서북쪽에 위치하고 있다. 거란족의 근거지로 비정하고 있는 시라무렌강 유역이다. 그리고 요나라의 영역을 일제 식민 사학자들이 조작하여 설정한 고려의 북쪽 영역인 압록강~함흥만 일대의 북쪽을 다 설정하고 있다. 따라서 하북성 호타하로부터 한반도 북쪽 및 한반도 동북쪽 동해 바닷가까지 그 영역으로 설정하고 있는 것이다. 하지만 그들의 중심지인 상경 임황부에는 그들이 요하라고 비정하는 왜곡한 요수인 요령성 요하가 동쪽 멀리 있다. 북쪽에 황수하도 없다. 이곳이 아닌 것이다.

【사료67】『후한서(後漢書)』「동이열전(東夷列傳)」 부여(夫餘)

夫餘國은 玄菟의 북쪽 千里쯤에 있다. 남쪽은 高句驪와, 동쪽은 挹婁와, 서쪽은 鮮卑와 접해 있고, 북쪽에는 弱水가 있다. 국토의 면적은 방 二千里이며, 본래 濊[族]의 땅이다.

【사료68】『삼국지(三國志)』〈위서〉「동이전」 부여(夫餘)(국사편찬위원회 한국사 데이터베이스 중국정사조선전)

夫餘는 長城의 북쪽에 있는데, 玄菟에서 천 리 떨어져 있다. 남쪽은 高句驪와, 동쪽은 挹婁와, 서쪽은 鮮卑와 접해 있고, 북쪽에는 弱水가 있다. [국토의 면적은]방 2천 리가 되며, 戶數는 8만이다.

【사료69】『진서(晉書)』卷九十七「列傳」第六十七 東夷: 夫餘國

夫餘國은 玄菟의 북쪽 천여 리에 있는데, 남쪽은 鮮卑와 접해 있고, 북쪽에는 弱水가 있다. 국토의 면적은 사방 2천 리이고, 戶數는 8만이다. 城邑과 宮室이 있으며, 토질은 五穀이 자라기에 적당하다.

그들이 초기 예맥인 선비의 땅인 지금의 태행산맥인 산서성 동쪽에서 발해를 물리치고 차지한 후 넓힌 땅이라고는 연운 16주밖에 없다. 요나라 수도인 상경 임황부는

【사료29】『요사』「지리지」

상경도
상경임황부

원래 한국(漢)의 요동군(遼東郡) 서안평현(西安平)의 땅이다.

산을 등지고 바다를 안고 있어 지세가 험한 것에 만족하고 굳건히 하였다.

그들의 정사에 한나라 요동군으로 서안평현의 땅이라고 하였다. 물론 중국 측과 주류 강단 사학계는 이 요동군을 지금의 요하 동쪽 그리고 서안평을 지금의 압록강의 의주 맞은편 중국 쪽 단동시 호산산성으로 비정하고 있다. 이를 예전의 고구려 후기 및 발해 시기의 박작성으로 비정하고 있는 것이다. 이것은 역사왜곡이 아니라 조작이다.

이에 대하여는 이 글에서 상세히 입증하여 비판하였다. 이곳은 지금도 그 이름이 남아 있는 하북성 호타하 동쪽의 하북성 형수시 안평현의 서쪽 내지는 북쪽(북안평)으로 지금의 안평현 인근 지방이다. 이곳이 당시 한나라의 요동군이었다. 그렇다면 요나라 수도는 하북성 호타하인 지금의 석가장시 북부에 있었던 것이다. 바다를 안고 있다는 기록상의 바다는 바로 중국사서 기록상 바다로 흔히 기록되는 호타하인 것이다. 따라서 동쪽으로는 지금의 요령성 요하까지이고, 남쪽으로는 신라에 물려받은 고려와 경계로 한 지금의 호타하 인근인 것이다. 추가 획득한 연운 16주의 땅은 지금의 산동성과 하북성을 가르는 태행산맥 동쪽과 서쪽 즉 산서성과 하북성 지역 일부이다. 즉 지금도 그 이름이 남아 있는 산서성 삭주시를 중심으로 동서좌우로 있었던 지역이다. 이곳은 지금의 하북성 북경에도 못 미쳤을 뿐만 아니라 북경시 서쪽인 보정시에도 못 미친 지역이었다.

중국 측과 주류 강단 사학계는 연운 16주를 확대하여 하북성 북부인 보정시, 북경시는 물론 남쪽의 호타하 인근까지로 하고 있다. 하지만 이는 역사 조작이다. 요나라는 하북성의 호타하 지방에서 고려와 요령성 요하에서 고려와 두 군데 국경에서 마주하고 있었던 것이다. 이는 발해가 신라와 마주 경계하고 있었던 것을 그대로 물려받은 것이다.

그럼 이를 물리치고 금나라를 세운 여진족과 금나라에 대하여 간단히 살펴보자. 말갈은 이미 살펴본 대로 산서성 대동시 동쪽의 지금도 그 이름이 남아 있는 산서성 대동시 천진현의 흑수하 및 인근의 태백산 지역에 있었던 말갈의 일부는 그대로 활동한 채 북갈이 되어 흑수말갈이 되어 남는 것이다. 일부 세력은 옥저와 함께 남쪽 산동성 지방으로 이동한 채 이 남옥저 지방에서 남갈이 되어 이곳에서 건국한 백제와 신라를 괴롭힌다.

이후 나당연합군에 고구려와 백제가 멸망한 후 신라는 처음에는 백제의 영역인 한산주 땅 즉 패강(패수, 패하) 이남의 땅과 남갈을 흡수하는가 하면 고구려의 땅 전체를 당나라와 나누어 차지하였다. 그러다 발해가 고구려 땅에 있었던 북갈 및 남쪽의 남갈 일부 그리고 거란족을 흡수하여 나라를 세웠다. 이후 발해가 쇠잔할 때에 거란족이 독립활동을 하자 말갈족도 여진족이 되어 금행과 함보에 의하여 호타하 인근에서 독립적인 활동을 시작하였다.

따라서 요나라 시기에는 요나라가 고려 이외의 땅 즉 하북성 이북의 땅과 한반도 이북의 땅 전체를 차지하고 있었던 것이 아니라 하북성에서 고려와의 경계 지방에 생여진과 숙여진의 서여진이 있었고, 한반도 북부 만주 지방에서 고려 동쪽에 동여진이 있었던 것이다.

특히 호타하 인근에 있었던 생여진과 숙여진은 요나라(916~1125년)가 멸망하기 전에 이미 금나라(1115~1234년)를 건국한 후 요나라의 호타하(복간수) 인근 지방을 고려 예종 12년(1117)에 공격하여 이전의 1015년에 요나라에 탈취 당하였던 보주 및 정주 지역을 빼앗아 고려에 줌으로써 고려가 1117년(예종 12년) 여기에 압록강을 경계로 의주 즉 보주와 정주 지역으로부터 다시 관방을 설치하게까지 하였다.

이러한 금나라는 처음에 생여진의 완안부 함보의 7대 후손인 아골타(1068년 8월 1일~1123년 9월 19일)가 1113년 완안부 추장이 된 후 상경 회령부를 수도로 하여 금나라를 세운 후 상경회령부, 중도대흥부, 남경개봉부 등을 설치하는데 1153년 연경 즉 북경시인 중도대흥부로 옮겼다가 1127년에 점령한 개봉성(허난성 카이펑시[河南省 开封市])에 1214년 천도한다.

그런데 중국 측과 주류 강단 사학계는 금나라를 세운 완안부, 생여진, 흑수말갈 모두를 한반도 동북부 흑룡강성 일대로 설정하고 마찬가지로 첫 도읍지 상경회령부를 헤이룽장성 하얼빈시[黑龙江省 哈尔滨市]로 비정하고 있다.

이는 여진족의 원조인 말갈의 위치인 산서성 대동시와도 관계가 없고 본 필자가 입증하여 비정하였듯이 완안부 아골타의 7대손인 함보의 부친 금행의 거주지 평주의 위치와도 다르며 완안부 및 발해 번안군 그리고 숙여진과 생여진 지역인

【사료29】『요사』「지리지」

2. 동경도
개주 진국군(開州 鎭國軍)

래원성(來遠城) 본래 숙여진(熟女直) 지역

【사료232】『고려사』 列傳 권제7 제신(諸臣) 서희 서희가 거란의 소손녕과의 외교 담판으로 강동 6주 지역을 확보하다

~ 서희가 또 아뢰며 이르기를, "거란의 동경(東京)으로부터 우리 안북부(安北府)까지 수백 리 땅은 모두 생여진(生女眞)이 살던 곳인데, 광종(光宗)이 그것을 빼앗아 가주(嘉州)·송성(松城) 등의 성을 쌓았습니다. ~

하북성 호타하 지역과도 관련이 전혀 없다. 더군다나 다른 모든 기록은 어느 한 위치로 통일되는데 중국 측과 주류 강단 사학계에 의한 금나라 첫 도읍지 상경회령부 위치만을 달리하는 것이다. 더군다나 『고려사』 기록에 동여진 즉 갈라전에 대한 기록에는 생여진이나 숙여진 그리고 완안부 아골타에 대한 기록이 전혀 없다. 동여진, 갈라전이 윤관 9성이 설치된 한반도 동북부 길림성 지방의 여진인 것이다.

따라서 금나라를 세운 아골타는 다른 모든 기록이 증명하는 하북성 호타하 지방에 있는 것이다. 여기서 인근의 요나라를 멸망시키는 것이지 머나먼 흑룡강성에서 머나먼 하북성이나 주류 강단 사학계가 비정하는 요령성 조양시 북쪽 적봉시 북쪽 시라무렌강 유역의 요나라를 멸망시키는 것이 아니다.

이상으로 전원철 박사가 저서 『고구려-발해인 칭기스 칸 1·2권』을 통하여 비판한 우리나라 사학자들의 금나라 시조의 신라 출신 내지는 고려 출신에 대한 비판에 대한 위치 및 사실 관계에 대한 재비판을 마친다.

본 필자의 이러한 비판은 전원철 박사의 연구를 폄하할 의도는 전혀 없는 한편 오히려 탁월한 연구에 존경을 표하는 바이다. 하지만 그 위치와 사실 관계에 대하여는 바로잡음으로써 우리 고대사 활동지역에 대한 재정립을 입증하는 기회로 삼고자 하였을 뿐이다.

마지막으로 덧붙일 사항은 전원철 박사도 비판하였듯이 우리나라 사학자들이나 전문가들 그리고 대중들이 금나라의 후신인 청나라가 신라와의 연관성 내지는 후손임을 자처한다고 하여 후금인 청나라는 물론 전신인 지금까지 살펴본 금나라와의 연관성을 강조하는 것에 대하여 언급하고자 한다.

청나라 황실이 그들의 성씨가 김씨이고 그들의 시조인 누루하치의 성이 '애신각라(愛新覺羅)' 즉 '아이신 기오로', 중국식으로 '아이신 줴러' 즉 '신라를 사랑하고 생각한다'라고 하여 이를 입증한다고 한다. 하지만 청나라 황실의 성은 신라 김씨가 아니라 금씨이다. 이는 신라가 그들의 선조라고 한 흉노족 김일제의 족속인 흉노족이 소호금천씨를 조상으로 모시는 것과 같이 북방민족의 공통 시조의 금씨를 가리키는 것이다. 물론 신라 김씨도 이에서 출발하였지만 고조선을 포함한 같은 북방 민족 계열임을 나타내는 것이지 특별히 신라와 연관시킬 수는 없다는 점이다. 물론 신라와 같은 선조 계열임은 분명한 사실이다. 하지만 후대에 분류된 여진, 거란, 몽골, 선비 등을 신라와 같은 계열이라고 하는 것은 무리가 있다는 것이다.

특히 '애신각라(愛新覺羅)'는 신라를 사랑하고 생각한다는 의미가 아니라 '금나라를 잇는다', '금을 계승한다'라는 여진어, 만주어를 한자로 음차 표기한 것일 뿐이라는 것이다. 즉 옛 '금나라를 계승한다'라는 의미로 위의 금씨와 같은 의미이다. 물론 청나라 제천 행사를 기록한 『만주대제 고려대제의예(滿洲大祭 高麗大祭儀禮)』에서 "청 강희제가 고구려 태왕들계 묘호를 추존하여 올렸다"라는 기록과 요나라 기록인 『요천제 고려황제품위(遼天祭 高麗皇帝品位)』 기록에서는 요나라를 세운 거란도 태종 때에 고구려 태왕들에 대하여 황제의 시호를 추존하면서 자신들의 조상이라며 황제로 모시는 행동을 취했다고 한다.

하지만 이는 자신들의 발원지가 만주이기에 그 지역의 옛 나라인 고구려를 조상으로 여긴 것이고 거란, 말갈, 여진 등 수많은 초원의 유목, 삼림의 기마민족들이 국제 대국이고 포용적인 다민족 국가였던 고구려의 영향권 내에서 지배를 받고 다민족 대제국 고구려의 국민으로 사는 경우도 많았으니 이를 내세워 만주 지방의 지배권을 공고히 하려는 정통성 확보를 위해서 필요한 작업이라고 해석하기도 한다.

따라서 후금과 후금인 청나라 그리고 이들의 조상국인 금나라와 여진족은 우리 한민족 내지는 한민족 국가 그리고 한민족 국가의 영역과 연관성도 있고 특히 하북성 및 산동성 그리고 길림성에서의 영역의 경우 그리고 같은 북방 민족 시조신에 대한 사항은 신라와의 연관성은 있을 수 있으나 특별히 이들이 신라와의 연관성을 표명하거나 신라의 계승국도 아니다.

> 여진족의 금나라가 신라 계통이라는 사실은 과장된 것으로
> 사실이 아니다. 오히려 제1의 고려인 고구려와 제2의 고려인
> 발해에 포함된 말갈 즉 여진족이 후에 하북성에서
> 독립한 것이다.

지금까지 살펴본 바와 같이 이것이 말갈의 역사이다. 말갈족은 한민족과 마찬가지로 유라시아 동쪽 끝 한반도 및 만주에만 있었던 세력이나 나라가 아니었다. 멀리 산서성, 산동성, 하북성, 요령성, 길림성, 흑룡강성에 걸쳐 흩어져 있었다. 이를 모두 동쪽으로 옮긴 채 몰아버린 것은 역사 조작이다. 이와 같이 중국사서와 『삼국사기』와 『삼국유사』 기록상에 옥저는 삼국과 밀접한 관계가 있음에도 몇 개 안 되는 기록밖에 없고 말갈의 기록은 풍부하게 있는 것 그리고 이들이 유사한 지역에서 같은 역사적 활동을 벌인 것으로 보아 이들이 같은 것임을 알 수 있다. 이와 같은 기록에 의한 역사적 사실은 한반도에 비정하는 말갈 및 옥저, 고구려, 백제, 신라로서는 도저히 설명이 되지 않는다.

그 원천을 확인하면 중국 하북성과 산서성 그리고 산동성 이곳이 무대가 되는 것이다. 이들의 두 번째 자리인 남옥저의 자기 자리를 차지한 백제와 신라에 원한이 있는 관계로 이들과 적대 관계인 고구려의 지원 및 사주를 받고 백제와 신라를 공격하였던 것이다. 이들의 위치는 현재 주류 강단 사학계의 일관성 없고 근거도 없는 한반도 위치 비정에 따르면 설자리가 없다. 주류 강단 사학계는 중국사서인 『후한서』 및 『삼국지』의 「동이열전」상에 기록된 부여, 읍루, 고구려, 동옥저, 예, 한 중에서 특히 '동옥저'와 '예' 편을 그들의 논리인 '낙랑군 평양설' 및 '고대 국가 한반도 고착화'에 맞추고자 모든 기록을 한반도로 비정하였다. 즉 위 중국 기록상에 나와 있는 동옥저를 남옥저

와 같이 보고 함흥 지방에 그리고 북옥저를 두만강 지역에 비정하였다. 그리고 중국사서상에 당나라 이후에 기록상 나타나는 말갈을 함경도 지역의 예족으로 비정하였다. 그리고 앞에서 살펴본 대로 백제 초기 및 무령왕 시기에 말갈과 관련된 마수산을 각각 한반도 포천 외에는 비정을 하지 못했다.

그리고 위의 옥저 그리고 고구려 그리고 신라 및 왜와 관련된 죽령에 대하여는 각각 고구려와 관련된 죽령은 함경도 황초령으로, 신라와 왜와 관련된 죽령은 충청도와 경상도 사이의 고개로 비정하였다. 또한 위 중국사서에 기록된 '예'를 기록대로 옥저의 남쪽인 강릉 지방으로 비정하였다. 그리고는『삼국사기』와『삼국유사』상에 말갈 그리고 신라, 고구려와 함께 기록된 '하(아)슬라 주'는 '예'와 관계있는 것으로 강릉으로, 이 '하(아)슬라 주'와 관계있으면서 말갈, 고구려, 신라, 백제, 가야와 관계있는 니하는 남한강 상류나 강릉으로 비정하였다. 그리고 이 니하와 관계가 있으면서 고구려, 신라, 백제와 관계있는 우산성에 대하여는 니하를 남한강 상류로 볼 수 있다는 가정하에 충주 일대로 비정하고 있다. 이러한 비정은 모든 기록상의 우리 고대 국가 및 관련 사항을 모두 한반도 내에 비정한다면 도저히 맞지 않는다.

> 말갈, 옥저, 예와 관련된 죽령, 하슬라, 니하, 우산성 기록들이 한반도임을 부정하고 있다.

이에 대하여 계속 살펴보고 이에 대한 비판과 제대로 된 비정을 하고자 한다. 말갈, 마수산, 옥저, 죽령, 예에 대하여는 살펴보았고 계속하여 '하(아)슬라주', 니하, 우산성에 대하여 살펴보기로 한다.

― 다음 〈제4권〉에서 계속됩니다.

인용 사료 목록

【사료1】『조선왕조실록』세조실록 7권, 세조 3년 5월 26일 무자 3번째기사 1457년
【사료2】『조선왕조실록』예종실록 7권, 예종 1년 9월 18일 무술 3번째기사 1469년
【사료3】『관자』「제78 규도 13」
【사료4】『관자』「제80 경중갑 13,20,22」
【사료5】『산해경』「제11 해내서경」
【사료6】『산해경』「제12 해내북경」
【사료7】『산해경』「제18 해내경」
【사료8】『사기』「권69 소진열전 제9」
【사료9】『염철론』「권6 벌공」편
【사료10】『후한서(後漢書)』「군국지」1. 유주
【사료11】『사기』「조선열전」'고조선'
【사료12】『자치통감(資治通鑑)』「권181 수기오」
【사료13】『무경총요』10
【사료14】『흠정사고전서』「수도제강 권3」
【사료15】『무경총요』「전집 권22 연경주군 12」
【사료16】『진서』「지리지」'평주', '유주'
【사료17】『사기』「하본기」
【사료18】『회남자』「추형훈」고유의 주석
【사료19】『염철론』「험고」
【사료20】『산해경』「해내동경」
【사료21】『수경주』「대요수」, 「소요수」
【사료22】『한서』「지리지」1. 유주
【사료23】『삼국지(三國志)』〈위서〉「동이전」'고구려전'
【사료24】『후한서(後漢書)』「동이열전」'고구려전'
【사료25】『통전(通典)』「변방」'동이 하 고구려'
【사료26】『신당서(新唐書)』「동이열전 고구려」
【사료27】『고려사』「세가 권제15」인종(仁宗) 4년 12월 1126년 12월 12일(음) 계유(癸酉)
【사료28】『원사』「지리지」요양등처행중서성 동녕로
【사료29】『요사』「지리지」
【사료30】『신당서(新唐書)』「가탐도리기」
【사료31】『구당서(舊唐書)』「동이열전 고구려」
【사료32】『통전(通典)』「주군 안동부」

435

【사료33】『통감지리통석』권 10 요동
【사료34】『삼국사기(三國史記)』고구려본기 제10 보장왕(寶藏王) 二十七年秋九月
【사료35】『삼국사기(三國史記)』고구려본기 제8 영양왕(嬰陽王) 二十三年秋七月
【사료36】『삼국사기(三國史記)』고구려본기 제8 영양왕(嬰陽王) 二十三年夏六月
【사료37】『무경총요』1044년 권22 압록수
【사료38】『삼국사기(三國史記)』잡지 지리4 백제(百濟) 압록수 이북의 항복한 성
【사료39】『삼국지(三國志)』〈위서〉「동이전」東沃沮
【사료40】『삼국지(三國志)』〈위서〉「동이전」濊
【사료41】『삼국유사』卷 第一 제1 기이(紀異第一) 고구려(高句麗)
【사료42】『양서(梁書)』「동이열전」'고구려'
【사료43】『사기』「흉노열전」
【사료44】『사기』「몽염열전」
【사료45】『삼국사기(三國史記)』고구려본기 제1 시조 동명성왕(東明聖王) 2년
【사료46】『송서(宋書)』夷蠻列傳 高句驪
【사료47】『삼국사기(三國史記)』卷 第二十 高句麗本紀 第八 영양왕 二十三年春二月
【사료48】『서경』〈하서〉「우공」제11장
【사료49】『회남자』「인간훈」
【사료50】『회남자』「시칙훈」
【사료51】『삼국사기(三國史記)』「잡지 지리」'고구려''고구려 초기 도읍 홀승골성과 졸본'
【사료52】『삼국사기(三國史記)』「잡지 지리」'고구려''평양성과 장안성'
【사료53】『고려사』지 권 제12 지리3「동계」
【사료54】『고려사』지 권 제12 지리3「북계」
【사료55】『삼국사기(三國史記)』雜志 第六 지리四 백제 압록수 이북의 항복하지 않은 성
【사료56】『삼국유사』「흥법」'순도조려'
【사료57】『후한서(後漢書)』「원소유표열전」
【사료58】『수서』「지리지」
【사료59】『삼국지(三國志)』〈위서〉'공손도, 공손강, 공손공, 공손강의 아들 공손연 열전'
【사료60】『위서』「지형지, 남영주/영주」
【사료61】『삼국사기(三國史記)』卷第十七 高句麗本紀 第五 동천왕(東川王) 20년 10월
【사료62】『삼국사기(三國史記)』권 제16 고구려본기 제4 신대왕(新大王) 5년
【사료63】『광개토대왕비문』
【사료64】『삼국지(三國志)』〈위서〉「동이전」韓
【사료65】『통전(通典)』「주군」'평주'
【사료66】『사기』「화식열전」
【사료67】『후한서(後漢書)』「동이열전(東夷列傳)」부여(夫餘)
【사료68】『삼국지(三國志)』〈위서〉「동이전」부여(夫餘)
【사료69】『진서(晉書)』卷九十七「列傳」第六十七 東夷: 夫餘國
【사료70】『삼국유사』권 제1 기이(紀異第一) 위만(魏滿:衛滿)조선(朝鮮)

【사료71】『한서』「조선전」 '고조선'
【사료72】『염철론』「주진편」
【사료73】『염철론』「비호편」
【사료74】『한서』 권94 上 「흉노전」
【사료75】『통전(通典)』「변방 북적 서략 흉노상」
【사료76】『신당서(新唐書)』「지리지」
【사료77】『삼국사기(三國史記)』 고구려본기 제3 태조대왕(太祖大王) 94년 8월
【사료78】『삼국사기(三國史記)』 고구려본기 제8 영양왕(嬰陽王) 九年夏六月
【사료79】『삼국사기(三國史記)』 백제본기 제4 동성왕(東城王) 二十二年/夏五月
【사료80】『양서(梁書)』「東夷列傳 百濟」
【사료81】『흠정만주원류고』 권9 강역2 신라 9주
【사료82】『삼국사기(三國史記)』 卷第二十一 高句麗本紀 第九 보장왕 645년 05월(음)
【사료83】『삼국사기(三國史記)』 백제본기 제1 다루왕(多婁王) 3년 10월
【사료84】『흠정만주원류고』 권10 강역3 발해국경
【사료85】『삼국사기(三國史記)』 권 제37 잡지 제6 지리四 백제삼국의 이름만 있고 그 위치가 ~
【사료86】『삼국사기(三國史記)』 百濟本紀 第四 무령왕(武寧王) 三年秋九月
【사료87】『남제서(南齊書)』「東南夷列傳 高[句]麗」
【사료88】『위서(魏書)』「列傳 高句麗」
【사료89】『주서(周書)』「異域列傳 高句麗」
【사료90】『남사(南史)』「東夷列傳 高句麗」
【사료91】『북사(北史)』「列傳 高句麗」
【사료92】『수서(隋書)』「東夷列傳 高句麗」
【사료93】『원사(元史)』「外夷列傳 高麗」
【사료94】『삼국유사』 卷第一 제1 기이(紀異第一) 말갈(靺鞨)과 발해(渤海)
【사료95】『삼국사기(三國史記)』 百濟本紀 第一 시조 온조왕(溫祚王) 2년 1월
【사료96】『삼국사기(三國史記)』 지리(地理)四 고구려 멸망과 이후 상황
【사료97】『삼국사기(三國史記)』 列傳 第六 최치원(崔致遠)
【사료98】『구당서(舊唐書)』「東夷列傳 百濟」
【사료99】『신당서(新唐書)』「東夷列傳 百濟」
【사료100】『삼국사기(三國史記)』 新羅本紀 第一 유리(儒理) 이사금(尼師今) 17년 9월
【사료101】『삼국사기(三國史記)』 新羅本紀 第一 시조 혁거세(赫居世) 30년
【사료102】『삼국사기(三國史記)』 百濟本紀 第一 시조 온조왕(溫祚王) 13년 5월
【사료103】『삼국사기(三國史記)』 신라본기 제1 유리(儒理) 이사금(尼師今) 14년
【사료104】『삼국사기(三國史記)』 新羅本紀 第一 시조 혁거세(赫居世) 53년
【사료105】『삼국사기(三國史記)』 백제본기 제1 시조 온조왕(溫祚王) 43년 10월
【사료106】『삼국사기(三國史記)』 新羅本紀 第二 아달라(阿達羅) 5년 3월
【사료107】『삼국사기(三國史記)』 百濟本紀 第一 溫祚王 二十七年夏四月
【사료108】『삼국사기(三國史記)』 新羅本紀 第一 시조 혁거세(赫居世) 十九年春一月

【사료109】『후한서(後漢書)』「東夷列傳 韓」
【사료110】『후한서(後漢書)』「東夷列傳 濊」
【사료111】『진서(晉書)』「東夷列傳 馬韓」
【사료112】『송서(宋書)』「夷蠻列傳 百濟」
【사료113】『남제서(南齊書)』「東南夷列傳 百濟」
【사료114】『위서(魏書)』「列傳 百濟」
【사료115】『주서(周書)』「異域列傳 百濟」
【사료116】『남사(南史)』「東夷列傳 百濟」
【사료117】『북사(北史)』「列傳 百濟」
【사료118】『수서(隋書)』「東夷列傳 百濟」
【사료119】『삼국사기(三國史記)』百濟本紀 第一 시조 온조왕(溫祚王) 13년 8월
【사료120】『삼국사기(三國史記)』고구려본기 제5 동천왕(東川王) 12년
【사료121】『삼국사기(三國史記)』고구려본기 제5 동천왕(東川王) 16년
【사료122】『삼국사기(三國史記)』고구려본기 제5 동천왕(東川王) 20년
【사료123】『삼국사기(三國史記)』백제본기 제2 사반왕(沙伴王)·고이왕(古尒王)
【사료124】『삼국사기(三國史記)』新羅本紀 第二 아달라(阿達羅) 이사금(尼師今) 5년
【사료125】『수경주』「유수」
【사료126】『구당서(舊唐書)』「지리지」
【사료127】『삼국사기(三國史記)』百濟本紀 第六 의자왕(義慈王) 665년(음)
【사료128】『삼국사기(三國史記)』신라본기 제6 문무왕(文武王) 4년 2월
【사료129】『삼국사기(三國史記)』신라본기 제6 문무왕(文武王) 5년 8월
【사료130】『흠정만주원류고』권5 부족5 말갈
【사료131】『삼국사기(三國史記)』신라본기 제7 문무왕(文武王) 十一年秋七月二十六日
【사료132】『통전(通典)』邊防 一 東夷 上 百濟
【사료133】『자치통감(資治通鑑)』卷一百三十六 齊紀二 世祖武皇帝上之下
【사료134】『자치통감(資治通鑑)』卷九十七 晉紀十九 孝宗穆皇帝上之上
【사료135】『선화봉사고려도경(宣化奉使高麗圖經)』「시봉편」
【사료136】『삼국사기(三國史記)』고구려본기 제6 고국양왕(故國壤王) 二年夏六月
【사료137】『삼국사기(三國史記)』고구려본기 제6 고국양왕(故國壤王) 二年冬十一月
【사료138】『삼국사기(三國史記)』고구려본기 제6 광개토왕(廣開土王) 十四年春一月
【사료139】『삼국사기(三國史記)』백제본기 제4 동성왕(東城王) 二十二年/夏五月
【사료140】『자치통감(資治通鑑)』卷一百三十六 齊紀二 世祖武皇帝上之下
【사료141】『양직공도』「백제국사」
【사료142】『한원(翰苑)』「번이부 백제(蕃夷部 百濟)」
【사료143】『흠정만주원류고』권3 부족3 백제
【사료144】『흠정만주원류고』권9 강역2 백제제성
【사료145】『수경주(水經注)』권11, '역수(易水)'
【사료146】『흠정만주원류고』권4 부족4 신라

【사료147】『삼국사기(三國史記)』卷第三十四 雜志 第三 지리(地理)一 신라(新羅)
【사료148】『흠정만주원류고』권9 강역2 신라
【사료149】『통전(通典)』「변방」'동이 상 신라'
【사료150】『삼국사기(三國史記)』百濟本紀 第一 시조 온조왕(溫祚王) 17년
【사료151】『삼국유사』권 제1 제1 기이(紀異第一) 낙랑국(樂浪國)
【사료152】『삼국사기(三國史記)』백제본기 제3 개로왕(蓋鹵王) 21년 9월
【사료153】『삼국사기(三國史記)』新羅本紀 第七 문무왕(文武王) 672년 01월(음)
【사료154】『흠정만주원류고』권3 부족3 백제
【사료155】『삼국사기(三國史記)』百濟本紀 第六 의자왕(義慈王) 二十年
【사료156】『삼국사기(三國史記)』新羅本紀 第一 시조 혁거세(赫居世) 1년 4월 15일
【사료157】『삼국사기(三國史記)』新羅本紀 第一 시조 혁거세(赫居世) 38년 봄 2월
【사료158】『삼국사기(三國史記)』新羅本紀 第一 시조 혁거세(赫居世) 30년
【사료159】『삼국사기(三國史記)』백제본기 제6 의자왕(義慈王) 논하여 말하다.
【사료160】『삼국유사』卷 第一 제1 기이(紀異第一) 진한(辰韓)
【사료161】『삼국사기(三國史記)』列傳 第一 김유신(金庾信) 상
【사료162】『진서(晉書)』「동이열전(東夷列傳) 辰韓」
【사료163】『양서(梁書)』「東夷列傳 新羅」
【사료164】『남사(南史)』「東夷列傳 新羅」
【사료165】『북사(北史)』「列傳 新羅」
【사료166】『수서(隋書)』「東夷列傳 新羅」
【사료167】『구당서(舊唐書)』「동이열전 신라」
【사료168】『신당서(新唐書)』「동이열전 신라」
【사료169】『후한서(後漢書)』「東夷列傳 東沃沮」
【사료170】『수경주(水經注)』권12 '거마하(巨馬河)'
【사료171】『삼국사기(三國史記)』新羅本紀 第一 시조 혁거세(赫居世) 8년
【사료172】『삼국사기(三國史記)』신라본기 제3 나물(奈勿) 이사금(尼師今) 38년 5월
【사료173】『삼국사기(三國史記)』백제본기 제1 시조 온조왕(溫祚王) 24년 7월
【사료174】『문헌통고』
【사료175】『삼국사기(三國史記)』백제본기 제4 무령왕(武寧王) 二十三年夏五月
【사료176】『고려사』지 권 제10 지리1 「지리 서문」
【사료177】『고려사』세가 권제14 예종(睿宗) 12년(1117년) 3월 6일(음)
【사료178】『고려사』세가 권제42 공민왕(恭愍王) 19년 12월 1370년 12월 2일(음)
【사료179】『선화봉사고려도경』권3 성읍(城邑) 영토[封境]
【사료180】『삼국유사』제1 기이(紀異第一) 고조선(古朝鮮) 왕검조선(王儉朝鮮)
【사료181】『삼국유사』제2 기이(紀異第二) 남부여(南扶餘) 전백제(前百濟) 북부여(北扶餘)
【사료182】『삼국유사』卷 第一제1 기이(紀異第一) 태종춘추공(太宗春秋公)
【사료183】『삼국사기(三國史記)』新羅本紀 第七 문무왕(文武王) 十五年春一, 二月
【사료184】『삼국사기(三國史記)』雜志 第三지리(地理)一 신라(新羅) 원 신라

【사료185】『삼국사기(三國史記)』 雜志 第三지리(地理)一 신라(新羅) 이전 백제
【사료186】『삼국사기(三國史記)』 雜志 第三지리(地理)一 신라(新羅) 이전 고구려
【사료187】『삼국사기(三國史記)』 新羅本紀 第八 신문왕(神文王) 五年
【사료188】『삼국사기(三國史記)』 新羅本紀 第九 경덕왕(景德王) 十六年冬十二月
【사료189】『삼국사기(三國史記)』 잡지 제4 지리(地理)二 신라(新羅)
【사료190】『삼국사기(三國史記)』 신라본기 제7 문무왕(文武王) 十三年秋九月
【사료191】『삼국사기(三國史記)』 신라본기 제12 경명왕(景明王) 五年春二月
【사료192】『고려사』 세가 권제1 태조(太祖) 4년 2월 921년 2월 15일(음) 임신(壬申)
【사료193】『삼국사기(三國史記)』 新羅本紀 第七 문무왕(文武王) 十五年秋九月
【사료194】『고려사』 권82 지 권제36 병2(兵 二) 성보 930년 미상(음)
【사료195】『한서』「지리지 연」
【사료196】『삼국사기(三國史記)』 高句麗本紀 第二 대무신왕(大武神王) 15년 04월
【사료197】『삼국사기(三國史記)』 高句麗本紀 第五 미천왕(美川王)
【사료198】『한서 』「열전」〈엄주오구주부서엄종왕종왕가전〉 '가연지편'
【사료199】『고려사절요』권1 태조신성대왕(太祖神聖大王) 태조(太祖) 18년10월 935년 10월 미상
【사료200】『삼국사기(三國史記)』 고구려본기 제2 대무신왕(大武神王) 9년 10월
【사료201】『삼국사기(三國史記)』 고구려본기 제3 태조대왕(太祖大王) 4년 7월
【사료202】『삼국사기(三國史記)』 고구려본기 제2 모본왕(慕本王) 2년
【사료203】『삼국사기(三國史記)』 고구려본기 제1 시조 동명성왕(東明聖王) 10년 11월
【사료204】『삼국사기(三國史記)』 고구려본기 제2 대무신왕(大武神王) 13년 7월
【사료205】『삼국사기(三國史記)』 新羅本紀 第一 지마(祗摩) 이사금(尼師今) 14년 1월
【사료206】『삼국사기(三國史記)』 고구려본기 제5 동천왕(東川王) 19년 10월
【사료207】『삼국사기(三國史記)』 신라본기 제2 조분(助賁) 이사금(尼師今) 16년 10월
【사료208】『삼국사기(三國史記)』 卷第四十四 列傳 第四 거칠부(居柒夫)
【사료209】『삼국사기(三國史記)』 권 제45 열전 제5 온달(溫達)(AD590)
【사료210】『삼국사기(三國史記)』 新羅本紀 第五 선덕왕(善德王) 11년
【사료211】『삼국사기(三國史記)』 卷第四十一 列傳 第一 김유신(金庾信) 상
【사료212】『삼국사기(三國史記)』 卷第四十九 列傳 第九 개소문(蓋蘇文)
【사료213】『삼국사기(三國史記)』 신라본기 제5 태종(太宗) 무열왕(武烈王) 2년
【사료214】『삼국사기(三國史記)』 신라본기 제12 효공왕(孝恭王) 905년 08월(음)
【사료215】『삼국사기(三國史記)』 百濟本紀 第一 시조 온조왕(溫祚王)
【사료216】『삼국지(三國志)』「魏書 30 東夷傳 挹婁」
【사료217】『후한서(後漢書)』「東夷列傳 挹婁」
【사료218】『진서(晉書)』「동이열전(東夷列傳) 숙신(肅愼)」
【사료219】『위서(魏書)』「列傳 勿吉國」
【사료220】『북사(北史)』「列傳 勿吉」
【사료221】『수서(隋書)』「東夷列傳 靺鞨」
【사료222】『구당서(舊唐書)』「北狄列傳 靺鞨」

【사료223】『신당서(新唐書)』「北狄列傳 黑水靺鞨」
【사료224】『구당서(舊唐書)』「北狄列傳 渤海靺鞨」
【사료225】『신당서(新唐書)』「北狄列傳 渤海」
【사료226】『삼국사기(三國史記)』新羅本紀 第一 남해 차차웅 원년 7월
【사료227】『삼국사기(三國史記)』百濟本紀 第一 시조 온조왕 11년 4월
【사료228】『삼국사기(三國史記)』권 제40 잡지 제9 무관(武官)
【사료229】『금사(金史)』「외국열전(外國列傳) 고려(高麗)」
【사료230】『금사(金史)』「卷1 本紀1 世紀」
【사료231】『고려사절요』권8 예종(睿宗) 10년 1월(1115년 1월 미상(음))
【사료232】『고려사』列傳 권 제7 제신(諸臣) 서희 서희가 거란의 소손녕과의 외교 담판~
【사료233】『고려사절요』권2 성종(成宗) 13년 2월 소손녕이~
【사료234】『무경총요』「전집 권 22」요방 북번지리
【사료235】『고려사』세가 권 제14 예종(睿宗)(1105-1122) 12년 3월 1117년 3월 3일(음)
【사료236】『금사(金史)』권1 본기1 세기(世紀)
【사료237】『금사(金史)』권1 본기1 세기(世紀)
【사료240】『고려사절요』권8 예종(睿宗) 10년 1월(1115년 1월 미상(음))
【사료241】『송막기문(松漠記聞)』
【사료242】『동명해사록(東溟海槎錄)』
【사료243】『삼국사기(三國史記)』권 제37 잡지 제6 지리(地理)四 고구려(高句麗)
【사료244】『삼국사기(三國史記)』신라본기 제9 선덕왕(宣德王) 四年春一月
【사료245】『삼국사기(三國史記)』백제본기 제1 시조 온조왕(溫祚王) 13년 7월
【사료246】『고려사』지 권 제12 지리3(地理 三) 서해도 평주
【사료247】『삼국사기(三國史記)』신라본기 제2 유례(儒禮) 이사금(尼師今) 9년 6월
【사료248】『삼국사기(三國史記)』신라본기 제6 문무왕(文武王) 8년 6월 22일
【사료249】『삼국사기(三國史記)』백제본기 제1 시조 온조왕(溫祚王) 37년 4월
【사료250】『삼국사기(三國史記)』新羅本紀 第八 성덕왕(聖德王) 三十四年
【사료251】『진서(晉書)』卷十四 志 第四 地理上 惠帝卽位, 改扶風國爲秦國
【사료252】『고려사』권별 보기 志 지 권제36 병2(兵 二) 성보 973년 미상
【사료253】『삼국사기(三國史記)』신라본기 제8 성덕왕(聖德王) 三十二年秋七月
【사료254】『삼국사기(三國史記)』신라본기 제10 헌덕왕(憲德王) 十八年秋七月
【사료255】『삼국사기(三國史記)』新羅本紀 第三 나물(奈勿) 이사금(尼師今) 42년 7월
【사료256】『삼국사기(三國史記)』新羅本紀 第三 눌지(訥祗) 마립간(麻立干) 34년 7월
【사료257】『삼국사기(三國史記)』新羅本紀 第四 지증(智證) 마립간(麻立干) 13년 6월
【사료258】『삼국사기(三國史記)』新羅本紀 第五 선덕왕(善德王) 8년 2월
【사료259】『삼국사기(三國史記)』新羅本紀 第五 태종(太宗) 무열왕(武烈王) 5년 3월
【사료260】『삼국사기(三國史記)』新羅本紀 第八 성덕왕(聖德王) 二十年秋七月
【사료261】『삼국사기(三國史記)』新羅本紀 第三 자비(慈悲) 마립간(麻立干) 11년 9월
【사료262】『삼국사기(三國史記)』新羅本紀 第一 지마(祗摩) 이사금(尼師今) 14년 7월

【사료263】『삼국사기(三國史記) 新羅本紀 第三 소지(炤知) 마립간(麻立干)
【사료264】『삼국사기(三國史記)』新羅本紀 第三 소지(炤知) 마립간(麻立干) 3년 3월
【사료265】『삼국사기(三國史記)』高句麗本紀 第七 문자왕(文咨王) 六年秋八月
【사료266】『삼국사기(三國史記)』高句麗本紀 第七 안원왕(安原王) 十年秋九月
【사료267】『후한서(後漢書)』「東夷列傳 倭」
【사료268】『삼국지(三國志)』 魏書 三十 烏丸鮮卑東夷傳 第三十 倭
【사료269】『진서(晉書)』 列傳 第六十七 東夷 倭
【사료270】『송서(宋書)』 列傳 第五十七 夷蠻 東夷 倭
【사료271】『남제서(南齊書)』 列傳 第三十九 東夷 倭國
【사료272】『양서(梁書)』 列傳 第四十八 諸夷 倭
【사료273】『북사(北史)』 列傳 第八十二 倭
【사료274】『수서(隋書)』 列傳 第四十六 東夷 倭國
【사료275】『구당서(舊唐書)』列傳 第一百四十九上 東夷 倭國
【사료276】『신당서(新唐書) 列傳 第一百四十五 東夷 倭
【사료277】『삼국사기(三國史記)』百濟本紀 第一시조 온조왕(溫祚王) 11년 7월
【사료278】『일본서기(日本書紀)』譽田天皇 應神天皇
【사료279】『삼국사기(三國史記)』고구려본기 제3 태조대왕(太祖大王) 59년
【사료280】『삼국사기(三國史記)』고구려본기 제5 동천왕(東川王) 21년 2월
【사료281】『삼국사기(三國史記)』고구려본기 제6 고국원왕(故國原王) 343년 07월(음)
【사료282】『삼국사기(三國史記)』고구려본기 제6 광개토왕(廣開土王) 四年秋八月
【사료283】『삼국사기(三國史記)』백제본기 제3 아신왕(阿莘王) 4년 8월
【사료284】『삼국사기(三國史記)』백제본기 제3 아신왕(阿莘王) 4년 11월
【사료285】『삼국사기(三國史記)』백제본기 제1시조 온조왕(溫祚王)
【사료286】『삼국사기(三國史記)』고구려본기 제8 영양왕(嬰陽王) 二十三年夏六月
【사료287】『수서(隋書)』卷六十四 列傳 第二十九 (來護兒)
【사료288】『삼국사기(三國史記)』高句麗本紀 第五 미천왕(美川王) 14년 10월
【사료289】『삼국사기(三國史記)』高句麗本紀 第三 태조대왕(太祖大王) 66년 6월
【사료290】『삼국사기(三國史記)』지리(地理)四 백제(百濟) 압록수 이북의 도망간 성
【사료291】『삼국사기(三國史記)』高句麗本紀 第八 영류왕(榮留王) 十四年
【사료292】『삼국사기(三國史記)』高句麗本紀 第八 영류왕(榮留王) 十四年 春二月
【사료293】『자치통감(資治通鑑)』唐紀九 太宗文 (貞觀五年(631)) 秋, 八月
【사료294】『삼국유사』흥법제3(興法第三) 보장봉로 보덕이암(寶藏奉老 普德移庵)
【사료295】『삼국사기(三國史記)』高句麗本紀 第八 영류왕(榮留王) 二十五年 春一月
【사료296】『삼국사기(三國史記)』열전 제9 개소문(蓋蘇文) 대대로에 오르지 못하다
【사료297】『삼국사기(三國史記)』고구려본기 제8 영류왕(榮留王) 十二年秋八月
【사료298】『삼국사기(三國史記)』신라본기 제4 진평왕(眞平王) 51년 8월
【사료299】『삼국사기(三國史記)』고구려본기 제8 영류왕(榮留王) 二十一年冬十月
【사료300】『삼국사기(三國史記)』신라본기 제5 선덕왕(善德王) 7년 10월, 11월

【사료301】『삼국사기(三國史記)』 신라본기 제5 태종(太宗) 무열왕(武烈王)
【사료302】『삼국사기(三國史記)』 高句麗本紀 第十 보장왕(寶藏王) 4년 5월(음)
【사료303】『삼국사기(三國史記)』 新羅本紀 第七 문무왕(文武王) 十三年秋九月
【사료304】『구당서(舊唐書)』 列傳 第 33. 劉仁軌傳
【사료305】『삼국사기(三國史記)』 新羅本紀 第七 문무왕(文武王) 十五年春二月
【사료306】『삼국사기(三國史記)』 신라본기 第7 문무왕(文武王) 十五年秋九月
【사료307】『삼국사기(三國史記)』 百濟本紀 第一 시조 온조왕(溫祚王) 18년 10월
【사료308】『구당서(舊唐書)』 卷三十八 志 第十八 地理 一
【사료309】『고려사』 권82 지 권제36 병2(兵 二) 성보
【사료310】『삼국사기(三國史記)』 고구려본기 제10 보장왕(寶藏王) 十四年春一月
【사료311】『삼국사기(三國史記)』 백제본기 제6 의자왕(義慈王) 十五年秋八月
【사료312】『삼국사기(三國史記)』 新羅本紀 第四 진흥왕(眞興王) 12년
【사료313】『삼국사기(三國史記)』 高句麗本紀 第七 양원왕(陽原王) 七年
【사료314】『삼국사기(三國史記)』 雜志 第六 지리(地理)四 백제(百濟)
【사료315】『삼국유사』 기이제2(紀異第二) 남부여(南扶餘) 전백제(前百濟) 북부
【사료316】『일본서기(日本書紀)』 권 19 天國排開廣庭天皇 欽明天皇 12년(0551년 (음))
【사료317】『삼국사기(三國史記)』 백제본기 제4 성왕(聖王) 31년 가을 7월
【사료318】『삼국사기(三國史記)』 신라본기 제4 진흥왕(眞興王) 14년 7월
【사료319】『삼국사기(三國史記)』 高句麗本紀 第十 보장왕(寶藏王) 二十七年
【사료320】『삼국사기(三國史記)』 열전 제5 온달(溫達)
【사료321】『삼국사기(三國史記)』 백제본기 제2 책계왕(責稽王) 원년
【사료322】『삼국사기(三國史記)』 新羅本紀 第六 문무왕(文武王) 10년 3월
【사료323】『삼국사기(三國史記)』 新羅本紀 第七 문무왕(文武王) 十二年秋八月
【사료324】『삼국사기(三國史記)』 高句麗本紀 第十 보장왕(寶藏王)(677년 02월(음))
【사료325】『삼국사기(三國史記)』 高句麗本紀 第九 보장왕(寶藏王) 四年
【사료326】『삼국사기(三國史記)』 고구려본기 제10 보장왕(寶藏王) 七年秋九月
【사료327】『삼국사기(三國史記)』 고구려본기 제10 보장왕(寶藏王) 二十年秋八月
【사료328】『고려사』 권127 열전 권제40 반역(叛逆)
【사료329】『자치통감(資治通鑑)』 卷四十九 漢紀四十一 孝安皇帝
【사료330】『삼국사기(三國史記)』 고구려본기 제1 유리왕(琉璃王) 33년 8월
【사료331】『삼국사기(三國史記)』 고구려본기 제3 태조대왕(太祖大王) 3년
【사료332】『삼국사기(三國史記)』 고구려본기 제3 태조대왕(太祖大王) 53년 1월
【사료333】『후한서(後漢書)』 卷一下 光武帝紀 第一下
【사료334】『위서(魏書)』 거란전
【사료335】『삼국사기(三國史記)』 고구려본기 제7 양원왕(陽原王) 七年秋九月
【사료336】『삼국사기(三國史記)』 고구려본기 제8 영양왕(嬰陽王) 十八年
【사료337】『고려사』 세가 권제5 덕종(德宗) 2년(1033) 8월(1033년 8월 25일(음) 무오
【사료338】『고려사절요』 권4 덕종경강대왕(德宗敬康大王) 덕종(德宗) 2년 8월(1033)

【사료339】『고려사』 세가 권제5 덕종(德宗) 3년 3월(1034년 3월 27일(음) 정해(丁亥)
【사료340】『고려사절요』 권4 덕종경강대왕(德宗敬康大王) 덕종(德宗) 3년(1034) 3월
【사료341】『고려사』 정종10년 11월 1044년 11월 18일(음) 을해(乙亥)
【사료342】『고려사절요』 권4 정종용혜대왕(靖宗容惠大王) 정종(靖宗) 10년 11월
【사료343】『고려사절요』 권8 예종2(睿宗二) 예종(睿宗) 12년 3월
【사료344】『고려사』 권82 지 권제36 병2(兵 二) 성보 1029년 미상(음)
【사료345】『고려사』 권137 열전 권제50 우왕(禑王) 14년 2월
【사료346】『요사』 二國外記 高麗 開泰 원년(A.D.1012; 高麗 顯...
【사료347】『고려사』 세가 권제4 현종(顯宗) 6년 1월
【사료348】『고려사절요』 권3 현종원문대왕(顯宗元文大王) 현종(顯宗) 6년 1월
【사료349】『고려사』 세가 권제4 현종(顯宗) 6년
【사료350】『고려사절요』 권3 현종원문대왕(顯宗元文大王) 현종(顯宗) 6년 미상
【사료351】『삼국사기(三國史記)』 卷第十五 高句麗本紀 第三 태조대왕(太祖大王) 46년 3월
【사료352】『고려사』 권82 지 권제36 병2(兵 二) 성보
【사료353】『조선왕조실록』 태종실록 31권, 태종 16년 3월 25일 정사 4번째기사 1416년
【사료354】『삼국사기(三國史記)』 신라본기 제6 문무왕(文武王) 2년 1월 23일
【사료355】『삼국사기(三國史記)』 백제본기 제6 의자왕(義慈王)
【사료356】『삼국사기(三國史記)』 신라본기 제9 선덕왕(宣德王) 三年春二月
【사료357】『삼국사기(三國史記)』 신라본기 제10 헌덕왕(憲德王) 十四年春三月
【사료358】『삼국사기(三國史記)』 신라본기 제5 태종(太宗) 무열왕(武烈王) 7년 6월 18일
【사료359】『삼국사기(三國史記)』 열전 제2 김유신(金庾信) 중(中)
【사료360】『삼국사기(三國史記)』 신라본기 제10 헌덕왕(憲德王) 八年春一月
【사료361】『삼국사기(三國史記)』 열전 제10 궁예(弓裔)
【사료362】『삼국사기(三國史記)』 신라본기 제12 효공왕(孝恭王) 二年秋七月
【사료363】『삼국사기(三國史記)』 열전 제10 궁예(弓裔) 송악군을 도읍으로 삼다
【사료364】『삼국사기(三國史記)』 신라본기 제12 효공왕(孝恭王) 七年
【사료365】『삼국사기(三國史記)』 신라본기 제10 헌덕왕(憲德王) 十一年秋七月
【사료366】『고려사절요』 현종(顯宗) 9년 12월 1018년 12월 10일
【사료367】『한원(翰苑)』「번이부 고려(蕃夷部 高麗)」
【사료368】『삼국사기(三國史記)』 고구려본기 제1 시조 동명성왕(東明聖王) 一年
【사료369】『고려사』 지 권제36 병2성보 의주·화주·철관에 성을 쌓다 1222년 미상(음)
【사료370】『조선왕조실록』 태조실록 1권, 총서 44번째 기사
【사료371】『고려사절요』 권3 현종(顯宗) 5년 10월 미상
【사료372】『고려사절요』 권3 현종(顯宗) 1년 11월 1010년 11월 16일
【사료373】『삼국사기(三國史記)』 권 제16 고구려본기 제4 산상왕(山上王) 21년 8월
【사료374】『사불허북국거상표(謝不許北國居上表)』
【사료375】『오대회요(五代會要)』 五代會要 卷三十 渤海
【사료376】『유취국사』

【사료377】『신오대사(新五代史)』 사이부록(四夷附錄) 발해 [渤海] 貴族의 姓은 大氏이다.
【사료378】『속일본기(續日本記)』卷32, 寶龜 3年 2月(己卯)
【사료379】『삼국사기(三國史記)』 열전 제10 궁예(弓裔) (0901년 (음))
【사료380】『삼국사기(三國史記)』 신라본기 제12 효공왕(孝恭王) 五年
【사료381】『삼국사기(三國史記)』 열전 제10 궁예(弓裔) 궁예가 죽다.
【사료382】『삼국사기(三國史記)』 열전 제10 궁예(弓裔) 공포정치를 펴다.
【사료383】『삼국유사』 권 제1 왕력(王曆)
【사료384】『고려사』 지 권제12 지리3 「교주도」
【사료385】『고려사』 지 권제12 지리3 「서해도」
【사료386】『삼국사기(三國史記)』 열전 제10 궁예(弓裔) 양길에게
【사료387】『태평어람(太平御覽)』 목록 권 제4 주군부(제160권 주군부6 하남도하)
【사료388】『자치통감(資治通鑑)』卷二百一十三 唐紀二十九 玄宗
【사료389】『신당서(新唐書)』卷一百三十六 列傳 第六十一 오승자전(烏承玼(比))
【사료390】『삼국사기(三國史記)』 고구려본기 제9 보장왕(寶藏王) 三年冬十一月
【사료391】『삼국사기(三國史記)』 신라본기 제11 진성왕(眞聖王) 八年冬十月
【사료392】『삼국사기(三國史記)』 신라본기 제12 경애왕(景哀王) 三年夏四月
【사료393】『삼국사기(三國史記)』 권 제50 열전 제10 견훤(甄萱)
【사료394】『삼국사기(三國史記)』 권 제50 열전 제10 견훤(甄萱)
【사료395】『삼국유사』 권 제2 기이(紀異第二) 후백제(後百濟) 견훤(甄萱)
【사료396】『고려사』 세가 권 제1 태조(太祖) 11년 8월 928년 8월 미상(음)
【사료397】『삼국사기(三國史記)』권 제50 열전 제10 견훤(甄萱)
【사료398】『삼국유사』 권 제2 기이(紀異第二) 후백제(後百濟) 견훤(甄萱)
【사료399】『고려사』 권2 태조(太祖) 19년 12월(936년 미상(음))
【사료400】『삼국사기(三國史記)』 권 제28 백제본기 제6 의자왕(義慈王) 二十年
【사료401】『삼국사기(三國史記)』 신라본기 제11 진성왕(眞聖王) 십一년冬十二月四日
【사료402】『송사(宋史)』「外國列傳 定安國」
【사료403】『고려』 권5 세가 권제5 현종(顯宗) 17년 윤5월 1026년 윤5월 19일(음) 갑자(甲子)
【사료404】『고려』 권3 세가 권제3 성종(成宗) 14년 9월 10도를 획정하다 995년 9월 7일(음)
【사료405】『고려사절요』 권2 성종(成宗) 14년 7월
【사료406】『고려사』 권12 세가 권제12 예종(睿宗) 3년 2월 1108년 2월 27일(음) 무신(戊申)
【사료407】『고려사절요』 권7 예종(睿宗) 3년 2월 1108년 2월 미상(음)
【사료408】『고려사절요』 권7 예종(睿宗) 3년 3월 1108년 3월 미상(음)
【사료409】『고려사』 권82 지 권제36 병2(兵 二) 성보 1108년 미상(음)
【사료410】『고려사』 예종 4년 2월 1109년 2월 28일(음) 계묘(癸卯), 1109년 3월 31일(양)
【사료411】『고려사』 예종 4년 7월 1109년 7월 3일(음) 병오(丙午), 1109년 8월 1일(양)
【사료412】『조선왕조실록』 세종실록84권, 세종21년 3월 6일 갑인 2번째기사 1439년
【사료413】『조선왕조실록』 세종실록86권, 세종21년 8월 6일 임오 2번째기사 1439년
【사료414】『조선왕조실록』 세종실록155권, 地理志 咸吉道 吉州牧 慶源都護府

【사료415】『고려사』 권82 지 권제36 병2(兵 二) 성보 994년 미상(음)
【사료416】『고려사절요』 권2 성종(成宗) 13년 미상 994년 미상(음)
【사료417】『고려사』 권82 지 권제36 병2(兵 二) 성보 995년 미상(음)
【사료418】『고려사절요』 권2 성종(成宗)14년 7월 995년 7월 미상(음)
【사료419】『고려사』 권82 지 권제36 병2(兵 二) 성보 995년 미상(음) 영주에 ~성을 쌓다.
【사료420】『고려사』 권82 지 권제36 병2(兵 二) 성보 995년 미상(음) 맹주에 ~성을 쌓다.
【사료421】『고려사』 권82 지 권제36 병2(兵 二) 성보 996년 미상(음) 선주에 ~성을 쌓다.
【사료422】『고려사절요』 권2 성종(成宗) 15년 미상(음)
【사료423】『송사전(宋史筌)』「요열전(遼列傳)」
【사료424】『송사(宋史)』卷487 列傳246 外國3 高麗 宋 眞宗 大中祥符 2年 1009년 미상(음)
【사료425】『속 자치통감』 卷第三十 宋紀三十
【사료426】『고려사』 卷九十四 列傳 卷第七 諸臣 서희.
【사료427】『동사강목』 제6하
【사료428】『고려사』 권82 지 권제36 병2(兵 二) 성보 습홀과 송성에 성을 쌓다 960년 미상(음)
【사료429】『삼국유사』 제1 기이(紀異第一) 북부여(北扶餘)
【사료430】『동사강목』「안시성고(安市城考)」
【사료431】『주례(周礼)』「오좌진산(五座鎮山)」
【사료432】『사기』「제태공세가」
【사료433】『태평환우기(太平寰宇記)』卷70 「河北道 十九 平州」
【사료434】『명사(明史)』「지리지(地理志) 영평부(永平府)」
【사료435】『대명일통지』「영평부」
【사료436】『독사방여기요(讀史方輿紀要)』卷十七 北直八/卷十八 北直九
【사료437】『삼국사기(三國史記)』고구려본기 제6 고국원왕(故國原王) 十二年冬十月
【사료438】『진서』권124 載記 第二十四
【사료439】『수서』 권61 열전26 「우문술전」
【사료440】『대명일통지』 권25 「요동도지휘사사」 고적 살수
【사료441】『조선왕조실록』 세종실록154권, 지리지 평안도 안주목
【사료442】『동사강목』「살수고(薩水考)」
【사료443】『삼국사기(三國史記)』고구려본기 제2 대무신왕(大武神王) 27년 9월
【사료444】『후한서(後漢書)』卷七十六 순리열전(循吏列傳) 第六十六「왕경(王景)」
【사료445】『삼국사기(三國史記)』고구려본기 제7 문자왕(文咨王) 三年秋七月
【사료446】『삼국사기(三國史記)』백제본기 제4 동성왕(東城王) 十六年秋七月
【사료447】『삼국사기(三國史記)』신라본기 제3 소지(炤知) 마립간(麻立干) 16년 7월
【사료448】『조선왕조실록』세종실록154권, 지리지 평안도
【사료449】『고려사』 권16 세가 권제16 인종(仁宗) 12년 2월 1134년 2월 29일(음) 기유(己酉)
【사료450】『고려사』 권3 세가 권제3 성종(成宗) 9년 9월 990년 9월 7일(음) 기묘(己卯)
【사료451】『고려사절요』 권3 현종(顯宗) 10년 2월 1019년 2월 1일
【사료452】『고려사』 권82 지 권제36 병2(兵 二) 성보 1050년 미상(음)

【사료453】『고려사』 권24 세가 권제24 고종(高宗) 45년 12월 1258년 12월 14일(음) 기축(己丑)
【사료454】『조선왕조실록』 세종실록 세종 지리지 함길도
【사료455】『고려사』 세가 권제26 원종(元宗) 11년 2월 1270년 2월 7일(음)
【사료456】『조선왕조실록』 성종실록 134권, 성종 12년 10월 17일 무오 1번째기사 1481년
【사료457】『명사(明史)』 志 第十七 地理 二 철령위(鐵嶺衛)
【사료458】『삼국사기(三國史記)』 권 제34 잡지 제3 지리(地理)一 신라(新羅)
【사료459】『수경주』「하수3」
【사료460】『후한서』 권3「장제기 제3」
【사료461】『무경총요』 권16 상「변방 정주로」
【사료462】『서경』〈하서〉「우공」 제10장
【사료463】『東國輿地勝覽(동국여지승람)』「序文(서문)」
【사료464】『한서』〈엄주오구주부서엄종왕가전〉「가연지열전」
【사료465】『독사방여기요』「직예8 영평부」
【사료466】『수경』「패수」
【사료467】『수경주』「패수」
【사료468】『설문해자』
【사료469】『독사방여기요』 1678「요동행도사」
【사료470】『삼국사기(三國史記)』 백제본기 제2 근초고왕(近肖古王) 26년
【사료471】『삼국사기(三國史記)』 백제본기 제1 시조 온조왕(溫祚王) 38년
【사료472】『후한서』「광무제 본기」
【사료473】『후한서』「배인열전」
【사료474】『상서대전』「은전 홍범조」
【사료475】『사기』「송미자세가」
【사료476】『고려사』 권63 지 권제17 예5(禮 五) 길례소사 잡사 1102년 10월 1일(음) 임자(壬子)
【사료477】『고려사』 권63 지 권제17 예5(禮 五) 길례소사 잡사 1325년 10월 미상(음)
【사료478】『고려사』 권63 지 권제17 예5(禮 五) 길례소사 잡사 1356년 6월 미상(음)
【사료479】『고려사』 권63 지 권제17 예5(禮 五) 길례소사 잡사 1371년 12월 미상(음)
【사료480】『조선왕조실록』 태조실록 1권, 태조 1년 8월 11일 경신 2번째기사 1392년 (임신)
【사료481】『조선왕조실록』 태종실록 14권, 태종 7년 10월 9일 기축 1번째기사 1407년 (정해)
【사료482】『조선왕조실록』 태종실록 23권, 태종 12년 6월 6일 기미 2번째기사 1412년 (임진)
【사료483】『조선왕조실록』 세종실록 29권, 세종 7년 9월 25일 신유 4번째기사 1425년 (을사)
【사료484】『조선왕조실록』 세종실록 35권, 세종 9년 3월 13일 신축 1번째기사 1427년
【사료485】『조선왕조실록』 세종실록 37권, 세종 9년 8월 21일 병자 3번째기사 1427년
【사료486】『조선왕조실록』 세종실록 40권, 세종 10년 6월 14일 을미 5번째기사 1428년
【사료487】『조선왕조실록』 세종실록 44권, 세종 11년 5월 7일 임자 4번째기사 1429년
【사료488】『조선왕조실록』 세종실록 45권, 세종 11년 7월 4일 무신 6번째기사 1429년
【사료489】『조선왕조실록』 세종실록 51권, 세종 13년 1월 10일 을해 5번째기사 1431년
【사료490】『조선왕조실록』 세종실록 75권, 세종 18년 12월 26일 정해 4번째기사 1436년

【사료491】『고려사』세가 권제1 태조(太祖) 원년 9월 918년 9월 26일(음) 병신(丙申)
【사료492】『삼국사기(三國史記)』신라본기 제12 경명왕(景明王) 三年
【사료493】『고려사』세가 권제1 태조(太祖) 2년 1월 919년 1월 미상(음)
【사료494】『고려사』세가 권제1 태조(太祖) 10년 12월 927년 12월 미상(음)
【사료495】『고려사』세가 권제2 태조(太祖) 16년 3월 933년 3월 5일(음) 신사(辛巳)
【사료496】『고려사』권71 지 권제25 악2(樂 二) 속악 서경
【사료497】『삼국사기(三國史記)』백제본기 제2 근초고왕(近肖古王) 26년
【사료498】『고려사』지 권제10지리1(地理 一) 양광도 남경유수관 양주
【사료499】『삼국사기(三國史記)』잡지 제6 지리(地理)四 고구려(高句麗)'국내성'
【사료500】『조선왕조실록』세종실록152권, 지리지 황해도 해주목
【사료501】『한서(漢書)』卷28下 地理志 第8下
【사료502】『자치통감』"건흥 원년(建興元年)(AD313년)"조의 4월 기사
【사료503】『삼국사기(三國史記)』고구려본기 제5 미천왕(美川王) 15년 9월
【사료504】『삼국사기(三國史記)』고구려본기 제10 寶藏王 668년 02월(음)
【사료505】『삼국사기(三國史記)』신라본기 제6 문무왕(文武王) 10년 7월
【사료506】『동사강목』부록 하권 「마자수고(馬訾水考)」[안정복(安鼎福)]
【사료507】『자치통감(資治通鑑)』卷一百八十一 隋紀五 煬皇帝 (大業八年(612) 五月 壬午)
【사료508】『삼국사기(三國史記)』고구려본기 제1 유리왕(琉璃王) 22년 10월
【사료509】『삼국사기(三國史記)』고구려본기 제4 산상왕(山上王) 13년 10월
【사료510】『삼국사기(三國史記)』고구려본기 제1 유리왕(琉璃王) 21년 3월
【사료511】『삼국사기(三國史記)』고구려본기 제6 고국원왕(故國原王) 十二年春二月
【사료512】『삼국사기(三國史記)』고구려본기 제6 고국원왕(故國原王) 十三年秋七月
【사료513】『삼국유사』권 제1 왕력(王曆)
【사료514】『삼국사기(三國史記)』고구려본기 제6 고국원왕(故國原王) 十二年秋八月
【사료515】『삼국사기(三國史記)』고구려본기 제7 문자왕(文咨王) 三年春二月
【사료516】『삼국지(三國志)』魏書 三十 「오환선비동이(烏丸鮮卑東夷)」鮮卑
【사료517】『자치통감』卷九十六 晉紀十八 顯宗成皇
【사료518】『상서대전(尙書大典)』
【사료519】『산해경(山海經)』「대황북경(大荒北經)」
【사료520】『삼국유사』卷 第一 제1 기이(紀異第一) 동부여(東扶餘)
【사료521】『위서(魏書)』卷七下 高祖紀 第七下 (太和十有三年(489)) 冬十月甲申
【사료522】『삼국사기(三國史記)』고구려본기 제6 長壽王 489년 10월(음)
【사료523】『삼국사기(三國史記)』고구려본기 제6 장수왕(長壽王) 七十二年冬十月
【사료524】『서경(書經)(상서)』하서(夏書) 제1편 우공(禹貢)
【사료525】『산해경』「해내서경」
【사료526】『삼국사기(三國史記)』고구려본기 제6 고국원왕(故國原王) 三十九年秋九月
【사료527】『삼국사기(三國史記)』백제본기 제2 근초고왕(近肖古王) 24년 9월
【사료528】『삼국사기(三國史記)』신라본기 제3 소지(炤知) 마립간(麻立干) 17년 8월

【사료529】『삼국사기(三國史記)』 신라본기 제3 나물(奈勿) 이사금(尼師今) 42년 7월
【사료530】『삼국사기(三國史記)』 신라본기 제3 나물(奈勿) 이사금(尼師今) 45년 08월/10월
【사료531】『삼국사기(三國史記)』 백제본기 제2 근초고왕(近肖古王) 24년 11월
【사료532】『삼국사기(三國史記)』 고구려본기 제6 광개토왕(廣開土王)
【사료533】『삼국사기(三國史記)』 백제본기 제3 진사왕(辰斯王) 8년 10월
【사료534】『삼국사기(三國史記)』 백제본기 제3 아신왕(阿莘王) 2년 8월
【사료535】『삼국사기(三國史記)』 백제본기 제3 진사왕(辰斯王) 3년 9월
【사료536】『삼국사기(三國史記)』 신라본기 제3 나물(奈勿) 이사금(尼師今) 40년 8월
【사료537】『삼국사기(三國史記)』 백제본기 제1 시조 온조왕(溫祚王) 원년
【사료538】『삼국사기(三國史記)』 백제본기 제1 시조 온조왕(溫祚王) 13년 9월
【사료539】『삼국사기(三國史記)』 백제본기 제1 시조 온조왕(溫祚王) 14년 1월
【사료540】『삼국사기(三國史記)』 백제본기 제1 시조 온조왕(溫祚王) 14년 7월
【사료541】『삼국사기(三國史記)』 백제본기 제1 시조 온조왕(溫祚王) 15년 1월
【사료542】『삼국사기(三國史記)』 백제본기 제2 근초고왕(近肖古王) 26년
【사료543】『삼국사기(三國史記)』 백제본기 제2 근구수왕(近仇首王) 3년 10월
【사료544】『삼국사기(三國史記)』 백제본기 제4 문주왕(文周王) 一年冬十月
【사료545】『삼국유사』 卷 第一 王曆
【사료546】『삼국사기(三國史記)』 백제본기 제4 동성왕(東城王) 十三年夏六月
【사료547】『삼국사기(三國史記)』 잡지 제6 지리(地理)四 백제(百濟)
【사료548】『삼국사기(三國史記)』 신라본기 제8 신문왕(神文王) 686년 2월(음)
【사료549】『삼국사기(三國史記)』 신라본기 제7 문무왕(文武王) 十一年春一月
【사료550】『삼국사기(三國史記)』 잡지 제5 지리(地理)三 신라(新羅)
【사료551】『삼국사기(三國史記)』 백제본기 제4 성왕(聖王) 四年冬十月
【사료552】『삼국사기(三國史記)』 백제본기 제5 위덕왕(威德王) 一年冬十月
【사료553】『삼국사기(三國史記)』 신라본기 제4 진흥왕(眞興王) 15년 7월
【사료554】『삼국사기(三國史記)』 백제본기 제4 성왕(聖王) 三十二年秋七月
【사료555】『삼국사기(三國史記)』 열전 제3 김유신(金庾信) 하
【사료556】『일본서기(日本書紀)』 권 19 天國排開廣庭天皇 欽明天皇
【사료557】『삼국유사』 기이제1(紀異第一) 진흥왕(眞興王)
【사료558】『조선왕조실록』 세종실록 149권, 지리지 충청도 청주목 옥천군
【사료559】『일본서기(日本書紀)』 권 19 天國排開廣庭天皇 欽明天皇 13년(0552년 (음))
【사료560】『삼국사기(三國史記)』 백제본기 제6 의자왕(義慈王) 二十年
【사료561】『자치통감(資治通鑑)』 卷二百 唐紀十六 高宗天皇大聖
【사료562】『책부원구(册府元龜)』 卷九百八十六 外臣部 三十一
【사료563】『구당서(舊唐書)』 列傳 第三十三 「소정방 열전」
【사료564】『신당서(新唐書)』 卷一百一十一 列傳 第三十六 「소정방 열전」
【사료565】『삼국사기(三國史記)』 고구려본기 제10 보장왕(寶藏王) 七年春一月
【사료566】『삼국사기(三國史記)』 고구려본기 제10 보장왕(寶藏王) 七年夏四月

【사료567】『삼국사기(三國史記)』고구려본기 제10 보장왕(寶藏王) 七年秋九月
【사료568】『산해경(山海經)』「남산경 남차이경(南次二經)」
【사료569】『삼국사기(三國史記)』백제본기 제6 의자왕(義慈王) 十六年春三月
【사료570】『삼국사기(三國史記)』신라본기 제3 실성(實聖) 이사금(尼師今) 4년 4월
【사료571】『삼국사기(三國史記)』신라본기 제3 눌지(訥祇) 마립간(麻立干) 28년 4월
【사료572】『삼국사기(三國史記)』신라본기 제2 나해(奈解) 이사금(尼師今) 14년 7월
【사료573】『삼국사기(三國史記)』신라본기 제1 파사(婆娑) 이사금(尼師今) 8년 7월
【사료574】『삼국사기(三國史記)』신라본기 제2 조분(助賁) 이사금(尼師今) 4년 7월
【사료575】『삼국사기(三國史記)』신라본기 제2 첨해(沾解) 이사금(尼師今) 3년 4월
【사료576】『삼국사기(三國史記)』열전 제5 석우로(昔于老)
【사료577】『삼국유사』권 제1 왕력(王曆)

참고 자료 목록

[단행본]

『욕망 너머의 고대사』, 2018, 서해문집, 젊은 역사학자 모임
『처음 읽는 부여사 : 한국 고대국가의 원류 부여사 700년』, 2015, 사계절, 송호정
『총균쇠』, 2005, 문학사상, 재레드 다이아몬드 저 ; 역자 김진준
『부여기마족과 왜』, 2006, 글을 읽다, 존 카터 코벨 저 ; 역자 : 김유경
『이야기로 떠나는 가야 역사여행』, 2009, 지식산업사, 이영식
『새 천년의 가락국사 : 한 권으로 읽는 가야사』, 2009, 김해향토문화연구소, 이영식
『가야 제국사 연구』, 2016, 생각과 종이, 이영식
『초기 고구려역사 연구 : 2007년 한중 고구려역사 학술회의』, 2007, 동북아역사재단, 동북아역사재단 중국사회과학원 편
『광개토왕비의 재조명』, 2013, 동북아역사재단, 연민수·서영수외
『역주 일본서기 1.2.3』, 2013, 동북아역사재단, 연민수 등 지음
『(譯註) 翰苑』, 2018, 동북아역사재단, 동북아역사재단 한국고중세사연구소 엮음
『고대 한일 관계사』, 1988, 한마당, 김석형
『일본에서 조선 소국의 형성과 발전』, 1990, 평양 백과사전출판사, 조희승
『초기 조일 관계사 1-3』, 2010, 사회과학출판사, 조희승·김석형
『(북한학자 조희승의) 임나일본부 해부』, 2019, 말, 이덕일
『古代韓日關係와 日本書紀』, 2001, 일지사, 최재석
『고대한일관계사 연구 비판』, 2010, 경인문화사, 최재석
『고조선은 대륙의 지배자였다』, 2006, 역사의 아침, 이덕일·김병기
『(이덕일의) 한국 통사』, 2019, 다산초당, 이덕일
『조선사편수회 식민사관 비판1-한사군은 요동에 있었다』, 2020, 한가람역사문화연구소, 이덕일
『압록과 고려의 북계』, 2017, 인하대 고조선연구소 연구총서, 주류성, ·윤한택·복기대·남의현 외
『고구려의 평양과 그 여운』, 2018, 인하대 고조선연구소 연구총서, 주류성, 복기대 외
『동북아 대륙에서 펼쳐진 우리 고대사』, 2012, 지식산업사, 황순종
『임나일본부는 없었다』, 2016, 만권당, 황순종
『가야와 임나』, 1995, 동방미디어, 이희진
『백제사 미로찾기』, 2009, 소나무, 이희진
『임나신론(역설의 한일 고대사)』, 1995, 고려원, 김인배·김문배 공저
『새로쓰는 한일 고대사)』, 2010. 동아일보사, 김운회

『우리가 배운 백제는 가짜다 : 부여사로 읽는 한일고대사』, 2017, 역사의 아침, 김운회
『한사군은 중국에 있었다』, 2018, 우리역사연구재단, 문성재
『한국고대사와 한중일의 역사왜곡』, 2018, 우리역사연구재단, 문성재
『임나의 인명』, 2019, 유페이퍼, 최규성
『임나의 지명』, 2019 유페이퍼, 최규성
『한단고기』, 1986, 정신세계사, 임승국
『일본의 역사는 없다』, 2000, 아세아문화사, 최성규
『거꾸로 보는 고대사』, 2010, 한겨레출판, 박노자
『고구려가 왜 북경에 있을까』, 2012, 글누림, 김호림
『고조선으로 가는 길』, 2015, 마고문화, 김봉렬
『세종실록 지리지와 고려사 지리지의 역사지리 인식』, 2006, 조선시대사학회, 조성을
『백제와 다무로였던 왜나라들 : 이제까지 감춰진 한·일 고대사의 비밀』, 2013, 글로벌 콘텐츠, 김영덕
『고려사와 고려사절요의 사료적 특성』, 2019, 지식산업사, 노명호
『밝혀진 고려역사 : 통일신라의 실체』, 2019, 홍익기획출판, 한창건
『동명왕편 : 신화로 읽는 고구려의 건국 서사시』, 2019, 아카넷, 이규보 저·조현설 역해
『廣開土王碑文의 世界』, 2007, 제이앤씨, 권오엽
『桓檀古記 역주본』, 2012, 상생출판, 桂延壽 編著·안경전 역주
『흠정만주원류고』, 2018, 글모아, 남주성 역주
『광개토대왕릉비 : 동북아 시대를 맞아 우리의 광개토대왕릉비를 말한다』, 2014, 새녘, 이형구·박노희
『낙랑고고학개론』, 2014, 진인진, 중앙문화재연구원
『유라시아 역사 기행 : 한반도에서 시베리아까지, 5천 년 초원 문명을 걷다』, 2015, 민음사, 강인욱
『(고구려 평양성에서 바라보는) 초주와 해주』, 2012, 어드북스, 김진경
『고구려-발해인 칭기스 칸 1·2』, 2015, 비봉출판사, 전원철
『(한반도에) 백제는 없었다』, 2021, 시간의 물레, 오운홍
『삼국사기 바로알기』, 2022, 키메이커, 김기홍

[논문 외]

「고조선사 연구 방법론의 새로운 모색」, 2017, 인문학연구 제14호, 송호정
「집안고구려비의 성격과 고구려의 수묘제 개편」, 2014, 한국고대사학회연구 제76집, 기경량
「사이비 역사학과 역사 파시즘」, 2016, 역사비평 통권114호, 기경량
「"학문은 '닫힌 결과' 강요해선 안 돼": '역사파시즘' 용어 제시한 기경량 강사, 대중 선동하는 사이비역사학 작심 비판 〈인터뷰〉」, 2016, 주간경향 통권1168호, 기경량

「한국 유사 역사학의 특성과 역사 왜곡의 방식」, 2018, 강원사학 제30집, 기경량
「낙랑군은 평양에 있었다」, 2017, 한올문학 통권 제161호, 기경량
「낙랑군은 평양에 있었다 : 사료 몰이해로 엉뚱한 주장하는 사이비역사가들 : 올바른 역사 연구에 전문적 훈련·지식 뒤따라야」, 2017, 한겨레21 통권1174호, 기경량
「가짜가 내세우는 '가짜' 프레임 : 2600기 무덤, 1만5천여 점 유물 등 낙랑군이 평양에 있었다는 물증을 무조건 가짜이고 조작이라 말하는 사이비역사가들의 망상」, 2017, 한겨레21 통권1175호, 기경량
「정치적인, 너무나 정치적인 광개토왕비 : 19세기 제국주의 일본이 속았다… 광개토왕비에 숨은 5세기 고구려인의 진짜 속내」, 2017, 한겨레21 통권1173호, 안정준
「광개토왕비 연구의 어제와 오늘 : 신묘년조 문제를 중심으로」, 2017, (내일을 여는)역사 제68호, 강진원
「광개토왕비문의 '安羅人戍兵'에 대한 재해석」, 2017, 동방학지 제178집, 신가영
「고조선의 이동과 강역의 변동」, 1988, 한국사시민강좌 2, 서영수
「위만조선의 형성과정과 국가적 성격」, 1996, 한국고대사연구 9, 한국고대사학회, 서영수
「관산성-새로운 동아시아 국제질서의 시작, 한강유역과 관산성」, 2019, 충청남도 역사문화연구원, 주보돈·노중국외
「임나일본부설의 허상과 가야제국」, 2016, 한국고대사학회 고대사 시민강좌 2016 하반기, 이영식
「이영식교수의 이야기 가야사 여행」, 2007, 국제신문사, 이영식
「고구려 평양의 진실」, 2016, 역사인문학강연, 복기대
「조선시대 실학자들의 역사인식과 조선총독부 편수회의(조선사)」, 2018, 인하대학교 고조선연구소 학술회의, 윤한택
「한국사에서 단군인식- 나말 여초~조선 중기 단군인식의 전개와 우리 역사체계」, 2018, 인하대학교 고조선연구소 학술회의, 조성을
「광개토왕릉비문 '신묘년 조' 연구 고찰」, 2017, 석사학위몬문, 전희재
「廣開土好太王碑 硏究 100年. 上,中,下」, 1996, 高句麗硏究會
「廣開土大王 碑文 硏究」, 1987, 경남대학교 석사학위논문, 박병태
「고조선 말기 패수의 위치에 관한 제학설과 문제점」, 2017, 이찬구
「2016년 제2회 상고사 토론회」 고조선과 한의 경계, 패수는 어디인가?, 2016, 동북아역사재단, 김종서·이후석·박준형·심백강
「2016년 제3회 상고사 토론회」한국 상고사의 쟁점, 고조선과 연의 경계 만번한은 어디인가?, 2016, 동북아역사재단, 심백강·박준형·이후석·김종서
「서희 6주와 고려-거란전쟁지역 재고찰」, 2017, 남주성
「고구려 동성 연구의 현황과 과제」, 2014, 고구려발해학회, 양시은

지도 목록

[그림1] 삼수(습수, 열수, 산수)회지 위치도
[그림2] 요동, 요수 세 가지 개념
[그림3] 고대사 평양 여섯 가지
　①하북성 위만조선 평양성
　②산동성 고구려 졸본성인 나중의 남평양인 평양성
　③고구려 천도지 하북성 평양성(=①위만조선 평양성)
　④왜곡시킨 하북성 진황도시 노룡현
　⑤왜곡시킨 위만조선 평양성 위치인 고려 서경 평양성인 요령성 요양,
　⑥왜곡시킨 위만조선 평양성이자 고구려 및 고려 서경 평양성인 지금의 한반도 평양
[그림4] 일본교과서 중국 조조 위나라 한반도 점령도(공손씨 대방군)
[그림5] 중국 및 주류 강단 사학계 왜곡 비정 압록수, 대요수, 소요수, (서)안평현
[그림6] 압록수, 대요수, 소요수, 갈석산, 태백산, 흑수하, (서)안평현
[그림7] 공손씨 양평(요동성군), 대방군, 대방고지
[그림8] 중국 및 주류 강단 사학계 연나라 위치 비정
[그림9] 연나라와 고조선 위치도
[그림10] 일본 교과서 중국 진나라 한반도 점령도(진장성)
[그림11] 일본 교과서 중국 한나라 한반도 점령도(한사군)
[그림12] 요동외요, 좌갈석/요동고새, 우갈석
[그림13] 연5군, 한2군 위치 비정도
[그림14] 임유관. 마수산, 용성, (우)갈석산 비정도
[그림15] 주류 강단 사학계 왜곡 비정(압록수, 대수, 패수, 한수, 살수)
[그림16] 압록수, 대수, 패수, 한수, 살수, 평양성 위치 비정도
[그림17] 주류 강단 사학계 고구려 최대 영토 및 사국 비정도
[그림18] 고구려, 백제, 신라 영역도
[그림19] 백제 위치 강역도(동서남북 경계)
[그림20] 백제 하남 위례성 위치도
[그림21] 낙랑 이동과 예족(신라) 이동도
[그림22] 중국의 [위치 이동, 명칭 이동] 조작(탁록, 탁수, 거용관, 갈석산, 압록수, 요수,
　　　　　 노룡현, 용성, 등주, 서안평)
[그림23] 주류 강단 사학계 왜곡 비정(삼국지/후한서 동이 한전)
[그림24] 삼국지/후한서 동이 한전 비정도
[그림25] 주류 강단 사학계 통일신라 9주 5소경
[그림26] 한주, 삭주, 명주 비정 비교도
[그림27] 남옥저, 죽령 비정 비교도
[그림28] 중국/주류 강단 사학계의 거란 및 선비 위치 비정도
[그림29] 거란, 선비 위치 비정도
[그림30] 독산 비정 비교도

[그림31] 구천 비정 비교도
[그림32] 고구려 천리장성 위치 비교도
[그림33] 아차(단)성 비정 비교도
[그림34] 안동도호부 이동 비교도
[그림35] 고려 천리장(관)성 비정 비교도
[그림36] 비주류 강단 사학계(재야) 고려 국경
[그림37] 통일신라 국경선 비정 비교도
[그림38] 신당서 가탐도리기 기록에 의한 위치비정
[그림39] 요서 지리지상 신라 및 옛 평양성(고구려 졸본성) 비정도
[그림40] 송악 철원 비정 비교도
[그림41] 주류 강단 사학계 발해 당나라 등주, 마도산 공격 비정도
[그림42] 발해 당나라 등주, 마도산 공격 비정도
[그림43] 산서(기주, 병주, 유주/산동(청주, 영주)
[그림44] 유주와 평주
[그림45] 주류 강단 사학계 고려, 거란(요) 여진 왜곡 비정도
[그림46] 고려 영역도
[그림47] 요택 위치 비정 비교도
[그림48] 주류 강단 사학계 발해5경 위치 비정도
[그림49] 발해5경 위치 비정도
[그림50] 동북9성 위치설
[그림51] 주류 강단 사학계 서희 강동 6주 위치 비정도
[그림52] 서희 8성 위치 비정도
[그림53] 『삼국사기』상의 졸본성의 위치 및 이에 대한 주류 강단 사학계의 왜곡과 교과서 비정
[그림54] 고죽국 왜곡 이동
[그림55] 살수(청천강), 환도성, 안시성 비정도
[그림56] 주류 강단 사학계 쌍성총관부, 동녕부 조작 비정
[그림57] 쌍성총관부, 동녕부 위치 비정도
[그림58] 주류 강단 사학계 고려 5도 양계
[그림59] 고려 북계, 동계 위치도
[그림60] 후한서 동이열전 왜전 "낙랑에서 왜로 가는 길"
[그림61] 삼국지 위서 오환선비동이전 왜전 "대방에서 왜로 가는 길"
[그림62] 고구려 수도 천도(주류 강단 사학계)
[그림63] 고구려 수도 천도
[그림64] 삼연(전연, 후연, 북연) 위치 비정도
[그림65] 중국/주류 강단 사학계의 북위 위치 비정도
[그림66] 북위 위치 비정도
[그림67] 광개토대왕비문 신묘년조 비교도
[그림68] 주류 강단 사학계 고구려 백제 한성 함락 공격 경로
[그림69] 고구려 백제 한성 함락 공격 경로
[그림70] 주류 강단 사학계 나당연합군 백제 공격 경로
[그림71] 나당연합군 백제 공격 경로

도표 목록

[도표1] 본 필자의 비판 대상인 이 논문의 비판 사료 이용
[도표2] 연5군 및 현토·낙랑군 거리 적용 (『후한서』『군국지』)
[도표3] 중국사서 지리지상 소속현 규모 변화
[도표4] 연표
[도표5] 고조선 이동설 사서 기록 분석표
[도표6] 임유관(현, 궁, 임삭궁) 비정
[도표7] 마수산(책) 비정
[도표8] 고구려, 백제, 신라, 왜의 거리 수치
[도표9] 백제 온조왕 활동 사항
[도표10] 죽령, 남옥저 비정
[도표11] 안동도호부 위치 비정
[도표12] 하(아)슬라 비정
[도표13] 니하, 우산성 비정
[도표14] 독산(禿山, 獨山)『삼국사기』기록 정리표
[도표15] 구천책(狗川柵), 구천(狗川), 구원(狗原) 비정
[도표16] 남옥저, 죽령 지방 영유권 변천 과정
[도표17] 아차(단)성 비정
[도표18] 나당 전쟁 관련 중국사서『신당서』순서 조작
[도표19] 나당 전쟁 관련『삼국사기』명칭 조작
[도표20] 부양(부현, 대부현) 비정
[도표21] 발해 5경 비정표
[도표22] 서희의 강동 6주(8주) 비정
[도표23] 서희의 강동 6주(8주) 위치 비정
[도표24] 패수에 대한 학설
[도표25] 고구려 천도 사실
[도표26] 치양, 주양, 패수, 패하, 패강 위치 비교표
[도표27] 신라 실성이사금 활동 사항
[도표28] 수나라 고구려 공격루트 비정(AD612년 6월, 고구려 영양왕 23년)
[도표29] 백제 천도 사실
[도표30] 백제 말기 산동성 활동 기록
[도표31] 나당 연합군 백제 침략 경로 위치 비정표
[도표32] 백제 항복 주체 논란 및 예씨 선조 유래
[도표33] 이영식 교수 가야 비정 비교표
[도표34] 가야와 포상8국 비교표